Schriftenreihe

Strategisches Management

Band 148

ISSN 1617-7762

Verlag Dr. Kovač

Nils Matthiessen

Demarketing und Desinvestition als strategische Option für Unternehmen

Management eines strategischen Rückzugs

Verlag Dr. Kovač

Hamburg
2013

VERLAG DR. KOVAČ GMBH

FACHVERLAG FÜR WISSENSCHAFTLICHE LITERATUR

Leverkusenstr. 13 · 22761 Hamburg · Tel. 040 - 39 88 80-0 · Fax 040 - 39 88 80-55

E-Mail info@verlagdrkovac.de · Internet www.verlagdrkovac.de

D93

Bibliografische Information der Deutschen Nationalbibliothek
Die Deutsche Nationalbibliothek verzeichnet diese Publikation
in der Deutschen Nationalbibliografie;
detaillierte bibliografische Daten sind im Internet
über http://dnb.d-nb.de abrufbar.

ISSN: 1617-7762
ISBN: 978-3-8300-6949-2

Zugl.: Dissertation, Universität Stuttgart, 2012

© VERLAG DR. KOVAČ GmbH, Hamburg 2013

DANKSAGUNG

Vielen Menschen, die mich bei meiner Doktorarbeit begleitet und unterstützt haben, möchte ich danken.

Ganz herzlich bedanke ich mich bei meinem Doktorvater, Herrn Professor Dr. Dr. h. c. Ulli Arnold, dass ich mein Promotionsvorhaben an seinem Lehrstuhl an der Universität Stuttgart verwirklichen durfte. Ich danke Herrn Professor Arnold für die Überlassung des Themas. Angesichts der sehr intensiven beruflichen Verpflichtungen, die mit der Leitung eines Lehrstuhls verbunden sind, bin ich Herrn Professor Arnold sehr dankbar, dass er mich als Doktorand angenommen und meine Arbeit mit vielen fachlichen Anregungen kritisch begleitet hat. Zu danken habe ich auch Herrn Professor Dr. Bernd Helmig von der Universität Mannheim für die Übernahme des Zweitgutachtens sowie dem Prüfungsvorsitzenden Herrn Professor Dr. Wolfgang Burr.

Ferner gilt mein Dank den Mitarbeitern am Lehrstuhl, den Mitdoktoranden und ganz besonders den beiden Chefsekretärinnen für ihre Unterstützung. Die überaus freundliche und unbürokratische Hilfe von Frau Ingeborg Hofmann und ihrer Nachfolgerin im Amt, Frau Heidrun Keller, hat es mir stets ermöglicht, den Kontakt zu Herrn Professor Arnold herzustellen.

Last but not least danke ich meinen Eltern, Dr. Renate und Dr. Dr. Jörn Matthiessen, dass sie mein Promotionsvorhaben unterstützt und mir die notwendigen finanziellen Ressourcen während dieser Zeit zur Verfügung gestellt haben.

Nils Matthiessen

INHALTSVERZEICHNIS

ABKÜRZUNGSVERZEICHNIS

a. M.	am Main
AMOS	Analysis of Moment Structures. Erweiterung der Statistik-Software SPSS zur Durchführung von Strukturgleichungsmodellen.
Aufl.	Auflage
Bd.	Band
BGBl	Bundesgesetzblatt
Bsp.	Beispiel
bspw.	beispielsweise
bzw.	beziehungsweise
CbTF	Competence-based Theory of the Firm
CBV	Capability-Based-View
CLV	Customer Lifetime Value
CRM	Customer Relationship Marketing
d. h.	das heisst
DCA	Dynamic Capability Approach
DEV	Durchschnittlich erfasste Varianz:
Diss.	Dissertation
DSN	Delivery Status Notification
dt.	deutsch(er)
EBO	Employee Buy-out
ECO	Equity Carve-out
engl.	englisch(er)
EQS	Equation Based Structural Program
et al.	et alii (latein), und andere
etc.	et cetera
f.	folgende
ff.	fortfolgende
frz.	französisch(er)
GESIS	Leibniz-Institut für Sozialwissenschaften, Mannheim
ggf.	gegebenenfalls
HGB	Handelsgesetzbuch

hrsg. / Hrsg.	herausgegeben / Herausgeber
i. d. R.	in der Regel
IfM	Institut für Mittelstandsforschung
IK	Interne Konsistenz
Jg.	Jahrgang
KBV	Knowledge-Based-View
KMU	Klein- und mittlere Unternehmen
KQ	Methode der kleinsten Quadrate (engl.: *method of least squares*)
LBO	Leveraged Buy-out
LISREL	Linear Structural Relations
LVPLS	Latent Variables Path Analysis with Partial Least Squares Estimation
M&A	Mergers & Acquisitions
MBI	Management Buy-in
MBO	Management Buy-out
MBV	Market-Based-View
MIMIC	Multiple Indicators Multiple Causes
ML	Maximum Likelihood
MW	Mittelwert
n	Anzahl Stichprobenelemente
No.	Number
Nr.	Nummer
o. g.	oben genannt
o.V.	ohne Verfasser
PIMS	Profit Impact of Market Strategies (dt.: Gewinnauswirkung von Marktstrategien)
PLS	Partial Least Square
Q^2	STONE-GEISSER-Testkriterium
R^2	Bestimmtheitsmaß
RBV	Resource-Based-View
ROI	Return on Investment
ROQ	Return on Quality

S.	Seite
s. g.	so genannt
SEM	Structural Equation Modeling
SGA	Strukturgleichungsanalyse
SGE	strategische Geschäftseinheit
SGM	Strukturgleichungsmodell
SMARTPLS	Software-Applikation zur Schätzung von Kausalmodellen mit dem Verfahren der Partial Least Squares (PLS)-Analyse
SME	Small and Medium-Sized Enterprises
SPSS	Statistical Package for the Social Sciences. Statistik- und Analyse-Software der SPSS Inc.
u.	und
u. a.	unter anderem/n
u. d. T.	unter dem Titel
überarb.	überarbeitete
Univ.	Universität
URL	Uniform Resource Locator. In der Umgangssprache wird URL häufig als Synonym für Internetadresse verwendet.
USP	Unique Selling Proposition (Alleinstellungsmerkmal)
usw.	und so weiter
Vgl.	Vergleiche
VIF	Variance Inflation Factor
Vol.	Volume
vollst.	vollständig
z. B.	zum Beispiel
ZIS	Zusammenstellung sozialwissenschaftlicher Items und Skalen
zugl.	zugleich
ZUMA	Zentrum für Umfragen, Methoden und Analysen, Mannheim

ABBILDUNGSVERZEICHNIS

XVII

TABELLENVERZEICHNIS

ZUSAMMENFASSUNG

Von der Annahme ausgehend, dass die Strategie der Desinvestition und eines geplanten, strategischen Rückzugs aus nicht zukunftsfähigen Geschäftsbereichen eine erfolgreiche Business- und Marketingstrategie für Unternehmen sein kann, wird der Frage nachgegangen, welche Bedeutung Demarketing- und Desinvestitionsstrategien bei einem strategischen, systematischen Rückzug haben. In einer anwendungsorientierten, theoriegeleiteten Untersuchung wird dieser Sachverhalt empirisch überprüft. Betrachtet werden nur *proaktive* Desinvestitionen. Da mittelständische Industrieunternehme aus dem deutschsprachigen Raum aufgrund ihrer großen Anzahl potenziell eher Demarketing- und Desinvestitionsaktivitäten aufweisen, wurden diese für die Befragung ausgewählt. Dabei wird insbesondere ein möglicher Image- bzw. Reputationsverlust aus der subjektiven Sicht der Unternehmen selbst betrachtet. Die Angaben zur Kundenzufriedenheit sind in dieser Arbeit ein Maß für die Reputation eines Unternehmens.

Eine empirische Untersuchung durch eine Online-Befragung soll die Einflussgrößen aufzeigen, welche für den Erfolg von Demarketing- und Desinvestitionsaktivitäten entscheidend sind. Eine Kausalanalyse mithilfe eines Strukturgleichungsmodells mit formativen Messmodellen bildet die Grundlage für eine statistische Auswertung. Es wird ein theoriegeleitetes Modell zum Demarketing-Management mit den zugehörigen Hypothesen vorgestellt. Für den Erfolg einer Desinvestition ohne Image- bzw. Reputationsverlust sind die theoretischen Konstrukte *Motiv*, *Barriere* und *Desinvestitionsdurchführung* von Bedeutung. Berechnet wird die Partial Least Square (PLS) Schätzung des Strukturgleichungsmodells (SEM) mithilfe des Software-Programms SMARTPLS.

Von insgesamt 3.925 zur Online-Befragung per E-Mail eingeladenen mittelständischen Industrieunternehmen konnte letztlich nur eine Nettostichprobe von $n = 77$ verwertbaren Fragebögen ausgewertet werden. Die geringe Rücklaufquote ist somit nicht repräsentativ für die Grundgesamtheit und es ist von einer Verzerrung im Datensatz auszugehen. Die empirische Untersuchung zeigt grundsätzlich eine Bedeutung von Demarketing-Strategien als Option für Unternehmen bei einem strategischen, systematischen Rückzug aus Geschäftsfeldern. Mithilfe einer deskriptiven Analyse des Datensatzes und des mit SMARTPLS geschätzten Modells lässt sich zeigen, dass die in den Hypothesen postulierten Wirkungsbeziehungen der Indikatoren auf die theoretischen Konstrukte *Motiv, Barriere, Desinvestitionsdurchführung* und *Erfolg* sowie die Wirkungsbeziehungen zwischen den latenten Variablen selbst bedeutsam sind.

Andererseits sind Einschränkungen des Datensatzes aufgrund der sehr geringen Teilnahme an der Untersuchung und wegen der vorliegenden Multikollinearität zu beachten. Die Ergebnisse der empirischen Untersuchung stoßen somit hinsichtlich ihrer Interpretierbarkeit und ihrer Gemeingültigkeit an Grenzen. Weil die Inhaltsvalidität als eine entscheidende Größe zu betrachten ist, werden formative Indikatoren mit nur geringen Gewichten dennoch nicht aus den Messmodellen entfernt. Das vorgestellte, theoriegeleitete Modell zum Demarketing-Management kann insgesamt als schlüssig bezeichnet werden.

Angesichts des Konzeptes der Untersuchung, ihrer Grenzen und der Bewertung der Ergebnisse muss diese Arbeit als eine *explorative Studie* zum Demarketing verstanden werden.

Die sehr geringe Beteiligung an der empirischen Untersuchung ist einerseits ein Hinweis auf die Sensibilität der Thematik dieser Befragung. Andererseits ist zu vermuten, dass das Thema *Demarketing* nur wenig zur Kenntnis genommen wird und die Zusammengehörigkeit von Desinvestition und Demarketing nicht ausreichend im Fokus der Unternehmen verankert ist.

SUMMARY

Based on the assumption, that the strategy of divestment and a planned strategic retreat from non-sustainable business units can be a successful business and marketing strategy for a firm, this dissertation follows up on the question which relevance demarketing and divestment strategies have for enterprises when retreating strategically and systematically. These circumstances are empirically examined by means of application-oriented, theory based analysis. Only proactive divestments are considered. Because of their great number and the increased resulting potential for demarketing and divestment activities, medium-sized industrial enterprises from German speaking areas were chosen. Within this scope, especially a loss of reputation from the firms' own subjective perspective is examined. In this dissertation, statements on customer satisfaction are a measurement for the reputation of a firm.

An empirical study, conducted as an online survey, aims at identifying the characteristics which are relevant for the success of demarketing and divestment activities. A causal analysis by means of a structural equation model with formative measurement models forms the basis for a statistical analysis. A theory based model concerning Demarketing Management, including the related hypotheses, is introduced. Successful divestment without a loss of reputation depends on the theoretical constructs of *motive, barrier* and the *divestment realisation*. The Partial Least Square (PLS) estimation of the structural equation model (SEM) is calculated with the help of the software program SMARTPLS.

Out of 3.925 medium-sized industrial enterprises which were invited via e-mail to answer an online questionnaire, only a net sample of $n = 77$ usable questionnaires could be evaluated. Accordingly, this low response rate is not representative for the population and a bias in the data can be assumed. The empirical analysis basically shows the importance of demarketing strategies as an option for firms when retreating strategically and systematically from business units. With the help of a descriptive analysis of the data set and the model estimated by SMARTPLS it can be revealed that the causal relations of the indicators with the theoretical constructs of *motive, barrier, divestment realisation* and *success*, which are postulated in the hypotheses, as well as the causal relations between the latent variables themselves are important.

Otherwise, the limitations of the data set, which are related to the small participation and the evident multi-collinearity, should be considered. Therefore, the results of the empirical analysis are naturally limited in terms of their interpretableness and their universal validity. As the content validity is to be regarded as an important variable, formative indicators with lower impacts remain in the measure models. Concluding, the introduced theory based model on Demarketing Management can be regarded as coherent.

Considering the conception of the research, its limits and the estimation of the results this dissertation must be regarded as an *explorative study* about demarketing.

On the one hand, the low participation in the empirical study reveals the sensitivity of this survey's subject. On the other hand it can be assumed, that only little attention is paid to the subject of demarketing and that the togetherness of divestment and demarketing is not sufficiently positioned in the focus of a great number of firms.

„Demarketing, yes, demarketing!" [1]

I Einleitung

Der Begriff der Desinvestition wird in der Literatur u. a. unter den Aktivitäten (strategische) Restrukturierung und Ausgliederung diskutiert. Als Oberbegriff, der aus dem angloamerikanischen Raum stammt, wird diese Thematik unter *Mergers & Acquisitions* (M&A) zusammengefasst. Zahlreiche wissenschaftliche Untersuchungen gibt es darüber in den USA. Die M&A-Aktivitäten in Deutschland wurden dagegen erst seit den 80er-Jahren des vorigen Jahrhunderts wissenschaftlich untersucht. Unter diesem sehr weitreichenden Oberbegriff werden überwiegend Fusionen, Kooperationen und Akquisitionen, aber auch Transaktionsformen der Desinvestition zusammengefasst. [2]

Der Anstieg von M&A-Aktivitäten ist auf das Konzept einer wertorientierten Unternehmensführung zurückzuführen. Der schwankende Ressourcenbedarf bei einem Ausbau von Kernbereichen oder einer Abspaltung von unterdurchschnittlich erfolgreichen Randbereichen eines Unternehmens ist als Ursache zu nennen. [3] Weiterhin können zuvor geschlossene Unternehmens-Konglomerate zu dem Zweck aufgelöst werden, um die Wettbewerbsfähigkeit der einzelnen Unternehmen oder nur ihrer Teilbereiche zu erhalten oder zu steigern. Ein Investmentbanker aus New York bemerkte vor dem Hintergrund der M&A-Aktivitäten: *„Vieles, was wir jetzt zusammenschmieden, werden wir morgen wieder auseinander schweißen"* [4]. Dabei ist allerdings eine spezifische Interessenlage an der Generierung von M&A-Umsätzen nicht zu übersehen. Als bekanntes Beispiel einer strategischen Desinvestitions-Entscheidung ist der im Jahr 2000 von der BMW AG durchgeführte Verkauf von ROVER an das briti-

---

[1] Kotler & Levy (1971)
[2] Vgl. Jansen (2008) S.91f
[3] Vgl. Seiler & Larson (2000) S.15
[4] Vgl. Müller von Blumencron & Pauly (1999)
   Vgl. dazu auch Beise (2000) S.23

sche PHÖNIX-Konsortium zu nennen. ROVER wurde von der BMW AG im Jahr 1994 übernommen.[5] Aber auch andere Beispiele für die Abspaltung von Unternehmensteilen können branchenunabhängig beschrieben werden. So sind Unternehmenszusammenschlüsse mit unbefriedigenden wirtschaftlichen Ergebnissen als ein Initiator für Desinvestitions-Entscheidungen zu nennen, weil Erwartungen nicht eingetroffen sind. Auch ökonomische Zwänge, z. B. aufgrund von geplanten bzw. ungeplanten Nachfragerückgängen oder zur Liquiditätsbeschaffung, können ein Grund für Desinvestitions-Entscheidungen sein.

Während Wachstumsstrategien intensiv erforscht worden sind, wurde der Desinvestition als Strategieoption zunächst nur wenig Beachtung geschenkt. Diese Thematik wurde in der Literatur und in der Praxis nur gelegentlich untersucht. Insbesondere der *strategische, systematische Rückzug* eines Unternehmens aus Geschäftsbereichen wurde nur wenig diskutiert.[6]

Ein *strategischer Rückzug* ist positiv konnotiert. Er wird mit einem wirtschaftlichen Erfolg des Managements in Verbindung gebracht. FRIEDRICH und HINTERHUBER sehen in einem strategischen Rückzug als Ziel die Konzentration auf Kernkompetenzen und die Schaffung neuer Gewinnpotentiale. Das wird über den Umweg eines Verkaufs oder einer Liquidierung all dessen erreicht, was dem angestrebten Ziel entgegensteht.[7] Die Autoren fassen diesen Sachverhalt in wenigen Worten zusammen. *„Der Umweg zum Ziel: Altes aufgeben und neue Werte schaffen".*[8]

Ein beeindruckendes Beispiel für einen solchen *strategischen Rückzug*, der gleichsam als Musterbeispiel für eine moderne Marketingstrategie gelten kann, gab der GILLETTE-Konzern, als er die Unterhaltungselektronik-Sparte von

---

[5] Vgl. Köhn (2000) S.8, Wirtz (2003) S.416
[6] Vgl. Schiereck & Stienemann (2004) S.13
  Vgl. auch Abschnitt I 2 *Stand der Forschung* auf S.12
[7] Vgl. Hinterhuber & Friedrich (1995) S.289
  Vgl. auch Friedrich & Hinterhuber (1994) S.35ff: Die Autoren unterscheiden im Gegenteil dazu einen negativ konnotierten *taktischen Rückzug*: Dieser hat jedoch nicht den Erhalt oder den Aufbau von Wettbewerbspositionen zum Ziel.
[8] Friedrich & Hinterhuber (1994) S.303

BRAUN im Jahr 1981 zunächst abstieß. Wegen drohenden Konkurses des Nachfolgeunternehmens, das unter dem Namen BRAUN weiter produziert hatte, übernahm GILLETTE die Sparte erneut, um diese dann gezielt und ohne Image- bzw. Reputationsverlust[9] für die Marke BRAUN zu schließen. Die Art und Weise, wie dieser Kunstgriff gelang, wird nach den Worten des damaligen BRAUN-Managers ERNST ORTMANN wohl als Lehrbeispiel in die Literatur eingehen.[10]

Im Jahr 1967 übernahm der amerikanische GILLETTE-Konzern, seit 2005 selbst vom Marktgiganten PROCTER & GAMBLE (P&G) übernommen,[11] die Firma BRAUN GMBH. Vor allem die Trockenrasierer-Sparte war für GILLETTE eine ideale Ergänzung zu den eigenen Nassrasierern. Die hochpreisige, perfekt designte und imageträchtige Hi-Fi-Sparte von BRAUN brachte aber aus unterschiedlichen Gründen zunehmend Verluste.[12] GILLETTE, ohnehin nicht sonderlich an dieser Sparte interessiert, gab diese 1981 an den ehemaligen NASA-Ingenieur GODEHARD GÜNTHER ab, der weiter unter dem Namen BRAUN produzieren ließ.[13]

Als schließlich der Konkurs mit einem gewaltigen Imageschaden für die Marke BRAUN drohte, übernahm GILLETTE die Sparte erneut. Bei einer hochpreisigen

---

[9] Vgl. Arentzen (1997) S.1080, Voswinkel (2001) S.70: Ein Image ist das Bild, welches ein Unternehmen einzelnen Bezugsgruppen bzw. Kunden von sich selbst mitteilen möchte. Die Reputation beschreibt dieses Bild aus der Sicht des Marktes.
Vgl. dazu auch die Thematik *Image* und insbesondere *Beispiele für einen Imageschaden* in Abschnitt II 3.2.1.1 *Strategische Marktaustrittsbarrieren* auf S.99ff
Vgl. zur Differenzierung von Image und Reputation Abschnitt III 4.2.2 *Image und Reputation* auf S.189ff
In dieser Arbeit werden die Begriffe *Image* und *Reputation* aus Gründen der Praktikabilität als direkt messbare Größen betrachtet, wobei die Kundenzufriedenheit ein Maß für die Reputation ist.

[10] Vgl. Spiegel-Online (1990)

[11] Vgl. Abendblatt-Online (2005);. *MEISTER PROPER greift nach GILLETTE: Der weltweit führende US-Konsumgüterriese PROCTER & GAMBLE (P&G) schluckt den Hersteller von Rasierapparaten GILLETTE für rund 57 Milliarden Dollar (44 Milliarden Euro)."*

[12] Vgl. Biener (2005), Spiegel-Online (1990)
Als Gründe für den Niedergang werden genannt: zu hohe Preise, zu geringe Stückzahlen, kein weltweiter Verkauf (hauptsächlich nur in Deutschland), keine eigene Entwicklungs- und Produktionsabteilung, Outsourcing wegen zu geringer Stückzahlen nicht möglich und schlechtere Technik gegenüber der Konkurrenz. Ein gutes Design hatten inzwischen auch andere Hersteller.

[13] Vgl. ebenda

Hi-Fi-Anlage mit einem Verkaufspreis von 10.000 DM machte BRAUN einen Verlust von ca. 1.000 DM. Es entstand dadurch allein im Geschäftsjahr 1989 bei einem Umsatz von 45 Millionen DM ein Verlust in Höhe von 10 Millionen DM. Obwohl der BRAUN-Manager ERNST ORTMANN dem Mutterkonzern versprach, die Sparte werde bis zum Jahr 1991 wieder schwarze Zahlen schreiben, wollte GILLETTE dieses ruinöse Geschäft beenden und beschloss das Aus der bekannten Hi-Fi-Marke. Künftig sollte sich das deutsche Tochterunternehmen ausschließlich auf gewinnbringende Produkte konzentrieren.[14]

BRAUN brachte daraufhin mit großem Werbeaufwand eine bis zu 15.000 DM teure *Last Edition Hi-Fi-Anlage* der *„Atelier-Serie"* auf den Markt. Die Anlage war zwar objektiv viel zu teuer, ließ sich dennoch in Fach- und Liebhaberkreisen als „Sammlerobjekt" gut verkaufen und fand später sogar Eingang in das MUSEUM OF MODERN ART in New York.[15] Danach wurde die unrentable Unterhaltungselektronik-Sparte ohne Image- oder Reputationsverlust für die Marke BRAUN geschlossen. Ein *„stilvoller Abgang",*[16] wie DER SPIEGEL schrieb. PETER SCHNEIDER, der damalige Leiter der Design-Abteilung von BRAUN, bezeichnete das als die *„erfolgreichste Firmenschließung aller Zeiten".*[17]

Ganz anders, als der sang- und klanglose Untergang der früher mit BRAUN konkurrierenden Firma WEGA (WÜRTEMBERGISCHE RADIO-GESELLSCHAFT MBH, STUTTGART[18]), die im Jahr 1975 von der SONY CORPORATION übernommen wurde.[19]

---

[14] Vgl. Biener (2005), Spiegel-Online (1990)
   Zur Abwehr unerwünschter Firmenaufkäufe in den USA hatte sich der GILLETTE-Konzern seinerzeit selbst hoch verschuldet. Als gewinnbringende Produkte von BRAUN werden Elektrorasierer, Küchenmaschinen, Uhren sowie Mund- und Haarpflegegeräte angegeben.
[15] Vgl. ebenda
[16] Spiegel-Online (1990)
[17] Biener (2005)
   Vgl. Spiegel-Online (1990), Biener (2005)
[18] Vgl. Stiftung-Radiomuseum-Luzern (2011) Der nach dem Stern WEGA benannte Markenname wurde im Jahr 1926 von HUGO MEZGER als Firmenname übernommen.
[19] Vgl. Spiegel-Online (1990), Welt-Online (2002)

WEGA produzierte über viele Jahre Rundfunkgeräte mit mäßigem Erfolg. Erst ab 1965 gab es eine positive Wende. Es wurden Steuergeräte in modernem Design entwickelt, die mit den Produkten der Firma BRAUN „auf Augenhöhe" konkurrierten. Die inzwischen bessere japanische Technik führte auch bei WEGA schließlich zum Verkauf der Firma an eine Tochter der SONY CORPORATION im Jahr 1975. SONY stellte fortan die elektronischen Bauteile zur Verfügung. Ab 1980 hieß die Firma SONY-WEGA. Die Marke WEGA, die sich durch das besondere Design ihrer Produkte einer großen Wertschätzung bei ihren Kunden erfreute, ging schlicht in dem SONY-Konzern unter. Ein „Abgang mit einem Paukenschlag", wie ihn BRAUN später im Jahr 1990 zelebriert hat, gelang WEGA nicht.[20]

An den Beispielen der Firmen / Marken BRAUN und WEGA soll aufgezeigt werden, dass auch der Rückzug aus einem Geschäftsbereich sehr unterschiedlich gestaltet werden kann. CARSTEN KRATZ von der Unternehmensberatung BOSTON CONSULTING GROUP (BCG) stellt in diesem Zusammenhang fest, dass Marketing und Branding genauso wichtig sind wie die alleinige Fixierung eines Unternehmens auf die Technologie.[21]

Es ist eine Aufgabe des Top-Managements, die Nachfrage aktiv und strategisch zu senken bzw. umzulenken. HINTERHUBER und FRIEDRICH formulieren diesen Sachverhalt in einem kurzen, prägnanten Satz: „Wenn Rückzug, dann strategisch".[22]

---

[20] Vgl. Stiftung-Radiomuseum-Luzern (2011), Welt-Online (2002), Borst & Hirzel (2002)
   Die Überlegenheit ausländischer Firmen in der Unterhaltungselektronik zeigte sich im Übrigen im Niedergang anderer deutscher Firmen / Marken, u. a. GRUNDIG, TELEFUNKEN und die SCHNEIDER TECHNOLOGIES AG. Während in den 70er-Jahren des vorigen Jahrhunderts in Unternehmen der Unterhaltungselektronik etwa 120.000 Menschen ihr Geld verdienten, waren es im Jahr 2002 nur noch 25.000 Menschen, die dort Arbeit fanden.
[21] Vgl. Borst & Hirzel (2002)
[22] Hinterhuber & Friedrich (1995) S.289

1. Problemstellung

In vielen Unternehmen wird in Erfolg versprechenden Geschäftsbereichen eine Expansionsstrategie angestrebt, um die Stellung im Markt zu stärken, freie Kapazitäten zu nutzen und um Kundenbeziehungen aufzubauen bzw. zu erhalten. Vorhandene Ressourcen werden dafür genutzt oder auch fremde Unternehmen eingebunden bzw. übernommen. Auf diese Weise kann es gelingen, auf unterschiedlichen Märkten präsent zu sein. So ist bspw. ein hoher Diversifikationsgrad sinnvoll, wenn ein Ressourcenbündel mehrfach genutzt werden kann, um Leistungen zu erstellen und Synergien zu nutzen. Diese Sichtweise entspricht dem Strategieansatz des Ressource-Based-View (RBV).[23]

Ein hoher Diversifikationsgrad bedeutet für ein Unternehmen einerseits eine Risikostreuung, andererseits ist bei vielen, nicht zusammenhängenden Ressourcen ein hoher Diversifikationsgrad weniger sinnvoll.[24] Ressourcenbündel sind in diesem Fall i. d. R. nicht mehrfach nutzbar und es können keine bzw. nur sehr wenige Synergien freigesetzt werden. Die Folge sind Koordinationsinstanzen in einem Unternehmen, die Geschäftsbereiche mit Gemeinkosten belasten und die Rendite verringern.[25]

Die Profitabilität einzelner Geschäftsbereiche, die zum wirtschaftlichen Erfolg beitragen, ist für ein Unternehmen maßgeblich. Während in Erfolg versprechenden Geschäftsbereichen eine Expansionsstrategie angestrebt werden sollte, ist es andererseits schlüssig, in die Geschäftsbereiche zu desinvestieren, die keinen essenziellen Beitrag zum wirtschaftlichen Erfolg eines Unternehmens leisten. In der Konsequenz sind Desinvestitions-Entscheidungen zu prüfen und eine Strategie mit einem geplanten, systematischen Rückzug erscheint sinnvoll. Von Bedeutung sind dabei Faktoren, die eine Desinvestitions-Entscheidung beeinflussen: Motive, Desinvestitions-Formen oder Barrieren. Von besonderem

---

[23] Vgl. Peteraf (1993) S.188, Gomez & Ganz (1992) S.45
Vgl. dazu Abschnitt II 1.2 *Resource-Based-View – RBV* auf S.29

[24] Vgl. Dr.August-Oetker-KG (2012) Als ein Beispiel für ein sehr erfolgreiches Unternehmen trotz eines hohen Diversifikationsgrades kann die ostwestfälische Dr. AUGUST OETKER KG - HOLDING DER OETKER-GRUPPE mit den folgenden Geschäftsbereichen genannt werden: „*Nahrungsmittel; Schifffahrt; Bank; Bier und alkoholfreie Getränke; Sekt, Wein und Spirituosen; weitere Interessen*".

[25] Vgl. Weiher (1996) S.58

Interesse ist ein möglicher negativer Einfluss, ein Image- bzw. Reputationsverlust.[26] Daher sollte es das Ziel eines Unternehmens sein, sich von nicht zukunftsfähigen Geschäftsbereichen in der Weise zu trennen, dass das Image und die Reputation nicht darunter leiden.

1.1. Demarketing

Der strategische, systematische Rückzug, das Schließen der Hi-Fi-Sparte bei BRAUN macht vor allem eines deutlich: Nicht allein betriebswirtschaftliche, insbesondere kosten- bzw. ertragsrechnerische Gründe sind für die strategische Neuausrichtung eines Unternehmens von Bedeutung. Es müssen die Konsequenzen einer Veränderung des Leistungsspektrums in die Überlegung einbezogen und gleichzeitig *Demarketing-Strategien* entwickelt werden. Unter Demarketing werden die Maßnahmen zusammengefasst, die einen systematischen, geplanten Nachfragerückgang zur Folge haben. *„Demarketing zielt nicht darauf ab, Nachfrage zu zerstören, sondern sie selektiv zu reduzieren und umzulenken."*[27]

Seit KOTLER und LEVY 1971 ihre Arbeit mit dem provozierenden Titel *„Demarketing, yes demarketing"* veröffentlicht haben,[28] wurde dem Problem der geplanten, systematischen Reduktion der Nachfrage in Wissenschaft und Praxis einerseits Beachtung geschenkt. Andererseits sind dennoch ein fehlendes wissenschaftliches Interesse und ein geringes Problembewusstsein in den Unternehmen für diese Thematik zu erkennen, obwohl *„sich nahezu jedes Unternehmen* [damit] *auseinandersetzen muss."*[29] Demarketing-Strategien

---

[26] Vgl. dazu die Abschnitte II 3 *Motive und Barrieren bei Demarketing- und Desinvestitions-Entscheidungen* auf S.83ff, II 4 *Formen der Desinvestition* auf S.110ff und III 4.2.2 *Image und Reputation* auf S.189ff
[27] Kotler (2008) S.48
    Vgl. dazu auch Abschnitt II 2 *Demarketing und Desinvestition* auf S.49ff
[28] Vgl. Kotler & Levy (1971) S.1ff
[29] Blömeke & Clement (2009) S.805ff
    Vgl. auch Michalski (2002) S.1ff

werden inzwischen überwiegend im öffentlichen Bereich und im Finanzdienst-leistungssektor erfolgreich eingesetzt.[30]

Der strategische, systematische Rückzug aus einem Geschäftsfeld erfordert nach KOTLER ein *General-Demarketing* bzw. *Counter-Marketing*.[31] Die Nachfrage nach den Produkten dieser Sparte soll systematisch beendet werden. Das Management von Kunden in den Fällen der Beendigung von Geschäftskontakten ist gleichsam eine wichtige Aufgabe im Rahmen des *Relationship-Marketings*.[32] Unter diesem Begriff wird allerdings vorrangig der Aufbau sowie der Erhalt von Geschäftsbeziehungen mit ausgewählten Kunden verstanden.[33] Es ist dem-zufolge ein erklärtes Ziel des Relationship-Marketings, die Beziehungen zwischen Kunden und Anbietern, also den *Relationship Value* zu steigern.[34] ARNOLD weist jedoch auch auf die Bedeutung der Beendigung von Kunden- bzw. Lieferanten-Abnehmer-Beziehungen (Netzwerkbeziehungen) hin und sieht darin ein „Gestaltungsproblem" mit erheblicher ökonomischer Relevanz.[35]

Die Beendigung von Geschäftsbeziehungen (*Dissolution of Relationship*)[36] in einem Teilbereich eines Unternehmens bedeutet jedoch nicht, dass diese Kunden

---

[30] Vgl. Gordon (2006) S.1ff, Blömeke & Clement (2009) S.810f, Wall (2005) S.421f
Vgl. auch Abschnitt I 2 *Stand der Forschung* auf S.12ff
[31] Vgl. Kotler (1973) S.42ff
Vgl. auch Abschnitt II 2.1.2 *Demarketing*–Situationen auf S.53ff:
Ein *General-Demarketing* bzw. *Countermarketing* ist erforderlich, wenn die gesamte Nachfrage gesenkt bzw. beendet werden soll.
[32] Vgl. Schumacher & Meyer (2004) S.18f, Stadelmann & Wolter (2003) S.30, Arndt (2008) S.10ff: *Relationship-Marketing* wird in der Literatur häufig synonym unter den Begriffen *Customer Relationship Marketing (CRM), Kundenmanagement* und *Kundenbeziehungsmanagement* diskutiert.
[33] Vgl. Grönroos (1990) S.138, Arndt (2008) S.11ff
[34] Vgl. Werani (2000) S.128, Günter & Helm (2003) S.50
[35] Vgl. Arnold (2007) S.215ff
Vgl. auch Arnold & Meyle (2007), Arnold (2007) S.216: „*(...) die Beendigung von 'supplier relationships'* [Lieferantenbeziehungen] *wird selten explizit analysiert.*"
Vgl. dazu auch das *Selective-Demarketing* in Abschnitt II 2.1.2 *Demarketing*-Situationen auf S.53ff
[36] Vgl. Tähtinen (2001) S.45, Tähtinen & Halinen-Kaila (1997) S.560: Die Autoren beschreiben die Auflösung einer Anbieter-Kunden-Beziehung als einen Zustand, wenn "*all activity links are broken and no resource ties or actor bonds exist between the companies.*"

auch für andere Sparten dieses Unternehmens nunmehr gänzlich uninteressant wären. Am Beispiel BRAUN lässt sich zeigen, dass Kunden die Schließung der Hi-Fi-Sparte durch ein aufmerksames und vorausschauendes Kunden-Management letztlich akzeptierten und sich dennoch nicht von den übrigen Produkten dieser Firma abwendeten. Weil BRAUN weiterhin an alle Kunden (auch an die ehemaligen Hi-Fi-Kunden!) Rasierapparate und andere Elektro-geräte verkaufen wollte, wäre ein kompromissloses Vorgehen bei der Schließung der Hi-Fi-Sparte im Sinne von *Fire your Customer* sicher kontra-produktiv gewesen.[37] Es ging darum, einen Image- bzw. Reputationsschaden für die Marke BRAUN abzuwenden.

Ein Demarketing im Sinne einer aktiven Beendigung von Kundenbeziehungen ist für das Top-Management eine besondere Herausforderung. Einerseits sind die eigenen unternehmerischen Interessen in den Vordergrund zu stellen, andererseits dürfen die damit verbundenen negativen Auswirkungen beim Unternehmen selbst, bei Partnern und bei Dritten nicht aus dem Auge gelassen werden.[38]

1.2. Forschungsfrage und Zielsetzung

Der Forschungsleitfaden basiert auf der Annahme, dass die *Strategie einer proaktiven (freiwilligen) Desinvestition,* d. h. ein *geplanter, strategischer, systematischer Rückzug,* aus nicht zukunftsfähigen Geschäftsbereichen eine erfolgreiche Business- und Marketing-Strategie für Unternehmen sein kann. Die systematische Vorbereitung einer Desinvestition im Zusammenwirken mit Demarketing-Maßnahmen steht im Mittelpunkt.

Forschungsfrage

Soweit Desinvestitionen mit dem Abbau von Transaktionsbeziehungen ver-bunden sind, entsteht ein Problem für das Top-Management bzw. für das

---

[37] Vgl. Jordan (1998) S.97f
[38] Vgl. dazu Abschnitt II 2 *Demarketing und Desinvestition* und Abschnitt II 3 *Motive und Barrieren bei Demarketing- und Desinvestitions-Entscheidungen* auf S.49ff

Marketing.[39] Die folgende Forschungsfrage formuliert auf der Basis der dargestellten Problemstellung den Kern dieser Arbeit.[40]

Welche Bedeutung haben Demarketing- und Desinvestitions-Strategien für Unternehmen bei einem strategischen, systematischen Rückzug?

Zur Beantwortung der gestellten Forschungsfrage sind folgende Aspekte zu berücksichtigen:

- Welche Faktoren, d. h. welche (finanziellen und / oder strategischen) Motive, Desinvestitions-Formen oder Barrieren haben einen besonderen Einfluss auf eine Desinvestitions-Entscheidung?

- Welche Auswirkungen haben diese Einflüsse auf den Erfolg einer Desinvestition?

- Welche Folgen hat eine Desinvestition auf die damit verbundene Nachfragereduktion bei den Kunden? Ist ein Imageschaden für eine Marke bzw. Marken bei einem Dachunternehmen zu befürchten oder kann mit einer Aufwertung des Image gerechnet werden?

- Können diese Folgen im Vorfeld einer Desinvestition analysiert und mit in den gesamten Desinvestitions-Prozess einbezogen werden?

- Wie kann ein Unternehmen den Barrieren und möglichen negativen Effekten entgegenwirken und einen Desinvestitions-Erfolg ohne Image- bzw. Reputationsverlust unterstützen? Werden geeignete Demarketing-Strategien frühzeitig ergriffen, um möglichen vorhersehbaren Folgen bei der systematischen Desinvestition zu begegnen?

---

[39] Vgl. Hennig-Thurau & Hansen (2000) S.5f: In der Literatur wird beim Kundenmanagement häufig von Kundenbeziehungen und nicht von Transaktionen zwischen Unternehmen und Kunden gesprochen.

[40] Vgl. auch Stake (1995), Yin (1994): Die Autoren weisen der Formulierung von Forschungsfragen in wissenschaftlichen Arbeiten eine fundamentale Bedeutung zu.
Vgl. auch Abschnitt IV 1.1 *Datenerhebung* auf S.199ff: Die empirische Untersuchung soll an mittelständischen Industrieunternehmen aus dem deutschsprachigen Raum durchgeführt werden, weil diese aufgrund der großen Anzahl der Unternehmen potenziell eher Demarketing- und Desinvestitionsaktivitäten aufweisen. Durch eine Befragung deutscher mittelständischer Industrieunternehmen soll zudem eine branchenübergreifende, repräsentative und große Anzahl von Beobachtungen generiert werden.

Zielsetzung

Das Ziel einer jeden wissenschaftlichen Untersuchung liegt im Erkenntnis-
gewinn. Dieses Ziel kann bspw. durch eine Beschreibung (Deskription),
Erklärung (Explikation), Prognose (Vorhersage) und Entscheidung
(Präskription) erreicht werden.[41]

- Es ist das Ziel dieser anwendungsorientierten betriebswirtschaftlichen
Untersuchung, aus Marketingsicht einen Beitrag zur Geschäfts- und
Marketingstrategie-Entwicklung von Unternehmen zu leisten und die
Aufmerksamkeit auf die Themen *Demarketing* und *Desinvestition* zu lenken.
Es werden die theoretischen Grundlagen des Kernproblems dargelegt und es
soll begründet werden, dass *Demarketing* und *Desinvestition* grundsätzlich
eine Einheit bilden sollten, weil zu Desinvestitions-Strategien stets auch
Demarketing-Strategien gehören, um den Erfolg einer Desinvestition ohne
Image- bzw. Reputationsverlust zu unterstützen.

- Eine theoriegeleitete empirische Untersuchung soll den Zusammenhang von
Demarketing und *Desinvestition* stärker in den Kontext der strategischen
Unternehmensführung stellen. Es geht darum, auf der Grundlage von Desinvestitions-Maßnahmen, die einen strategischen, systematischen Rückzug
anstreben, erforderlich werdende Demarketing-Strategien zu untersuchen. Im
Rahmen dieser empirischen Untersuchung werden nur *proaktive Desinvestitionen*, d. h. freiwillige und strategische Desinvestitionen betrachtet.[42]

---

[41] Vgl. Schanz (1979) S.59, Wöhe (1990) S.34ff, Küpper & Schweitzer (1995) S.56f
[42] Vgl. Rechsteiner (1995) S.73f
Reaktive Desinvestitionen sollen explizit nicht betrachtet werden. Reaktive
Desinvestitionen werden in dieser Arbeit als *nicht-strategisch* angesehen. Im
Umkehrschluss werden die Begriffe *proaktiv* und *strategisch* im Kontext einer
Desinvestitionsentscheidung synonym verwendet.
Vgl. auch Abschnitt II 3.1.2 *Proaktive Desinvestitionen* auf S.86f: *Proaktive
Desinvestitionen* werden freiwillig, in die Zukunft gerichtet und ohne unmittelbaren
wirtschaftlichen Zwang als strategische Maßnahme ergriffen. Im Gegensatz dazu
lassen sich *reaktive Desinvestitionen* nennen, die lediglich als Anpassungsmaßnahmen
an die Marktbedingungen aufzufassen sind.

- Es wird auf den theoretischen Grundlagen ein Modell zum Demarketing-Management konzipiert, welches die Einflussfaktoren auf einen Desinvestitions-Erfolg aufzeigt. Eine empirische Untersuchung soll dieses Modell überprüfen.

- Durch diese Arbeit sollen theoretische Grundlagen geschaffen werden, die als Basis für die Entwicklung von Handlungsanleitungen bei der Gestaltung von Demarketing-Strategien und Desinvestitionen zu betrachten sind. Ferner ist es ein pragmatisches Wissenschaftsziel auch dieser Arbeit, dem Management eines Unternehmens Gestaltungshilfen und Empfehlungen für einen strategischen, systematischen Rückzug bei einer Desinvestition auf Geschäftsfeldebene zu geben.

2. Stand der Forschung

Die Darstellung der bisherigen Forschungsarbeiten zum Thema *Demarketing* und *Desinvestition* bildet neben den terminologischen Grundlagen eine wichtige Grundlage für den weiteren Gang dieser Arbeit. Die im Folgenden ausgewerteten Forschungsarbeiten erheben aufgrund ihrer Vielzahl keinen Anspruch auf Vollständigkeit. Es soll ein Überblick über jene Untersuchungen gegeben werden, die für diese Arbeit ein besonderes Gewicht haben.

Demarketingforschung

KOTLER und LEVY prägten den Begriff *Demarketing* im Jahr 1971 und beschrieben vier Formen: *General, Ostensible, Unintentional* und *Selective Demarketing*. 1973 nennt KOTLER die grundlegenden Marketingaufgaben und erklärt die Bedeutung des Demarketing.[43] BLÖMEKE und CLEMENT untersuchen 2009 das *Selective Demarketing*, d. h. das Management von s. g. „unprofitablen" Kunden. Es wurde eine Vielzahl konzeptioneller Arbeiten

---

[43] Vgl. Kotler & Levy (1971), Kotler (1973)
  Vgl. zur Erklärung der Begriffe *General, Ostensible, Unintentional* und *Selective Demarketing* Abschnitt II 2.1.2 *Demarketing*–Situationen auf S.53ff

veröffentlicht, die einmal den Fokus auf die Unternehmen, zum anderen auf den öffentlichen Sektor richteten.[44]

Eng verbunden mit der Demarketing-Problematik ist das Forschungsgebiet *Customer Relationship Management (CRM)*. Dieses beschreibt das Management von Kundenbeziehungen.[45] In der Literatur werden hierfür ähnliche, gelegentlich synonym verwendete Begriffe gebraucht: *Relationship Management* (Beziehungsmanagement[46]), *Relationship Marketing* (Beziehungsmarketing[47]), *Customer Management* (Kundenmanagement[48]) und *Customer Retention* (Kundenbindungsmanagement[49]). Es finden sich in der Literatur zahlreiche Veröffentlichungen, welche die Anbieter-Kundenbeziehung thematisieren. Genannt seien exemplarisch die Arbeiten von RESE ET AL., ARNDT und BRUHN.[50]

Eine Auswahl der Arbeiten zur Demarketingforschung in chronologischer Reihenfolge ist in Tabelle 1 wiedergegeben.

[44] Vgl. Blömeke & Clement (2009) S.804ff
Vgl. auch Abschnitt II 3.1.2.1 *Der unprofitable Kunde* auf S.89ff
[45] Arndt (2008) S.24 definiert das *Customer Relationship Management (CRM)* umfassend als *„die zielgerichtete Planung, Steuerung und Kontrolle nicht zufälliger Reihenfolgen von Wert-Transfers zwischen einem Unternehmen und seinen potenziellen, aktuellen und ehemaligen Nachfragern. Es basiert auf den Prinzipien: Intention, Investition, Individualisierung, Information sowie Interaktion (Integration) und umfasst die ganzheitliche Ausrichtung der Dimensionen: Strategie, Personal, Organisation, Prozess und Technologie."*
[46] Vgl. Diller (1995) S.286
[47] Vgl. Berry (1983) S.25
[48] Vgl. Diller (1995) S.1363
[49] Vgl. Homburg & Bruhn (2003) S.8, Krafft (2007) S.22
[50] Vgl. Rese et al. (2003), Arndt (2008), Bruhn (2009) S.91ff

Autor(en) und Demarketingforschung
Kotler & Levy (1971): „Demarketing, yes, demarketing" Theoretische Forschung: deskriptives Forschungsdesign mit qualitativer Bewertung Form des Demarketing: General, Ostensible, Unintentional und Selective Demarketing Zielfokus der Untersuchung: Unternehmen Ergebnis: Die Autoren stellen die vier grundlegenden Demarketing-Formen vor und geben grundsätzliche Demarketing-Empfehlungen.
Kotler (1973): „The Major Tasks of Marketing Management" Theoretische Forschung: deskriptives Forschungsdesign mit qualitativer Bewertung Form des Demarketing: General und Selective Demarketing Zielfokus der Untersuchung: Unternehmen und öffentlicher Sektor Ergebnis: Es werden Marketing-Maßnahmen bei unterschiedlichen Nachfrage-situationen beschrieben, die zu unterschiedlichen Marketing- bzw. Demarketing-Empfehlungen führen.
Cullwick (1975): „Positioning Demarketing Strategy" Theoretische Forschung: deskriptives Forschungsdesign mit qualitativer Bewertung Form des Demarketing: General Demarketing Fokus: Unternehmen Ergebnis: Es wird ein Marketing-Mix vorgestellt, welcher den jeweils veränderten Umweltbedingungen angepasst werden kann.

Gerstner et al. (1993): „Demarketing as a Differentiation Strategy"

Theoretische Forschung: deskriptives/explikatives Forschungsdesign mit qualitativer Bewertung

Form des Demarketing: General Demarketing

Zielfokus der Untersuchung: Unternehmen

Ergebnis: Die Autoren beschreiben eine Demarketing-Strategie der Differenzierung, die als Mittel zur Gewinnsteigerung genutzt werden kann.

Finsterwalder (2004): „Beendigung von Kundenbeziehungen durch den Anbieter"

Theoretische Forschung: deskriptives Forschungsdesign mit qualitativer Bewertung

Form des Demarketing: General und Selective Demarketing

Zielfokus der Untersuchung: Unternehmen

Ergebnis: Es werden Maßnahmen zur Beendigung von Kundenbeziehungen erörtert und Strategien dafür entwickelt.

Wall (2005): „Government Demarketing"

Theoretische Forschung: deskriptives Forschungsdesign mit qualitativer Bewertung

Form des Demarketing: Selective Demarketing

Zielfokus der Untersuchung: öffentlicher Sektor

Ergebnis: Es werden erfolgreiche Kampagnen gegen das Rauchen, Trinken und die private KFZ-Nutzung beschrieben.

Haenlein et al. (2006): „Valuing the real option of abandoning unprofitable customers when calculating Customer Lifetime Value"

Theoretische Forschung: deskriptives/explikatives Forschungsdesign mit quantitativer Bewertung durch eine Simulation

Form des Demarketing: Selective Demarketing

Zielfokus der Untersuchung: Unternehmen

Ergebnis: Eine Kombination von CLV und Realoptionsanalyse erhöht die Flexibilität eines Unternehmens sich von unprofitable Kunden zu trennen.

Blömeke & Clement (2009): „Selektives Demarketing "

Theoretische Forschung: deskriptives/explikatives Forschungsdesign mit qualitativer Bewertung

Form des Demarketing: Selective Demarketing

Zielfokus der Untersuchung: Unternehmen

Ergebnis: Die Autoren geben Hinweise zum Management unprofitabler Kunden und erörtern die Demarketing-Mix-Instrumente.

Tabelle 1: Übersicht der Forschungsarbeiten zum Thema *Demarketing*

Die eigentliche Demarketing-Problematik, das Management unprofitabler Kunden bzw. die Beendigung von Kundenbeziehungen durch den Anbieter wurde aber kaum empirisch untersucht.[51] Insbesondere die Auswirkungen einer anbieterseitigen Beendigung einer Kundenbeziehung wurden in der Literatur wenig beachtet.[52] BLÖMEKE und CLEMENT stellen fest, dass es bisher keine empirischen Arbeiten mit einer großen Stichprobe gibt, die eine Wirkung der eingesetzten Demarketing-Maßnahmen quantifiziert untersucht. Die Arbeiten zur Demarketingforschung haben einen explorativen Charakter.[53]

Fallstudien gibt es zur Beendigung von Kundenbeziehungen vorzugsweise aus dem Bereich der Finanzdienstleistungsunternehmen. Die Ergebnisse sind bisher eher qualitativer Art, eine Studie von HAENLEIN, KAPLAN und SCHODER kommt allerdings auch zu einer quantitativen Bewertung bei einem differenzierten Management unprofitabler Kunden. Es ist jedoch zu berücksichtigen, dass diese Untersuchung auf einer Simulation basiert. Eine Validierung mit realen Daten

---

[51] Vgl. Michalski (2002) S.1ff, Blömeke & Clement (2009) S.805ff: *„Das fehlende wissen-schaftliche Interesse am Thema Demarketing ist erstaunlich, denn schließlich handelt es sich um ein Problem, mit dem sich nahezu jedes Unternehmen auseinandersetzen muss. "*

[52] Vgl. Tähtinen & Halinen (2002) S.183f, Alajoutsijärvi et al. (2000) S.1272f, Günter & Helm (2003) S.66: Als mögliche Auswirkungen einer anbieterseitigen Beendigung einer Kundenbeziehung werden negative Effekte auf den Anbieter selbst sowie auf Partnerunternehmen innerhalb eines Marktes genannt, bspw. in Form von Image- bzw. Reputationsverlusten.

[53] Vgl. Blömeke & Clement (2009) S.809ff: Die Autoren stellen eine umfassende Literatur-übersicht von konzeptionellen und empirischen Arbeiten zum *Selective Demarketing* vor.

einer empirischen Untersuchung steht nach BLÖMEKE und CLEMENT jedoch noch aus.[54] Nach allem bleibt festzuhalten, dass es zahlreiche theoretische Ansätze zur Systematisierung der Demarketing-Problematik gibt. Eine empirische Überprüfung von Demarketing-Maßnahmen und deren Einfluss auf einen Desinvestitions-Erfolg ohne Image- bzw. Reputationsverlust erscheint daher erforderlich.

Desinvestitions-Forschung

Die betriebswirtschaftliche Forschung hat sich lange eher auf das wirtschaftliche Wachstum von Unternehmen konzentriert. Die *Desinvestitions-Forschung* wurde zunächst vernachlässigt.[55] HILTON und WALLENDER weisen schon 1972 auf die Vorteile von Desinvestitionen hin, die im Zusammenhang mit der Auflösung größerer Konzerne (Konglomerate) entstehen.[56]

MARPLE kommt in einer empirischen Studie zu dem Ergebnis, dass im Gegensatz zum systematischen Vorgehen bei einer Investition eine Konzeptlosigkeit bei Desinvestitions-Entscheidungen zu bemängeln sei.[57] NEES erarbeitet ein allgemeines Phasenmodell der Desinvestition. PATTON und DUHAIME untersuchen den Desinvestitions-Prozess und die Desinvestitions-Motive.[58] CAVES, PORTER und HARRIGAN untersuchen die Austrittsbarrieren, die eine Desinvestition verzögern oder verhindern können. Desinvestitions-Motive und Barrieren werden in der BRD von JANSEN 1986 erforscht, während DOHM die Idealtypen des Desinvestitions-Prozesses 1989 beschreibt.[59]

---

[54] Vgl. Blömeke & Clement (2009) S.810f, Haenlein et al. (2006) S.5ff
[55] Vgl. Schiereck & Stienemann (2004) S.13
[56] Vgl. Hilton (1972) S.16ff, Wallender (1973) S.33ff
[57] Vgl. Marple (1967)
[58] Vgl. Nees (1978), Harrigan (1980), Wilson (1980), Gilmour (1973a)
[59] Vgl. Jansen (1986) S93ff u. 182ff, Dohm (1989) S.72ff
DOHM beschreibt drei Phasen des Desinvestitionsprozesses: *Initiierung, Analyse* und *Realisierung*. Weiterhin unterscheidet DOHM fünf Idealtypen (Phasentypen) eines Desinvestitionsprozesses, die sich durch empirische Untersuchungen herausgebildet haben: *Typ 1: Finanzielle Krise. Typ 2: Kaufangebot. Typ 3: Hohe Investitionserfordernisse. Typ 4: Strategische Neuausrichtung. Typ 5: Strategischer Außenseiter.* Vgl. auch Abschnitt II 5 *Desinvestitions-Prozess* auf S.118ff

In Tabelle 2 sind Untersuchungen der letzten Jahre zum Thema Desinvestitionen mit ihren Ergebnissen dargestellt.

Autor und Desinvestitions-Forschung
Thissen (2000): „Strategisches Desinvestitionsmanagement"   Theoriegeleitete, empirische Untersuchung: qualitativer Forschungsansatz   Explorativ-deskriptives/explikatives Forschungsdesign   Stichprobe: Expertenbefragung durch 6 Interviews.   Ziel: Prüfung der Vorteilhaftigkeit von Desinvestitionen mithilfe des Shareholder-Value als Gütemaß. Analyse des quantitativen und qualitativen Wertsteigerungspotenzials von Desinvestitionen.   Ergebnisse: Der Desinvestitions-Erfolg lässt sich nur durch Zusammenführung der quantitativen und qualitativen Wertsteigerungsdimensionen erklären. Daraus lässt sich eine integrierte Desinvestitions-Strategie formulieren.
Bartsch (2005): „Unternehmenswertsteigerung durch strategische Des-investitionen"   Theoriegeleitete, empirische Untersuchung: quantitativer Forschungsansatz   Explorativ-deskriptives/explikatives Forschungsdesign   Stichprobe: 118 Sell-offs, 19 ECOs und 3 Spin-offs;   davon 45 strategische und 95 nicht-strategische Desinvestitionen.   Ziel: Reaktionen des Kapitalmarktes auf strategische Desinvestitionen.   Ergebnisse: Desinvestitions-Aktivitäten finden sich vor allem bei Industrie-güterunternehmen. Eine positive Aktienmarktreaktion auf strategische Desinvestitionen ist zu beobachten, signifikant positive Überrenditen sind zu verzeichnen. Der Kapitalmarkt zeigt bei strategischen Desinvestitionen an Transaktionsdetails, wie z. B. der Kaufpreisveröffentlichung, weniger Interesse, als dies bei nicht-strategisch bedingten Sell-offs zu beobachten ist.

Sievers (2006): „Desinvestition von Unternehmensbeteiligungen in Krisensituationen"

Theoriegeleitete, empirische Untersuchung: qualitativer Forschungsansatz

Explorativ-deskriptives/explikatives Forschungsdesign

Stichprobe: 2 Fallstudien.

Ziel: Die Desinvestition von Unternehmensteilen als eine mögliche Maßnahme zur Überwindung von existenzbedrohenden Krisen.

Ergebnisse: Die Desinvestition von Unternehmensteilen kann zur Sanierung und Überwindung von Krisen eingesetzt werden. Es handelt sich bei der Desinvestition um den Gesichtspunkt, die Existenz zu sichern und die Krise zu bewältigen.

Ostrowski (2007): „Erfolg durch Desinvestitionen"

Theoriegeleitete, empirische Untersuchung: quantitativer Forschungsansatz

Konfirmatorisch-explikatives Forschungsdesign

Stichprobe: 233 pro- und reaktive Desinvestitionen als Gesamtstichprobe.

Ziel: Eine theoretische und empirische Analyse zur Auswirkung von angekündigten Desinvestitionen auf den Kapitalmarkt.

Ergebnisse: Desinvestitions-Ankündigungen werden vom Kapitalmarkt positiv bewertet. Eine nachhaltige Wertsteigerung ist jedoch nicht festzustellen. Das gilt insbesondere für reaktive Desinvestitionen.

Defren (2009): „Desinvestitions-Management"

Theoriegeleitete, empirische Untersuchung: quantitativer Forschungsansatz

Konfirmatorisch-explikatives Forschungsdesign, Ergänzung um deskriptive und instrumentelle Aussagen

Stichprobe: 1.457 Unternehmen mit 2.034 Desinvestitionen als Gesamtstichprobe.

Ziel: Kernfrage ist die Untersuchung des Informationsproblems in der Verhandlungsphase eines Sell-offs.

Ergebnisse: Für einen Desinvestitions-Erfolg ist die Überwindung des Informationsproblems in der Verhandlungsphase eines Sell-offs entscheidend. Desinvestitions-Erfolge sollten von Unternehmen genutzt und die Ergebnisse in Datenbanken gesammelt werden, um eine desinvestitionsbezogene Reputation zu erlangen.

Tabelle 2: Übersicht der Forschungsarbeiten zum Thema *Desinvestition*

Die Auswahl der vorgestellten Arbeiten zur Desinvestition macht deutlich, dass ein allgemeines Modell, gesetzmäßige Aussagen und kategorische Empfehlungen zum Desinvestitions-Prozess wegen der Komplexität und der zu unterschiedlichen Faktenlage im Einzelfall kaum möglich erscheinen. Untersuchungen kausaler Zusammenhänge und Interdependenzen im Desinvestitions-Prozess könnten allerdings eine Grundlage zielführender Gestaltungsempfehlungen an das Management sein, wenn es darum geht, eine Desinvestitions-Maßnahme durchzuführen.[60]

3. Gang der Arbeit

Diese Arbeit ist in fünf Kapitel gegliedert.[61] Sie beginnt in Kapitel I mit einer Einführung in das Thema. Die Ausgangssituation der Thematik *Demarketing* und *Desinvestition* sowie die sich daraus ergebende Forschungsfrage und die Ziele dieser Untersuchung werden vorgestellt.

Kapitel II widmet sich dem theoretischen Bezugsrahmen und der Auswertung der einschlägigen Fachliteratur. Es werden die Grundlagen dargestellt, die für diese Untersuchung bedeutend sind und vor deren Hintergrund Desinvestitions- und Demarketing-Entscheidungen getroffen werden.

Kapitel III beschreibt die Konzeptualisierung eines Modells zum Demarketing-Management. Es werden die Grundlagen, das Strukturmodell des Demarketing-Managements mit dem Hypothesensystem und die Konzeptualisierung sowie die Operationalisierung der theoretischen Konstrukte erarbeitet.

---

[60] Vgl. dazu auch Dohm (1989) S.7
[61] Vgl. Abbildung 1 *Gang der Arbeit* auf S.22

In Kapitel IV wird die empirische Untersuchung entwickelt. Dargestellt werden die Datengrundlage, die Datenerhebung, eine deskriptive Analyse sowie eine Überprüfung der Hypothesen und die Gütebeurteilung des Strukturmodells.

Die Arbeit endet in Kapitel V mit einer Zusammenfassung der wesentlichen Ergebnisse und einer kritischen Würdigung der Erkenntnisse. Weiterhin werden die Grenzen der empirischen Untersuchung, die Marketing-Implikationen und Ansatzpunkte für weiterführende Forschungsarbeiten aufgezeigt.

Abbildung 1 verdeutlicht den konzeptionellen Aufbau dieser Arbeit in einer grafischen Kapitelübersicht.

I Einleitung

- Problemstellung, Forschungsfrage und Zielsetzung
- Stand der Forschung
- Gang der Arbeit

II Theoretischer Bezugsrahmen und Auswertung der Fachliteratur

- Theoretischer Bezugsrahmen
- Auswertung der Fachliteratur und begriffliche Abgrenzungen
- Verhaltenswissenschaftliche Erkenntnisse und Erklärungsansätze

III Konzeptualisierung eines Modells zum Demarketing-Management

- Grundlagen zur Konzeption des Modells
- Bestimmung des Strukturmodells und des Hypothesensystems
- Konzeptualisierung der theoretischen Konstrukte
- Operationalisierung der theoretischen Konstrukte

IV Empirische Untersuchung

- Datenerhebung und Untersuchungsgrundlagen
- Deskriptive Analyse
- Überprüfung der Hypothesen und Gütebeurteilung des Strukturmodells
- Untersuchungsergebnisse

V Zusammenfassung und Ausblick

- Zusammenfassung der Ergebnisse
- Implikationen für die Management-Praxis
- Grenzen der empirischen Untersuchung
- Implikationen für die Forschung und den weiteren Forschungsbedarf

Abbildung 1: Gang der Arbeit

„Grau, teurer Freund, ist alle Theorie,
und grün des Lebens goldner Baum. "[62]

II Theoretischer Bezugsrahmen und Auswertung der Fachliteratur

Marketing ist eine interdisziplinäre Wissenschaft, die ihre theoretischen Grundlagen aus verschiedenen Wissenschaftsgebieten bezieht. Zu nennen sind neben betriebswirtschaftlichen Aspekten bspw. auch die Wissenschaftsgebiete Psychologie (verhaltenswissenschaftliche Erkenntnisse) und Soziologie.[63] KAAS definiert das Marketing als ein *„unternehmerisches Handeln zur Überwindung von Informations- und Unsicherheitsproblemen bei der Durchführung von Markttransaktionen".*[64] Das Marketing basierte zunächst auf einem rein absatzpolitischen Konzept. Im Zeitverlauf hat es sich jedoch zu einer generischen Führungsphilosophie weiterentwickelt.[65]

Eine Führungsaufgabe des Marketings in einem Unternehmen ist u. a. daran zu erkennen, dass eine positive Unternehmens- bzw. Geschäftsentwicklung sowie die Entwicklung eines neuen Geschäftsfeldes nur durch Fachleute verschiedener Bereiche zu erreichen sind. In diesen Prozess sind neben dem Marketing auch das Controlling, die Entwicklung, der Vertrieb und die Betriebsorganisation eingebunden. Zu überprüfen ist regelmäßig:[66]

- Die Situation am Markt und im eigenen Unternehmen
- Das eigene Konzept
- Die zielorientierte Umsetzung durch einen strategischen Plan

Eine wechselnde Situation am Markt und im eigenen Unternehmen verlangt neben Investitionen stets auch Desinvestitions-Entscheidungen, wenn ein Unternehmen nachhaltig und erfolgreich am Markt bestehen will. Um dieses Ziel zu

---

[62] Johann Wolfgang von Goethe (1749-1832), Faust I
[63] Vgl. Bruhn (2009) S.17
[64] Kaas (1995) S.39
[65] Vgl. Nieschlag et al. (2002) S.3ff, Bruhn & Homburg (2001) S.406f, Becker (2006) S.2ff
[66] Vgl. Frohwein (2006) S.41ff

23

erreichen, werden in der Literatur Marketing-Strategien diskutiert, die in diesem Kapitel vorgestellt werden.

Die Situation am Markt entspricht der Sichtweise des Market-Based-View (MBV) und die des eigenen Unternehmens der Sichtweise des Resource-Based-View (RBV).[67] Ferner sind Portfolio-Normstrategien und Wettbewerbsstrategien von Bedeutung, auf deren Grundlage das Top-Management Investitions- und Desinvestitions-Entscheidungen treffen kann.[68]

Wenn eine Marketing-Strategie Investitions- oder Desinvestitions-Entscheidungen erfordert, ist das Management von Geschäftsbeziehungen zu einzelnen Kunden bzw. Kundengruppen von Bedeutung. DILLER ET AL. definieren das Kundenmanagement als *„das Management der kommunikativen Interaktionsprozesse eines Anbieters mit potenziellen oder vorhandenen Kunden zur Generierung und Pflege von Kundenbeziehungen über den gesamten Kunden-Lebenszyklus hinweg."*[69]

Um bei Desinvestitionen eines Geschäftsbereichs einen möglichen negativen Einfluss auf das Unternehmen zu vermeiden, erfordert das Management von Kundenbeziehungen ferner ein *Demarketing*.[70] Mithin wird deutlich, dass Marketing-Strategien auch von einem Demarketing begleitet werden sollten.

In Abschnitt II 1 wird ein Überblick über Strategien und Marketing-Strategien gegeben. Grundlegende Sichtweisen werden erläutert, die die Quellen eines Unternehmenserfolgs aufzeigen, die als Basis für die Entwicklung von Markt-strategien zu betrachten sind und die das Management bei Desinvestitions-

---

[67] Vgl. dazu die Abschnitte II 1.1 *Market-Based-View – MBV* auf S.27ff, II 1.2 *Resource-Based-View – RBV* auf S.29ff sowie II 1.4 *Weiterentwicklungen des RBV* auf S.33ff

[68] Vgl. dazu die Abschnitte II 1.5 *Portfolio-Normstrategien* auf S.35ff und II 1.6 *Wettbewerbs-strategien* auf S.39ff

[69] Diller et al. (2005) S.23
Vgl. auch Diller (1995) S.1363
Vgl. auch Becker (2006) S.632f: BECKER ergänzt das Kundenmanagement in seiner sehr ähnlichen Definition um den Aspekt, dass die potenziellen, aktuellen und ehemaligen Kunden zu beachten sind.

[70] Vgl. Abschnitt II 2 *Demarketing und Desinvestition* auf S.49ff

Entscheidungen unterstützen können. Abschnitt II 2 erklärt das *Demarketing* und die *Desinvestition*. Die Abschnitte II 3 und II 4 zeigen die *Motive, Barrieren* und *Formen der Desinvestition*. Das Kapitel endet in Abschnitt II 5 mit dem Desinvestitions-Prozess.

Aus dem in Abschnitt II vorgestellten theoretischen Bezugsrahmen werden anschließend die Hypothesen und das Modell zum Demarketing-Management abgeleitet.[71]

1. Strategien und Marketing-Strategien

Der Begriff *Strategie* hat seine Wurzeln im militärischen Sprachgebrauch.[72] Strategie ist ein übergeordnetes Rahmenkonzept, ein Gesamtplan zur Erreichung eines langfristigen Ziels, während unter Taktik einzelne, kurzfristig ausgerichtete Maßnahmen verstanden werden, die sich aber im Rahmen des gewählten strategischen Gesamtplans bewegen.[73] BECKER und FALLGATTER definieren Strategie als *„die grundsätzliche, langfristige Verhaltensweise (Maßnahmenkombination) der Unternehmung und relevanter Teilbereiche gegenüber ihrer Umwelt zur Verwirklichung der langfristigen Ziele."*[74]

WELGE und AL-LAHAM definieren das strategische Management als einen *„Prozess, in dessen Mittelpunkt die Formulierung und Umsetzung von Strategien in Unternehmungen steht"*.[75] Das strategische Management muss über Organisationseinheiten hinweg denken und aus einer übergeordneten

---

[71] Vgl. Abschnitt III *Konzeptualisierung eines Modells zum Demarketing-Management* auf S.137ff

[72] Vgl. Mintzberg & Quinn (1996) S.3, Bartsch (2005) S.10. Der griechische Ausdruck *Strategos,* zusammengesetzt aus den Wörtern *Stratos* (Heer) und *Agos* (Führer), war die Bezeichnung für den Feldherrn des griechischen Heeres.

[73] Vgl. von Clausewitz (1998) S.157
Vgl. auch Grant (1991) S.11: *„While tactics are concerned with the maneuvers necessary to win battles, strategy is concerned with winning the war."*

[74] Becker & Fallgatter (2002) S.61
Vgl. auch Mintzberg & Quinn (1996) S.11ff: Die Mehrdeutigkeit und nicht homogene Auffassung des Strategiebegriffs in der Literatur wird von MINTZBERG bewusst aufgenommen. Er fasst die verschiedenen Verwendungsarten des Strategiebegriffs in seinen fünf *„P's of Stategy"* zusammen. Diese fünf P's beinhalten: *Plan, Ploy, Pattern, Position* und *Perspective.*

[75] Welge & Al-Laham (2008) S.23

Perspektive handeln. Nur auf diese Weise kann sich ein Unternehmen erfolgsorientiert ausrichten.[76]

Nach BECKER wird unter einer *Marketing-Strategie* der zukunftsgerichtete unternehmerische Handlungsrahmen als mittel-/längerfristige Grundsatzregel verstanden, der Grundsätze des zielführenden Einsatzes der Marketinginstrumente regelt und auf die Erreichung bestimmter Positionen im Markt abzielt.[77] Die Marketing-Strategie ist ein wesentlicher Ausgangspunkt, mit der strategische Geschäftseinheiten ihre Marketing-Ziele erreichen sollen. Hierzu gehören bspw. auch die Entscheidungen über die benötigten Ressourcen und Marketingbudgets. Die Gestaltung einzelner, detaillierter Marketing-Maßnahmen wird bei dem strategischen Marketing nicht thematisiert.[78] Die Gestaltung aller Marketing-Maßnahmen soll in den einzelnen strategischen Geschäftseinheiten so vollzogen werden, dass der Nutzen für ein gesamtes Unternehmen optimiert wird. Um dieses Ziel zu verfolgen, sind auch andere Funktionsbereiche eines Unternehmens wie bspw. Finanzierung, Personalmanagement, Produktion, Forschung und Entwicklung zu berücksichtigen.[79]

Überschneidungen der Marketingstrategie mit der Gesamtstrategie eines Unternehmens sind offensichtlich, denn ein Großteil der strategischen Planung geht vom Marketing aus. Das Marketing identifiziert die wichtigsten Kunden, während die Strategie eine Befriedigung der Bedürfnisse dieser Kunden verlangt. Des Weiteren erkennt das Marketing neue Marktchancen und liefert Input für zukünftige strategische Entscheidungen.[80]

Eine Marketing-Strategie kann als Bindeglied zwischen den laufenden operativen Maßnahmen und den strategischen Zielen eines Unternehmens

---

[76] Vgl. Hungenberg (2008) S.15
    Vgl. auch Rühli (1994) S.33: Gegenstand der Strategieforschung ist es zu überprüfen, wie ein Unternehmen dauerhaftes und überdurchschnittliches Kapital erwirtschaften kann. Insbesondere ein nachhaltiger Wettbewerbsvorteil steht im Fokus der Forschung.
[77] Vgl. Becker (2006) S.137ff
[78] Vgl. Kotler et al. (2007) S.87ff, Busch et al. (2008) S.152
[79] Vgl. Busch et al. (2008) S.152
[80] Vgl. Becker (2006) S.137ff, Kotler (2008) S.110

begriffen werden. Innerhalb der strategischen Planung nimmt das Marketing aus diesem Grund nach KOTLER eine zentrale Schlüsselrolle ein.[81]

Zur Erklärung einer Marktstrategie werden zwei Sichtweisen, der *Market-Based-View (MBV)* und der *Resource-Based-View (RBV)*, unterschieden.

1.1. Market-Based-View – MBV

MICHAEL E. PORTER von der HARVARD BUSINESS SCHOOL ist einer der Hauptvertreter des traditionellen *Market-Based-View*-Ansatzes. PORTER ging auf den industrieökonomischen Ansatz (*Industrial Organisation*) zurück und versuchte auf diese Weise den Wettbewerb in einer Branche zu erklären. Eine Grundlage dafür ist das *Structure-Conduct-Performance-Paradigma* nach MASON und BAIN. Hiernach kann ein Unternehmen einen Wettbewerbsvorteil (Performance) durch die Branchenstruktur (Industry Structure) und das strategische Verhalten (Conduct) erklären.[82]

Nach PORTER ist der Erfolg einerseits abhängig von der Branchenstruktur und andererseits von der relativen Position eines Unternehmens in dieser Branche. *„At the broadest level, firm success is a function of two areas: the attractiveness of the industry in which the firm competes and its relative position in that industry."[83]*

Folgende Wettbewerbskräfte bestimmen die Attraktivität einer Branche:[84]

- Eine Bedrohung durch neue Anbieter
- Die Verhandlungsstärke der Lieferanten
- Die Verhandlungsstärke der Abnehmer

---

[81] Vgl. Backhaus & Voeth (2007) S.56, Kotler (2008) S.110f: *(1) Marketing ist eine Leitlinie oder Philosophie für die gesamte Tätigkeit des Unternehmens. (2) Marketing liefert Input für strategische Entscheidungen. (3) Marketing unterstützt die Zielerreichung der einzelnen Geschäftseinheiten mit konkreten Strategien.*

[82] Vgl. Bea & Haas (2001) S.24, Mason (1949), Bain (1962)
Vgl. auch Freiling (2001) S.70f für eine detaillierte Darstellung und Einordnung des Structure-Conduct-Performance-Paradigmas in die Industrieökonomik.

[83] Vgl. Porter (1991) S.99f

[84] Vgl. Bea & Haas (2001) S.5

- Eine Bedrohung durch Ersatzprodukte
- Das Ausmaß der Rivalität der Wettbewerber innerhalb der Branche

Starke Wettbewerbskräfte und eine hohe Wettbewerbsintensität können die Erfolgsaussichten eines Unternehmens mindern. Um Chancen und Bedrohungen aus der Umwelt zu erkennen und um darauf reagieren zu können, wurden Produkt-Markt-Strategien entwickelt. PORTER formulierte *generische Wettbewerbsstrategien*, mit deren Hilfe sich Wettbewerbsvorteile erzielen lassen.[85]

Die Strategie des Market-Based-View ist demnach auf die Märkte ausgerichtet, in denen ein Unternehmen im Wettbewerb steht und erfolgreich agieren möchte (Outside-In-Perspektive). Diese marketing-strategische Stoßrichtung erklärt nach dieser Sichtweise die zukünftige Entwicklung und das Wachstum eines Unternehmens.[86]

Vor diesem Hintergrund kommt es darauf an, Erfolg versprechende Märkte auszuwählen und die eigene Strategie darauf auszurichten. Die besonderen Ressourcen bzw. Kernkompetenzen eines Unternehmens finden nach Sichtweise des MBV zunächst keine Beachtung. Kritisch ist indessen anzumerken, dass gerade die eigenen Ressourcen und Fähigkeiten sinnvolle Hinweise darauf geben können, auf welche Märkte ein Unternehmen sich konzentrieren sollte, d. h., auf welchen Märkten sich Wettbewerbsvorteile erzielen lassen. Bei einem Vergleich des MBV und RBV wird auf diese Thematik eingegangen.[87]

Als ein wesentlicher Nachteil des MBV-Ansatzes wird darüber hinaus angeführt, dass sich Unternehmen, wenn sie diesem Strategieansatz folgen, zwangsläufig nur an etablierten Branchen orientierten, dass ihr gesamtes Verhalten reaktiv und defensiv sei und dass sie sich deshalb außerstande sähen, aktiv neue Märkte zu schaffen und neuen Trends zu folgen.[88] Dies kann aber nur gelingen, wenn keine ausschließliche Fixierung auf externe Märkte besteht,

---

[85] Vgl. Porter (2008) S.71ff
    Vgl. auch Abschnitt II 1.6.1 *Wettbewerbsstrategien nach PORTER* auf S.39ff
[86] Vgl. Becker (2000) S.11
[87] Vgl. Backhaus & Schneider (2007) S.160
[88] Vgl. Bea & Haas (2001) S.25f

sondern wenn die eigenen Möglichkeiten, d. h. die eigenen Ressourcen in die strategischen Überlegungen einbezogen werden. Diese Sichtweise führte zu einem anderen Strategieansatz, dem *Resource-Based-View*.

1.2. Resource-Based-View – RBV

Der volkswirtschaftliche Ressourcenbegriff umfasst die generischen Produktionsfaktoren Boden, Arbeit und Kapital. Der Ressourcenbegriff des *Resource-Based-View* stellt dagegen auf unternehmensspezifische, einzigartige Ressourcen und Ressourcenbündel eines Unternehmens ab. Diese Ressourcen müssen direkt mit der Strategie in Verbindung gebracht werden.[89]

Der ressourcenbasierte Ansatz geht auf E. PENROSE und B. WERNERFELT zurück.[90] Im Zentrum der Argumentation des RBV steht das Verständnis von Ressourcen. Nach WERNERFELT beinhalten die Ressourcen *„anything which could be termed a strength or weakness of a given firm (...) (tangible and intangible) assets which are tied semi-permanently to the firm."*[91] AMIT und SCHOEMAKER beschreiben Ressourcen als *„stocks of available factors that are owned or controlled by the firm."*[92]

Eine wesentlich engere Definition von Ressourcen wurde von BARNEY angegeben: *„firm resources include all assets, capabilities, organizational processes, firm attributes, information, knowledge etc. controlled by a firm that enable the firm to conceive of an implement strategies that improve its efficiency and effectiveness."*[93] Später ergänzt der Autor: *„A firm's resources and capabilities include all of the financial, physical, human, and organizational*

---

[89] Vgl. Hanusch et al. (2000) S.10ff, Welge & Al-Laham (2008) S.88
[90] Vgl. Penrose (1959), Wernerfelt (1984) S.171ff, Wernerfelt (1995) S.171ff
[91] Wernerfelt (1984) S.172
[92] Vgl. Amit & Shoemaker (1993) S.35
[93] Barney (1991) S.101 in Anlehnung an Daft (1983)

assets used by a firm to develop, manufacture, and deliver products or services to its customers. "[94]

Zu den Annahmen des Resource-Based-View gehören die *Heterogenität* und *Immobilität* von Ressourcen, die als Quelle von Wettbewerbsvorteilen angesehen werden.[95] PENROSE bezeichnete das als Bündel heterogener physischer und menschlicher Ressourcen.[96] BARNEY fügt die Immobilität als zweite Prämisse hinzu.[97] Nur die Immobilität garantiert, dass die Heterogenität der Ressourcen langfristig gewährleistet ist. BARNEY unterscheidet ferner zwischen *Wettbewerbsvorteilen* und *nachhaltigen Wettbewerbsvorteilen* und nennt vier Kriterien, anhand derer es sich messen lässt, ob eine strategisch relevante Ressource gegeben ist. Die Ressourcen müssen demnach *wertvoll, selten, nicht imitierbar* und *organisational eingebunden* sein.[98]

Aufgrund der Immobilität und der schwierigen Imitierbarkeit sind Ressourcen i. d. R. nur singulär von einem Unternehmen zu nutzen. Manche Ressourcen können hingegen auch mehrfach verwendet werden. Beispielsweise können immaterielle Ressourcen, wie das Wissen oder die Fähigkeiten von Mitarbeitern, in einem Unternehmen mehrfach genutzt werden, weil diverse unterschiedliche Aufgaben durch diese Ressource bearbeitet und gelöst werden können. Diese Ressourcen sind gleichsam multiplizierbar und nicht limitiert.[99]

---

[94] Barney (1995) S.50
Vgl. auch Müller-Stewens & Lechner (2005) S.357: Ressourcen sind all das, *„was einem Unternehmen zur Verfügung steht und worauf es direkt oder indirekt zugreifen kann."*
Vgl. Welge & Al-Laham (2008) S.96ff: In der Literatur wird u. a. kritisiert, dass die mangelnde terminologische und konzeptionelle Präzision des RBV Operationalisierungsprobleme in der empirischen Forschung verursacht.
Vgl. auch Abschnitt II 1.4 *Weiterentwicklungen des RBV* auf S.33ff

[95] Vgl. Barney (1991) S.100, Barney (1992) S.42
[96] Vgl. Penrose (1959)
[97] Vgl. Barney (1991) S.100, Barney (1992) S.42
[98] Vgl. Barney (1991) S.102f, Barney (2001) S.48
[99] Vgl. Graml (1996) S.164f, McGaughey (2002) S.251ff

Die strategischen Ressourcen können in *physische, humankapitalbezogene* und *organisationale* Ressourcen unterteilt werden.[100] Zu den *physischen* Ressourcen gehören bspw. Gebäude, Produktionsanlagen, Grundstücke, Maschinen und EDV-Systeme. Unter *humankapitalbezogenen* Ressourcen werden u. a. Wissen (Know-how), Erfahrung der Mitarbeiter und Patente zusammengefasst. Insbesondere fallen Kernkompetenzen unter die Ressourcen, die nach PRAHALAD und HAMEL das kollektive Wissen eines Unternehmens beinhalten. *Organisationale* Ressourcen beschreiben das Führungssystem und die Organisationsstruktur eines Unternehmens. Dazu gehören ebenso Informations- und Kommunikationssysteme sowohl innerhalb als auch außerhalb eines Unternehmens (Netzwerke und Allianzen).[101]

Der ressourcenbasierte Strategieansatz stellt die unternehmensinterne Sichtweise in den Mittelpunkt der Betrachtung (Inside-Out-Perspektive). Der RBV-Ansatz soll die Frage beantworten, welche Ressourcen eines Unternehmens nachhaltige Wettbewerbsvorteile generieren können. Die zentrale These des RBV besagt demnach, dass Erfolgsunterschiede zwischen Unternehmen durch ihre jeweiligen Ressourcen zu erklären sind. MÜLLER-STEWENS und LECHNER präzisieren diese These: *„Es kommt auf die Effizienzunterschiede zwischen Ressourcen an."*[102]

1.3. Vergleich der beiden Ansätze MBV und RBV

Beim Vergleich der beiden strategischen Ansätze MBV und RBV ergeben sich Gemeinsamkeiten, auf die eingegangen werden soll. Beiden ist gemein, einen dauerhaften Wettbewerbsvorteil zu generieren, die Leistungen eines Unter-

---

[100] Vgl. Welge & Al-Laham (2008) S.88ff
  Vgl. Nieschlag et al. (2002) S.70ff: Die Autoren unterscheiden einerseits quantitativ messbare Ressourcen (Finanzmittel und sachliche bzw. physikalische Ressourcen) sowie qualitative Ressourcen (Unternehmensidentität, -zweck, -philosophie und- kultur).
[101] Vgl. Welge & Al-Laham (2008) S.88ff, Barney (1991), Müller-Stewens & Lechner (2005) S.357, Prahalad & Hamel (1990) S.83
  Vgl. auch Abschnitt II 1.6.2 *Strategie der Kernkompetenzen* auf S.46
[102] Müller-Stewens & Lechner (2005) S.357

nehmens zu verbessern und dauerhafte Renditen zu erwirtschaften.[103] Unterschiede sind ebenso erkennbar: Der MBV stellt ganz auf die Industrie, die Branche ab. Der RBV sieht das eigene Unternehmen, d. h., diese Strategie spielt sich auf einer darunterliegenden Ebene ab. Die jeweils andere Ebene wird beim MBV und RBV wechselseitig ausgeblendet.[104]

In Abbildung 2 ist ein Vergleich der beiden Strategieansätze dargestellt.

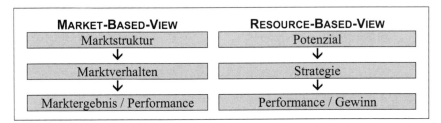

Abbildung 2: Vergleich des MBV und RBV[105]

Beide Strategieansätze lassen sich jedoch miteinander verknüpfen, weil sie sich in der Praxis auch gar nicht konsequent voneinander trennen lassen und weil sie sich gegenseitig ergänzen. Für die erfolgreiche Strategie eines Unternehmens ist beides wichtig: Auf der einen Seite ist die eigene Position in der Branche, d. h. im Markt von Bedeutung. Auf der anderen Seite sind die eigenen Kernkompetenzen, d. h. die eigenen Ressourcen entscheidend.[106]

Wie nahe Märkte und Ressourcen eines Unternehmens miteinander verknüpft sind, ist daran zu erkennen, dass einerseits die eigenen Ressourcen die Attraktivität eines Marktes aufzeigen. Andererseits müssen bei einem ausgewählten Markt und der dazugehörigen Wettbewerbsstrategie die eigenen

---

[103] Vgl. Rumelt et al. (1994) S.9ff
   Vgl. auch Backhaus & Schneider (2007) S.160: Der MBV und RBV „*versuchen beide die Frage zu beantworten, warum Unternehmen überdurchschnittlich erfolgreich sind und stellen damit einen konkreten Bezug zur realisierten Strategie her.*"
[104] Vgl. Scheuss (2008) S.153
[105] Abbildung in Anlehnung an Corsten (1998) S.17
[106] Vgl. Scheuss (2008) S.153

Fähigkeiten und Kernkompetenzen stets dahin gehend überprüft werden, ob sie den Anforderungen dieses Marktes auch entsprechen.[107]

Auf der Grundlage des Ressourcen-Ansatzes und dessen Weiterentwicklungen sind für das Management wertvolle Entscheidungshilfen für eine Expansionsstrategie, aber insbesondere auch für Desinvestitions-Entscheidungen abzulesen.[108] Das Management kann durch die Analyse der Ressourcen und Kernkompetenzen[109] überprüfen, ob einerseits nachhaltige Wettbewerbsvorteile erzielt und gehalten werden können, sofern die Ressourcen in einem Markt mit zukünftigem Potenzial eingesetzt werden. Andererseits bedeutet dies im Umkehrschluss, dass an Desinvestitionen in Verbindung mit einem Demarketing gedacht werden muss, wenn für Ressourcen kein zukünftiges Potenzial erkennbar ist.

1.4. Weiterentwicklungen des RBV

Es zeigte sich, dass der RBV aufgrund der statischen Sichtweise weiterentwickelt werden musste. Beispielsweise wird eine mögliche Veränderung von Ressourcen in den unterschiedlichen Zeitphasen eines Unternehmens im Rahmen des statischen und zeitpunktbezogenen RBV-Ansatzes nicht mit einbezogen. Auch die Dynamik, die ein Unternehmen durch fortschreitendes Lernen (*dynamic capabilitiy*) und Wissen (*knowledge-asset*) erfährt, wird in dem RBV-Ansatz nicht berücksichtigt. Alle Unternehmen, die sich nicht in einem stabilen Umfeld befinden, sondern sich mit dynamischen Marktbedingungen auseinandersetzen müssen, kommen nicht umhin, strategische Werte kontinuierlich zu verändern und anzupassen.[110]

Die Weiterentwicklungen des RBV sind in Tabelle 3 in einer Übersicht dargestellt.

---

[107] Vgl. Backhaus & Schneider (2007) S.160
[108] Vgl. Prahalad & Hamel (1990) S.79ff, Hamel (1991) S.83ff
[109] Vgl. auch Abschnitt II 1.6.2 *Kernkompetenzen* auf S.45f
[110] Vgl. Welge & Al-Laham (2008) S.96, Zahra et al. (2006) S. 920f,
　　　Gruber & Harhoff (2001) S.18
　　　Vgl. für weitere Kritikpunkte auch Hoopes et al. (2003) S.889ff,
　　　Priem & Butler (2001) S.22ff

Weiterentwicklung des RBV

Dynamic Capability Approach – DCA (Capability-Based-View)[111]

Die dynamischen Fähigkeiten (*dynamic capabilities*) sollen es ermöglichen, neue Wettbewerbsvorteile durch eine regelmäßige Anpassung produktiver Fähigkeiten und Ressourcen zu generieren.

Knowledge-Based-View – KBV[112]

Das Wissen wird im KBV zur entscheidenden Ressource.

Aufgabenorientierter Ansatz[113]

Das zentrale Konstrukt sind Marktpotenziale, Kernaufgaben und Kompetenzen.

Beziehungsorientierte Ansatz[114]

Die Kooperation zwischen einem und mehreren anderen Unternehmen ist entscheidend.

Chancenorientierte Ansatz[115]

Volatile und dynamische Märkte erfordern ein flexibles und rasches Vorgehen, um nur kurzfristige Marktchancen zu nutzen.

---

[111] Vgl. Zahra et al. (2006) S.920f, Gruber & Harhoff (2001) S.18
Vgl. auch Teece et al. (1997) S.515ff, Eisenhardt & Martin (2000) S.1107, Zollo & Winter (2002) S.340, Burr (2003) S.361
Vgl. von Krogh & Roos (1996) S.424: *„Competence is not an asset, it is an event."*

[112] Vgl. Nonaka et al. (2000) S.5ff, Grant (1996) S.109ff, von Krogh et al. (2001) S.426, Müller-Stewens & Lechner (2005) S.362f, von Krogh & Venzin (1995) S.420: *„Wenn Wissen als potenziell wertgenerierende, seltene, schwer imitierbare und substituierbare Ressource betrachtet wird, so nimmt das Management von Wissen eine zentrale Stellung ein."*

[113] Vgl. Tomczak et al. (2007)

[114] Vgl. Dyer & Singh (1998) S.660ff, Amit & Zott (2001) S.498f, Hitt et al. (2001) S.481f

[115] Vgl. Eisenhardt & Sull (2001) S.108, Gruber & Harhoff (2001) S.12f u.15: Innovative und mit einem zeitlichen Vorsprung in den Markt eingeführte Produkte können durch bereits bestehende Angebote substituiert werden. Ein *„first-mover"*-Unternehmen kann dadurch entstehende Netzwerkeffekte sowie Kosten- und Differenzierungsvorteile nutzen.

Competence-based Theory of the Firm – CbTF[116]

Die „*Erklärung der aktuellen und zukünftigen Wettbewerbsfähigkeit von Unternehmungen (auf Märkten)*" erfolgt „*aus der unterschiedlichen Verfügbarkeit von Ressourcen und Kompetenzen*". Bei der „*Erklärung der Existenz, Veränderung und des Niedergangs von Unternehmungen*" ist in der Forschung vermehrt auf den zeitlichen Ablauf in der Historie eines Unternehmens (Entstehung, Veränderung, Untergang) Gewicht zu legen.[117]

Tabelle 3: Weiterentwicklungen des RBV

1.5. Portfolio-Normstrategien

Unternehmen stehen häufig vor der Entscheidung einer notwendigen strategischen Neuorientierung. Wie die dann auszurichten ist, bleibt zunächst der Kreativität, dem Einfallsreichtum oder der unternehmerischen Inspiration überlassen. Einzelfallbezogene Strategien haben sich an der spezifischen Situation eines Unternehmens zu orientieren und sollen passgenaue Lösungen generieren.[118]

Aufgrund der Annahme, empirische Gesetzmäßigkeiten aus vielen Einzelfällen ablesen und daraus universelle, systematische Erfolgsstrategien entwickeln zu können, entstand die Idee einer *Normstrategie*. Entwickelt wurden bspw. die *Portfolio-Analyse* und das *PIMS-Programm (Profit Impact of Market Strategies)*.

Die Portfolio-Analyse untersucht die Tätigkeitsbereiche eines Unternehmens und liefert Informationen für die strategische Planung. Der Kern der Portfolio-Analyse liegt in der Aussage, dass ein Unternehmen strategische Entscheidungen stets vor dem Hintergrund anderer Entscheidungen und einer

---

[116] Vgl. Gruber & Harhoff (2001) S.16, Freiling et al. (2006) S.37ff, Teece et al. (1997) S. 526, Bresser (1998), Foss (1997) S.3ff, Porter (1991) S.95ff, Priem & Butler (2001) S. 57ff
[117] Vgl. Freiling et al. (2006) S.51f
[118] Vgl. Andrews (1987), Steinmann & Schreyögg (2005) S.220

unternehmerischen Gesamtperspektive zu treffen hat, niemals jedoch eine Entscheidung nur für sich betrachten soll.[119]

Das PIMS-Projekt (Gewinnauswirkung von Marktstrategien) wurde Anfang der 60er-Jahre des vorigen Jahrhunderts von SIDNEY SCHOEFFLER an der HARVARD BUSINESS SCHOOL im Auftrag von FRED BORCH, dem damaligen Präsidenten des diversifizierten Unternehmens GENERAL ELECTRIC, zur Erforschung des wirtschaftlichen Erfolgs in Abhängigkeit von Schlüsselfaktoren entwickelt.[120]

Es zeigte sich jedoch, dass Strategien nicht „naturgesetzmäßig" verlaufen, sondern extrem variabel sind. Ein gefundenes „Gesetz" ist niemals von langer Dauer, neue Strategien setzen sie schon bald wieder außer Kraft.[121]

Es erscheint zielführend, die beiden Ansätze zu kombinieren, d. h. eine *Einzelfallstrategie*, die sich an einer *Normstrategie* zwar orientieren kann, diese aber nicht blind verfolgen sollte. Eine Normstrategie als grundsätzlich mögliche Option sollte demzufolge keineswegs die Einzelfallstrategie verdrängen.[122]

Anhand der *BCG-Portfolio-Matrix* lässt sich das strategische Vorgehen im Sinne der Normstrategien von PORTER erklären. Die Normstrategien der

---

[119] Vgl. Bea & Haas (2001) S.136ff, Olbrich (2006) S.81f, Fuchs & Unger (2007) S.58ff
Beispielsweise kann eine bestimmte Kombination von Produkten und Märkten für ein Unternehmen isoliert betrachtet scheinbar sehr Erfolg versprechend sein. Vor dem Hintergrund einer übergeordneten und gesamtunternehmerischen Perspektive kann sich diese Produkt-Markt-Kombination jedoch als äußerst unattraktiv darstellen. Die Portfolio-Theorie beruht auf der von HARRY M. MARKOWITZ entwickelten Portfoliotheorie (Portfolio Selection-Theory). Diese gibt in dem Teilgebiet der Finanzierung vor dem Hintergrund einer Risikostreuung Handlungshilfen für eine optimale Kombination von Anlagealternativen für ein bestmögliches und effizientes Portfolio.

[120] Vgl. The-Strategic-Planning-Institute-(SPI) (2011), Bea & Haas (2001) S.122f, Homburg & Krohmer (2009) S.422ff
Die Grundidee des PIMS-Konzeptes basiert auf einer Datenbank, die wirtschaftliche Informationen von mehr als 3.000 Unternehmen und strategischen Geschäftseinheiten unterschiedlicher Branchen aus Nordamerika, Europa und Asien enthält. Mithilfe dieser Datenbank sollten u. a. die Fragen beantwortet werden, welche Einflussgrößen und Strategieänderungen sich in welcher Form auf den Return on Investment (ROI) und den Cashflow auswirken. Heute wird das PIMS-Projekt von der AMERICAN STRATEGIC PLANNING INSTITUTE (SPI) in CAMBRIDGE (MASS.) betreut.

[121] Vgl. Schryögg (1992) S.199ff, Mintzberg et al. (2007) S.112ff

[122] Vgl. Steinmann & Schreyögg (2005) S.220

Investition - Stars, Segmentation – Question Marks, Abschöpfung – Cash Cows und *der Desinvestition – Poor Dogs* aus der Vier-Felder-Matrix werden im Folgenden erläutert.[123]

Investition – Stars

Bei dem Feld der Stars handelt es sich um Geschäftsfelder, die in schnell wachsenden Märkten über einen hohen relativen Marktanteil verfügen. Diese sehr günstige Position im Markt bei Wachstumsraten über 10 % verlangt auch das interne Wachstum eines Unternehmens. Die Normstrategie empfiehlt, in diesem Fall zu investieren. Dies unter Umständen in einem solchen Ausmaß, dass zunächst kein Netto-Cashflow in diesem Bereich zu erwarten ist. Diese Geschäftseinheiten bringen aber den zukünftigen Cashflow.[124]

Segementation - Question Marks

Die Fragezeichen stehen für ungenutzte Chancen von Geschäftsfeldern eines Unternehmens in wachsenden, interessanten Märkten, in denen der eigene Marktanteil aber noch gering ist. Um diesen auszubauen, sind Investitionen notwendig, die aber vom Management je nach Geschäftsfeld umsichtig zu hinterfragen und zu entscheiden sind. Die Normstrategie empfiehlt: Investieren, sagt aber nicht genau in welches Geschäftsfeld.[125]

Abschöpfung - Cash Cows

In ausgereizten Märkten mit wenig Wachstumserwartung aber einer sehr guten Wettbewerbsposition ist weiteres Investieren kontraproduktiv. Die Norm-strategie rät, die *Cash-Kühe* zu „melken", also Kapitalrückflüsse zu generieren, welche dann als Gewinnausschüttung zur Auszahlung gebracht oder in andere möglicherweise zukunftsträchtige Geschäftsbereiche investiert werden können. Zum Beispiel in den mit Fragezeichen gekennzeichneten Quadranten der Vier-Felder-Matrix. Wenn diese Geschäftseinheiten einen Anteil von 40 % bis 60 %

---

[123] Vgl. Henderson (1993) S.286ff, Hedley (1999) S.373ff, Dickson (1983) S.38ff, Hutzschenreuter (2009) S.368ff
[124] Vgl. Hinterhuber (1984) S.118
[125] Vgl. Steinmann & Schreyögg (2005) S.247f

am Gesamtumsatz eines Unternehmens haben, bedeutet das eine langfristige Sicherung des Finanzbedarfs für die Wachstumsmärkte.[126]

Desinvestition - Poor Dogs

Die in der BCG-Matrix dargestellten „armen Hunde" kennzeichnen Geschäftsfelder in wenig ergiebigen Märkten bei gleichzeitig schwacher Wettbewerbsposition. Weil sich weitere Investitionen nicht mehr amortisieren würden, lautet die Normstrategie, um nicht in eine Cash-Falle zu geraten: Geschäftsfeld verlassen, bzw. Desinvestition.[127]

Diese Normstrategien mithilfe der BCG-Matrix sind durchaus kritikwürdig.[128] Immerhin können sie als Generator von Optionen dienen, niemals aber sollte ein Unternehmen ihnen bedingungslos folgen, weil ihre Annahmen zu pauschal sind. Insbesondere wurde auf die Schwierigkeit der Marktabgrenzung hingewiesen sowie auf die Vernachlässigung des Faktors Synergien in einem Unternehmen. Aber auch andere Portfolio-Modelle, wie bspw. die *Branchenattraktivitäts-Wettbewerbsstärken-Matrix* von MCKINSEY in Zusammenarbeit mit GENERAL ELECTRIC, sind nur bedingt anwendbar. Dabei handelt es sich um eine Weiterentwicklung der BCG-Matrix. Das Konzept wird um quantitative und qualitative Faktoren ergänzt und ermöglicht eine detailliertere und differenzierte Analyse. Als wesentliche Kritikpunkte werden Probleme bei der vollständigen Erfassung aller Faktoren sowie deren Bewertung genannt.[129]
Die für diese Arbeit bedeutsamen Demarketing- und Desinvestitions-Strategien werden in Abschnitt II 2 eingehend betrachtet.[130]

---

[126] Vgl. Hinterhuber (1977) S.89, Gälweiler (1974) S.81f
[127] Vgl. Steinmann & Schreyögg (2005) S.248
[128] Vgl. Müller-Stewens & Lechner (2005) S.304ff, Welge & Al-Laham (2008) S.480
[129] Vgl. Macharzina & Wolf (2010) S364ff, Becker (2006) S.430, Olbrich (2006) S.99f
  Die *Branchenattraktivitäts-Wettbewerbsstärken-Matrix* wird auch *Neun-Felder-Portfolio* und *Branchenattraktivitäts-Wettbewerbsvorteil-Portfolio* genannt.
  Vgl. auch Welge & Al-Laham (2008) S.476ff für eine Übersicht weiterer Portfolio-Konzepte.
[130] Vgl. Abschnitt II 2 *Demarketing und Desinvestition* auf S.49ff

1.6. Wettbewerbsstrategien

Obwohl der Begriff der Wettbewerbsstrategie bereits früher verwendet wurde, erlangte er in den Wirtschaftswissenschaften erst durch die Untersuchungen von MICHAEL E. PORTER im Jahr 1980 erhöhte Aufmerksamkeit.

In den folgenden Abschnitten werden die Wettbewerbsstrategien nach PORTER und die Strategie der Kernkompetenzen beschrieben, die deshalb für diese Arbeit von Bedeutung sind, weil dadurch auch Desinvestitions-Entscheidungen ausgelöst werden können, die wiederum von einem Demarketing begleitet werden sollten.

1.6.1. Wettbewerbsstrategien nach PORTER

Nach PORTER sind die Strategien auf der Geschäftsbereichsebene in erster Linie Wettbewerbsstrategien.[131] *„Eine Wettbewerbsstrategie beschreibt Maßnahmen, die der SGE* [strategischen Geschäftseinheit] *eine vorteilhafte Position im Wettbewerb verschaffen."*[132]

Die beste Strategie eines Unternehmens bzw. eines einzelnen Geschäftsfelds muss nach PORTER darauf abzielen, besondere, einmalige Aktivitäten zu generieren, die allerdings die individuellen Rahmenbedingungen zu berücksichtigen haben. Der Autor definiert: *„Competitive Strategy is about being different. It means deliberately choosing a different set of activities to deliver a unique mix of values."*[133]

PORTER nennt drei Grundstrategien, die als *generische Wettbewerbsstrategien* bezeichnet werden. Diese Strategien betreffen einzelne Geschäftsfelder eines Unternehmens:[134]

- *Umfassende Kostenführerschaft*
- *Differenzierung*
- *Konzentration auf Schwerpunkte*

---

[131] Vgl. Porter (1999) S.63
[132] Welge & Al-Laham (2008) S.516
[133] Porter (1996) S.64
[134] Vgl. Porter (2008) S.71, Porter (1980) S.35ff: *„(1) overall cost leadership, (2) differentiation, (3) focus."*

Ein Unternehmen hat grundsätzlich zu klären, in welchen Märkten es sich engagieren möchte, wie diese Märkte abgegrenzt werden und wie sich ein Unternehmen dort zu positionieren gedenkt.

Es bieten sich mehrere Möglichkeiten an: Denkbar ist einerseits eine Abgrenzung über die Branche oder aber ein Unternehmen setzt auf eine Nische im Markt, d. h. auf einen engen, über bestimmte Kriterien abgegrenzten Absatzmarkt. Eine Positionierung im Markt kann durch vorteilhafte Differenzierung oder durch eine günstige Kosten- und Preisstruktur erfolgen.[135]

In Abbildung 3 wird dieser Sachverhalt verdeutlicht.

			Strategischer Vorteil	
			Singularität aus Sicht des Käufers	Kostenvorsprung
Strategisches Zielobjekt		Branchenweit	Differenzierung	Umfassende Kostenführerschaft
		Beschränkung auf ein Segment	Konzentration auf Schwerpunkte	

Abbildung 3: Generische Wettbewerbsstrategien nach PORTER[136]

Differenzierung

Differenzierung bedeutet, die Produkte oder die Dienstleistungen so zu gestalten, dass diese sich von denen der Konkurrenz deutlich abheben, dass sie etwas Besonderes, Einmaliges darstellen und branchenweit eine Sonderstellung erreicht wird. Dieses Alleinstellungsmerkmal eines Leistungsangebotes wird in der Literatur auch *Unique Selling Proposition (USP)* sowie *veritabler Kundenvorteil* bzw. *komparativer Konkurrenzvorteil* genannt. Ein Alleinstellungsmerkmal stellt ein einzigartiges Nutzenversprechen in den Vorder-

---

[135] Vgl. Porter (2008) S.71ff, Kotler (2008) S.588, Kerth et al. (2008) S.199
[136] Porter (2008) S.77

grund, das sich deutlich vom Wettbewerb abhebt. Die Komponente Preis wird bei einer Definition der Differenzierungsstrategie bewusst nicht genannt.[137] Es ist zunächst gleichgültig, durch welche Maßnahmen eine Differenzierung gelingt. Ein gleichzeitiges Mischen von Maßnahmen ist durchaus denkbar, die Perspektive des Kunden ist jedoch immer maßgeblich. Die Differenzierung kann durch ein bestimmtes unverwechselbares Design, verbunden mit dem Image einer Firma oder einem einzelnen Produkt, durch einen erstklassigen Service, durch herausragende Produkteigenschaften oder durch eine besondere Technologie den Unterschied zum Konkurrenten am Markt ausmachen. Insbesondere die Marke und das damit verbundene Image sind bei einer Differenzierung von Bedeutung. Ein hoher absoluter Marktanteil ist vor diesem Hintergrund nicht erforderlich.[138]

Je deutlicher die Unterschiede von Produkten oder von Dienstleistungen eines Unternehmens im Vergleich zu anderen Anbietern sind, umso mehr kann der Umsatz gesteigert werden. Weiterhin lassen sich dann auch höhere Preise durchsetzen. Nach BARNEY ist der nachhaltige Wettbewerbsvorteil durch Seltenheit und schwierige Imitierbarkeit der Produkte bestimmt,[139] weil sich keine attraktiven Alternativen für die Kunden am Markt anbieten. Ein Unternehmen mit exklusivem Image steht dann allerdings in der Verpflichtung, außer einem speziellen Design seiner Produkte auch eine exzellente Qualität durch Verwendung hochwertiger Materialen zu liefern, um den Ansprüchen der Kunden gerecht zu werden. Eine intensive Kundenbetreuung gehört selbstverständlich auch dazu.[140]

Trotz einer guten Marktposition darf ein Unternehmen steigende Kosten nicht ganz außer Acht lassen. Kosten können nicht unbegrenzt auf Kunden übertragen werden. Preise lassen sich bei einem durchschnittlichen Kunden nicht endlos steigern. Wird ein Schwellenpreis überschritten, kann dies dazu führen, dass

---

[137]Vgl. Welge & Al-Laham (2008) S.524, Backhaus & Schneider (2007) S.24, Ries & Trout (1986), Reeves (1961) S.46ff
[138] Vgl. Welge & Al-Laham (2008) S.524, Kotler (2008) S.588, Porter (2008) S.74
[139] Vgl. Barney (2002) S.281ff
[140] Vgl. Porter (2008) S.74f

Kunden den Anbieter wechseln. Bei hoch differenzierten Produkten kommt es gerade darauf an, die Balance zu wahren zwischen Qualität und Preis.[141]

Eine Strategie der Differenzierung praktizieren bspw. Unternehmen, deren Produkte bzw. Marken sich durch ein spezielles Image und durch Premium-Preise im Spitzensegment auszeichnen: Automarken (PORSCHE, FERRARI, WIESMANN, BENTLEY, ROLLS ROYCE), Qualitätsuhren (ROLEX, BREITLING, LANGE & SÖHNE, EBEL), Unterhaltungselektronik (LOEWE, T+A ELEKTRO-AKUSTIK, BOSE, BANG & OLUFSEN, früher: BRAUN und WEGA), Bekleidung (RENA LANGE, JIL SANDER, VERSACE) und Accessoires (LUIS VUITTON, HERMÈS, ETIENNE AIGNER, ALESSI).

Kostenführerschaft

Für ein Unternehmen, das ein Produkt in großer Menge herstellt (s. g. Volumen-hersteller), ist eine *umfassende Kostenführerschaft* die Voraussetzung dafür, einen Leistungsvorsprung aufzubauen und zu erhalten. Innerbetrieblich müssen dafür konsequent alle Rationalisierungsmaßnahmen erkannt und umgesetzt werden. Produktionsanlagen sollten stets auf dem neuesten Stand sein, Produktionsprozesse und der Einsatz der Arbeitnehmer sollten regelmäßig überdacht werden.[142] Durch eine optimale Kostenstruktur können Kostenvorteile an Kunden weitergegeben werden. Dies führt zu einem vermehrten Absatz der Waren, erhöht den eigenen Marktanteil und verdrängt Konkurrenten mit höheren eigenen Kosten vom Markt. Für neue Wettbewerber bedeutet das gleichsam eine Markteintrittsbarriere.[143]

---

[141] Vgl. Porter (2008) S.84, Kerth et al. (2008) S.201, Welge & Al-Laham (2008) S.524

[142] Vgl. Porter (2008) S.72ff, Kotler (2008) S.588
  Vgl. auch Porter (1999) S.102ff, Welge & Al-Laham (2008) S.519ff, Grant (1991) S.181ff für Methoden der Kostenführerschaft-Strategie. Bspw.: Skaleneffekte (*economies of scale*), Verbundeffekte (*economies of scope*), Lern- bzw. Erfahrungs-effekte (*economies of learning*) und Kapazitätsausnutzung.

[143] Vgl. Porter (2008) S.72ff, Kotler (2008) S.588
  Vgl. auch Business-Week (1979) *Harnischfeger's Dramatic Pickup in Cranes* zitiert nach Porter (2008) S.74: *„ Wir beabsichtigen nicht, eine wesentlich bessere Maschine als alle anderen zu entwickeln, sondern wir wollten eine entwickeln, die wirklich einfach herzustellen und bewusst als kostengünstigste Maschine anzubieten war. "*

Der Lebensmitteldiscounter ALDI kann als ein erfolgreiches Beispiel für eine Kostenführerschaft-Strategie im Konsumgüterbereich angeführt werden.[144]

Als Risiken einer Strategie der Kostenführerschaft werden von PORTER u. a. technologische Veränderungen genannt, die getätigte Investitionen oder Lernkurven vernichten können. Weiterhin könnte ein Unternehmen aufgrund einer alleinigen Fokussierung auf die Kosten folgenschwere Markt- oder Produktveränderungen nicht rechtzeitig erkennen.[145]

Konzentration auf Schwerpunkte

Eine umfassende Kostenführerschaftsstrategie kann genauso wie eine Differenzierungsstrategie besonders erfolgreich sein, wenn ein Unternehmen der *Nischenstrategie* bzw. der *Konzentration auf Schwerpunkte* folgt. Bei der Nischenstrategie werden bestimmte Teile des Leistungsprogramms, das sich produktorientiert, regional oder kundenorientiert ausrichten kann, vorrangig oder ausschließlich bearbeitet. In der Regel können Unternehmen, die auf einzelne Geschäftsfelder spezialisiert sind, diese wirkungsvoller bearbeiten als Konkurrenten, die sich im Gesamtmarkt im Wettbewerb befinden. Eine Konzentration auf Schwerpunkte führt gerade dann zu einem wirtschaftlichen Erfolg, wenn die Produkte bzw. Dienstleistungen eines Unternehmens nur schwer imitierbar sind und die Konkurrenz auf diesen Feldern schwächer ist.[146]

Die Verfolgung einer Nischenstrategie birgt in Abhängigkeit von der Größe der Nische allerdings auch Risiken. Nischen können genauso schnell wieder verschwinden, wie sie entstanden sind. Eine Veränderung in der Bedarfsstruktur der jeweiligen Märkte kann den strategischen Vorteil eines Nischenanbieters ebenso neutralisieren wie eine schwindende Produktdifferenzierung oder eine zu

---

[144] Vgl. ALDI-Essen (2011): *„ Wir wollen, dass die Verbraucher die wichtigsten Lebensmittel ganz in der Nähe, immer frisch, immer von hoher Qualität und immer zum günstigen Preis kaufen können. Daraus haben wir ein Prinzip gemacht: Qualität ganz oben - Preis ganz unten."*
Vgl. dazu auch Simon (2008) S.145, Disselkamp (2005) S.33
[145] Vgl. Porter (2008) S.83
[146] Vgl. Porter (2008) S.75ff, Kerth et al. (2008) S.202

große Kostendifferenz zu anderen Anbietern. Zudem sind auch größere Konzerne in der Lage, eine Nische zu besetzen und kleinere Anbieter vom Markt zu verdrängen, weil Konzerne über eine weitaus größere Kapital- bzw. Ressourcenbasis verfügen.[147]

Das Risiko einer Nischenstrategie kann anhand zweier großer Automobilkonzerne, die insgesamt wirtschaftlich gut aufgestellt sind, veranschaulicht werden. Zu nennen sind die Absatzschwierigkeiten im Spitzensegment der VOLKSWAGEN AG mit ihrer Premium-Limousine VW PHAETON[148] und die DAIMLER AG mit der Luxusmarke MAYBACH.[149]

Konsequenzen bei Nichtverfolgung der Strategien

Die drei vorgestellten Strategien sind nach PORTER alternative, gangbare Möglichkeiten, um die eigene Position im Markt gegenüber den Mitbewerbern zu behaupten und zu stärken. Im Umkehrschluss bedeutet dies, dass ein Unternehmen, welches seine Strategie nicht in eine dieser Richtungen umsetzt, *„zwischen den Stühlen sitzt“* und sich in einer äußerst schlechten strategischen Position befindet. PORTER stellt weiterhin fest: *„Einem Unternehmen zwischen den Stühlen ist eine niedrige Rentabilität fast sicher.“*[150]

---

[147] Vgl. Porter (2008) S.84f

[148] Vgl. auch Hillenbrand (2009) *„Er sollte FERDINAND PIËCHS Meisterstück werden: Mit der aufwendig produzierten Luxuslimousine PHAETON wollte der damalige VOLKSWAGEN-Chef endlich mit der Konkurrenz aus München und Stuttgart gleichziehen. Technisch gelang das, betriebswirtschaftlich geriet der Wagen zum Flop.“*

[149] Vgl. Grünweg (2011a): *„Der MAYBACH wird zum Problemfall für DAIMLER -Chef DIETER ZETSCHE. (...) MAYBACH ist der wunde Punkt des Portfolios. (...) Bleibt als dritte mögliche Option noch die Einstellung der Marke, die so aufwändig wiederbelebt wurde. Das würde nicht nur die bisherigen Kunden vergrätzen, sondern vor allem wäre es ein Gesichtsverlust für ZETSCHE, der sich lange für den Luxusliner stark gemacht hat.“*
Vgl. auch Grünweg (2011b): *„Schlecht gestartet und dann stark nachgelassen: So lässt sich die zweite Karriere der Marke MAYBACH zusammenfassen. Das größte Auto aus dem Hause DAIMLER geriet zur echten Blamage für den Hightech-Konzern. (...) DAIMLER-Vorstandschef DIETER ZETSCHE stellt nach jahrelangem Lavieren die kleinste und dem Wunsch nach edelste Marke des Konzerns jetzt ein: MAYBACH ist am Ende.“*

[150] Porter (2008) S.79
Vgl. auch Porter (1980) S.41f: *„(...) a firm that is 'stuck in the middle' - is in an extremely poor strategic situation.“*

1.6.2. Kernkompetenzen

Die bisherigen Ausführungen, insbesondere zum RBV und den Weiter-entwicklungen dieses Ansatzes zeigen, dass Ressourcen, Fähigkeiten und Kern-kompetenzen für ein Unternehmen elementare Erfolgsfaktoren darstellen.[151] Der in Abschnitt II 1.6.1 vorgestellten Wettbewerbsstrategie *Konzentration auf Schwerpunkte* folgt die Strategie der Kernkompetenzen. Im Folgenden wird zunächst der Begriff *Kernkompetenz* definiert und sodann die Strategie der Kernkompetenzen erläutert.

Definitionen der Kernkompetenz

Zunächst soll der Begriff *Kernkompetenz* präzisiert werden. PRAHALAD und HAMEL definieren eine Kernkompetenz in ihrem 1990 im HARVARD BUSINESS REVIEW veröffentlichten Artikel „*The Core Competence of the Corporation*" folgendermaßen: „*Core competencies are the collective learning in the organisation, especially how to coordinate diverse production skills and integrate multiple streams of technologies*".[152] Weiter definieren die Autoren: „*Core competencies are the skills that enable a firm to deliver a fundamental customer benefit*".[153] Das Endprodukt eines Unternehmens führt nach dieser Definition zu einem höheren Kundennutzen bzw. zu einem Kostenvorteil.

Auf der Definition von PRAHALAD und HAMEL aufbauend grenzen KOTLER und BLIEMEL die Kernkompetenzen sehr ähnlich ab und betonen den Zusammen-hang mit den verbundenen Wettbewerbsvorteilen: „*A core competency has three characteristics: (1) It is a source of competitive advantage in that it makes a significant contribution to perceived customer benefits. (2) It has applications in a wide variety of markets. (3) It is difficult for competitors to imitate.*"[154]

Kernkompetenzen sind grundsätzlich die Quelle des Wettbewerbsvorteils eines Unternehmens. Sie liefern einen signifikanten Beitrag zum Kundennutzen und

---

[151] Vgl. dazu die Abschnitte II 1.2 *Resource-Based-View – RBV* auf S.29ff und II 1.4 *Weiter-entwicklungen des RBV* auf S.33f

[152] Vgl. Prahalad & Hamel (1990) S.83
Vgl. auch die deutsche Version Prahalad & Hamel (1991)

[153] Hamel & Prahalad (1994) S.204

[154] Kotler & Keller (2009) S.76

sie sind von Wettbewerbern durch Nachahmung nicht leicht zu erwerben. Weiterhin beinhalten Kernkompetenzen ein Potenzial für vielfältige Anwendungen in verschiedenen Märkten.[155]

Im englischsprachigen Raum wird die Konzentration auf die Kernkompetenzen unter den Begriffen *De-Conglomerating, De-Diversifying* oder *Re-Focusing* diskutiert.[156]

Strategie der Kernkompetenzen

Aus der marktorientierten Sichtweise (*Outside-In-Perspektive*) unterstützen die Kernkompetenzen die Kundenbedürfnisse besser als sie die Konkurrenz befriedigen kann. Aus der ressourcenorientierten Sichtweise (*Inside-Out-Perspektive*) steigern die Kernkompetenzen einen Unternehmenswert. Die Befriedigung eines Kundenbedarfs stellt gleichsam eine Wertschaffung dar und erhöht somit den Wert eines Unternehmens. Auf diese Weise sind die markt- und ressourcenorientierten Sichtweisen miteinander verknüpft und ein Unternehmen besitzt *marktorientierte Kernkompetenzen.*[157]

Die Konzentration auf Kernkompetenzen soll den strategischen Wettbewerbsvorteil nachhaltig sichern, indem unternehmensinterne Ressourcen in den Bereichen gebündelt werden, in denen sich ein Unternehmen aufgrund spezifischen Wissens bereits Markt- und Wettbewerbsvorteile erarbeiten konnte. Kernkompetenzen entscheiden über den Erfolg eines Unternehmens. Es gilt nach HINTERHUBER der Grundsatz: *„Die Bündelung von Ressourcen und Prozessen bestimmt die Kernkompetenzen und die Kernkompetenzen ihrerseits den Kundennutzen und die Wertsteigerung der Unternehmung".*[158]

Auf der einen Seite werden Wachstumsprozesse durch eine Konzentration auf die Kernkompetenzen gefördert, wenn neue Märkte erschlossen werden. Auf der anderen Seite führt eine Konzentration auf die Kernkompetenzen zu

---

[155] Vgl. Kotler & Keller (2009) S.76
[156] Vgl. Wirtz (2003) S.75, Schultze (1998) S.108
[157] Vgl. Krüger & Homp (1997) S.67
[158] Vgl. Hinterhuber (2004) S.75ff

Schrumpfungsprozessen, wenn Geschäftseinheiten oder Stufen der Wertschöpfung, die von Dritten effizienter betrieben werden können und keine Beziehung zu den eigenen Kernkompetenzen aufweisen, von einem Unternehmen abgetrennt werden.[159]

HINTERHUBER fordert die Führungskräfte auf, über die Produkt-/Markt-Portfolios hinaus zu denken und ein Unternehmen als ein Portfolio von Kompetenzen zu verstehen.[160] Die erzielten strategischen Wettbewerbsvorteile sollen durch die Konzentration auf Kerngeschäfte nachhaltig gesichert werden.[161] Als Kerngeschäfte können die Produkt/-Marktkombinationen verstanden werden, in denen ein Unternehmen besondere Kompetenz- und Marktstärke aufweist.[162]

Kernkompetenzen und eine sinnvolle Diversifizierung schließen sich selbstverständlich nicht aus. In *Global Business Units (GBU)* muss das Management die Kernkompetenz haben, ein breit diversifiziertes Unternehmen strategisch zu steuern und zu kontrollieren. Diese Fähigkeit hat in besonderer Weise der Konzern GENERAL ELECTRIC (GE, GENERAL ELECTRIC COMPANY), einer der größten Mischkonzerne der Welt. In der Literatur werden ferner die Konzerne SONY und HONDA genannt. Einer auf den ersten Blick scheinbar wahllosen Anhäufung von Produkten liegt trotzdem eine übergeordnete, übergreifende Fähigkeit, eine Kernkompetenz bzw. ein Portfolio-Management zugrunde. Diese ermöglicht Wettbewerbsvorteile in mehreren Geschäftsbereichen und kann ebenso neue Geschäftsbereiche erschließen.[163]

Bei SONY ist es die Fähigkeit zur *Miniaturisierung* und der raschen Umsetzung in Konsumgüter der Unterhaltungselektronik. Zu nennen sind z. B. Fernsehgeräte, Walkman, Discman, MP3-Player und Camcorder. Bei HONDA ist es die Fähigkeit, optimale Antriebsmotoren zu bauen, die in unterschiedlichen

---

[159] Vgl. Hinterhuber (2004) S.123
[160] Vgl. ebenda S.78
[161] Vgl. Wirtz (2003) S.75
[162] Krüger & Homp (1997) S.70
[163] Vgl. Macharzina & Wolf (2010) S.273, Steinmann & Schreyögg (2005) S.259

Produkten eingesetzt werden, wie z. B. in Autos, Motorrädern, Rasenmähern oder als Außenbordmotoren in Booten.[164]

Diese übergreifenden Kernkompetenzen sind den einzelnen Geschäftsfeldern demnach logisch vorgeordnet. Jeder Geschäftsbereich kann dann wiederum mehrere Produkte erstellen, die sich passgenau in die jeweilige Sparte einfügen.[165] Eine solche sinnvolle Diversifizierung, die durch die zugrunde liegenden Kernkompetenzen marktübergreifende Wettbewerbsvorteile erschließen kann, darf nicht mit *konglomerater Diversifikation* verwechselt werden. Es handelt sich nämlich um eine rein *kompetenzzentrierte Diversifikation*, die bewusst Produkte ausschließt, die nicht in die eigenen Kompetenzen fallen. Es handelt sich nach allem um eine Konzentration auf Kernkompetenzen.[166]

Die bisher vorgestellten Marketing-Strategien wurden mit der Absicht entwickelt, Unternehmen zielgenau am Markt zu platzieren, Wachstum zu generieren und die Wettbewerbsfähigkeit zu erhalten bzw. zu steigern. Für die vorliegende Arbeit ist die Kenntnis dieser Strategien von Bedeutung, weil beim Ausbleiben eines Unternehmenserfolgs oder des Erfolgs eines Teilbereichs eines Unternehmens trotz Beachtung dieser Strategien von den Managern im Umkehrschluss auch in die entgegengesetzte Richtung gedacht und gehandelt werden muss. Oftmals sind daher Desinvestitions-Entscheidungen für den Fortbestand eines Unternehmens genauso wichtig wie wachstumsorientierte Marketing-Strategien.

LORENZ-MEYER weist darauf hin, dass sich bei den Industrieunternehmen in den letzten Jahren ein bedeutender Strukturwandel vollzogen hat. Weil es immer schwieriger wird, Wettbewerbsvorteile aufzubauen bzw. zu erhalten, sehen sich Unternehmen gezwungen, auch andere Produkte als ihr eigentliches Kerngeschäft anzubieten: Dienst- oder Serviceleistungen, die mit dem Industrie-

---

[164] Vgl. Steinmann & Schreyögg (2005) S.259, Macharzina & Wolf (2010) S.273
[165] Vgl. Prahalad & Hamel (1990)
[166] Vgl. Steinmann & Schreyögg (2005) S.259

produkt in Verbindung stehen. In der Automobilindustrie werden bspw. Dienstleistungen angeboten wie Finanzierung, Leasing, Versicherung, Wartung und Flottenmanagement für Firmenkunden.[167] Durch solche Dienstleistungen werden etwa 60 % des Umsatzes in einem Autoleben nach dem Autoverkauf erzielt.[168] Im Bereich der Finanzierung von Kraftfahrzeugen sind klassische Kredit- bzw. Geldinstitute, insbesondere aber auch s. g. *Automobilbanken* aktiv, die Bankgeschäfte als Tochtergesellschaften von Automobilherstellern mit einem Fokus auf Autofinanzierungen anbieten.[169]

Für ein mittelständisches Industrieunternehmen ist der Einstieg in ein Servicegeschäft aber stets mit erheblichen Risiken verbunden. Es müssen die Fragen beantwortet werden, ob entsprechende Ressourcen und ein ausreichendes Knowhow zur Verfügung stehen und ob die Konzentration auf das eigentliche Kerngeschäft nicht Vorrang haben sollte. Ein schlechtes Management industrieller Dienstleistungen kann ebenfalls Ursache für eine spätere Desinvestitions-Maßnahme in diesem Bereich sein.[170]

2. Demarketing und Desinvestition

Auf der Grundlage der in Abschnitt II 1 *Strategien und Marketing-Strategien* und insbesondere der in Abschnitt II 1.6.2 unter *Strategie der Kernkompetenzen* vorgestellten Sichtweisen ist eine Marketing-Strategie die **Strategie der Desinvestition**. Freiwillige, strategische Desinvestitions-Entscheidungen werden als *proaktive Desinvestitionen* bezeichnet.[171] KOTLER und LEVY nennen bereits 1971 eine solche strategische Desinvestition **Demarketing**,[172] die im Mittelpunkt dieser Arbeit steht und im folgenden Abschnitt dargestellt werden

---

[167] Vgl. Lorenz-Meyer (2004) S.1
[168] Vgl. Finsterwalder-Reinecke (2003) S.53, Frankfurter-Allgemeine-Zeitung (2004) S.16, Dannenberg (2005) S.33ff
[169] Vgl. Dahlhoff & Dudenhöffer (1997) S.72ff, Gelbrich (2001) S.6f
    Die *Automobilbanken* firmieren i. d. R. unter dem Namen der Fahrzeughersteller und nutzen deren Vertriebswege. Als Beispiel sind die BMW BANK, FORD BANK, MERCEDES-BENZ BANK und VOLKSWAGEN BANK zu nennen.
[170] Vgl. Lorenz-Meyer (2004) S.2
[171] Vgl. dazu auch Abschnitt II 3.1.2 *Proaktive Desinvestitionen* auf S.86ff
[172] Vgl. Kotler & Levy (1971) S.74-80

soll. In Abschnitt II 2.2 wird die Desinvestition als Marketing-Strategie beschrieben.

2.1. Demarketing

Spätestens seit der Energiekrise im Jahr 1973 wurde deutlich, dass einem ausschließlich auf Wachstum ausgerichteten Wirtschaftsleben Grenzen gesetzt sind. Bereits im Jahr 1972 hat DENNIS L. MEADOWS das vom CLUB OF ROME angeregte Buch *Die Grenzen des Wachstums* herausgegeben und damit die physikalischen Grenzen zumindest eines Teils der Ressourcen unserer Erde aufgezeigt.[173] KOTLER und LEVY beschreiben den Umdenkungsprozess in den USA, der die Energieverknappung begleitete.[174] Eine Überflussgesellschaft musste sich von dem Wunschdenken verabschieden, dass es der Wissenschaft und der Technologie ganz sicher gelingen würde, Wachstum und die damit verbundene Nachfrage nach Gütern aller Art fortwährend und unbegrenzt zu erhalten.[175]

Die primäre Aufgabe des Marketings war es bislang, Umsatz und Nachfrage, Wachstum und Erfolg eines Unternehmens zu steigern. In Zeiten des Mangels, bspw. der Verknappung an Energie hatte Marketing nun womöglich seine Bedeutung verloren. KOTLER stellte die provozierende Frage, ob Marketing nichts anderes sei als eine Schön-Wetter-Philosophie.[176] Für die in Zeiten der Verknappung notwendigen Strategien prägte er den Begriff *Demarketing*.[177] Zur

---

[173] Vgl. Meadows (1972)

[174] Vgl. Kotler (1974) S.20ff: Beispielsweise mussten die Automobilhersteller in den USA in der Ölkrise erkennen, dass ein *quantitatives* Wachstum mit den alten, viel Benzin verbrauchenden Modellen dauerhaft nicht mehr zu erreichen war. Möglich erschien dagegen bei einer dauerhaften Verknappung der Ressource Öl ein *qualitatives* Wachstum, d. h. die Entwicklung von kleineren, einfacheren und technisch besseren Kraftfahrzeugen, die vor allem einen geringeren Benzinverbrauch haben sollten. KOTLER stellt fest, dass es in einer Phase der Verknappung von Ressourcen die Aufgabe des Marketings ist, ein Unternehmen durch kombinierte Maßnahmen (Marketing-Mix, Produkt-Mix und Customer-Mix) zukunftsfähig zu erhalten. Vgl. dazu auch Abschnitt II 2.1.5 *Demarketing–Mix* auf S.64ff .

[175] Vgl. Kotler & Levy (1971) S.74ff, Kotler (1974) S.20

[176] Vgl. Kotler (1974) S.20

[177] Kotler & Levy (1971) S.74

Energiekrise im Jahr 1973 schrieb KOTLER treffend: „*The Age of Demarketing had arrived with a vengeance"*.[178]

Der beschriebene Nachfragerückang in Zeiten des Mangels ist exogen beeinflusst. Auf der anderen Seite ist aber auch eine selbst initiierte bzw. geplante Reduzierung der Nachfrage durch ein Unternehmen möglich. Ein Demarketing bewirkt einen solchen gewollten Nachfragerückgang bzw. die Beendigung von (einzelnen) Kundenbeziehungen.

2.1.1. Der Begriff und die Definition des Demarketing

Das Thema Demarketing wird in der Literatur auch unter den Begriffen *Exit-Management, Kundenausgrenzung* und *Reduktionsmarketing* diskutiert. Vor dem Hintergrund des *Relationship-Marketings* werden in diesem Zusammenhang auch die Begriffe *exit from a relationship, relationship break-up, relationship switching* und *termination of a relationship* genannt.[179]

Eine dem Demarketing ähnelnde Konzeption ist das *Devesting* bzw. *Devesting Customer*, das auch *Deemphasizing* genannt wird. Diese Desinvestitions-Strategie beinhaltet einen systematischen Abbau von Ressourcen, die bisher für einen Kundenkreis bereitgestellt wurden.[180]

Bereits im Jahr 1971 beschreiben KOTLER und LEVY das Demarketing. Sie definieren es als „*that aspect of marketing that deals with discouraging customers in general or a certain class of customers in particular on either a temporary or permanent basis"*.[181] KOTLER ergänzt später: „*Demarketing zielt nicht darauf ab, Nachfrage zu zerstören, sondern sie selektiv zu reduzieren und umzulenken.* "[182]

In Tabelle 4 ist eine Auswahl von Definitionsansätzen zum Demarketing wiedergegeben.

---

[178] Vgl. Kotler (1974) S.20
[179] Vgl. Bruhn (2009) S.91ff, Tähtinen & Halinen (2002) S.165ff
    Die Autoren diskutieren diese Thematik unter dem Oberbegriff der anbieterseitigen Beendigung einer Anbieter-Kunden-Beziehung.
[180] Vgl. Woo & Fock (2004) S.187ff
[181] Kotler & Levy (1971) S.75
[182] Kotler (2008) S.48

Autor(en)	Definitionsansätze zum *Demarketing*
Jordan (1998) S.97f, Schrage (1992) S.14, Wax (1996) S.136, Reid (2005) S.6ff	Fire your customer „ … tell them politely that they'll be better off getting the product/service elsewhere."
Woo & Fock (2004) S.187ff	Devesting „ … taking resources … and services … off the customer … "
Alajoutsijärvi et al. (2000) S.1270ff	Relationship Dissolution „ … all activity links are broken and no resource ties and actor bonds exists between … the two parties … "
Giller & Matear (2000) S.94	Termination „ … when no activity links or resource ties exist between the parties involved in the relationship"
Finsterwalder (2002), Fischer & Schmöller (2003) S.497ff, Günter & Helm (2003) S.45ff	Anbieterseitige Kündigung von Geschäftsbeziehungen „ … intendierte Ausgrenzung aktueller Kunden … "
Tomczak et al. (2000), Stauss (1997)	Kundenausgrenzung „ … intendierter oder unintendierter Ausschluss eines potenziellen oder ehemaligen Kunden von Leistungen, die vom jeweiligen Unternehmen angeboten werden … "

Tabelle 4: Definitionsansätze zum *Demarketing*[183]

---

[183] Darstellung in Anlehnung an Lucco (2008) S.8

Die vorgestellten Definitionsansätze erklären den wichtigsten Aspekt des Demarketing, das Management von unprofitablen bzw. unerwünschten Kunden. Die Beziehungen zu einzelnen Kunden sollen ganz oder teilweise beendet werden.[184]

Demarketing bedeutet somit eine Kundenausgrenzung mit dem Ziel, bestehende und potenzielle Kundenbeziehungen zu beenden. Das konsequente Verfolgen einer Demarketing-Strategie führt bei Kunden oftmals dazu, dass eine Ausgrenzung von ihnen gar nicht identifiziert wird.[185]

Auf der Definition von KOTLER und LEVY[186] aufbauend soll Demarketing in dieser Arbeit wie folgt definiert werden.

Definition des Begriffs *Demarketing* in dieser Arbeit
Unter Demarketing wird das planmäßige Verringern der Nachfrage nach Produkten oder das gezielte Beenden einer Kundenbeziehung zwischen einem Unternehmen und (einzelnen) Kunden verstanden.

Tabelle 5: Definition des Begriffs *Demarketing* in dieser Arbeit[187]

2.1.2. Demarketing–Situationen

KOTLER und LEVY unterscheiden grundsätzliche Situationen, welche die Kundennachfrage durch Demarketing-Maßnahmen beeinflussen können. Es geht einmal darum, die Nachfrage potenzieller Neukunden durch gezielte Selektion oder durch Abweisen zu steuern, zum anderen geht es um das Management der alten Kunden. Bei diesen können die Produkt- und Serviceleistungen eingeschränkt werden. Alternativ ist auch an eine Beendigung der Kunden-

---

[184] Vgl. Abschnitt II 3.1.2.1 *Der unprofitable Kunde* auf S.89ff
   Unprofitable Kunden haben einen geringen Kundenwert (*Customer Lifetime Value - CLV*) und stehen der spezifischen Interessenlage eines Unternehmens entgegen.
[185] Vgl. Gordon (2006) S.3
[186] Vgl. Kotler & Levy (1971) S.75, Kotler (2008) S.48
[187] Definition in Anlehnung an Kotler & Levy (1971) S.75, Kotler (2008) S.48

beziehung zu denken. KOTLER und LEVY beschreiben vier Demarketing-Situationen:[188]

- **General-Demarketing**
  Diese Strategie ist erforderlich, wenn die gesamte Nachfrage gesenkt werden soll, wenn bspw. wegen eines Nachfrageüberschusses Kapazitätsgrenzen eines Unternehmens offenkundig sind.[189] Erreicht werden kann ein General-Demarketing durch Preissteigerungen oder durch Einstellen der Werbung für das betreffende Produkt.[190] Von diesen strategischen Maßnahmen sind demzufolge alle Kunden betroffen.

- **Selective-Demarketing**
  Bei dieser Strategie soll lediglich die Nachfrage bestimmter Käufergruppen gesenkt werden. Es geht darum, unerwünschte bzw. unprofitable Kunden[191] auszugrenzen. Ganz bewusst und forciert wird dann von einem Unternehmen an der Beendigung der Kundenbeziehung gearbeitet. In einer Geschäftsbeziehung kann der *Customer Value* vom *Supplier Value* abgegrenzt werden. Aus Kundensicht (Customer Value) versteht PLINKE darunter den von einem Kunden erwarteten bzw. wahrgenommenen Nettonutzwert in einer Geschäftsbeziehung.[192] Auf der Anbieterseite beschreibt der *Supplier Value* entsprechend den Nettonutzvorteil, den der Anbieter aus einer Geschäftsbeziehung erwartet oder wahrnimmt. Der Begriff *Supplier Value* kann gleichgesetzt werden mit dem Konzept eines Kundenwertes (*Net Profit Value*).[193]

---

[188] Vgl. Kotler & Levy (1971) S.75, Gerstner et al. (1993) S.49f
[189] Vgl. Cullwick (1975) S.51ff, Dadzie (1989) S.157ff, Kotler (1973)
[190] Vgl. Skiera (1999) S.151, Knieps (2010) S.225f. Spitzenlasttarifierung oder s. g. *"Peak Load Pricing"*: Eine Preisbildungsregel für die Inanspruchnahme von Leistungen, die systematische Nachfrageschwankungen über die Zeit abstimmen soll.
[191] Vgl. Abschnitt II 3.1.2.1 *Der unprofitable Kunde* auf S.89ff
[192] Vgl. Plinke (2000) S.78f
[193] Vgl. Günter & Helm (2003) S.45ff, Cornelsen & Diller (2000), Blattberg & Deighton (1997) S.24ff, Krafft (2007) S.43ff
      Vgl. auch Berger & Nasr (1998) S.17ff, Reinecke et al. (2007) S.423f

Entspricht der Kundenwert nicht mindestens einem vom Unternehmen vorgegebenen Schwellenwert im *Customer Lifetime Value (CLV)*, sollten Demarketing-Maßnahmen eingeleitet werden. Andererseits wäre es kontraproduktiv, Neukunden anzuwerben, deren zu erwartender CLV-Kundenwert negativ ist.[194]

Ein besonderes Gewicht hat das Kundenmanagement bzw. die Beendigung von Lieferantenbeziehungen in Unternehmensnetzwerken wegen einer zunehmend zu beobachtenden intra-industriellen Arbeitsteilung.[195] ARNOLD betont die ökonomische Relevanz der Beendigung solcher Beziehungen. Eine systematische Gestaltung der Prozessphase einer Beendigung von Lieferantenbeziehungen ist umso bedeutender, *„je intensiver die Einbindung eines Lieferanten in die Wertschöpfungsprozesse eines Abnehmers ist."*[196] Wegen der wechselseitigen Abhängigkeiten zwischen Lieferanten und Abnehmern ist eine systematisch gestaltete Beziehungsbeendigung aus der Sicht eines Abnehmers unabdingbar, weil nur auf diese Weise Störungen im Wertschöpfungsprozess verhindert werden können.[197]

Insbesondere gilt es für Anbieter und Abnehmer bei der Beendigung einer Lieferanten-Abnehmer-Beziehung einen Image- bzw. Reputationsverlust zu vermeiden, weil weitere oder zukünftige Geschäftsbeziehungen davon abhängen, *„ob und inwieweit Unternehmen in der Vergangenheit von ihren*

---

[194] Vgl. Zezelj (2000) S.12: Der Customer Lifetime Value – CLV ist *„der Wert eines Kunden über die gesamte Geschäftsbeziehung und bestimmt sich aus allen dem Kunden oder der Kundengruppe zurechenbaren Umsätzen und Kosten."*
Vgl. zum CLV auch Abschnitt II 3.1.2.1 *Der unprofitable Kunde* auf S.89ff
[195] Vgl. Arnold (2007) S.215ff: Die Wertschöpfung in Form von Produkten und Dienstleistungen für den Endkunden erfolgt nicht mehr allein in einem Unternehmen, sondern es bestehen Netzwerkbeziehungen zwischen vor- und nachgelagerten Unternehmen in einer Lieferkette.
Vgl. auch Bloech & Ihde (1997) S.434: Eine Lieferkette bzw. Wertschöpfungskette (engl.: Supply Chain) umfasst *„sämtliche Fertigungs- und Absatzstufen von der Rohstoffgewinnung über die Produktion bis hin zum Absatz an den Konsumenten."*
[196] Arnold (2007) S.226f
[197] Vgl. Arnold (2007) S.225ff, Arnold & Meyle (2007)

jeweiligen Kooperationspartnern als zuverlässig und nicht zuletzt berechenbar wahrgenommen wurden."[198]

- **Ostensible-Demarketing**
In diesem Fall wird das Angebot gezielt nur mit der Absicht gesenkt, um besondere Aufmerksamkeit auf ein Produkt zu lenken. Die künstliche Reduktion des Angebotes wird von einem Kunden dann häufig als Exklusivität empfunden, ein Phänomen, das auch als *Snob-Effekt* bezeichnet wird.[199] Beispielhaft seien die eingangs erwähnte, limitierte BRAUN *Last Edition Hi-Fi-Anlage* sowie im Uhren-Nobel-Segment die ROLEX-Uhr DAYTONA in der Stahlausführung genannt: Etwa vier Jahre beträgt die Wartezeit, wenn ein Kunde eine solche Uhr kaufen möchte. Rabatte sind undenkbar. Wenn ein Käufer endlich eine Uhr erworben hat, könnte er sie sogar mit Aufpreis sofort an einen interessierten Kunden weiter verkaufen, der nicht vier Jahre warten möchte.[200] KOTLER und LEVY gehen davon aus, dass der von einem Unternehmen künstlich eingeleitete Nachfrageengpass auf lange Sicht zu einer Absatzsteigerung führen kann.[201]

- **Unintentional-Demarketing**
Unintentional Demarketing beschreibt lediglich eine Sonderform des Demarketing, die sich unbeabsichtigt ereignet. Geplante positive systematische Marketingmaßnahmen verkehren sich in diesen Fällen ungewollt in ihr Gegenteil mit dem Ergebnis eines Nachfragerückgangs beim

---

[198] Arnold (2007) S.225
     Vgl. Kaas (1992) S.884ff, Ripperger (1998)
[199] Vgl. Busch et al. (2008) S.277:
     „Der sogenannte 'Snob-Effekt' ist dadurch gekennzeichnet, daß die Absatzmengen der Leistungen in bestimmten Preisbereichen bei steigenden Preisen nicht – wie durch den 'Normalfall' vielleicht zu erwarten wäre – sinken, sondern ganz im Gegenteil sogar ansteigen."
[200] Vgl. das GILLETTE-BRAUN Beispiel in Abschnitt I. *Einleitung* auf S.2f
     Vgl. Schwab (2006) über die ROLEX DAYTONA: *„Der Chronograph mit jahrelanger Wartefrist für Normalkunden (...)."*
[201] Vgl. Kotler & Levy (1971) S.75

Kunden. Von einer bewussten strategischen Nachfragereduktion kann daher keine Rede sein.[202]

KOTLER stellt anhand der Nachfrage die grundlegenden Aufgaben des Marketing Managements dar, die in Tabelle 6 wiedergegeben sind.

	DEMAND STATE	MARKETING TASK	FORMAL NAME
I	Negative demand	Disabuse demand	Conversional marketing
II	No demand	Create demand	Stimulational marketing
III	Latent demand	Develop demand	Developmental marketing
IV	Faltering demand	Revitalize demand	Remarketing
V	Irregular demand	Synchronize demand	Synchromarketing
VI	Full demand	Maintain demand	Maintenance marketing
VII	Overfull demand	Reduce demand	Demarketing
VIII	Unwholesome demand	Destroy demand	Countermarketing

Tabelle 6: Die grundlegenden Marketingaufgaben nach KOTLER[203]

Diese Tabelle zeigt ebenso deutlich die Aufgaben des Managements in Bezug auf den Lebenszyklus eines Produktes. Wenn ein Produkt auf den Markt kommt, ist die Nachfrage noch gering. Sie muss gesteigert werden. Wenn es zu einer übergroßen Nachfrage gekommen ist, welche eine Firma bspw. wegen zu geringer Fertigungskapazität nicht befriedigen kann, wäre ein *systematisches Demarketing* notwendig. Auf dem Höhepunkt des Lebenszyklus eines Produktes ist es eine Marketingaufgabe, diesen Prozess möglichst lange aufrecht-zuerhalten.[204] Sinkt die Nachfrage hingegen, wäre auch an ein *Remarketing* zu denken. Wird ein Produkt für ein Unternehmen schließlich unrentabel oder steht es der Unternehmensstrategie entgegen, sollten Schritte eingeleitet werden, das Angebot zu beenden (*Countermarketing*). Nach allem ist es nicht die Aufgabe

---

[202] Vgl. Kotler & Levy (1971) S.75
[203] Kotler (1973) S.43
[204] Vgl. auch Abschnitt II 1.5 *Portfolio-Normstrategien* auf S.35

des Marketings, die Nachfrage ausschließlich zu steigern, sondern sie in vernünftige Bahnen zu lenken und sie zu regulieren.[205]

Ein Demarketing, d. h. die Nachfragereduktion oder gar die Beendigung einer Geschäftsbeziehung, kann auf unterschiedlichen Handlungsebenen stattfinden.[206] Im Rahmen dieser Arbeit sind die zwei Ebenen eines Unternehmens von Bedeutung, die über Desinvestitionen von Produktsparten entscheiden und diese umsetzen: die Ebene des Top-Managements (*Corporate Mission*) sowie die Ebene der strategischen Geschäftsfelder. Wenn es auf der Ebene Corporate Mission zu einer strategischen Neuorientierung kommt, wie z. B. der Rückbesinnung auf die Kernkompetenzen oder wenn sich auf der Ebene der strategischen Geschäftsfelder das Geschäftsfeld-Portfolio ändert, kann das zu einer Beendigung von Kundenbeziehungen führen.[207]

2.1.3. Demarketing–Prozess

Demarketing-Maßnahmen bedürfen einer sorgfältigen Vorbereitung. Weil es sich um einen dynamischen Prozess handelt, müssen die aufeinanderfolgenden Schritte im Vorfeld bedacht und auf ihre Umsetzbarkeit hin geprüft werden. Ausgangspunkt der Überlegungen kann einerseits ein beabsichtigter Strategiewechsel eines Unternehmens sein. Eine neue Strategie kann bspw. bedeuten, dass Kunden eines ganzen Geschäftsbereichs nicht mehr zur Zielgruppe dieses Unternehmens gehören. Andererseits können z. B. auch s. g. unprofitable Kunden eines bestehenden Geschäftsbereichs ein Motiv für Demarketing-Entscheidungen sein, um sich von ihnen zu trennen. Der Demarketing-Prozess soll in Folgenden am Beispiel von unprofitablen Kunden dargestellt werden.

Gründe der mangelnden Profitabilität können an den Kunden selbst, am Unternehmen oder am Produkt liegen.[208] Sind die Gründe erkannt, die Kunden unprofitabel erscheinen lassen, muss eine Bewertung aller Kunden erfolgen, um

---

[205] Vgl. Kotler (1973) S.43
[206] Vgl. Kleinaltenkamp (2000) S.231ff
[207] Vgl. Tomczak et al. (2000) S.403
[208] Vgl. Abschnitt II 3.1 *Motive für Demarketing und Desinvestitionen* auf S.83ff u. insbesondere Abschnitt II 3.1.2.1 *Der unprofitable Kunde* auf S.89ff

die profitablen von den unprofitablen zu trennen. Es wird der Kundenwert bestimmt, bspw. mithilfe des CLV (*Customer Lifetime Value*).[209] Danach ist das weitere Management der unprofitablen Kunden zu entscheiden. Es bieten sich drei Demarketing-Strategien an, auf die im folgenden Abschnitt näher eingegangen wird. Hat ein Unternehmen sich für eine Strategie entschieden, müssen die möglichen Demarketing-Maßnahmen geplant und umgesetzt werden. Diese Maßnahmen können an den Produkten, an den Preisen, bei der Werbung oder der Distribution ansetzen.[210]

Die Reaktionen der betroffenen Kunden sind sodann abzuwarten. Das beobachtete Kundenverhalten, die Einstellung der Kunden zum Unternehmen nach den Demarketing-Maßnahmen kann wiederum dazu führen, die Kunden erneut einer Bewertung zu unterziehen. Schließlich ist auch die Reaktion des Marktes, d. h. der im Wettbewerb stehend Unternehmen und der Medien von Bedeutung. Diese Reaktionen können wiederum Auswirkungen auf die vormals getroffenen Entscheidungen bezüglich des Managements mit den unprofitablen Kunden haben.[211] Die Phasen eines Demarketing-Prozesses sind in Anlehnung an BLÖMEKE und CLEMENT in Abbildung 4 dargestellt.

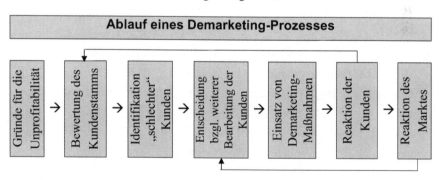

Abbildung 4: Ablauf eines Demarketing-Prozesses[212]

---

[209] Vgl. dazu das *Selective-Demarketing* in Abschnitt II 2.1.2 *Demarketing*–Situationen auf S.53ff u. insbesondere Abschnitt II 3.1.2.1 *Der unprofitable Kunde* auf S.89ff

[210] Vgl. Abschnitt II 2.1.5 *Demarketing–Mix* auf S.64f

[211] Vgl. dazu auch Frank (2007) S.9: „*Einmal Russen-Quote und zurück. Die Ankündigung, dass Kitzbühel den Anteil russischer Wintergäste auf zehn Prozent begrenzen will, zieht erst einen Eklat und dann die Entschuldigung nach sich.*"

[212] Abbildung in Anlehnung an Blömeke & Clement (2009) S.811

2.1.4. Demarketing–Strategien

Bei allen Maßnahmen, die im Rahmen des Demarketing ergriffen werden müssen, ist auch das Image bzw. die Reputation eines Unternehmens von Bedeutung. Ein kompromissloses Management (unprofitabler) Kunden bzw. Kundengruppen kann in der Öffentlichkeit bzw. in den Medien zu einer negativen Mundpropaganda, mithin zu einem gewaltigen *Brand-Impact* führen.[213] Es wird deutlich, dass das Kunden-Management ein überaus sensibles Problem des Marketings ist.

Es muss das Ziel eines Unternehmens sein, Austrittsbarrieren und Widerstände bei Desinvestitions-Entscheidungen zu verringern.[214] Bei einer langfristig angelegten Austrittsplanung lassen sich Image- bzw. Reputationsschäden weitgehend dadurch verhindern, dass negativen Gerüchten und einem möglichen Vertrauensverlust der Marktpartner, der betroffenen Manager und Mitarbeiter durch eine rechtzeitige und umfangreiche Informationspolitik entgegengewirkt wird. Durch das Einbeziehen aller betroffenen Partner in den Planungsprozess kann ein Vertrauensverlust beim Verlassen des Marktes verhindert werden, weil eine stetige und gegenseitige Abstimmung aller Maßnahmen stattfindet.[215]

FINSTERWALDER unterscheidet drei Demarketing-Strategiemöglichkeiten:[216]

- **Die Geschäftsbeziehungen werden aufrechterhalten**
  Ein Unternehmen könnte versuchen, den Wert eines (unprofitablen) Kunden zu steigern. Ein scheinbar unprofitabler Kunde kann bspw. für ein Unternehmen dennoch wertvoll sein (und somit einen Customer Value haben), wenn er als Referenzkunde eine Bedeutung hat.[217]

---

[213] Vgl. dazu die Thematik *Image* und insbesondere *Beispiele für einen Imageschaden* in Abschnitt II 3.2.1.1 *Strategische Marktaustrittsbarrieren* auf S.99ff
Vgl. auch die Abgrenzung von *Image* und *Reputation* in Abschnitt III 4.2.2 *Image und Reputation* auf S.189f

[214] Vgl. Backhaus & Voeth (2007) S.280
Vgl. auch Abschnitt II 3.2 *Barrieren bei Desinvestitionen* auf S.97ff

[215] Vgl. Meffert (1999) S.237, Ohlsen (1985) S.217

[216] Vgl. Finsterwalder (2004) S.16f
Vgl. auch Tomczak et al. (2000) S.400ff

[217] Vgl. Blömeke & Clement (2009) S.817

- **Die Geschäftsbeziehungen werden teilweise beendet**
  In diesem Fall kündigt ein Unternehmen dem Kunden bestimmte Vertragsleistungen. Neue Leistungen werden dann gar nicht mehr oder nur zu einem höheren Preis angeboten.

- **Die Geschäftsbeziehungen werden vollständig beendet**
  Der Kunde erhält keine weiteren Lieferungen mehr, er wird zudem von allen Werbemaßnahmen ausgeschlossen. Bei einer Abweisung ergibt sich in manchen Fällen ein ethisches Problem: beispielsweise dann, wenn eine private Krankenkasse einen Kunden (Patienten) wegen eines zu hohen Krankheitsrisikos ablehnt.

MEFFERT nennt vor dem Hintergrund der Kostenrisiken und der Rückzugsdauer eines Marktaustritts die in Abbildung 5 dargestellten Marktaustrittsstrategien.[218]

		RÜCKZUGSDAUER	
		LANG	KURZ
KOSTENRISIKO	RELATIV GERING	Erhöhung der Austrittsflexibilität	Verkauf des Geschäftsbereichs
	RELATIV HOCH	Erntestrategie Abschöpfungsstrategie	Stilllegung des Geschäftsbereichs

Abbildung 5: Marktaustrittsstrategien nach MEFFERT[219]

Die Abbildung macht deutlich, dass bei einer kurzen Rückzugsdauer lediglich ein Verkauf oder eine Stilllegung der Geschäftsbereiche in Betracht kommt.[220] Diese beiden Strategien unterscheiden sich jedoch erheblich bezüglich des damit verbundenen Kostenrisikos. Bei einer langen Rückzugsdauer erhöht sich die Austrittsflexibilität bei einem allerdings geringen Kostenrisiko. Wird dagegen

---

[218] Vgl. Meffert (1984) S.63
[219] Vgl. ebenda
[220] Vgl. dazu auch Abschnitt II 4 *Formen der Desinvestition* auf S.110ff

eine Erntestrategie verfolgt, kann sich das Kostenrisiko bei einem Marktaustritt mit langer Rückzugsdauer erhöhen, weil bspw. Managementkapazitäten im Verhältnis zum Rest eines Unternehmens zu groß sind.[221]

Die anbieterseitige Beendigung einer Kundenbeziehung wird nach DILLER ET AL. in zwei Phasen unterteilt.[222] Zunächst müssen in einer ersten Phase relevante Kriterien für das Beenden einer Kundenbeziehung identifiziert werden. Auf dieser Grundlage ist eine Entscheidung über die Beendigung zu treffen. In einer zweiten Phase beginnt die Umsetzung einer Beziehungs-beendigung. ALAJOUTSIJÄRVI ET AL. beschreiben zwei grundsätzliche Strategie-optionen. Es kann den Kunden *offen* die Absicht mitgeteilt werden, dass die Beziehung beendet wird. Dies kann aber auch in *verdeckter* Form geschehen.[223]

Verdeckte Strategieoption

Bei einer *verdeckten Strategieoption* wird der Aktivitätsgrad betrachtet, mit der die Kundenbeziehung beendet werden soll (*passiver Rückzug, aktiver Rückzug*), sodann die mögliche Orientierung. Es ist zu klären, ob die Beziehung *kunden-orientiert* oder *selbst orientiert*, d. h. firmenorientiert beendet wird. In Abbildung 6 sind die möglichen Strategieoptionen des verdeckten Rückzuges dargestellt. Als kundenorientiert sind die Strategien der *Deeskalation* und des „*Auslaufen lassens*" zu nennen, selbst orientierte Strategien sind die *Eskalationsstrategie* und die *Rückzugsstrategie*.[224]

---

[221] Vgl. Meffert (1999) S.235f
[222] Vgl. Diller et al. (2005) S.277ff
[223] Vgl. Alajoutsijärvi et al. (2000) S.1270ff
[224] Vgl. Bruhn (2009) S.140 in Anlehnung an Alajoutsijärvi et al. (2000) S.1274

		ORIENTIERUNG	
		KUNDENORIENTIERUNG	SELBSTORIENTIERUNG
AKTIVITÄTSGRAD	PASSIVER RÜCKZUG	**Strategie der Deeskalation** Bsp: Pseudo-Weiterführung bei geringer Beziehungsintensität	**Eskalationsstrategie** Bsp: Re-Rentabilisierung durch Anhebung der Preise
	AKTIVER RÜCKZUG	**Strategie des „Auslaufen lassens"** Bsp: Senkung der Investitionen in die Beziehung	**Rückzugsstrategie** Bsp: Abbau von Vertrauen und Vertrautheit

Abbildung 6: Strategieoptionen des *verdeckten Rückzugs*[225]

Offene Strategieoption

Bei der *offenen Strategieoption* kann unterschieden werden, ob die Strategie kunden- oder selbst orientiert veranlasst ist und ob die Kundenbeziehung endgültig oder widerrufbar zu einem Ende kommen soll. Die kundenorientierten Strategien sind die Strategie der *erklärten Beendigung* oder die Strategie des *einvernehmlichen Gesprächs*. Selbst orientierte Strategien sind die Strategie der *vollendeten Tatsachen* und die Strategie des *ergebnislosen Gesprächs*. Abbildung 7 zeigt die offenen strategischen Optionen.[226]

---

[225] Vgl. Bruhn (2009) S.140 in Anlehnung an Alajoutsijärvi et al. (2000) S.1274
[226] Vgl. ebenda

ORIENTIERUNG		
	KUNDENORIENTIERUNG	**SELBSTORIENTIERUNG**
ENDGÜLTIGE BEENDIGUNG	**Strategie der erklärten Beendigung** Bsp: Gespräch zur Erklärung der Gründe des Unternehmens	**Strategie der vollendeten Tatsachen** Bsp: Schriftliche Mitteilung an den Kunden
WIDERRUFBARE BEENDIGUNG	**Strategie des einvernehmlichen Gesprächs** Bsp: Einigung auf Beendigung einer Wiederaufnahme der Beziehung	**Strategie des ergebnislosen Gesprächs** Bsp: Wiederaufnahme ohne Kompromisse seitens des Unternehmens

(linke Randbeschriftung: ENDGÜLTIGKEIT)

Abbildung 7: Strategieoptionen der *offenen Beziehungsbeendigung*[227]

2.1.5. Demarketing–Mix

Gegenstand der Untersuchung dieser Arbeit sind Desinvestitionen mit einem strategischen, systematischen Rückzug aus Geschäftsfeldern. Diese Desinvestitionsaktivitäten sind mit der (endgültigen) Beendigung einer Kundenbeziehung verbunden. In diesem Zusammenhang ist es für ein Unternehmen von Bedeutung, die Beendigung von Kundenbeziehungen ohne Image- bzw. Reputationsverlust durch Demarketing-Maßnahmen zu unterstützen.

Ein Unternehmen hat regelmäßig mehrere Demarketing-Optionen. Diese operativen Maßnahmen zur Unterstützung einer Desinvestition werden als Demarketing-Mix bezeichnet. Zu nennen sind: Produktpolitik, Preispolitik, Kommunikationspolitik sowie Distributionspolitik.[228]

Produktpolitik

Es können zunächst die Produkteigenschaften verändert werden, um die Nachfrage für alle oder nur für einen Teil der Kunden zu senken. Ein Produkt kann als ein Bündel von Eigenschaften angesehen werden, welche durch Produkt-

---

[227] Vgl. Bruhn (2009) S.142, Alajoutsijärvi et al. (2000) S.1274
[228] Vgl. Blömeke & Clement (2009) S.818ff

differenzierung kundenspezifisch kombinierbar sind.[229] Es besteht die Möglichkeit, bei jedem Produkt die Qualität, die Leistung oder den Service in der Weise zu erhöhen oder zu vermindern, dass für den fraglichen Kundenkreis weniger Anreize bestehen, dieses Produkt zu kaufen. Es wäre sogar möglich, nur den „guten" Kunden das bessere Produkt anzubieten, wodurch die „schlechten" Kunden indirekt diskriminiert würden.[230] Eine weitere Möglichkeit, die Nachfrage zu senken, besteht darin, ein Produkt vollständig aus dem Markt zu nehmen (*vollständige Eliminierung*). Es wird von einer *indirekten Eliminierung* gesprochen, wenn ein Produkt für bestimmte Käuferschichten nicht mehr erhältlich ist.[231] Eine *teilweise Eliminierung* liegt dann vor, wenn bestimmte Serviceleistungen nicht mehr angeboten werden und dadurch ein Produkt für viele Kunden weniger attraktiv wird.[232]

Preispolitik

Auch über den Preis lässt sich erreichen, dass (unerwünschte) Kunden Produkte weniger bzw. nicht mehr nachfragen. Von einem Unternehmen können höhere Preise und Mindestumsätze gefordert werden. Ein Kauf kann dann nur für rentable bzw. „gute" Kunden attraktiv erscheinen, wenn diesem Kundenkreis zudem ggf. Rabatte eingeräumt werden. Unprofitable bzw. „schlechte" Kunden, denen derartige Sonderkonditionen verwehrt bleiben, neigen dann häufig dazu, preisgünstigere Alternativen zu suchen. Höhere Preise schrecken ab und das gewünschte Demarketing-Ziel ist erreicht.[233]

Das Beispiel GILLETTE-BRAUN zeigt aber auch, dass Preise, die als zu niedrig empfunden werden, Prestigekäufer ausschließen können.[234] Die *Last Edition*

---

[229] Vgl. Brockhoff (1993), Buttle (2006) S.324
[230] Vgl. Blömeke & Clement (2009) S.818
   Vgl. dazu auch Abschnitt II 3.1.2.1 *Der unprofitable Kunde* auf S.89ff u. *Beispiele für einen Imageschaden* in Abschnitt II 3.2.1.1 *Strategische Marktaustrittsbarrieren* auf S.99ff: Die möglichen Folgen einer solchen Diskriminierung zeigt das Beispiel der DEUTSCHEN BANK, die *Klein-* bzw. *Massenkunden* in die DEUTSCHE BANK 24 ausgegliedert hatte. Die Bank geriet deshalb in die Kritik, weil sich viele Kunden „diskriminiert" fühlten.
[231] Vgl. Selden & Colvin (2003) S.77, Haenlein et al. (2006) S.17
[232] Vgl. Blömeke & Clement (2009) S.818
[233] Vgl. Haenlein et al. (2006) S.17
[234] Vgl. Rößl (1991) S.445

BRAUN Hi-Fi-Anlage wurde wohl auch deshalb so gut verkauft, weil der Preis extrem hoch angesetzt und eine exklusive Käuferschicht ins Auge gefasst wurde.[235]

Auch durch finanzielle Anreize kann es gelingen, dass (unprofitable) Kunden einzelne Produkte nicht mehr nachfragen. Eine Erhöhung der Preise wäre sicher ein guter Grund für einen Kunden, über einen Anbieterwechsel nachzudenken. Schließlich kann es für ein Unternehmen zweckmäßig sein, den Weggang eines unprofitablen bzw. „schlechten" Kunden „großzügig" zu subventionieren.[236]

Kommunikationspolitik

Als Demarketing-Maßnahmen sind die Möglichkeiten der Werbung bzw. Nicht-Werbung zu nennen. Die Nachfrage reduziert sich schnell, wenn einzelnen Kunden der Zugang zu wichtigen Produktinformationen erschwert bzw. vorenthalten wird. Dieser Kundenkreis sollte dann keine persönlichen Beratungsleistungen erhalten, die Kommunikation könnte ganz eingestellt werden. Wenn Kunden sich schließlich als unerwünscht wahrnehmen, ist der Weg für sie nicht mehr weit, ihrerseits die Geschäftsbeziehung zu beenden.[237] Auch wenn das Demarketing-Ziel dadurch erreicht ist, können Image- bzw. Reputationsschäden eine mögliche unerwünschte Folge einer Desinvestition sein.[238]

---

[235] Vgl. das GILLETTE-BRAUN Beispiel in Abschnitt I. *Einleitung* auf S.2f: Der GILLETTE-Konzern trennt sich von der Unterhaltungselektronik-Sparte von BRAUN ohne Image- bzw. Reputationsverlust.

[236] Vgl. Blömeke & Clement (2009) S.819
Vgl. PlusMinus (2006), Winter (2004): *„Kundenbetreuung einmal anders: Während sich Anbieter normalerweise allerlei Prämien ausdenken, um Kunden anzulocken, geht Internetanbieter 1&1 den umgekehrten Weg: (...) derzeit [werden] so genannte Poweruser kontaktiert, um sie mit einer Prämie von 100 Euro zur Kündigung zu bewegen."*
Vgl. auch Kreutzer (2010) S.511: Als *Power-User* bzw. *Heavy-User* oder *Intensivnutzer* werden Verbraucher bezeichnet, die einzelne Leistungsangebote überdurchschnittlich stark nachfragen.

[237] Vgl. Turner (1996) S.32f, Finsterwalder (2004) S.18

[238] Vgl. dazu die vorgestellten *Beispiele für einen Imageschaden* in Abschnitt II 3.2.1.1 *Strategische Marktaustrittsbarrieren* auf S.99ff

Distributionspolitik

Drei unterschiedliche Strategien können zum Ziel führen. Zunächst lässt sich für den (unerwünschten) Kunden der Zugang zu einem Produkt erschweren, wenn er an einzelne, für diesen Kunden aber unerfüllbare Bedingungen geknüpft wird.[239] Ferner können die Distribution mit Quoten verbunden und Beratungsleistungen teilweise oder ganz eingestellt werden.[240]

Eine weitere Strategie besteht darin, Distributionswege, die für ein Unternehmen i. d. R. mit hohen Kosten verbunden sind, für einzelne Kunden vollständig zu sperren. Nur für „gute" Kunden werden diese Distributionswege offen gehalten.[241] Rentablen bzw. „guten" Kunden wird erkennbar ein besserer Service geboten.

Schließlich besteht die Möglichkeit, Kunden zu Kooperationspartnern oder aber zu Konkurrenz-Anbietern zu transferieren. Wenn es sich dabei um *Low-Cost-Anbieter* handelt, wird der Kunde zufrieden sein, nun preisgünstiger beliefert zu werden. In diesem Fall kann von einem Unternehmen aktiv auf Wettbewerber hingewiesen werden, die i. d. R. für diesen Kundenkreis ein passenderes Angebot bereithalten. Das Ergebnis ist eine *Win-Win-Situation.*[242]

2.1.6. Demarketing–Erfahrungen

Demarketing-Strategien sind in allen Branchen einsetzbar und Erfolg versprechend. Es bleibt aber festzuhalten, dass bestimmte Produkte und Branchen vorzugsweise von diesen Maßnahmen betroffen sind. Insbesondere Versicherungsgesellschaften und Banken haben umfangreiche Erfahrungen mit Demarketing-Strategien, die genutzt werden, um Kunden zu bewerten und die Serviceleistungen entsprechend anzupassen.[243]

Als Demarketing-Maßnahmen werden i. d. R. die Instrumente der Produkt- und Preispolitik eingesetzt. Es ist jedoch festzustellen, dass kaum Informationen darüber vorliegen, welche (positiven) Wirkungen diese Maßnahmen letztendlich

---

[239] Vgl. Rößl (1991) S.447
[240] Vgl. Turner (1996) S.32
[241] Vgl. Buttle (2006) S.324
[242] Vgl. Blömeke & Clement (2009) S.821
[243] Vgl. ebenda S.821f

zeigten. Unternehmen geben zu dieser Thematik nur selten Auskünfte. BLÖMEKE und CLEMENT weisen allerdings darauf hin, dass in den seltenen Fällen einer Bekanntgabe solcher Daten durchaus ein positives Medien-Echo zu beobachten war.[244]

Einen breiten Raum haben Demarketing-Maßnahmen im öffentlichen Bereich eingenommen. Diese Maßnahmen werden als *Government-Demarketing* bezeichnet. WALL berichtet über drei Demarketing-Projekte, welche von der Regierung des VEREINIGTEN KÖNIGREICHES ins Leben gerufen wurden:[245] Kampagnen gegen das Rauchen, gegen übermäßigen Alkoholgenuss und gegen das unnötige Fahren in privaten Autos. Interessant ist in diesem Zusammenhang auch die geänderte Argumentationslinie dieser Regierung im Laufe der Jahre. Die Herangehensweise an die Problematik hat sich grundlegend gewandelt. Während in den 60er-Jahren des vorigen Jahrhunderts die finanzielle Belastung, bspw. der Raucher, in den Vordergrund gestellt wurde, wird heute fast ausschließlich mit gesundheitlichen Argumenten für eine Kampagne geworben.[246]

Selbstverständlich kommen auch bei diesen öffentlichen Demarketing-Maßnahmen die bereits vorgestellten Instrumente zum Einsatz. Ein Werbeverbot für Zigaretten bzw. eine schockierende „Anti-Werbung" sollen die Folgen des Rauchens oder des Trinkens aufzeigen. Der Verkauf von Alkohol und Zigaretten an Jugendliche wird verboten und das Rauchen ist an vielen Orten nicht mehr erlaubt. Raucher werden allgemein diskriminiert, weil sie auch Nichtraucher (Passivraucher) gefährden können.[247] In ähnlicher Weise ergreifen Regierungen Demarketing-Maßnahmen gegen das unnötige Fahren in privaten Kraftfahrzeugen. Es werden Argumente vorgetragen, die den Bürgern eine Umweltbelastung durch Abgase (CO_2-Emissionen) deutlich machen. Zudem sind bspw. eine s. g. *Ökosteuer*,[248] generell höhere Benzinpreise und Straßennutzungs-

---

[244] Vgl. Blömeke & Clement (2009) S.822
[245] Vgl. Wall (2005) S.421
[246] Vgl. ebenda S.421f
[247] Vgl. ebenda S.422f
[248] Vgl. Bundesgesetzblatt (1999) BGBl. I S.378 „*Gesetz zum Einstieg in die ökologische Steuerreform*"

gebühren zielführende Maßnahmen, um das unnötige Fahren in privaten Kraftfahrzeugen zu reduzieren.

Kunden eines Unternehmens bzw. die Bürger eines Staates begegnen angewendeten Demarketing-Maßnahmen auf unterschiedliche Weise. Das Reaktionsspektrum kann von Unzufriedenheit, Beschwerden, negativer Mundpropaganda bis hin zur Zufriedenheit reichen. Wenn die vorgestellten Problemlösungen schlüssig erscheinen und die Demarketing-Maßnahmen in geeigneter Form vermittelt wurden, kann dies durchaus zu einer gesteigerten Wertschätzung eines Unternehmens bzw. einer Regierung führen.[249] Die Akzeptanz der vorgestellten Maßnahmen kann erhöht werden, wenn es einem Unternehmen bzw. einer Regierung gelingt, seine Kunden bzw. seine Bürger in die Maßnahmen mit einzubinden, d. h. wenn eine politische Partizipation[250] vorliegt. Eine Akzeptanz der Maßnahmen ist insbesondere deshalb von Bedeutung, weil andernfalls ein irreversibler Image- bzw. Reputationsverlust zu befürchten wäre.[251]

Abschließend ist festzustellen, dass die genannten Demarketing-Strategien und ihre Instrumente grundsätzlich für alle Unternehmen Gültigkeit haben, auch wenn sie bislang vorzugsweise bei Finanz- und Versicherungsdienstleistern aktiv eingesetzt werden. Das Management unprofitabler Kunden steht bei diesen Unternehmen im Mittelpunkt. Es handelt sich in diesen Fällen um ein *Selective-Demarketing*.[252]

Die staatlichen Desinvestitions-Maßnahmen betreffen auf den ersten Blick auch nur einen ausgewählten Bürgerkreis (z. B. Raucher, Trinker, Autofahrer). Insbesondere sind die Bürger das Ziel der Demarketing-Maßnahme, die Suchtgefahren und ein falsches ökologisches Verhalten nicht erkennen bzw.

---

[249] Vgl. Finsterwalder (2004) S.19, Richins (1983) S.76, van Doorn et al. (2007) S.78
[250] Vgl. Lenz & Ruchlak (2001) Unter einer politischen Partizipation wird die Teilhabe bzw. Beteiligung von Bürgern an einer politischen Willensbildung oder an Entscheidungsprozessen verstanden.
[251] Vgl. Walsh (2007) S.33, Goldenberg et al. (2001) S.211ff, Goldenberg et al. (2002) S.1ff
[252] Vgl. dazu das *Selective-Demarketing* in Abschnitt II 2.1.2 *Demarketing*–Situationen auf S.53ff

ignorieren. Dies spräche ebenfalls für ein *Selective-Demarketing*. Beabsichtigt ist aber eine generelle Reduktion der Nachfrage, die alle Bürger betrifft. Es handelt sich bei den staatlichen Maßnahmen demnach um ein *General-Demarketing*.[253]

2.2. Desinvestition

HILTON schreibt bereits im Jahr 1972: *„The decision to divest [is] the single most unpalatable decision a company manager has to make."*[254] Sehr ähnlich formuliert GILMOUR diesen Gedanken: *„Divestitures are among (...) the most painful decisions an organization has to make."*[255]

Weil der wirtschaftliche Erfolg eines Unternehmens in der Regel mit dem Begriff *Wachstum* verbunden ist, sind Desinvestitionen psychologisch häufig negativ konnotiert. Sie werden mit Misserfolg, Versagen und Fehlverhalten des Managements in Verbindung gebracht.[256]

Vor diesem Hintergrund widmet RECHSTEINER der *„Überwindung bestehender Denkmuster"* erhöhte Aufmerksamkeit, um diese Missdeutung zu entkräften.[257] Denn eine Desinvestition von Unternehmensteilen muss nicht zwingend mit einem Fehlverhalten des Managements verbunden sein. RECHSTEINER folgert richtigerweise, dass Desinvestitionen als Erfolg versprechende Strategien zu betrachten sind und dass sie nicht nur als eine letzte Auswegmöglichkeit akzeptieren werden müssen.[258]

Das strategische Management ist an der langfristigen Erfolgssicherung eines Unternehmens interessiert. Um dieses Ziel zu erreichen, muss sich ein Unternehmen optimal an alle Anforderungen der Umweltveränderungen in jeder Hinsicht anpassen. Akquisitionen und Desinvestitionen sind daher zwingend als

---

[253] Vgl. dazu das *General-Demarketing* in Abschnitt II 2.1.2 *Demarketing*–Situationen auf S.53ff

[254] Hilton (1972) S.19

[255] Gilmour (1973b) S.294

[256] Vgl. Nees (1981) S.119, Hinterhuber & Friedrich (1995) S.289, Rechsteiner (1995) S.10f

[257] Vgl. Rechsteiner (1995) S.10f

[258] Vgl. Dohm (1989) S.1, Rechsteiner (1995) S.10f, Choudhury (1979) S.106

wesentliche Anpassungsmaßnahmen und Aufgaben des strategischen Managements zu sehen.[259]

2.2.1. Geschichte der Desinvestition

Akquisitionen und Desinvestitionen hatten in den Jahren ab 1897 einen wellenförmigen Verlauf. Insgesamt wurden bisher sechs Wellen von *Mergers- &-Acquisitions-Aktivitäten*[260] beobachtet, die überwiegend parallel auch von Desinvestitions-Wellen begleitet wurden. An den Desinvestitionen lässt sich die Häufigkeit der Abspaltung oder der Verkauf von Unternehmensteilen erkennen.[261] In den USA wurden in den Jahren 1897 bis 1904 und von 1916 bis 1929 die ersten beiden M&A-Wellen beobachtet. Die dritte Welle erfolgte von 1965 bis 1969, die vierte begann 1984 und endete 1990.[262] Eine fünfte Welle begann 1992 und endete im Jahr 2000.[263] Das Jahr 2006 erreichte wieder einen Höhepunkt an M&A-Aktivitäten, sodass von einer beginnenden sechsten Welle gesprochen werden kann.[264]

Die 60er-Jahre des vorigen Jahrhunderts waren in den USA geprägt von zahlreichen Akquisitionen, die ihren Höhepunkt im Jahr 1969/1970 erreichten. In den 70er-Jahren nahmen Desinvestitionen wegen schlechtere wirtschaftlicher Rahmenbedingungen stark zu. Ein weiterer Grund waren schlechte Erfahrungen mit einer allzu großen Diversifikation und den damit verbundenen Integrationsproblemen.[265] 1986 war dann wieder ein Jahr, das Akquisitionen, gemessen an den Umsatzzahlen in US-Dollar, in einer nie da gewesenen Größenordnung brachte. Lag der durchschnittliche Preis je Geschäft früher bei etwa 4 Millionen US-Dollar, stieg er nun auf durchschnittlich 50 Millionen US-Dollar an. Zehn

---

[259] Vgl. Dohm (1989) S.13
[260] Vgl. Abschnitt II 2.2.3 *Demerger - Abgrenzung zur Desinvestition* auf S.80
[261] Vgl. Charifzadeh (2002) S.136f
[262] Vgl. Müller-Stewens (2000) S.43f
[263] Vgl. Müller-Stewens (2000) S.43, Jansen (2005) S.526
[264] Vgl. Picot (2005) S.3
[265] Vgl. Hayes (1972) S.55f, Kitching (1973), Biggadike (1979) S.103ff, Scherer (1984), Porter (1987) S.43ff

Geschäfte wurden über eine Summe von über 1 Milliarde US-Dollar abgewickelt.[266] Parallel zu den Akquisitionen stieg auch die Anzahl der Desinvestitionsaktivitäten. In den USA sind im Jahr 1986 etwa 1.300 Desinvestitionen bekannt geworden, bei denen es sich um ein monetäres Volumen von 65 Milliarden US-Dollar handelte.[267]

In der Bundesrepublik werden vom Bundeskartellamt die Zusammenschlüsse von Unternehmen registriert. Im Jahr 1986 sind immerhin 802 Fusionen erfasst worden.[268] Es kann allerdings nicht belegt werden, wie viele Desinvestitionen in dieser Zeit erfolgt sind, weil es hierüber keine Statistik gibt. DOHM vermutet, dass parallel zu den Akquisitionen auch der Anteil an Desinvestitionen zugenommen hat.[269]

Das Jahr 2000 war wieder ein Rekordjahr im Sinne einer Fusionswelle. Weltweit wurden 36.700 Firmenzusammenschlüsse gezählt mit einem Gesamtwert von 3,49 Billionen US-Dollar. Bereits im folgenden Jahr kam es zu einem Rückgang von bis zu 50 %.[270] Von 1990 bis zum Jahr 2008 wurden in Deutschland beim Bundeskartellamt insgesamt 28.957 Unternehmensfusionen angemeldet.[271] Desinvestitionen haben ab dem Jahr 2000 zugenommen. Zu zahlreichen *Spin-offs*[272] ist es bspw. in der Telekommunikations-Industrie gekommen.[273]

---

[266] Vgl. Grimm (1986) S.111f, M&A-Almanac (1987) S.64
[267] Vgl. M&A-Almanac (1987) S.57, Grimm (1986) S.68
[268] Vgl. Bundeskartellamt (1987) S.107
[269] Vgl. Dohm (1989) S.4
[270] Vgl. Picot & Bergmann (2002) S.506ff
[271] Vgl. Bundeskartellamt (2009) S.177
[272] Vgl. Wright & Coyne (1986) S.2f, Maselli (1997) S.29, Pellens (1993) S.856f
Ein *Spin-off* (deutsch: Ableger, Ausgründung) beschreibt das Herauslösen eines Unternehmensteils und eine eigenständige Weiterführung dieses Bereichs als rechtlich und wirtschaftlich selbstständige Einheit. Als Beispiel ist die INFINEON TECHNOLOGIES AG zu nennen, die im Jahr 1999 mit dem Halbleitergeschäft aus der SIEMENS AG ausgegliedert wurde.
Vgl. auch Abschnitt II 4.2.3 *Weitere Formen der Desinvestition mit Erhalt der Geschäftsbereiche* auf S.116f
[273] Vgl. Jansen et al. (2004) S.13

Der starke Rückgang der Transaktionen im Jahr 2001 war nicht zuletzt auf die Terroranschläge in den USA am 11. September 2001 zurückzuführen.[274] Das Ende der M&A-Aktivitäten wurde von erheblichen Kurseinbrüchen an den Börsen begleitet. Unternehmen mussten sich (wieder) auf ihre Kernkompetenzen konzentrieren. Die Strategie der Desinvestitionen war auf dieses Ziel ausgerichtet.[275] Globales Denken hatte zudem die Folge, dass sich Märkte und die Aktivitäten der Unternehmen anglichen. FRIEDRICH VON DEN EICHEN stellt fest, dass die Unterschiede zwischen den amerikanischen und europäischen Märkten geringer wurden. Desinvestitionen hatten einerseits den Zweck, schlechte Akquisitionen „auszutauschen", andererseits wurde dadurch Wachstum finanziert.[276]

Die sechste Welle mit einem Rekordjahr 2006 kann sowohl mit der Shareholder-Value-orientierten Unternehmensführung erklärt werden, die sich inzwischen in großen Unternehmen durchgesetzt hatte, als auch durch die im Jahr 2002 in Kraft getretene Steuererleichterung, die es großen deutschen Konzernen ermöglichte, ihre Überkreuzbeteiligungen aufzulösen.[277]

Wegen der zunehmenden Globalisierung und der weltweiten Konzentration der Unternehmen auf ihre Kernkompetenzen wird auch zukünftig mit vermehrten M&A-Aktivitäten zu rechnen sein.[278] Randaktivitäten werden zunehmend aufgegeben, es wird vermehrt zu einer Investition in die Kernbereiche der Unternehmen kommen, d. h. Restrukturierungen und De-Diversifikationen werden

---

[274] Vgl. Herden & Collan (2003) S.489
  Vgl. auch Frankenberger (2004) S.46 für die Auswirkungen im deutschen M&A-Markt.
[275] Vgl. Charifzadeh (2002) S.137f, Müller-Stewens (2000) S.47
[276] Vgl. Friedrich von den Eichen (2002) S.94f
[277] Vgl. Achleitner & Bassen (2000), Charifzadeh (2002) S.143, Student & Werres (2001) für die Shareholder-Value orientierte Unternehmensführung.
  Vgl. auch Ruess (2005) S.46ff
  Vgl. auch Jansen (2008) S.62, Picot (2005) S.7 u. S.505: Die Autoren zeigen den geschichtlichen Verlauf der Desinvestition mit den Wellen von M&A-Aktivitäten von 1897 bis 2007 in einer Grafik.
[278] Vgl. Müller-Stewens et al. (1999) S.16

durchgeführt. FRIEDRICH VON DEN EICHEN spricht in diesem Zusammenhang von „Rethinking Diversification".[279]

2.2.2. Der Begriff und Definitionen der Desinvestition

Im englischsprachigen Raum wird Desinvestition unter den Begriffen *Disinvestment, Divestiture* und *Divestment* diskutiert.[280] Eine Desinvestition kann als Gegenstück zu einer Investition gesehen werden. Es bedeutet die Freisetzung von finanziellen Mitteln, die zuvor durch eine Investition in Vermögensgegenständen gebunden waren.[281] JANSEN bezeichnet eine Desinvestition als „*eine vollständige oder bedeutende Reduzierung des wirtschaftlichen Eigentumsanteils einer Unternehmung an einem aktiven Betrieb oder einer aktiven Tochtergesellschaft, die sich im Mehrheitsbesitz der Unternehmung befindet und keine Finanzinvestition darstellt, durch den Verkauf an eine nichtverbundene Unternehmung.*"[282]

Die beiden oben genannten Definitionsansätze deuten bereits darauf hin, dass der Begriff der Desinvestition im deutschsprachigen Raum vielgestaltig ist. Diese Vielfalt soll auszugsweise und ohne Anspruch auf Vollständigkeit in Tabelle 7 dargestellt werden.

Autor(en)	Definition des Begriffs *Desinvestition*
Mensching (1986) S.3	*Desinvestition kann als die geplante, dauerhafte Herauslösung eines Unternehmensteils aus dem Gesamtgefüge der Unternehmung definiert werden.*

---

[279] Vgl. Seiler & Larson (2000) S.15, Friedrich von den Eichen (2002) S.12ff
[280] Vgl. Boddewyn (1979) S.21
[281] Vgl. Löffler (2001) S.5, Friedrich von den Eichen (2002) S.51, Bartsch (2005) S.22f, Defren (2009) S.39
[282] Vgl. Jansen (1986) S.32

Dohm (1989) S.2	*Als Desinvestition wird in dieser Untersuchung der freiwillige Austritt aus einem Markt durch Verkauf des mehrheitlichen Anteils an einer Tochtergesellschaft oder durch den Verkauf eines nennenswerten und abgrenzbaren Teils der Unternehmung als laufendes Geschäft an eine oder mehrere Unternehmungen oder Investoren bezeichnet.*
Brüggerhoff (1992) S.9	*(...) definiert als freiwilliges Herauslösen eines „aktiven" Unternehmensteils aus dem Gesamtgefüge einer Unternehmung durch endgültige Stillegung oder Verkauf aller oder eines Teils der wirtschaftlichen Eigentumsanteile an eine nicht verbundene Unternehmung.*
Rechsteiner (1995) S.17	*(...) vollständige oder bedeutende Reduktion des Eigentumsanteils einer Unternehmung an einem klar abgrenzbaren, aktiven Unternehmensteil, der sich im Mehrheitsbesitz befindet, durch Verkauf an eine oder mehrere Unternehmen oder Investoren, wobei ein aktives Rumpfgebilde bestehen bleibt.*
Graml (1996) S.28	*Desinvestitionen bezeichnet (...) den Verkauf von Teilen der Unternehmung.*
Weiher (1996) S.15ff	*Desinvestitionen werden (...) als freiwillige Abgabe von Geschäftseinheiten betrachtet. (...) Finanzholdings bzw. Konglomerate (...) werden nicht (...) untersucht. (...) Unfreiwillige Desinvestitionen oder Desinvestitionen, die aufgrund einer Krise getätigt werden, werden nicht behandelt.*

Thissen (2000) S.9	*Als Desinvestition wird die mehrheitliche Veräußerung von Gesellschafts- bzw. Mitgliedschaftsrechten und von wesentlichen Teilen des Anlage- und Umlaufvermögens aktiver Unternehmensteile an Investoren oder nicht verbundene Unternehmen bezeichnet, wobei ein bewertbares Rumpfgebilde der desinvestierenden Unternehmung bestehen bleibt.*
Löffler (2001) S.6	*Desinvestition ist das Herauslösen eines klar abgrenzbaren, aktiven Unternehmensteils, der sich im Mehrheitsbesitz befindet, aus dem Gesamtgefüge einer Unternehmung durch endgültige Stilllegung oder Verkauf aller oder eines Teils der wirtschaftlichen Eigentumsanteile an ein oder mehrere Unternehmen oder Investoren, die mit dem verkaufenden Unternehmen nicht verbunden sind.*
Bartsch (2005)[283] S.28 u. S.32	*Die Desinvestition ist das Herauslösen einer klar abgrenzbaren, wirtschaftlich im Kontrollbesitz befindlichen Einheit aus dem Gesamtgefüge einer Unternehmung durch Übertragung von Eigentumsanteilen oder Aktiva an Dritte, wobei stets ein aktives Rumpfgebilde bestehen bleibt. Eine strategische Desinvestition ist eine Maßnahme, die durch ein proaktives Motiv sowie ein kohärentes Entscheidungs- bzw. Handlungsmuster gekennzeichnet ist, deren Implikationen für die herauslösende Unternehmung von besonderer Relevanz sind.*
Sievers (2006) S.10	*Als Desinvestition wird die Veräußerung von mindestens einem Mehrheitsanteil der Gesellschaftsrechte aktiver Unternehmensteile an Investoren oder nicht verbundene Unternehmen bezeichnet, wobei eine Rumpfeinheit des veräußernden Unternehmens bestehen bleibt.*

---

[283] BARTSCH unterscheidet *Desinvestition* und *strategische Desinvestition*.

Stiller (2007) S.2	*Als Desinvestition wird in dieser Arbeit die „Abtrennung eines Geschäftsbereichs" auf dem Wege eines Sell-off, Spin-off oder Equity Carve-out verstanden.*
Ostrowski (2007) S.20	*Unter einer Desinvestition ist die Reduktion des mehrheitlichen Stimmrechtsanteils auf einen Anteil von mindestens kleiner 50% oder eine wesentliche Reduktion des Eigentums am Anlage-und Umlaufvermögen an einem Desinvestitionsobjekt durch das Desinvestitionssubjekt zu verstehen, welches auch nach der Desinvestition zumindest in Form eines aktiven Rumpfgebildes bestehen bleiben muss. (...)*
Defren (2009) S.42	*Eine Desinvestition ist die freiwillige, vollständige oder bedeutende Reduzierung deswirtschaftlichen Eigentumsanteils an einem aktiven Teilbereich oder einer aktiven Tochter-gesellschaft, die sich im Mehrheitsbesitz der Unternehmung befinden, durch den Verkauf als laufendes Geschäft an einen nicht verbundenen externen Käufer oder ein nicht verbundenes externes Käuferkonsortium, wobei ein aktives Rumpfgebilde weiter bestehen bleibt.*

Tabelle 7: Eine Auswahl von Definitionen zum Begriff *Desinvestition*

Bei einem Vergleich dieser Definitionen fällt auf, dass der Desinvestitions-begriff meistens sehr weit interpretiert wird und dass einige Merkmale wieder-kehren. Die Definitionsansätze sollen daher miteinander verglichen werden.

Während einige Forscher lediglich auf den Verkauf der infrage stehenden Unternehmensteile, d. h. auf das Desinvestitionsobjekt abstellen,[284] unter-scheiden andere Autoren zwischen dem *Desinvestitionssubjekt* und dem *Desinvestitionsobjekt*.[285] OSTROWSKI beschreibt deren Merkmale und fügt auch

---

[284] Vgl. Jäger (2002) S.14, Stienemann (2003) S.19
[285] Vgl. Jansen (1986) S.32, Mensching (1986) S.6, Thissen (2000) S.9, Sievers (2006) S.9

solche des potenziellen Investors, des Akquisiteurs, hinzu.[286] Hierbei kann es sich entweder um *unternehmensexterne* Investoren handeln (nicht dem Unternehmensverbund angehörige Unternehmen, neue Aktionäre, Staat) oder um *unternehmensinterne* Investoren (bisherige Aktionäre, Teile des Managements, Mitarbeiter).[287]

Finanzholdings und Konglomerate werden von WEIHER als Desinvestitionssubjekte ausgeschlossen.[288] Desinvestitionsobjekte werden von einigen Autoren als abgrenzbarer, aktiver Unternehmensteil angesehen,[289] von anderen Forschern wird darüber hinaus verlangt, dass sich der Unternehmensteil mehrheitlich im Besitz eines Unternehmens befindet.[290] WEIHER betrachtet das Desinvestitionsobjekt als Geschäftseinheit, für THISSEN können auch Gesellschafts- und Mitgliedsrechte Gegenstand von Desinvestitionen sein.[291]

DEFREN weist darauf hin, dass die unterschiedlichen Definitionen des Begriffs *Desinvestition* nicht erklären, auf welche Weise der Unternehmensteil desinvestiert wird. Zudem werde kein expliziter Zweck- oder Zielbezug eines Unternehmensverkaufs hergestellt.[292]

Die Formulierung einer Definition des Begriffs *Desinvestition* muss einen unmittelbaren Zusammenhang zum Untersuchungsgegenstand erkennen lassen.[293]

In dieser Arbeit soll eine Desinvestition in Anlehnung an STRATMANN wie folgt definiert werden.[294]

---

[286] Vgl. Ostrowski (2007) S.20
[287] Vgl. Rechsteiner (1995) S.19, Thissen (2000) S.9
[288] Vgl. Weiher (1996) S.19
[289] Vgl. Brüggerhoff (1992) S.9, Graml (1996) S.28, Jäger (2002) S.14
[290] Vgl. Jansen (1986) S.32, Rechsteiner (1995) S.17, Löffler (2001) S.6, Sievers (2006) S.9
[291] Vgl. Weiher (1996) S.19, Thissen (2000) S.9
[292] Vgl. Defren (2009) S.41
[293] Vgl. ebenda
Vgl. dazu auch die Definition des Begriffs *Demarketing* in Abschnitt II 2.1.1 Der *Begriff und die Definition des Demarketing* auf S.51f.
[294] Vgl. Stratmann (2005) S.41

Definition des Begriffs *Desinvestition* in dieser Arbeit

Eine Desinvestition bedeutet das Herauslösen eines klar abgrenzbaren, aktiven Unternehmensteils, der sich im Mehrheitsbesitz befindet, aus dem Gesamtgefüge eines Unternehmens durch freiwilliges Stilllegen oder freiwilligen Verkauf von mindestens >50 % der wirtschaftlichen Eigentumsanteile an ein oder mehrere Unternehmen oder Investoren, die mit dem verkaufenden Unternehmen nicht verbunden sind.

Die Desinvestition kann sich auf Geschäftsfelder (Produkte und / oder Dienstleistungen) beziehen und auch das Outsourcing kann als Desinvestition betrachtet werden.

Tabelle 8: Definition des Begriffs *Desinvestition* in dieser Arbeit

Die in dieser Definition relevanten Begriffe sollen nachfolgend erläutert werden.

Aktiver Unternehmensteil

Ein aktiver Unternehmensteil kann als ein Subsystem innerhalb eines Unternehmens bezeichnet werden, welches technisch-organisatorisch weitgehend selbstständig seine Aufgaben im Rahmen des Gesamtunternehmens erfüllt. Der Teilbereich wird aber von der Muttergesellschaft als übergeordnete Instanz geführt. Diese Geschäftsbereiche können bspw. einzelne Produktionsstufen einer Produktart beinhalten, sie können rechtlich selbstständig oder unselbstständig sein, auf jeden Fall sind sie aber wirtschaftlich unselbstständige Teile eines Mutterunternehmens.[295]

Der Begriff *aktiver Unternehmensteil* schließt auch Unternehmensteile aus, an denen die Muttergesellschaft keine vitalen Interessen hat, wie z. B. Verkaufsbüros oder kurzfristige Engagements in anderen Unternehmen.[296] Eine zu desinvestierende abgrenzbare aktive Einheit muss zudem die Voraussetzung erfüllen, dass sie sich klar von den übrigen Aktivitäten des Gesamtunternehmens abtrennen lässt.[297]

---

[295] Vgl. Brüggerhoff (1992) S.10
[296] Vgl. Jansen (1986) S.33
[297] Vgl. Schipper & Smith (1986) S.23, Rizzi (1987) S.39

Ein Mehrheitsbesitz bedeutet, dass das Mutterunternehmen vor der Desinvestition einen Anteil von 50 % oder mehr am Desinvestitionsobjekt besitzen muss.[298]

Freiwilliger Verkauf oder Stilllegung

Ein freiwilliges Herauslösen des Geschäftsanteils soll nach der Definition in dieser Arbeit ohne aktuellen wirtschaftlichen Zwang erfolgen, also nicht etwa als Folge einer Unternehmenskrise. Ein Unternehmen soll im Rahmen des marktwirtschaftlichen Denkens frei über das Desinvestitionsobjekt entscheiden können. Um sicherzustellen, dass nach erfolgter Desinvestition das Mutterunternehmen keine Kontrolle mehr über den abgegebenen Geschäftsbereich ausüben kann, wird das Desinvestitionsobjekt an ein oder mehrere Unternehmen oder Investoren verkauft. Diese sind nicht mit dem Mutterunternehmen verbunden, d. h., es wird an unternehmensexterne Stellen, an Dritte verkauft.

Eine freiwillige Stilllegung umfasst grundsätzlich mehrere Optionen. HASENACK versteht darunter *„die bei der ursprünglichen Konzeption des Betriebszieles nicht vorgesehene, aber planvoll durchgeführte Einstellung der Betriebstätigkeit insgesamt oder in wesentlichen Teilen auf Dauer oder für begrenzte Zeit".*[299]

Im Rahmen dieser Arbeit soll lediglich eine endgültige Stilllegung betrachtet werden, weil nur dadurch das Desinvestitionsobjekt endgültig aus der Verfügungsgewalt des Mutterunternehmens gelöst wird und somit von einer Desinvestition gesprochen werden kann.[300]

2.2.3. Demerger - Abgrenzung zur Desinvestition

Nachdem zahlreiche Definitionsansätze zum Begriff *Desinvestition* vorgestellt wurden, muss auch eine Abgrenzung zum Begriff *Demerger* erfolgen. In den USA ist *M&A (Mergers & Acquisitions)* seit Langem ein Begriff für eine große Bandbreite von Unternehmensaktivitäten. Nicht nur Fusionen und Akquisitionen

---

[298] Vgl. Jansen (1986) S.31
[299] Vgl. Hasenack (1974) S.637
[300] Vgl. ebenda S.638
    Vgl. auch Abschnitte II 4.1.1 *Stilllegung* und II 4.1.2 *Liquidation* auf S.111f

fallen – wie aus dem Namen ersichtlich ist – darunter, auch Desinvestitionen, Ausgliederungen und strukturelle Veränderungen werden mit diesem Begriff in Verbindung gebracht.[301]

Ein *Demerger* kann als Gegenbegriff zum *Merger* gekennzeichnet werden. Es wird darunter eine Abspaltung, Aufgliederung oder Entflechtung in einem diversifizierten Unternehmen verstanden. Der Begriff *Demerger* kann unterschiedlich interpretiert werden. Ein Demerger wird sowohl als eine Form der Desinvestition angesehen, zum anderen aber auch als ein Oberbegriff der Desinvestition betrachtet.[302]

Als *Demerger* im engeren Sinn wird eine Transaktion bezeichnet, bei der eine vorausgegangene Fusion wieder rückgängig gemacht und der alte Zustand wieder hergestellt wird. Die Vorgehensweise ist hierbei, das fusionierte Unternehmen zunächst aufzulösen, um das Vermögen anschließend auf die ehemaligen Unternehmen anteilsmäßig zu übertragen.[303]

Nach dieser strengen Definition hat es in der Wirtschaft aber noch keinen wirklichen Demerger gegeben.[304]

Eine Auswahl von Definitionen des Demerger-Begriffs ist in Tabelle 9 zusammengestellt.

Quelle	Definition des Begriffs *Demerger*
Charifzadeh (2002) S.99	*Bei dieser Restrukturierungsform* [Demerger] *wird eine vorausgegangene Fusion wieder rückgängig gemacht, und der Ausgangszustand wieder hergestellt.*
Picot & Bergmann (2002) S.508	*(...) die Abspaltungen im Zuge einer Restrukturierung bis hin zur Auflösung einer Fusion.*

---

[301] Vgl. Jansen (2008) S.91ff
[302] Vgl. Cascorbi (2003) S.8
[303] Vgl. Achleitner (2001) S.362
[304] Vgl. Charifzadeh (2002) S.100f

Achleitner & Charifzadeh (2002) S.635f	Bei einem Demerger wird eine vorausgegangene Fusion wieder rückgängig gemacht, indem das fusionierte Unternehmen liquidiert und das Vermögen in der ursprünglichen Verteilung wieder auf die Ausgangsunternehmen übertragen wird.
Wirtz (2003)[305] S.411	(...) der Prozess einer strategisch oder finanziell motivierten Ausgliederung oder Abspaltung von Unternehmen (-steilen) nach vorausgegangener Fusion bzw. Akquisition verstanden. Zielsetzung ist dabei die Verbesserung der Markt- und Wettbewerbssituation, wobei die betroffenen Unternehmen(-steile) entweder erhalten oder aufgegeben werden.
Cascorbi (2003) S.8	Allgemein wird unter „Demerger" im angloamerikanischen Wirtschaftsraum die Spaltung eines Unternehmens in mehrere selbstständige Unternehmensteile verstanden. Immanentes Merkmal ist also die Desintegration von Unternehmen oder Unternehmensteilen
Müller (2006) S.1189	Prozess der Entflechtung von Unternehmen. (...) Auch organisch (intern) gewachsene Unternehmen können Objekt eines Demerger-Prozesses sein.
Kirchmaier (2006) S.1262	Abspaltung einer im Vollbesitz einer börsennotierten Unternehmung befindlichen Tochtergesellschaft oder eines betriebsfähigen Bereichs in eine unabhängige Organisation. Damit ist ein Demerger die Übersetzung des amerikanischen Begriffs „Spin-off" bzw. des deutschen Begriffs „Abspaltung" ins britische Englisch.

Tabelle 9: Eine Auswahl von Definitionen zum Begriff Demerger

---

[305] WIRTZ definiert das Demerger-Management.

Festzuhalten bleibt, dass ein Demerger im Rahmen des M&A-Managements eine wichtige Handlungsoption ist und dass er sich aber kaum vom Begriff *Desinvestition* unterscheiden lässt.[306] Die Begriffe *Demerger* und *Desinvestition* werden daher oftmals synonym verwendet.[307]

Auch in dieser Arbeit sollen die beiden Begriffe *Demerger* und *Desinvestition* synonym verwendet werden. Es wird aber nicht von einem Demerger im engeren Sinn ausgegangen, bei dem definitionsgemäß eine notwendige vorherige Fusion erfolgt sein muss mit einer nachfolgenden Spaltung in exakt die gleichen Teile, wie sie vor der Fusion bestanden haben.

3. Motive und Barrieren bei Demarketing- und Desinvestitions-Entscheidungen

Begünstigende Faktoren sowie Motive für eine Demarketing- und Desinvestitions-Entscheidung sollen zunächst erläutert werden. Anschließend werden mögliche Barrieren mit negativem Einfluss auf eine Desinvestition herausgestellt.

3.1. Motive für Demarketing und Desinvestitionen

HUTZSCHENREUTER weist auf die Motive für eine Desinvestition hin und schreibt in seinem 2005 im HARVARD BUSINESS MANAGER veröffentlichten Artikel: *„Wachstum ist kein Allheilmittel".*[308]

Motive für die Desinvestition in einem Geschäftsfeld können in die vier Bereiche Unternehmenserfolg, Strategie, Steuerung und Umwelt aufgeteilt werden. Gründe für die Desinvestition können sein:[309]

- Kostensenkung
- Gewinnsteigerung

---

[306] Vgl. Picot & Bergmann (2002) S.IIf
[307] Vgl. Cascorbi (2003) S.11, Gusinde (2000) S.15
[308] Hutzschenreuter (2005) S.104
     Vgl. zu dieser Thematik auch Simon (2007) S.64ff
[309] Vgl. Karakaya (2000) S.655ff, Bea & Haas (2001) S.181f

- Effizienzsteigerung aufgrund fehlender Synergien zwischen den Geschäftsfeldern
- Verringerung der finanziellen Ressourcenbindung bzw. Liquiditätssteigerung
- Verringerung der personellen Ressourcenbindung und der Managementleistung

HAMILTON und CHOW stellen in ihrem Artikel „why managers divest" folgende Gründe für Desinvestitionen fest: „It is clear (...) that the typical divestment has been carried out to convert unattractive assets into a more liquid form which is then used either to reinforce the core business; or to satisfy overall liquidity requirements; or to move the company into more attractive areas."[310]

Als ein weiteres Motiv für die Desinvestition kann die Unzufriedenheit von konglomerater Diversifikation durch Akquisitionen und damit einhergehenden Integrationsproblemen genannt werden. Die stetige Unzufriedenheit führt folglich zum sukzessiven Abbau von Konglomeraten und zum Desinvestieren in Geschäftseinheiten, die nicht zum strategischen Kern gehören.[311] Ein Ziel, das durch die Strategie der Desinvestition verfolgt wird, ist nach WOO, WILLARD und DAELLENBACH die Steigerung des Unternehmenserfolgs.[312]

Es werden reaktive und proaktive Desinvestitionen unterschieden, die in den folgenden Abschnitten erklärt werden.

3.1.1. Reaktive Desinvestitionen

Schlechte finanzielle Ergebnisse eines Unternehmens bzw. eines Geschäftsbereichs werden gemeinhin als Ursache für Desinvestitions-Entscheidungen angesehen.[313] PORTER definiert solche schrumpfenden Branchen als diejenigen,

---

[310] Vgl. Hamilton & Chow (1993) S.482
[311] Vgl. Dohm (1989) S.5
  Vgl. dazu auch Kitching (1973), Biggadike (1979) S.103, Scherer (1984), Porter (1987) S.43
[312] Vgl. Woo et al. (1992) S.433ff
[313] Vgl. Duhaime & Grant (1984) S.310-313, Montgomery & Thomas (1988) S.94, Ravenscraft & Scherer (1991) S.434

„die über einen längeren Zeitraum einen absoluten Rückgang in ihren verkauften Stückzahlen hinnehmen müssen. "[314]

Die Performance desinvestierender Unternehmen bzw. der zu desinvestierenden Geschäftsbereiche liegt nach Untersuchungen im Jahr vor der Desinvestition deutlich hinter der Performance der Unternehmen der gleichen Branche bzw. der eigenen Performance in den Vorjahren.[315] Die *Effizienzhypothese* von HITE, OWERS und ROGERS gibt eine finanztheoretische Erklärung für eine Desinvestition performanceschwacher Geschäftsbereiche.[316] Als Beispiel für den Verkauf eines Geschäftsbereichs aufgrund schlechter finanzieller Ergebnisse kann die ehemalige KAMPS AG genannt werden, die im Jahr 2002 von dem italienischen Nudelkonzern BARILLA übernommen und später an die ECM EQUITY CAPITAL verkauft wurde.[317]

Auch andere reaktive Gründe für eine Desinvestition sind möglich, die an dieser Stelle stichwortartig erwähnt werden sollen:

- Eine Umverteilung von Finanzmitteln von wenig erfolgreichen zu Erfolg versprechenden Geschäftsbereichen („winner picking"[318]).
- Auch performancestarke Geschäftsbereiche können ein Unternehmen bei einer hohen Verschuldung zwingen zu desinvestieren, um Finanzmittel zu generieren.[319]

---

[314] Vgl. Porter (2008) S.318
[315] Vgl. Duhaime & Baird (1987) S.492
[316] Vgl. Hite et al. (1987) S.230ff
  Nach der Effizienzhypothese kann bspw. der Sell-off eines Geschäftsbereichs zweckdienlich sein, wenn der Wert des Geschäftsbereichs beim Verbleib im Unternehmen geringer ist als der potenzielle Verkaufserlös.
  Vgl. auch Hite et al. (1987) S.230, Steiner (1997) S.233, Lang et al. (1995) S.4: In der Literatur wird die Effizienzhypothese auch unter den Begriffen *synergy hypothesis*, *efficiency hypothesis* und *efficient deployment hypothesis* diskutiert.
[317] Vgl. n-tv-Online (2010): *„Nach acht Jahren verlässt KAMPS wieder das italienische BARILLA-Reich. (...) Der italienische Nudelkonzern BARILLA stößt die fünf Bäckereien und 900 Filialen an die Frankfurter ECM EQUITY CAPITAL ab. Damit wird BARILLA den seit jeher ungeliebten Teil des ehemaligen Imperiums von HEINER KAMPS los, das die Italiener 2002 für 1,8 Milliarden Euro gekauft hatten. (...) Sie [BARILLA] hatten einen Großteil ihres Investments in die ehemalige KAMPS AG abschreiben müssen. "*
[318] Vgl. Stein (1997) S.111

- Desinvestition als Folge fehlgeschlagener Diversifikationsmaßnahmen in nicht verwandte Geschäftsfelder.[320]
- Eine Über-Diversifikation, bei der die Grenzkosten größer sind als der Grenzertrag der Diversifikation, wird ebenfalls als Desinvestitionsgrund gesehen.[321]
- Desinvestitions-Motivation des Managements. Manager befürchten, die Position des Unternehmens und die eigene Karriere könne durch schlechte Performance geschädigt werden, wenn nicht zum Mittel der Desinvestition gegriffen würde (Agency-theoretischer Erklärungsansatz).[322]

Vor dem Hintergrund des Outsourcings bzw. einer Make-or-Buy-Entscheidung[323] können unternehmensexterne Rahmenbedingungen, wie z. B. Technologien, rechtliche Rahmenbedingungen und Marktbedingungen als Gründe für eine Desinvestition angeführt werden.[324]

3.1.2. Proaktive Desinvestitionen

Von den reaktiven Desinvestitionen, die lediglich als kurzfristige und somit *taktische* Anpassungsmaßnahmen an die Marktbedingungen aufzufassen sind, unterscheiden sich die *proaktiven Desinvestitionen*, die als *strategische* Maßnahmen zu bezeichnen sind.[325] Sie werden freiwillig, in die Zukunft gerichtet und ohne unmittelbaren wirtschaftlichen Zwang als strategische Maßnahme

---

[319] Vgl. Duhaime & Grant (1984) S.311, Montgomery & Thomas (1988) S.94f, Lang et al. (1995) S.5

[320] Vgl. Ravenscraft & Scherer (1991) S.434

[321] Vgl. Markides (1992) S.399, Markides (1995) S.102f, Hoskisson et al. (1994) S.1208

[322] Vgl. Boot (1992) S.1401ff

Vgl. auch Jensen & Meckling (1976) S.305ff, Decker (1994) S.11: Die Agency-Theorie beschreibt eine Prinzipal-Agent-Beziehung. Ein Auftraggeber (Prinzipal) betraut einen Manager (Agent) mit der Wahrung seiner Interessen. Im Rahmen der Agency-Theorie wird davon ausgegangen, dass der Agent vorrangig seine eigenen Interessen verfolgt und diese nicht zwingend mit den Interessen des Prinzipals übereinstimmen.

[323] Vgl. Abschnitt II 4.2.2 *Outsourcing und Make-or-Buy* Entscheidungen auf S.114f

[324] Vgl. Scherm (1996) S.48f

[325] Vgl. dazu die Differenzierung von *Strategie* und *Taktik* in Abschnitt II 1 *Strategien und Marketing-Strategien* auf S.25f

ergriffen, um ein Unternehmen zukünftig wettbewerbsfähig zu halten.[326] KOTLER und LEVY bezeichnen eine solche strategische Desinvestitions-Strategie bereits im Jahr 1971 als *Demarketing*.[327]

Nach DOHM können freiwillige Desinvestitionen sowohl eine reaktive Anpassungsmaßnahme sein als auch einen proaktiven strategischen Schritt darstellen. Dies bedeutet eine frühzeitige gezielte Ausrichtung der Verwendung von Ressourcen auf unternehmerische Stärken.[328] Reine reaktive Desinvestitionen werden allerdings nicht mit dem Attribut *strategisch* in Verbindung gebracht. Es handelt sich allenfalls um *taktische* Maßnahmen.[329]

Proaktive Motive für eine Desinvestition können sein:[330]

- Verluste bzw. zu geringe Renditen des Desinvestitionsobjekts
- Unzureichende Perspektiven und Abbau von Kapazitäten
- Zu hoher Kapitalbedarf des Desinvestitionsobjekts und Liquiditätssicherung
- Überalterung der Produktionsanlagen
- Ende des Produktlebenszyklus
- Konflikte zwischen dem Mutterkonzern und dem Desinvestitionsobjekt
- Personelle Motive und Nachfolgeprobleme
- Finanzielle Motive zur Finanzierung des Wachstums im Kerngeschäft

Zur strategischen Desinvestition führt HINTERHUBER aus: „*Der strategische Rückzug ist der Umweg zum Aufbau einer führenden Wettbewerbsposition in einem anderen Marktsegment*".[331] Weiterhin schreiben HINTERHUBER und FRIEDRICH vom ersten „*Schritt in Richtung einer evolutiven Unternehmens-entwicklung*".[332] Der strategische Rückzug bedeutet letztlich eine Schwerpunkt-

---

[326] Vgl. Rechsteiner (1995) S.73f
[327] Vgl. Kotler & Levy (1971) S.74ff
   Vgl. auch Abschnitt II 2.1 *Demarketing* auf S.50f
[328] Vgl. Dohm (1989) S.48f
[329] Vgl. Hinterhuber & Friedrich (1995) S.287
[330] Vgl. Jansen (1986) S.115ff, Bea & Haas (2001) S.181
[331] Hinterhuber (1990) S.127
[332] Vgl. Hinterhuber & Friedrich (1995) S.290

bildung im Sinne einer Konzentration auf die Kernkompetenzen eines Unternehmens und auf den Aufbau führender Wettbewerbspositionen.[333] FRIEDRICH VON DEN EICHEN präzisiert diesen Sachverhalt in einem kurzen Satz: *„Wachstum durch Verkleinerung".*[334]

Als bekanntes Beispiel für einen strategischen, systematischen Rückzug und eine proaktive Desinvestition ist die Schließung der Unterhaltungselektronik-Sparte von BRAUN ohne Image- bzw. Reputationsverlust zu nennen.[335] Ein weiteres Beispiel für einen systematischen Rückzug ist die LINDE AG. Diese Aktiengesellschaft ist ein internationaler Konzern mit dem Haupttätigkeitsgebiet *Gas und Engineering*.[336] Um den Umbau zu einem reinen Industriegasunternehmen zu verwirklichen, musste der Konzern sich zunächst von anderen Sparten trennen. So wurde die Gabelstaplersparte als KION GROUP rechtlich verselbstständigt und danach verkauft.*[337]*

Schließlich ist als proaktive Desinvestition der bewusst herbeigeführte Umsatzrückgang von Produkten im Handelssegment der NÖLKE-GRUPPE, einem der führenden Wurstproduzenten in Deutschland aus Ostwestfalen, zu nennen. Es wurde die Produktion von Artikeln eingestellt, die zu geringe bzw. keine Gewinnperspektiven aufwiesen.[338]

---

[333] Vgl. Hinterhuber & Friedrich (1995) S.287, Krüger (2006) S.46-96
[334] Vgl. Friedrich von den Eichen (2002) S.67
[335] Vgl. Spiegel-Online (1990), Biener (2005)
  Vgl. auch das GILLETTE-BRAUN Beispiel in Abschnitt I 1 *Einleitung* auf S.2: Der GILLETTE-Konzern schließt die Unterhaltungselektronik-Sparte von BRAUN ohne Image- bzw. Reputationsverlust.
[336] Vgl. Linde-AG (2010), Dienel (2004)
[337] n-tv-Online (2006): *„LINDE verkauft KION - Milliardendeal perfekt. Der Wiesbadener LINDE-Konzern hat seine Gabelstaplersparte KION für vier Milliarden Euro an Finanzinvestoren aus den USA verkauft. Der Umbau des 1879 gegründeten Traditionskonzerns hin zu einem reinen Industriegas-Unternehmen ist damit nun größtenteils vollzogen. (...) Zur Vorbereitung der Trennung hatte LINDE die Gabelstaplersparte unlängst unter dem Namen "KION GROUP" rechtlich verselbständigt. (...) Im Zuge der Konzentration auf das Industriegas-Geschäft will sich LINDE auch noch vom Komponentengeschäft der Vakuumtechniktochter BOC EDWARDS trennen."*
[338] Vgl. Lebensmittel-Praxis (2011) u. Derkum (2011): Der Geschäftsführer der NÖLKE-GRUPPE, RALF DIESING, kommentierte den bewusst herbeigeführten Umsatzrückgang von Produkten: *„Das gilt zum Beispiel für einige der Produkte im Handelsmarkensegment; da kann man nicht in jedem Bereich gut sein."*

3.1.2.1. Der unprofitable Kunde

Demarketing und Desinvestitions-Aktivitäten sind als ein dynamischer Prozess anzusehen, der sorgfältig von einem Unternehmen geplant werden muss. In diesem Kontext stehen Kundenbeziehungen im Vordergrund, die unter dem Begriff *Customer Relationship Management (CRM)* zusammengefasst werden.[339] Immer geht es sowohl um Kundenwünsche als auch um den Wert der Kunden für ein Unternehmen, den *Customer Lifetime Value (CLV)*. ZEZELJ definiert den CLV als den *„Wert eines Kunden über die gesamte Geschäftsbeziehung"*, der sich *„aus allen dem Kunden oder der Kundengruppe zurechenbaren Umsätzen und Kosten"* bestimmt.[340] Ein Kundenwert kann durch die Bestimmung eines Netto-Kundenwertes (*Net Profit Value*) berechnet werden. Auf Basis der Kapitalwertmethode ergibt sich ein gegenwärtiger Kundenwert aus diskontierten Zahlungsströmen der zukünftigen Geschäftsbeziehungen, die einem Kunden direkt zurechenbar sind.[341]

Bei der Bewertung eines Kundenstammes lassen sich *profitable* und *unprofitable* Kunden unterscheiden. In der Literatur wird im Zusammenhang mit

---

[339] Vgl. Arndt (2008) S.9ff und Abschnitt I 2 *Stand der Forschung* auf S.12ff
[340] Zezelj (2000) S.12
  Vgl. Gelbrich (2001) S.52ff, Gelbrich & Wünschmann (2006) S.586ff: Die Autoren diskutieren den Kundenwert und die Berechnung eines Kundenwertes am Beispiel der Automobilindustrie. Bei der Bestimmung eines Kundenwertes werden monetäre und nicht-monetäre Bestandteile unterschieden.
  Vgl. zum *Customer Lifetime Value (CLV)* auch Fader et al. (2005) S.275ff, Gupta et al. (2006) S.139ff, Malthouse & Blattberg (2005) S.2ff, Schmittlein et al. (1987) S.1ff, Venkatesan & Kumar (2004) S.106ff
  Vgl. zum *Customer Lifetime Value (CLV)* auch das *Selective Demarketing* in Abschnitt II 2.1.1 *Der Begriff und die Definition des Demarketing* auf S.54f
[341] Vgl. Berger & Nasr (1998) S.17ff, Reinecke et al. (2007) S.423f
  Vgl. auch Blömeke & Clement (2009) S.815 zur genauen Berechnung des CLV.
  Vgl. auch Blattberg & Deighton (1996) S.136ff: Die Autoren diskutieren die Bewertung eines gesamten Kundenstamms aus Anbietersicht als *Customer Equity* und definieren: *„Customer Equity is the total of the discounted lifetime values summed over all of the firm's customers."*
  Vgl. auch Weiber & Weber (2000) S.487f, Brooks (1999) S.A12, Hartfeil (1996) S.25 zur Problematik der Berechnung des individuellen Kundenwertes bzw. CLV. Kritikpunkte sind bspw. die Vorhersage-Unsicherheit der voraussichtlichen Dauer einer Kundenbeziehung sowie der zu schätzenden kundenbezogenen Ein- und Auszahlungsströme.

der Kundenbewertung häufig die s. g. *Pareto Regel* genannt. Nach dieser Regel generieren 20 % der Kunden eines Unternehmens 80 % des Betriebsergebnisses. Die übrigen Kunden haben nur einen sehr geringen Anteil am Unternehmens-gewinn und werden daher auch *Low Value Customers* genannt.[342] Es ergibt sich eine Mischkalkulation und das Ziel aus Unternehmenssicht liegt folgerichtig darin, nur profitable Kunden zu akquirieren und zu halten.[343]

Profitable Kunden sind „gute" Kunden. Im Umkehrschluss bedeutet dies aber nicht, dass ein unprofitabler Kunde notwendigerweise ein „schlechter" Kunde ist. RAPP führt dazu aus: *„ Unprofitable Kunden sind keine schlechten Kunden, sondern sie sind deswegen nicht profitabel, weil die Unternehmensstrategie und die Arten der Kundenbehandlung ein nicht rentables Kundenverhalten möglich machen. "*[344] Ob ein Kunde nun ein „guter" oder ein „schlechter" ist, lässt sich demnach nicht allein mit der Frage beantworten, ob er profitabel ist oder nicht. Über die Profitabilität aus Unternehmersicht entscheidet letztlich die spezifische Interessenlage eines Unternehmens.

BLÖMEKE und CLEMENT stellen fest, dass es Kundengruppen gibt, die trotz umfangreicher Marketing-Maßnahmen langfristig unprofitabel bleiben.[345] Eine Unternehmensführung muss folglich akzeptieren, dass es notwendig ist, sich von diesen Kunden durch einen strategischen, systematischen Rückzug zu trennen. Auch RUDOLF-SIPÖTZ und TOMCZAK fordern eine vollständige Trennung von unprofitablen Kunden.[346] Im Sinne des *Selective Demarketing* sind dem-entsprechend strategische Demarketing-Maßnahmen unerlässlich.[347]

---

[342] Vgl. Stahl et al. (2006) S.253ff, Herrmann & Fürderer (1997) S.350, Plinke (1997) S.117, Reichheld & Aspinall (1994) S.23
Vgl. auch Storbacka (1993) S.19, Cooper & Kaplan (1991) S.130ff: Die Autoren erweitern diesen Ansatz um eine *20:225-Heuristik*, die beschreibt, dass 20 % der Kunden sogar 225 % eines Unternehmensgewinns generieren. Im Umkehrschluss bedeutet dieser Ansatz aber auch, dass die übrigen Kunden nur Kosten produzieren.
[343] Vgl. Krafft (1997) S.5, Hughes (1996), Duch (1995), Keane & Wang (1995) S.59ff
[344] Rapp (2000) S.90f
[345] Vgl. Blömeke & Clement (2009) S.831
[346] Vgl. Rudolf-Sipötz & Tomczak (2001)
[347] Vgl. das *Selective-Demarketing* in Abschnitt II 2.1.2 *Demarketing*–Situationen auf S.53ff.

BLÖMEKE und CLEMENT haben diese kundenspezifische Problematik, das Management von unprofitablen Kunden, eingehend untersucht.[348] Es werden zahlreiche Gründe genannt, die für die Unprofitabilität eines Kunden von Bedeutung sein können. So werden auf der Unternehmensseite sowohl eine strategische Neuausrichtung bzw. eine Repositionierung als auch ein fehlender Fokus bei der Kundenakquise und Veränderungen der Distributionskanäle angeführt, die für Kunden weniger anziehend sind. Auch Produkte können durch einen zu umfangreichen *Pre-* und *Post-Sale-Service* ein Unternehmen dazu führen, Demarketing-Maßnahmen einzuleiten.[349]

Auch auf der Kundenseite gibt es Gründe, die für Unprofitabilität sprechen: Veränderte Kundenwünsche, neue Trends, die vom Unternehmen nicht be-friedigt werden können, sind ebenso zu nennen wie das Kundenverhalten. Hierunter wird bspw. eine immer stärkere Beschwerdebereitschaft mit zum Teil unrealistischen und überzogenen Forderungen verstanden, die den Kunden für ein Unternehmen uninteressant bzw. unprofitabel machen.[350]

Festzuhalten bleibt aber, dass in der Konsumgüterbranche der unprofitable Kunde weniger relevant ist, weil das Produkt im Vordergrund steht und nicht der Kunde. Unprofitable Kunden finden sich dagegen gehäuft in den Branchen IT, Telekommunikation und Finanzdienstleistung.[351]

3.1.2.2. Demarketing als eine Strategie der Differenzierung

GERSTNER, HESS und CHU beschreiben Demarketing als eine Strategie der Differenzierung. Wenn ein Low-Price-Unternehmen mit einem identischen Produkt in Konkurrenz zu einem hochpreisigen Unternehmen steht, würde sich ein Preiskampf entwickeln. Irgendwann müsste das Produkt schließlich zum Selbstkostenpreis verkauft werden.[352]

---

[348] Vgl. Blömeke & Clement (2009) S.804ff
[349] Vgl. Finsterwalder (2004) S.2ff
[350] Vgl. Berger et al. (2006) S.157
[351] Vgl. Blömeke & Clement (2009) S.822
[352] Vgl. Gerstner et al. (1993) S.50f

Das Low-Price Unternehmen könnte nunmehr ein Demarketing in der Weise beginnen, dass „negative Begleitumstände" mit dem eigenen Produkt verbunden werden. Beispielsweise könnte das (preisgünstigere) Produkt nur in einzelnen Geschäften und zu bestimmten Zeiten gekauft werden, wodurch die Kunden, die es sich leisten können, lieber für einen höheren Preis bei der Konkurrenz einkaufen, um etwa Warteschlangen zu vermeiden. Dieses zunächst paradox erscheinende Demarketing zugunsten des Konkurrenten bekommt dann einen Sinn, wenn das hochpreisige Unternehmen nun wegen guter Nachfrage die Preise weiter erhöhen kann. Auch das Low-Price Unternehmen könnte daraufhin seinerseits die Preise mit dem Ergebnis erhöhen, dass beide Unternehmen mit Gewinn arbeiten.[353] Im Ergebnis hat das Demarketing eine *Win-Win-Situation* ermöglicht.

3.1.2.3. Motive für das Outsourcing – Resale-Strategie

Es ist der Frage nachzugehen, ob *Make-or-Buy* Entscheidungen einen Hinweis darauf geben können, ob Unternehmen dadurch ihren Wettbewerbsvorteil und einen langfristigen Unternehmenserfolg sichern. Die oftmals bemühte Einschätzung des Managements *„Selbermachen ist im Zweifel immer besser"* bedarf einer kritischen Betrachtung.[354] Jedes Produkt ist daraufhin zu überprüfen, ob es günstiger ist, es im eigenen Betrieb herzustellen oder ob es besser zugekauft werden sollte.[355] In diesem Zusammenhang sind auch *Betreibermodelle* zu nennen, in denen der Lieferant zum Mitunternehmer wird. Der eigentliche Produzent überträgt in diesem Fall Teile oder die gesamte Produktion sowie Instandhaltungen an einen Betreiber und baut dadurch eine langfristige, enge und kooperative Geschäftsbeziehung auf.[356]

Ein häufig zitierter Satz von SIEMS und RATNER deutet auf eine scheinbar einfache Entscheidungssituation hin: *„Do what you do best, but outsource the rest?"*[357] Wird der Umfang der Produkte bzw. der Leistungen, die im eigenen

---

[353] Vgl. Gerstner et al. (1993) S.51
[354] Vgl. Fischer (1993) S.VII
[355] Vgl. Domschke & Scholl (2005) S.210
[356] Vgl. Wildemann (2002) S.24, Wiendahl & Harms (2001) S.326f
[357] Vgl. Siems & Ratner (2003) S.13

Unternehmen erbracht werden, zu groß, so sind Kapital und Management-kapazitäten gebunden, die für das Kerngeschäft dann nicht mehr zur Verfügung stehen. So stellt sich in den letzten Jahren die Konzentration auf die Kern-kompetenzen als zentrales Motiv für das Outsourcing heraus.[358] Derartige kapitalintensive Entscheidungen haben stets langfristige Auswirkungen und sind daher von hoher strategischer Bedeutung. Nur das Top-Management sollte aus der Gesamtsicht eines Unternehmens diese Entscheidungen treffen.[359]

Argumente für Desinvestitionen, insbesondere für das Outsourcing und Make-or-Buy Entscheidungen, können nach SCHERM unternehmensinterne Rahmen-bedingungen wie bspw. die Strategie, vorhandene Kompetenzen und die Kapitalausstattung sein.[360]

Weitere Gründe für eine proaktive Desinvestition durch das Outsourcing sind:[361]

- Nutzung von Spezialisierungsvorteilen anderer Unternehmen
- Geringer oder sporadischer Bedarf von Produkten
- Änderung der Kosten der Eigenfertigung bzw. des Fremdbezugs
- Variabilisierung der Kostenbasis und geringere Fixkosten
- Nutzung internationaler Faktorkostenunterschiede
- Veränderte Qualitäts- und Flexibilitätsanforderungen
- Markteintritt neuer Lieferanten
- Sortimentserweiterung bzw. -erhaltung

Insbesondere vor dem Hintergrund der Sortiments-Erweiterung bzw. -Erhaltung ist die Resale-Strategie mit den s. g. *Wiederverkäufern* oder *Resellern* zu nennen, die in der Kette zwischen den Produzenten bzw. Dienstleistungs-anbietern und den Kunden stehen. Die Wiederverkäufer nutzen die breite Angebotspalette der Hersteller und können Produkte und Dienstleistungen unter einem eigenen Markennamen vertreiben. Auf der anderen Seite bedienen sich die Hersteller der Wiederverkäufer, wenn sie ihre Produkte nur unzureichend

---

[358] Vgl. Hermes & Schwarz (2005) S.21
[359] Vgl. Picot (1991) S.336ff, Webster (1981) S.9ff
[360] Vgl. Scherm (1996) S.48f
[361] Vgl. Kummer et al. (2009) S.125ff, Hungenberg & Wulf (2007) S.247f

auf einem Markt betreuen können. Oftmals haben das besondere Know-how, die lokale Nähe oder die Orientierung an einer bestimmten Zielgruppe für die Partnerschaften eine entscheidende Bedeutung.[362]

Als Beispiel für eine derartige Partnerschaft und eine Sortimentserweiterung seien die DEUTSCHE TELEKOM AG und die AGFEO GMBH & CO. KG genannt. Das Telekommunikationsunternehmen DEUTSCHE TELEKOM vertrieb 1990 als Reseller unter ihrem Namen eine Telefonanlage mit Systemtelefonen des ostwestfälischen Herstellers AGFEO.[363] Ein weiteres Beispiel aus der Telekommunikationsbranche ist die Resale-Strategie der Firma DEUTSCHE TELEKOM AG. Das Unternehmen vertreibt ihre T-DSL-Anschlüsse u. a. über Reseller wie z. B. der UNITED-INTERNET AG-Tochter *1&1*.[364]

Es wurde bereits darauf hingewiesen, dass Make-or-Buy Entscheidungen unter strategischen Gesichtspunkten vom Top-Management zu treffen sind.[365] Unternehmen werden durch den Wettbewerbsdruck gezwungen, den Umfang der eigenerstellten Leistungen dem Wettbewerbsumfeld anzupassen.[366] Zwei traditionelle Strategieansätze, der kostenrechnerische und strategische Make-or-Buy-Ansatz, sollen vorgestellt und kritisch beurteilt werden.

---

[362] Vgl. Matys (2007) S.66
[363] Vgl. Dealers-Only (2007) S.21, AGFEO (2010): *„AGFEO entwickelt Ende der 80er Jahre eine analoge Telekommunikationsanlage mit Systemtelefonen. Sie wird 1990 von der DEUTSCHEN BUNDESPOST TELEKOM eingeführt und unter dem Namen 'FOCUS L' vertrieben."*
[364] Vgl. Barz (2004): *„Kern ist ein T-DSL-Anschluss der DEUTSCHEN TELEKOM, den der Ex-Monopolist seit dem Frühjahr auch über Fremdfirmen vertreiben lässt ('Resale'). (...) Auf den ersten Blick sah es im Frühjahr so aus, als würde die TELEKOM mit ihrer Resale-Strategie der eigenen Tochter T-ONLINE ohne Not das Wasser abgraben. (...) Doch für die Konzernmutter TELEKOM ist das Ganze trotzdem ein glänzendes Geschäft: Sie sichert sich nicht nur die von den Resellern durchgeleiteten Grundgebühren, sondern zementiert zudem auch ihre Vorherrschaft im Festnetz."*
[365] Vgl. Picot (1991) S.339
[366] Vgl. Omae (1985)

Kostenrechnerischer Make-or-Buy Ansatz

Bei diesem Ansatz wird ein Kostenvergleich erstellt zwischen den Vollkosten der Herstellung eines Produktes bei einem externen Unternehmen und den Kosten bei eigener Produktion. Mithilfe der Transaktionskostentheorie kann abgeleitet werden, dass Unternehmen externalisieren, wenn die Transaktionskosten am Markt geringer sind als die internen Koordinationskosten der Hierarchie. COASE beschreibt den Break-even als den Punkt, in dem die *„costs of organizing a transaction become equal to the cost of carrying it out through the market".*[367] Problematisch ist nach MÄNNEL allerdings die eigene Kostenfindung, die stark von subjektiven Einschätzungen der Führungskräfte in den verschiedenen Abteilungen eines Unternehmens geprägt sein kann.[368] Die Einkaufsabteilung wird sich für eine Erhöhung der Einkaufsvolumina einsetzen und daher eher zu einer Fremdherstellung tendieren, während sich die Abteilung, die mit der eigenen Produktion betraut wäre, diese auch favorisieren würde. Entsprechend können Kosten wechselseitig schöngerechnet werden, weil anzunehmen ist, dass jede Abteilung ein starkes Interesse an der Beibehaltung bzw. der Ausweitung ihres eigenen Geschäftsbereichs hat.[369]

Übersehen wird auch gelegentlich, dass in den Vollkosten des externen Anbieters Vor- und Nebenleistungen bereits enthalten sind wie bspw. die Gewährleistung für die gelieferten Güter. Der kostenrechnerische *Make-or-Buy* Ansatz betont zu sehr kurzfristige Planungsaspekte. Bei langfristigen Entscheidungen sollten aber auch die langfristig disponiblen Kosten mit in die Vollkostenrechnung einbezogen werden. FISCHER kommt zu dem Ergebnis, dass eine Kostenvergleichsrechnung zwischen Eigen- und Fremdherstellung nur scheinbar objektiv und sogar manipulierbar ist.[370]

Allerdings ist auch die Vollkostenrechnung der Fremdanbieter infrage zu stellen. Es werden häufig Einstiegsangebote mit einem günstigen Preis gemacht, um

---

[367] Vgl. Kistner & Steven (2002) S.315, Coase (1988) S.7 zitiert nach Fischer (1993) S.37
[368] Vgl. Männel (1996)
[369] Vgl. Baur (1990) S.20
[370] Vgl. Fischer (1993) S.20ff

dann später bei Produktänderungen durch überhöhte Preise den Anfangsverlust wieder auszugleichen.[371]

Nach allem gelangt FISCHER zu der Überzeugung, dass das kostenrechnerische Verfahren für eine Make-or-Buy Entscheidung letztlich ungeeignet ist.[372] Insbesondere ist eine solche Entscheidung auf der operativen Ebene eines Unternehmens ungeeignet, weil dort keine strategischen Ziele bedacht werden.[373]

Strategischer Make-or-Buy Ansatz

Aus strategischer Sicht werden eine Reihe von Vor- und Nachteilen genannt, die die Eigen- oder Fremdherstellung einer Leistung oder eines Produktes beschreiben und gewichten. Als Vorteile der Eigenherstellung werden nach FISCHER genannt:[374]

- Die Gewinnung von zukunftssicherndem Technologie-Know-how
- Produktdifferenzierungsmöglichkeiten
- Der Ausbau von Marktmacht
- Verbesserte Kontrollmöglichkeiten
- Kosteneinsparungen durch Umgehung des Marktes.

Nachteilig sind dagegen:

- Eine Reduzierung der Unternehmensflexibilität
- Anstieg des Kapitalbedarfs
- Eventuelle Kostennachteile aufgrund fehlender Größenvorteile
- Kapazitätsabstimmungsprobleme
- Versperrung des Zugangs zu externem Know-how

---

[371] Vgl. Picot (1991) S.342
[372] Vgl. Fischer (1993) S.20ff
      Vgl. dazu auch Weilenmann (1984) S.207ff
[373] Vgl. Brink (1983) S.1090ff
[374] Vgl. Fischer (1993) S.24f und die dort zitierten Autoren.

Diese Kriterien haben aber keine in sich geschlossene inhaltliche Systematik, als dass sich daraus eine allgemeine Strategieempfehlung ableiten ließe.[375] Nur in Abhängigkeit mit der besonderen Situation des Einzelfalls kann eine gewisse Strategie aus diesen Kriterien abgeleitet werden.[376] Nach PICOT kann jeder Manager aus diesen Kriterien je nach der eigenen Interessenlage gute Argumente für seine aktuelle Entscheidung finden.[377]

Vor dem Hintergrund des Themas dieser Arbeit sind das Outsourcing und die Make-or-Buy Entscheidung eine denkbare Desinvestitionsform und es bietet sich die Möglichkeit, eine Demarketing- bzw. Desinvestitions-Strategie zu verfolgen. Betriebswirtschaftliche Ergebnisse einer Make-or-Buy Entscheidung müssen jedoch wegen des wenig geeigneten kostenrechnerischen Ansatzes und des mehrdeutigen strategischen Ansatzes äußerst kritisch betrachtet werden.

In dieser Arbeit sollen nur **proaktive Desinvestitionen** untersucht werden, also bewusste und freiwillige Entscheidungen im Interesse eines langfristigen Unternehmenserfolgs, weil nur derartige Aktivitäten einen *systematischen, strategischen Rückzug* kennzeichnen. Ferner ist der zeitliche Ablauf einer Desinvestition, der gesamte Desinvestitions-Prozess, von Bedeutung. Für einen systematischen, strategischen Rückzug ist vor allem die Phase der Desinvestitions-Analyse und –Konzeption entscheidend. Zuvor sollen aber Barrieren bei einer Desinvestitions-Entscheidung betrachtet werden.

3.2. Barrieren bei Desinvestitionen

Desinvestitionen können für Unternehmen, wie bereits ausgeführt, aus unterschiedlichen Gründen notwendig werden. Weil Marktaustrittsbarrieren eine wichtige Funktion haben, erscheint es sinnvoll, diese näher zu betrachten.

PORTER definiert die Marktaustrittsbarriere als *„characteristic of businesses which make it in the companies' best interest to stay in them even though they are earning an unacceptably low rate of return or a rate that is below the cost of*

---

[375] Vgl. Fischer (1993) S.23
[376] Vgl. Baur (1990) S.25
[377] Vgl. Picot (1991) S.343

capital".[378] Auf dieser Definition aufbauend bezeichnen VON DER OELSNITZ und NIRSBERGER *„alle Faktoren, Hemmnisse und Schranken, die den Rückzug eines Unternehmens aus einzelnen Marktsegmenten, Geschäftsfeldern bzw. Teilmärkten oder einer gesamten Branche verzögern oder vollständig verhindern"* als Marktaustrittsbarriere.[379]

Die Thematik der Marktaustrittsbarrieren wird in der Literatur auch unter den synonymen Begriffen *Marktaustrittshemmnis* und *Marktaustrittsschranke* diskutiert.[380]

Wenn ein spätes Austreten oder ein Nichtaustreten von Unternehmen aus unterdurchschnittlich erfolgreichen Märkten erfolgt, kann das verschiedene Ursachen haben. Unternehmensbedingte wie auch externe Faktoren können eine Marktaustrittsentscheidung hemmen. Die notwendige Reaktion auf Veränderungen im Unternehmen geschieht dann nicht unmittelbar, sondern verzögert. Marktaustrittsbarrieren wurden empirisch untersucht und in der Literatur systematisiert.[381] CAVES und PORTER entwickelten ein Konzept für Marktaustrittsbarrieren. Dort heißt es: *„Exit barriers influence the behavior of firms through their power to inflict persistently subnormal profits."*[382]

Der baldige Marktaustritt wird entscheidend von den gegebenen Rahmenbedingungen und insbesondere von den Marktaustrittsbarrieren bestimmt.[383] Marktaustrittsbarrieren können in *interne* und *externe* Barrieren eingeteilt werden.[384] DOHM schlägt eine Unterteilung in *strukturelle* und *prozessbezogene Marktaustrittsbarrieren* vor.[385]

---

[378] Porter (1976) S.22
[379] von der Oelsnitz & Nirsberger (2007) S.1294
[380] Vgl. Steiskal (2001) S.66
[381] Vgl. Porter (1976) S.21ff, Jansen (1986) S.184
[382] Caves & Porter (1976) S.40
[383] Vgl. Backhaus & Voeth (2007) S.279
    Vgl. auch Meffert (1988), Schmidt & Engelke (1989) S.399, Müller-Stewens (1988) S.218ff
[384] Vgl. von der Oelsnitz & Nirsberger (2007) S.1294
[385] Vgl. Dohm (1989) S.20ff

3.2.1. Strukturelle Marktaustrittsbarrieren

Bei den strukturellen Marktaustrittsbarrieren werden *strategische* und *ökonomische* Barrieren unterschieden.[386]

3.2.1.1.   Strategische Marktaustrittsbarrieren

Alle negativen Auswirkungen, d. h. vor allem Kosten, die bei einem Marktaustritt eines Unternehmensteils vom Gesamtunternehmen zu tragen sind, werden in der Gruppe der *strategischen Marktaustrittsbarrieren* zusammengefasst.[387]

Hierzu gehören fixe Overheadkosten für zentrale Funktionsbereiche, die nicht sofort oder überhaupt nicht abgebaut werden können. Weiterhin kann für den Gesamtbetrieb ein mühsam aufgebauter Verbund in Marketing und Vertrieb entfallen, personelles und technologisches Know-how kann verloren gehen. Auch der Verlust einer risikomindernden Diversifikation kann als strategische Marktaustrittsbarriere angesehen werden.[388]

Während bei strategisch weniger wichtigen Unternehmensteilen die genannten Kosten eine starke Barrierewirkung haben, ist es bei den strategisch wichtigen Unternehmensteilen in stärkerem Maße die befürchtete negative Image-Wirkung bei den Kunden, die zu einer strategischen Marktaustrittsbarriere führt.[389]

Auch die Beendigung von Lieferantenbeziehungen in Unternehmensnetzwerken ist verbunden mit Austrittsbarrieren. Zu nennen sind Abhängigkeiten zu Lieferanten, interne Widerstände, noch bestehende vertragliche Bindungen sowie ein möglicher Imageschaden eines Unternehmens.[390]

---

[386] Vgl. Dohm (1989) S.20ff
[387] Vgl. ebenda
[388] Vgl. Bea & Haas (2001) S.182
[389] Vgl. Porter (2008) S.326f, Harrigan (1980) S.171ff
[390] Vgl. Large (2006) S.274ff, Stölzle (2006) S.149ff, Arnold (2007) S.215ff,
    Arnold & Warzog (2005), Arnold & Meyle (2007)

Image

Eine bedeutende strategische Marktaustrittsbarriere ist das *Image* einer Marke oder eines Unternehmens.[391]

Das englische Wort *Image* leitet sich ab vom lateinischen *Imago* (Bild, Bildnis) und drückt alle Meinungen, Gefühle und Einstellungen von Menschen aus, die sie einem Unternehmen, einer Marke, einem Produkt entgegenbringen. TÖPFER spricht von einem psychologischen Markenbild, welches sich vor den geistigen Augen der Zielpersonen entfalten muss.[392]

Das Image kann als die Wahrnehmung einer Marke definiert werden, die bei den potenziellen Kunden im Gedächtnis in Form von Markenassoziationen repräsentiert sind. Die Begriffe *Image* und *Einstellung* werden im Marketing häufig synonym verwendet. Es wird darunter im Folgenden das Bild verstanden, das sich ein Nachfrager von einer Marke macht. Durch das Image einer Marke werden automatisch die positiven wie auch negativen Eigenschaften der Produkte eingeschätzt. Da das Image ein wesentlicher Einflussfaktor bei Kauf-entscheidungen ist, gilt es für Unternehmen einen Imageschaden, den s. g. *Brand Impact*, um jeden Preis zu vermeiden.[393]

Das Marketing hat bei Desinvestitions-Entscheidungen folglich zu prüfen, ob eine Desinvestition von Geschäftsfeldern eine negative Imagewirkung auf Kunden hat.[394] Es kann insbesondere bei Produkt- oder Markenfamilien eine mögliche negative Übertragung von Beurteilungen auf andere Produkte eintreten, die als *Imagetransfer* bezeichnet wird.[395]

In diesem Zusammenhang sind s. g. *Verbundeffekte* zu nennen. Der Verbund kann in Anlehnung an BÖCKER als ein synergetischer Effekt beschrieben werden. Die Desinvestition eines Geschäftsbereichs führt dann nicht nur zu

---

[391] Vgl. die Abgrenzung von *Image* und *Reputation* in Abschnitt III 4.2.2 *Image und Reputation* auf S.189f
[392] Vgl. Töpfer (2007) S.637, Nieschlag et al. (2002) S.456ff
[393] Vgl. Keller (2003) S.3, Arentzen (1997) S.1080, Kroeber-Riel et al. (2009) S.199 u. S.519
[394] Vgl. Backhaus & Voeth (2007) S.279: „*die haben offenbar Schwierigkeiten*".
    Vgl. auch Abschnitt III 4.2.3 *Kundenzufriedenheit* auf S.193
[395] Vgl. Scheuch (1993) S.119f

Umsatzverlusten in diesem Bereich, sondern kann auch zu Umsatzeinbußen in anderen Geschäftsfeldern eines Unternehmens führen.[396]

Auch wenn sich ein Unternehmen längst (positiv) verändert hat, „sitzt" das bestehende und womöglich beschädigte Image fest und kann nur mit viel Geduld und Aufwand verändert werden. Menschen neigen dazu, Informationen über ein bekanntes Objekt nur noch dann zu beachten, wenn sie dem bestehenden Image entsprechen. Diese *Image-Resistenz* kann nur durch starke Konträrreize durchbrochen werden. Dann erst sind die Adressaten für neue Informationen aufnahmebereit.[397]

Beispiele für einen Imageschaden

Es ist bemerkenswert, dass gelegentlich auch große Konzerne ihr Image nachhaltig schädigen und dass diesen Unternehmen dadurch womöglich vermeidbare wirtschaftliche Nachteile entstehen. Einige Beispiele sollen diesen Sachverhalt verdeutlichen.

Der SHELL-Konzern wollte im Jahr 1995 den schwimmenden Öltank *Brent Spar* im Atlantik versenken und entsorgen. Damit sollte eine preisgünstige Desinvestition bzw. eine Stilllegung des Öltanks erreicht werden. Privatpersonen und Unternehmen boykottierten daraufhin SHELL-Produkte und ein vermeidbarer wirtschaftlicher Schaden für SHELL war die Folge.[398]

Das im August 2011 aus der Ölplattform *Gannet Alpha* in der Nordsee vor Schottland auslaufende Öl könnte zu einem weiteren großen Imageschaden für die Marke SHELL führen, weil Informationen über diesen Störfall erst dann

---

[396] Vgl. Böcker (1978) S.293
[397] Vgl. Kotler & Bliemel (1999) S.934f
    In diesem Zusammenhang kann auch der lateinische Satz *„semper aliquid haeret"* genannt werden.
[398] Vgl. Welt-Online (1995)
    Vgl. auch Brech (1995): *„Sie* [SHELL] *konzentriert sich auf Schadenbegrenzung. Das gilt vor allem für die Deutsche SHELL, über die der Kübel voller Ressentiments geleert wurde."*

zögerlich an die Öffentlichkeit gegeben wurden, als sich der Schaden nicht mehr verbergen ließ.[399]

Ähnliche negative Image-Erfahrungen hatte bereits im Jahr 2010 der BP-Konzern (BRITISH PETROL) gemacht, als die Ölplattform *Deepwater Horizon* im GOLF VON MEXIKO explodierte, sich Öl in großen Mengen ins Meer ergoss und die US-Küste verschmutze.[400] Nicht zuletzt trug der wegen seines schlechten Krisenmanagements zurückgetretene BP-Chef TONY HAYWARD zu einem Imageschaden bei, als er unmittelbar nach seinem Rücktritt an einer Yacht-Regatta teilnahm.[401] Die wochenlange negative Berichterstattung über die Öl-Katastrophe führte zu einem beträchtlichen Imageschaden für die Marke BP, obwohl die PR-Abteilung des Konzerns versucht hatte, diesen Schaden zu begrenzen.[402]

Auch die DEUTSCHE BANK hatte einen Imageschaden erlitten, nachdem sie im Jahr 1999 s. g. *Klein-* bzw. *Massenkunden* in die DEUTSCHE BANK 24 ausgegliedert hatte, während vermögende Privatkunden davon ausgenommen

---

[399] Vgl. Spiegel-Online (2011a): *„Es läuft und läuft und läuft. Seit fast einer Woche fließt Öl aus einer Plattform in die Nordsee - nun hat Betreiber SHELL ein zweites Leck entdeckt. Der Konzern sagt, man habe alles unter Kontrolle, Umweltschützer sind entsetzt."*
Vgl. auch Kaiser & Wetzel (2011): *„Der Ölmulti SHELL hat aus den Fehlern von BP offenbar nichts gelernt. Die Verschmutzung in der Nordsee ruft erschreckende Erinnerungen wach."*

[400] Vgl. Bethge & Meyer (2010)

[401] Vgl. Stern-Online (2010) *„Während das Öl weiter ins Meer sprudelt, nahm HAYWARD an einer Yacht-Regatta in seiner englischen Heimat teil - und sorgte damit für große Empörung. Er wurde am Samstag, keine 24 Stunden nachdem er den Hut als Krisenmanager hingeworfen hatte, von Fotografen auf seinem luxuriösen Segelschiff 'Bob' bei der Regatta vor der ISLE OF WIGHT im Ärmelkanal abgelichtet."*

[402] Vgl. Kremp (2010): *„Die Ölpest im GOLF VON MEXIKO ist nicht nur eine gewaltige Katastrophe für die Natur, sie ist auch eine gewaltige Herausforderung für die PR-Abteilung des britischen Konzerns. (...) Das Unternehmen hat sich für bestimmte Schlüsselworte Top-Platzierungen in den Suchmaschinen GOOGLE, YAHOO und BING gekauft. Wer jetzt Begriffe wie 'oil spill' (Ölpest) in eine dieser Suchmaschinen eingibt, soll als ersten Treffer einen sogenannten SPONSORED LINK, einen bezahlten Link zur BP-Website zur Ölkatastrophe zu sehen bekommen. (...) Nur dort kann das Unternehmen seine Sicht der Dinge ungestört verbreiten."*
Vgl. auch Schultz & Volkery (2011): *„Ein Jahr nach dem Untergang der 'Deepwater Horizon' versucht BP-Chef BOB DUDLEY noch immer, das schlechte Image seines Konzerns aufzupolieren."*

waren. Diese proaktive strategische Ausgliederung von weniger profitablen Kunden geriet jedoch in die Kritik: Viele Kunden empfanden das als eine Zwei-Klassen-Gesellschaft, sie fühlten sich „diskriminiert" und wechselten zur Konkurrenz.[403] Vor dem Hintergrund einer Desinvestition kann der Handyproduzent NOKIA als weiteres Beispiel für einen solchen Imageschaden angeführt werden. Das finnische Unternehmen hatte im Juni 2008 die Produktions- und Entwicklungsstätte für Mobiltelefone im Werk Bochum geschlossen. Die Produktion sollte aus Wettbewerbsgründen nach Rumänien verlegt werden, um dem generellen Kostenniveau und den höheren Lohnkosten entgegenzuwirken.[404] Der Imageschaden war beträchtlich und der damalige NOKIA-Chef OLLI-PEKKA KALLASVUO räumte ein, Fehler bei der Desinvestitions-Entscheidung gemacht zu haben.[405]

Weitere Beispiele dieser Art lassen sich offenbar beliebig nennen. Abschließend sei noch ein überaus bemerkenswerter Imageschaden erwähnt, welchen die Atomindustrie im Jahr 2011 nach der Havarie des Atomkraftwerks in FUKUSHIMA hinzunehmen hatte. In der BRD führte die Katastrophe von FUKUSHIMA zu einer Kehrtwende in der Energiepolitik.[406] Der Energiekonzern E.ON reagierte darauf mit einer (reaktiven) Desinvestitionsankündigung: Welt-

---

[403] Vgl. FAZ-Online (2002) *„Im September 1999 hatte Deutschlands größtes Kreditinstitut das Privatkundengeschäft ins Private Banking für wohlhabende Kunden und in die DEUTSCHE BANK 24 für Massenkunden geteilt. Doch was mit dem Anhängsel 24 als Zeichen für Modernität gelten sollte, war schließlich das Symbol für eine Zwei-Klassen-Gesellschaft. (...) Nur gut zwei Jahre nach der Ausgliederung der DEUTSCHEN BANK 24 will der designierte Vorstandschef der DEUTSCHEN BANK, JOSEF ACKERMANN, diesen Schritt offenbar weitgehend rückgängig machen."*
Vgl. auch Pauly & Reuter (2002) *„Die Ausgliederung war ein Fehler. Die kleineren Kunden mussten damals von der großen DEUTSCHEN BANK zum kleinen Bruder mit der angehängten 24. Sie fühlten sich herabgesetzt, viele wechselten zur Konkurrenz."*

[404] Vgl. NOKIA (2008), Steuer (2008)

[405] Vgl. Spiegel-Online (2008)
Vgl. auch Focus-Online (2008): *„56 Prozent der Bundesbürger wollen wegen der Entscheidung des Konzerns künftig keine NOKIA-Handys mehr kaufen, wie aus einer FORSA-Umfrage für das Hamburger Magazin 'STERN' hervorgeht."*

[406] Vgl. Bundesgesetzblatt-Online (2011) Als erster Industriestaat will die BRD auf Atomenergie verzichten. Am 06.08.2011 trat das geänderte Atomgesetz (AtG) in Kraft.

weit sollen nun bis zu 11.000 Stellen abgebaut werden,[407] eine Maßnahme, die wiederum mit einem erheblichen Imageschaden für diesen Konzern verbunden sein wird.

3.2.1.2. Ökonomische Marktaustrittsbarrieren

Wichtige materielle Vermögensgegenstände eines Unternehmens, wie bspw. die auf einen spezifischen Output ausgerichteten Produktionsanlagen, besondere Vertriebs- und Logistiksysteme oder spezielle Lagerbestände, können eine Marktaustrittsbarriere sein. Aber auch immaterielle Güter, wie Know-how, Markenzeichen oder ein bestimmtes Image können hemmend wirken. Bei einem Marktaustritt können diese Werte, zumeist langfristig aufgebaut und mit hohen Investitionen in Marketing und Personal belastet, in diesem Unternehmen nicht anderswo eingesetzt werden. Veräußerungsverluste bei Investitionen für einen spezifischen Unternehmenszweck, wie bspw. Spezialmaschinen und Anlagen, sind zu nennen. Der interne Wert des zu veräußernden Segments ist dann in der Regel höher als der Marktwert, sodass eine Marktaustrittsbarriere resultiert.[408]

Ein weiterer Grund einer ökonomischen Marktaustrittsbarriere ist in den Kosten zu sehen, die bei einem Marktaustritt entstehen, wie Garantie- und Service-leistungen, Kosten für bestehende Dienstleistungs- und Lieferverträge sowie einmalige Abbruch- und Entsorgungskosten. Als wahrscheinlich kosten-intensivste Barrieren sind schließlich die mit einem Marktaustritt verbundenen Personalkosten zu nennen. Denn speziell ausgebildetes Personal kann durch gesetzliche und tarifliche Regelungen sehr eng mit einem Unternehmen verbunden sein, sodass es zu dessen irreversiblen, dauerhaften Vermögens-werten zu zählen ist.[409]

Als Kosten kommen Aufwendungen für Abfindungen, vorzeitige Pensionierungen, Umschulungsmaßnahmen sowie Sozialpläne für entlassene

---

[407] Vgl. Spiegel-Online (2011b): *„E.ON-Vorstandschef JOHANNES TEYSSEN hatte vorige Woche massive Einschnitte angekündigt: Die Atomwende und schlecht laufende Gasgeschäfte lassen die Gewinne bei E.ON bröckeln. (...) Bis zu 11.000 Arbeitsplätze will der Energiekonzern E.ON abbauen."*
[408] Vgl. Caves & Porter (1976) S.40, Bea & Haas (2001) S.182
[409] Vgl. Porter (1976) S.22, Backhaus & Voeth (2007) S.279

Mitarbeiter infrage.[410] Gerade die hohen zu erwartenden Kosten für Sozialpläne sind in der Bundesrepublik wichtige Barrieren für einen Marktaustritt.[411]

Solche Kosten seien beispielhaft an der NOKIA-Werksschließung in Bochum verdeutlicht. Der damalige NOKIA-Chef OLLI-PEKKA KALLASVUO verteidigte in einem Interview mit dem HANDELSBLATT die Entscheidung für die Schließung des Werks in Bochum und räumte zugleich ein: *„Das wird nicht billig werden."*[412]

3.2.2. Prozessbezogene Marktaustrittsbarrieren

Prozessbezogene Marktaustrittsbarrieren werden in *informatorische* und *managementbezogene Marktaustrittsbarrieren* unterteilt.[413]

3.2.2.1. Informatorische Marktaustrittsbarrieren

Informatorische Barrieren entstehen, wenn die für den systematischen Marktaustritt relevanten Daten dem Topmanagement nicht bzw. nicht im erforderlichen Umfang zur Verfügung stehen.[414]

Es handelt sich i. d. R. um ein unternehmensinternes Problem: Aussagefähige Daten über tatsächliche Kosten und zukünftige Ertragspotenziale sind nicht ausreichend transparent. Geschehen kann das bei einer vertikalen Integration durch Verrechnungspreise, wie auch durch eine Kostenzurechnung bei gemeinsam genutzten Kapazitäten und Vertriebswegen. Durch ein solches Informationsdefizit kann eine unrentable Unternehmenseinheit sogar lange unentdeckt bleiben. Im Rahmen einer Desinvestitions-Entscheidung sind dann

---

[410] Vgl. Dohm (1989) S.22
  Vgl. dazu auch Bea & Haas (2001) S.182
[411] Vgl. Meffert (1984) S.47f, Jansen (1986) S.196f
[412] Vgl. Steuer (2008)
  Vgl. auch Stern-Online (2008): *„NOKIA lässt sich die Werksschließung in Bochum einiges kosten:200 Millionen Euro zahlt der wegen der Jobverlagerung nach Rumänien kritisierte Handy-Hersteller für einen Sozialplan."*
[413] Vgl. Dohm (1989) S.20ff
[414] Vgl. ebenda

aber auch Inputgrößen, wie bspw. ein Desinvestitionserlös, nur schwer einschätzbar.[415]

Weil die meisten Unternehmen keine systematischen Vorbereitungen für Marktaustrittsentscheidungen treffen, sorgt der damit verbundene Informationsaufwand wiederum für erhebliche Kosten und stellt eine Barriere dar.[416] NEES hält es auch für möglich, dass selbst bei vorhandenen Daten diese in einem diversifizierten Unternehmen aus unterschiedlichen Motiven so gefiltert werden, dass sie letztendlich beim Topmanagement nur unvollständig ankommen.[417]

3.2.2.2. Managementbezogene Marktaustrittsbarrieren

Zu nennen sind in erster Linie persönliche Konflikte zwischen den Zielen der Manager und den rational ökonomischen Zielen eines Unternehmens. Ein fehlender unternehmensinterner kann ebenso wie ein externer Druck auf diese Weise einen ökonomisch sinnvollen Marktaustritt lange verhindern.[418]

Während bei Einprodukt-Unternehmen der Zielkonflikt eines Managers schnell offensichtlich wird (Prestige-, Einkommens- und / oder Arbeitsplatzverlust), sind bei diversifizierten Unternehmen die managerbezogenen Barrieren subtiler und vielschichtiger.[419] Das liegt zum einen daran, dass ein großes, diversifiziertes Unternehmen einen ineffizienten Unternehmensteil lange finanziell stützen kann (was in einer Wirtschaftskrise sogar von Vorteil sein kann[420]), dass andererseits eine Kontrolle durch externe Kapitalmärkte aber nicht effizient ist.

---

[415] Vgl. Porter (2008) S.328f, Dohm (1989) S.24
[416] Vgl. Porter (1976) S.23
[417] Vgl. Nees (1978) S.71
[418] Vgl. Fama (1980) S.288ff, Backhaus & Voeth (2007) S.280
[419] Vgl. Porter (1976) S.25, Porter (2008) S.329ff, Jansen (1986) S.301, Dohm (1989) S.25
[420] Vgl. Henkel (2009) S.130f
    HENKEL belegt anhand der Geschäftsdaten der BAYER AG, dass sich ein stark diversifiziertes Unternehmen in Krisenzeiten deshalb bewährt, weil krisenbedingte weniger erfolgreiche Sparten von den erfolgreichen Sparten vorübergehend gestützt werden können. Hätte man nur ein, durch die Krise geschwächtes Kerngeschäft, könnte das zur Insolvenz des Unternehmens führen.

Das Topmanagement kann einerseits ein Versagen auf der mittleren Ebene gewissermaßen aus einer höheren Warte und mit der nötigen Distanz zum operativen Geschäft betrachten und die notwendigen Marktaustritts-entscheidungen treffen. Andererseits können aber auch von Topmanagern starke Barrieren ausgehen, wenn sie selbst eine sehr enge Verbindung zu dem infrage stehenden Unternehmensteil haben, diesen z. B. selbst mit aufgebaut haben. Topmanager können insbesondere auch dann eine starke Barriere sein, wenn die notwendigen Korrekturen an einem traditionellen Kerngeschäft eines Unter-nehmens vorgenommen werden müssen.[421]

In Krisenzeiten besteht bei einer starken Identifizierung der Manager mit ihrem Unternehmen sogar ein fragwürdiges *Hoffen auf Besserung*, das einen Markt-austritt in einer nahezu hoffnungslosen Situation nur als allerletzten Ausweg gelten lässt.[422] Dieser Durchhaltewille des Topmanagements wird häufig unter-stützt durch den Druck der Mitarbeiter, die ihren Arbeitsplatz zu verlieren drohen, jedoch auch durch das mittlere Management, die Gewerkschaften, durch den Staat und die Öffentlichkeit (Medien). Eine ökonomisch sinnvolle Entscheidung wird dann zugunsten eines zweifelhaften *Turnarounds* preis-gegeben.[423]

Hinzu kommt die Angst des Managements vor dem Eingeständnis von eigenen Fehlern, wenn der Verkauf eines Unternehmensteils unter seinem Buchwert erfolgt. Auch wenn dies am Ende ökonomisch richtig wäre, besteht bei den Managern beim Verkauf unter dem Buchwert geradezu ein *mental block*.[424]

Beispiele aus jüngerer Zeit zeigen, welche Marktaustrittsbarrieren für das Topmanagement großer Unternehmen vonseiten der Öffentlichkeit, der Medien, der Gewerkschaften und vor allem der Politik errichtet werden. Es ist verständlich, wenn sich Politiker für den Erhalt von Arbeitsplätzen einsetzen.

---

[421] Vgl. Caves & Porter (1976) S.43f
[422] Vgl. Nees (1978) S.70, Harrigan (1982) S.726
[423] Vgl. Jansen (1986) S.34ff
[424] Vgl. Boddewyn (1976) S.73

Staatskredite und Staatsbürgschaften werden dann bewilligt, selbst wenn der Staat sich dafür verschulden muss.[425] Überlegungen, warum das betreffende Unternehmen den Weg der Desinvestition eigentlich wirtschaftlich begründet gehen sollte, werden von Politikern kaum angestellt. Sie haben auch i. d. R. nicht den notwendigen Sachverstand für eine differenzierte Lagebeurteilung und es fehlen ihnen zudem die harten Fakten, die das Management zuvor zu diesem Schritt bewogen hatte. Oftmals wäre es in der Tat sinnvoller gewesen, wenn im Sinne der *Sozialen Marktwirtschaft* LUDWIG ERHARDTS der Kunde über den Fortbestand einer Firma beim Kauf eines Produktes entschieden hätte und nicht die Politik.

Der Einsatz des damaligen Bundeskanzlers SCHRÖDER für den HOLZMANN-Konzern konnte dieses Unternehmen genauso wenig retten,[426] wie es auch das engagierte Auftreten des nordrheinwestfälischen Ministerpräsidenten RÜTTGERS in Bochum nicht verhindern konnte, dass der Handyhersteller NOKIA nach Rumänien abwanderte.[427] Mit einer Staatsbürgschaft Bayerns in Höhe von 20 Millionen Euro zugunsten des angeschlagenen Versandhauses QUELLE GMBH konnte wenigstens der neue QUELLE-Katalog bezahlt werden, der dann aber wegen der dennoch beantragten Insolvenz des Unternehmens wertlos war.[428] Der Kaufhauskonzern KARSTADT (ARCANDOR AG / KARSTADTQUELLE AG) ging ebenfalls in die Insolvenz, obwohl zuvor heftig über Staatshilfen gestritten wurde. Warum sollte, wenn der Staat schon *den Banken* geholfen hatte und nun nach einem wahrscheinlichen Kredit für OPEL jetzt nicht auch KARSTADT vom

---

[425] Vgl. dazu bspw. Hamburger-Abendblatt-Online (2009)

[426] Vgl. auch Manager-Magazin-Online (2001): *„Bei der spektakulären Pleite des zweitgrößten deutschen Baukonzerns gab es nur einen Sieger: Kanzler SCHRÖDER. Er ließ sich als Retter feiern. Doch die Folgen der unternehmerischen Fehlleistungen bei HOLZMANN sind längst nicht überwunden."*

[427] Vgl. auch Tagesspiegel Online (2008): *„Absage aus Helsinki: NOKIA lehnt Gespräche mit NRW-Ministerpräsident RÜTTGERS ab. Die endgültige Entscheidung zur Schließung des Bochumer Werks sei 'genau durchdacht' - man müsse auf die 'langfristige Wettbewerbsfähigkeit' achten."*

[428] Vgl. dazu auch Hamburger-Abendblatt-Online (2009): *„QUELLE druckt neuen Katalog mit Staatshilfe"*

Staat Unterstützung bekommen? FRANZ MÜNTEFERING hielt das jedenfalls für *„notwendig und zukunftsträchtig. "*[429]

Der Kampf um den Fortbestand des Automobilherstellers ADAM OPEL GMBH ist ein weiteres Beispiel für den Aufbau von Marktaustrittsbarrieren durch Politik und Medien, welche die Komplexität der betriebswirtschaftlichen Unternehmensproblematik kaum erfassen können. Ein notweniger Desinvestitions-Prozess wird dadurch verzögert oder verhindert. Auch in diesem Fall ist das Ergebnis inzwischen bekannt: Eine Desinvestition war unumgänglich, der Verlust von Arbeitsplätzen ist zu beklagen, das OPEL-Werk im belgischen Antwerpen wurde geschlossen, auch eine Schließung der OPEL-Werke in BOCHUM und ELLESMERE PORT wird erwogen.[430]

Der damalige Bundeswirtschaftsminister ZU GUTTENBERG hat frühzeitig und öffentlich eine *„geordnete Insolvenz "* für OPEL angesichts der wirtschaftlichen Lage des Mutterkonzerns GENERAL MOTORS gefordert und auf eine Strategie der Desinvestition und auf einen strategischen, systematischen Rückzug hingewiesen.[431]

Sowohl bei OPEL als auch bei ARCANDOR (KARSTADTQUELLE) kann davon ausgegangen werden, dass der Lebenszyklus von einzelnen Produkten oder

---

[429] Vgl. Henkel (2009) S.183
  Vgl. hierzu auch Welt-Online (2009): *„MÜNTEFERING will Staatsbürgschaft für ARCANDOR: OPEL ist gerettet, doch andere große Unternehmen ringen noch um Hilfe vom Staat. Hoffnung macht sich etwa der ARCANDOR-Konzern, zu dem die KARSTADT-Kaufhäuser gehören. SPD-Chef MÜNTEFERING findet eine Staatsbürgschaft für ARCANDOR 'notwendig und zukunftsträchtig'. Hessen Ministerpräsident KOCH (CDU) sieht das ganz anders. "*
[430] Vgl. Tagesspiegel Online (2010): *„OPEL schließt Werk Antwerpen"*
  Vgl. hierzu auch Bilger (2011): *„Mitte Dezember [2010] rollte in der Hafenstadt der letzte ASTRA vom Band. Für Antwerpen endete eine Ära (...). (...) Die Schließung ist Teil des radikalen Sanierungsplans, mit dem die GENERAL-MOTORS-Tochter OPEL spätestens 2012 wieder schwarze Zahlen schreiben will. "*
  Vgl. auch Spiegel-Online (2012): *„GENERAL MOTORS verliert die Geduld mit seiner defizitären Tochter OPEL: Der US-Autobauer plant dem "Wall Street Journal" zufolge die Schließung von bis zu zwei europäischen Werken. Besonders gefährdet sind demnach die Standorte BOCHUM und ELLESMERE PORT. "*
[431] Vgl. Sueddeutsche-Zeitung-Online (2009): *„GUTTENBERG: Geordnete Insolvenz der beste Weg".*

Produktsparten dieser Unternehmen in eine Phase gekommen war, die eine Desinvestition von Produkten oder Produktsparten, eine Neuorientierung oder gar die Stilllegung eines Unternehmens erforderte.

Wie diese Beispiele eindrucksvoll zeigen, haben alle genannten Marktaustritts-barrieren auf Desinvestitionen eine negative Auswirkung. *Strukturelle Markt-austrittsbarrieren* führen zu spezifischen Marktaustrittskosten, während die *prozessbedingten Barrieren* den Desinvestitions-Prozess verhindern oder ver-zögern.[432]
In der empirischen Untersuchung dieser Arbeit wird wegen der großen Bedeutung, die Marktaustrittsbarrieren für eine Demarketing- und Des-investitions-Entscheidung haben, explizit danach gefragt.

4. Formen der Desinvestition

Bei Desinvestitionen lassen sich grundsätzlich zwei Möglichkeiten für die Geschäftsentwicklung von Unternehmen unterscheiden: die *Refokussierung* und die *Repositionierung*. Bei der Refokussierung gibt ein diversifiziertes Unter-nehmen periphere Geschäftsbereiche zugunsten des Kerngeschäftes auf. Eine Repositionierung bedeutet den Wechsel des Kerngeschäfts. In beiden Fällen sind Änderungen der Ressourcen eines Unternehmens damit verbunden.[433]

Desinvestitionen können folgendermaßen unterschieden werden: Eine Geschäftseinheit wird entweder **aufgegeben** oder aber **erhalten**. Abbildung 8 gibt einen Überblick über die Formen der Desinvestition mit Erhalt und Aufgabe der Geschäftseinheit.

---

[432] Vgl. Dohm (1989) S.26
[433] Vgl. Byerly et al. (2003) S.537ff

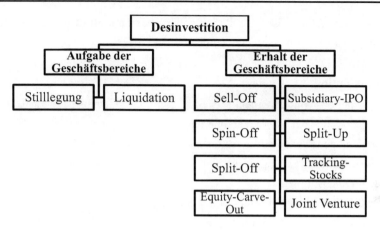

Abbildung 8: Formen der Desinvestition[434]

4.1. Aufgabe der Geschäftsbereiche

Die Aufgabe einer Geschäftseinheit kommt in Betracht, wenn Profitabilität und / oder Zahlungsfähigkeit eines Unternehmensteils bzw. einer Tochtergesellschaft langfristig nicht sichergestellt werden können und in der Zukunft keine positiven Cashflows zu erwarten sind.[435] Diese Strategie hat eine Stilllegung und eine anschließende Liquidation des Geschäftsbereichs zur Folge.

4.1.1. Stilllegung

Eine Stilllegung wird teilweise unter dem Begriff Desinvestition subsumiert.[436] Unter dem Begriff Stilllegung wird die ursprünglich nicht vorgesehene, aber planvoll durchgeführte Beendigung der Betriebstätigkeit insgesamt oder in wesentlichen Teilen auf Dauer oder für begrenzte Zeit verstanden.[437]

Eine endgültige Schließung z. B. in Form einer Marktanpassung ohne Erzielung eines Verkaufserlöses gilt nach SCHÜTZ nicht als Desinvestition im eigentlichen Sinne, weil das vorausgesetzte Merkmal des internen oder externen Fort-

---

[434] Darstellung in Anlehnung an Wirtz (2003) S.414
[435] Vgl. Wirtz (2003) S. 433
[436] Vgl. Brüggerhoff (1992) S.10
[437] Vgl. Napp (1990) S.13, Hasenack (1974) S.637

führungswillens fehlt.[438] In dieser Arbeit sollen aber auch Stilllegungen als eine Form der Desinvestition betrachtet werden.[439]

4.1.2. Liquidation

Eine Liquidation von Unternehmensteilen stellt das Gegenstück zur Unternehmensgründung dar. Die Veräußerung von Vermögensgegenständen des Betriebsvermögens bedeutet die Auflösung eines Unternehmensteils und kommt häufig dann zur Anwendung, wenn sich kein Käufer für die Übernahme dieses Geschäftsbereichs findet.[440]

Eine Liquidation kann von einer Stilllegung abgegrenzt werden. Definitionsgemäß bedeutet eine Liquidation *„die Auflösung einer Unternehmung unter Zurückzahlung des Fremdkapitals und Auszahlung des übriggebliebenen Eigenkapitals an die Inhaber bzw. die Anfallberechtigten".[441]*

Demzufolge werden bei einer Liquidation Unternehmensteile und Vermögensgegenstände durch einen Verkauf aufgelöst, während bei einer Stilllegung kein Verkaufserlös erzielt wird und die Betriebsanlagen zeitweise oder dauerhaft außer Betrieb gesetzt werden.

4.2. Erhalt der Geschäftsbereiche

Eine Desinvestition muss nicht zwingend zur Aufgabe oder Schließung eines Geschäftsbereichs führen. Der Verkauf an Investoren bzw. die Übernahme durch andere Unternehmen bedeutet die Fortführung dieses Geschäftsbereichs.[442]

Eine Desinvestition mit Fortführung der Geschäftsbereiche kann in den nachfolgend vorgestellten Formen erfolgen.[443]

---

[438] Vgl. Schütz (2004) S.70
[439] Vgl. Tabelle 8: *Definition des Begriffs Desinvestition* auf S.79
[440] Vgl. Wirtz (2003) S. 433
[441] Vgl. Bellinger (1975) S.2510
[442] Vgl. Weiher (1996) S.27ff
[443] Vgl. Achleitner & Charifzadeh (2002) S.360ff

4.2.1. Sell-off

Der Begriff *Sell-off* beschreibt den Verkauf einer i. d. R. selbstständigen Unternehmenseinheit an ein anderes externes Unternehmen. Diese Form der Desinvestition hat einen Marktaustritt zur Folge und stellt den Gegensatz zur Unternehmensakquisition dar.[444] Auch die private Aushandlung des Verkaufs zwischen den beteiligten Parteien ist für den *Sell-off* kennzeichnend.

Von einem *Buy-out* wird gesprochen, wenn der *Sell-off* aus der Perspektive des Käufers betrachtet wird.[445] Ist das bisherige Management der Käufer, so handelt es sich um ein *Management Buy-out* (MBO). MBOs werden durchgeführt bei Unternehmensnachfolgen, beim Rückzug börsennotierter Unternehmen vom Kapitalmarkt, bei der Desinvestition von Unternehmensteilen eines Konzerns sowie bei der Privatisierung von staatlichen Konzernen.[446]

Wenn externe Manager künftig ein Unternehmen leiten, handelt es sich um ein *Management Buy-in* (MBI). Ein *Employee Buy-out* (EBO), bei dem sich interne Mitarbeiter einer niedrigeren Hierarchiestufe an diesem Unternehmen beteiligen, hat häufig das Ziel, Arbeitsplätze zu sichern und den Angestellten mehr operative Verantwortung zu übertragen. Die Bereitstellung von Eigenkapital am Unternehmen durch die Belegschaft (EBO) hat aber keine große praktische Bedeutung.[447]

Wird das *Buy-out* zum größten Teil mit Fremdmitteln finanziert, handelt es sich um ein *Leveraged Buy-out* (LBO). Kombinationen aller *Buy-out* Formen sind möglich. Weil nach dem Verkauf keine rechtlichen und wirtschaftlichen Verbindungen mehr zur Muttergesellschaft bestehen, hat diese auch jegliche Kontrolle über den abgespaltenen Unternehmensteil verloren.

In Abbildung 9 sind die rechtlichen und wirtschaftlichen Verbindungen vor und nach dem Sell-off einer Unternehmenseinheit dargestellt.

---

[444] Vgl. Thissen (2000) S.29, Wirtz (2003) S.414
[445] Vgl. Graml (1996) S.11
[446] Vgl. Natusch (1995) S.73, Müller (1997) S.57
[447] Vgl. Weiher (1996) S.31

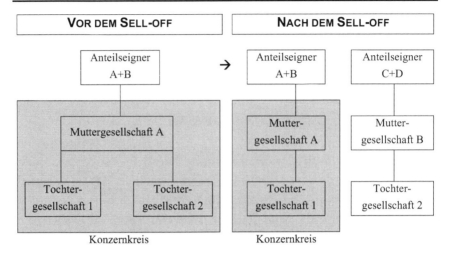

Abbildung 9: Sell-off einer Unternehmenseinheit[448]

Als Beispiel für einen Sell-off sei der im Jahr 2000 von der BMW AG abgewickelte Verkauf von ROVER an das britische PHÖNIX-Konsortium genannt. Die BMW AG hatte ROVER im Jahr 1994 übernommen.[449]

4.2.2. Outsourcing und Make-or-Buy Entscheidungen

Eine weitere Möglichkeit für Unternehmen zu desinvestieren besteht im Outsourcing. Darunter wird die Auslagerung von derzeit selbst durchgeführten Unternehmensaufgaben und -strukturen an Drittunternehmen und die nachhaltige Nutzung externer Ressourcen in produzierenden wie auch in dienstleistenden Bereichen verstanden.[450]

Make-or-Buy Entscheidungen haben international bzw. global seit vielen Jahren an Bedeutung zugenommen. Eine steigende *intraindustrielle Arbeitsteilung* führt zwangsläufig zu Unternehmensvernetzungen.[451] Im Rahmen des *Supplier-Relationship Managements* ist die letzte Phase einer Kundenbeziehung, d. h. die

---

[448] Darstellung in Anlehnung an Wirtz (2003) S.417
[449] Vgl. Köhn (2000) S.8, Wirtz (2003) S.416
[450] Vgl. Nagenast (1997) S.47
[451] Vgl. Arnold (2007) S.215

Beendigung einer Lieferantenbeziehung, in solchen Netzwerken insofern von Bedeutung, als es sich dabei gleichsam um eine Desinvestition handelt.[452] Die Beendigung von Kunden- bzw. Lieferantenbeziehungen bekommen somit unmittelbar eine ökonomische Relevanz.[453]

Die Frage des *Make-or-Buy* betrifft zunächst den Produktionsbereich eines Unternehmens. Es ergeben sich mehrere Möglichkeiten: Ein bislang im Unternehmen gefertigtes Produkt kann an ein Fremdunternehmen abgegeben werden oder genau der umgekehrte Weg wird beschritten. Wenn Bedarf an einem (neuen) Produkt außerhalb des Kerngeschäfts besteht, ist schließlich zu entscheiden, ob dieses Produkt sinnvollerweise selbst zu produzieren oder kostengünstiger von externen Unternehmen zu kaufen ist.[454] Auch jede Unternehmensgründung muss sich von Anfang an mit diesen Fragen aus-einandersetzen.[455] Das bestmögliche Verhältnis zwischen eigenerbrachten und von Fremdunter-nehmen zur Verfügung gestellten Leistungen wird aber in allen Bereichen eines Betriebes erwartet, so selbstverständlich auch im Marketing.[456]

Einige Beispiele sollen dies verdeutlichen:[457]

- Eigene Werbeabteilung oder Auftragsvergabe an externe Agenturen?
- Eigene Marktforschung oder Kauf von relevanten Informationen?
- Einsatz von Reisenden (*Make-Option*) oder von Handelsvertretern (*Buy-Option*)?
- Eigene neue Vertriebsorganisation oder Übertragung auf ansässige lokale Vertreter?

---

[452] Vgl. Pampel (1993)
[453] Vgl. Large (2006) S.274ff, Stölzle (2006) S.149ff, Arnold & Warzog (2005),
    Arnold & Meyle (2007)
[454] Vgl. Kremeyer (1982) S.21
[455] Vgl. Szyperski & Nathusius (1999) S.69f
[456] Vgl. Picot (1991) S.336
[457] Vgl. Fischer (1993) S.4

Neben dem *Outsourcing* kann auch das *Offshoring* als Desinvestitionsform genannt werden, das eine besondere Form des (externen und internen) Outsourcings ist.[458] Oftmals werden diese Begriffe fälschlich auch synonym verwendet.[459]

Während das Outsourcing, wie bereits erwähnt, eine Fremdvergabe von ehemals im Unternehmen erstellten Leistungen an einen externen Anbieter darstellt, befasst sich das Offshoring mit dem Ort der Leistungserbringung. Das Outsourcing hingegen liefert keine Informationen über den Ort der Leistungserbringung, die Leistung kann an Unternehmen im Ausland oder auch im Inland vergeben werden.[460]

Das Geschäftsmodell des Offshoring ist nach HERMES und SCHWARZ besonders in den folgenden Branchen erprobt:[461]

- Telekommunikation
- Banken und Versicherungen
- Verarbeitendes Gewerbe

Für den Fortgang dieser Arbeit werden lediglich die bisher vorgestellten Formen der Desinvestition (*Stilllegung, Liquidation, Sell-off* und *Outsourcing*) weiter betrachtet, weil sie der Definition von Desinvestitionen entsprechen und weil wegen des Verlustes der Mehrheitsanteile ein strategischer, systematischer Rückzug aus einem Geschäftsfeld möglich ist.[462]

4.2.3. Weitere Formen der Desinvestition mit Erhalt der Geschäftsbereiche

Weitere Formen der Desinvestition mit Erhalt der Geschäftsbereiche kommen häufig bei Unternehmenskrisen zur Anwendung. Weil es sich hierbei nicht um proaktive Desinvestitionen handelt, stehen sie der Definition von Desinvestitionen in dieser Arbeit entgegen.[463] Diese Formen bzw. Demerger-

---

[458] Vgl. Hermes & Schwarz (2005) S.200
[459] Vgl. Dressler (2007) S.122, Specht (2007) S.100ff
[460] Vgl. Hutzschenreuter et al. (2007) S.23ff, Hartmann (2010) S.4
[461] Vgl. Hermes & Schwarz (2005) S.200
[462] Vgl. Tabelle 8: *Definition des Begriffs Desinvestition* auf S.79
[463] Vgl. ebenda

Instrumente sollen lediglich benannt, nicht aber näher beschrieben werden, weil sie für den Fortgang der Arbeit keine Bedeutung haben. Diese Formen sind nicht Gegenstand dieser Untersuchung.[464]

Das M&A-Management beschäftigt sich mit dem Aufbau und der Vergrößerung von Unternehmen. Verschiedene andere Begriffe werden dafür nahezu synonym gebraucht: Unternehmensakquisition, Übernahme, Merger, Konzentration, Fusion, Takeover, Zusammenschluss und strategische Allianz.[465] Das *Demerger-Management* wechselt die Perspektive von der Käufer- zur Verkäuferseite. Desinvestitions- und Desintegrationsmöglichkeiten bzw. Restrukturierungsmaßnahmen werden geprüft. *Demerger-Aktivitäten* sind unabhängig von der Unternehmensgröße, jedoch für jedermann sichtbar bei großen, börsennotierten Konzernen. Einige *Demerger-Instrumente* sollen aufgezählt werden:

- Spin-off
- Split-off
- Equity Carve-out
- Subsidiary-IPO
- Split-up
- Tracking-Stocks
- Joint-Venture

Ein Demerger bewirkt nicht notwendigerweise den endgültigen Marktaustritt des abgetrennten Geschäftsfeldes, eine neue Muttergesellschaft kann diesen Bereich weiterbetreiben.[466]

---

[464] Vgl. Sievers (2006) S.131
     Vgl. auch Abschnitt II 3.1.2 *Proaktive Desinvestitionen* auf S.86ff
[465] Vgl. Müller-Stewens (1991) S.158ff, Gerpott (1993) S.18ff
[466] Vgl. Weiher (1996) S.28

5. Desinvestitions-Prozess

Weil der Erfolg einer Desinvestition Gegenstand der empirischen Untersuchung dieser Arbeit ist, soll der Ablauf eines Desinvestitions-Prozesses nachfolgend beschrieben werden. Desinvestitions-Prozesse sind sehr unterschiedlich, unstrukturiert und je nach Einzelfall überaus komplex.[467] Dennoch lassen sich einzelne Phasen erkennen, die den Ablauf eines solchen Prozesses (idealtypisch) beschreiben. Es bleibt allerdings festzuhalten, dass diese Phasen mit der Abwicklung einer Desinvestition in der Praxis nur selten übereinstimmen. Phasen können sich überschneiden, eine scharfe Abgrenzung ist unmöglich.[468]

Es kann demzufolge nur versucht werden, den Desinvestitions-Prozess *„im Sinne einer Typologisierung zu strukturieren und ihn auf ein greifbares Maß zu reduzieren.*"[469]

DOHM beschreibt 1989 drei Phasen eines Desinvestitions-Prozesses: *Initiierung, Analyse* und *Realisierung.*[470] GUSINDE schlägt eine Einteilung in die fünf Phasen *Initiierung, Analyse, Bewertung, Entscheidung* und *Realisation* vor. Ein daraus resultierender Desinvestitions-Prozess ist in Abbildung 10 dargestellt.

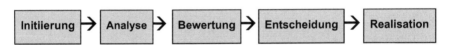

Abbildung 10: Phasen eines Desinvestitions-Prozesses nach GUSINDE[471]

---

[467] Vgl. Natusch (1995) S.50f
[468] Vgl. Wirtz (2003) S.436
[469] Wirtz (2003) S.436
    Vgl. dazu auch Dohm (1989) S.72ff
[470] Vgl. Dohm (1989) S.92ff: Aufgrund empirischer Untersuchungen lassen sich bei den Phasen des Desinvestitionsprozesses fünf unterschiedliche Idealtypen (Phasentypen) erkennen: *(1) Finanzielle Krise, (2) Kaufangebot, (3) Hohe Investitionserfordernisse, (4) Strategische Neuausrichtung* und *(5) Strategischer Außenseiter.* Bei einer Zusammenführung der drei Phasen sind bei dem Ablauf eines Desinvestitionsprozesses wiederkehrende Muster zu erkennen. Eine *(1) Finanzielle Krise* führt in ähnlicher Weise wie ein *(5) Strategischer Außenseiter* zu einem eindeutigen Ablauf des Desinvestitionsprozesses. Bei den Idealtypen (2), (3) und (4) sind diese Verlaufsmuster aufgrund einer zu geringen Stichprobengröße in der Untersuchung von DOHM allerdings nicht eindeutig erkennbar, jedoch aus Plausibilitätsgründen anzunehmen.
[471] Vgl. Gusinde (2000) S.36

118

Das Desinvestitions- bzw. Demerger-Management unterscheidet nach WIRTZ zunächst eine *Demerger-Analyse und Konzeptionsphase* von einer *Demerger-Durchführungsphase*. Daran schließt sich eine Phase der *Steuerung und Erfolgskontrolle* an (Controlling-Phase).[472]
Der Desinvestitions-Prozess nach WIRTZ ist in Abbildung 11 dargestellt.

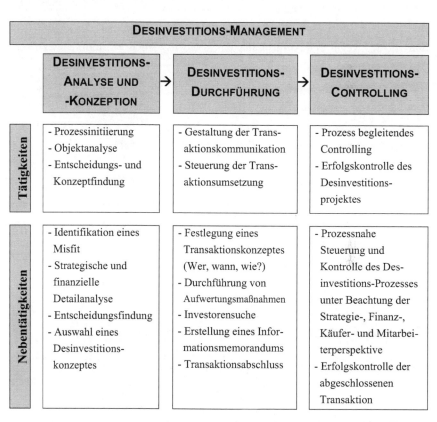

Abbildung 11: Phasen eines Desinvestitions-Prozesses nach WIRTZ[473]

Diese drei Phasen eines Desinvestitions-Managements nach WIRTZ werden in den folgenden Abschnitten erklärt.

---

[472] Vgl. Wirtz (2003) S.436ff
[473] Darstellung nach Wirtz (2003) S.436

5.1.Desinvestitions-Analyse und -Konzeption

Das Erkennen einer kritischen Situation in einem Unternehmen kann als Prozessinitiierung einer Desinvestition betrachtet werden. Das ist bspw. dann der Fall, wenn ein Unternehmensteil seinen Zweck im Gesamtportfolio des Konzerns nicht mehr erfüllt oder wenn der Konzern die Zielvorgaben bzw. das Zielsystem insgesamt ändert. Ein Vergleich der aktuellen operativen und strategischen Zielsetzungen mit den tatsächlichen Ergebnissen des Teilbereichs führt in der Regel zur Aufdeckung eines *Misfits*. Auch eigentümerspezifische Gründe können als Auslöser für eine Desinvestition genannt werden.

Das Management hat ständig zu prüfen, ob bestimmte Geschäftsbereiche, die ein erkennbares Erfolgspotenzial aufweisen, weiter gefördert und erweitert werden sollen.[474] Werden bei dieser Analyse *Misfits* entdeckt, kann es sich um strategische, finanzielle oder auch rechtliche *Misfits* handeln.[475]

Häufig wird ein *Misfit* von einzelnen Mitarbeitern aufgedeckt, wodurch sich zwangsläufig auch Kommunikations- und Zuständigkeitsprobleme innerhalb des Konzerns ergeben. Nur um Konflikte oder Vorwürfe zu vermeiden, werden dann durchaus erkannte Probleme nicht weiter kommuniziert, weil der betreffende Mitarbeiter sich letztlich nicht für zuständig hält.[476]

---

[474] Vgl. Weiher (1996) S.24
[475] Vgl. Wirtz (2001) S.438
   Vgl. auch Dohm (1989) S.80ff: DOHM beschreibt fünf Analysearten eines Desinvestitions-prozesses und nennt den dafür erforderlichen Zeitrahmen:
   (1) *Finanzielle Analyse* (6-12 Monate). Das Management erarbeitet mithilfe von Dritten, bspw. dem Rechnungswesen, eine finanzielle Geschäftsfeldanalyse.
   (2) *Finanzielle mit strategischer Analyse* (15-30 Tage). Das Management führt mithilfe eines EDV-technischen Management-Info-Systems (MIS) eine finanzielle und strategische Analyse durch.
   (3) *Umfassende strategische Analyse* (2-3Monate). Das Topmanagement bewertet strategische Geschäftsbereiche in Zusammenarbeit mit externen Beratern und Spezialisten.
   (4) *Strategische Ad-hoc Analyse* (1 ½ Monate). Das Management erarbeitet im Rahmen von Restrukturierungen eine Analyse, die eine Unternehmensstrategie und nicht primär finanzielle Gesichtspunkte in den Vordergrund stellt.
   (5) *Keine Analyse*, wenn a priori feststeht, dass sich ein Unternehmen von einem unprofitablen Geschäftsbereich trennen will.
[476] Vgl. Rechsteiner (1995) S.69

DOHM betont, dass es oftmals der persönliche Impetus eines Mitarbeiters ist, der ausschlaggebend für den Start des Desinvestitions-Prozesses sein kann.[477] In diesem Zusammenhang wird auf die damit verbundenen möglichen Markt-austrittsbarrieren verwiesen, die es zu überwinden gilt.[478] DOHM unterscheidet sechs Idealtypen, die als auslösende Faktoren für eine Desinvestition angesehen werden können:[479]

- Verluste des Teilbereichs
- Kaufangebot für einen Unternehmensteil
- Hohe Investitionserfordernisse in der Zukunft
- Strategische Neuausrichtung eines Unternehmens
- Strategischer Außenseiter
- Fehlende strategische Übereinstimmung nach Akquisition

Hat sich herausgestellt, dass für den aufgedeckten *Misfit* eine Desinvestition grundsätzlich als eine problemadäquate Lösung angesehen werden kann, ist sodann vom Management eine detaillierte Objektanalyse vorzunehmen, wobei umfangreiche Informationen des Desinvestitionsobjektes gesammelt und auf-bereitet werden müssen. Eine genaue strategische und finanzielle Detailanalyse wird notwendig, um eine Entscheidung für oder gegen eine Desinvestition vorzubereiten. Eine globale Situationsanalyse zur Bewertung der strategischen Position des Geschäftsbereichs erfolgt extern und intern orientiert.[480] Sowohl das Chancen-/Risikoprofil eines Unternehmensteils im Wettbewerb mit Konkurrenten als auch die Stellung innerhalb eines Unternehmens (spezielle Fähigkeiten und Ressourcen) müssen untersucht werden.[481]

Strategic-Fit Detailanalyse

Bei der *Strategic-Fit Detailanalyse* geht es zunächst darum, die Chancen des zu desinvestierenden Geschäftsbereichs am Markt mit dem spezifischen Chancen-/Risikoprofil dieses Bereichs zu vergleichen und zu beurteilen, ob eine Weiter-

---

[477] Vgl. Dohm (1989) S.80
[478] Vgl. Abschnitt II 3.2 *Barrieren bei Desinvestitionen* auf S.97ff
[479] Vgl. Dohm (1989) S.74f
[480] Vgl. Wirtz (2001) S.148
[481] Vgl. ebenda

führung wirtschaftlich und strategisch sinnvoll erscheint oder ob eine Desinvestition erstrebenswert ist. Der Strategic-Fit des Geschäftsbereichs ist umso größer, je genauer die eigenen datenbasierten Stärken und Schwächen mit den Chancen und Risiken am Markt übereinstimmen. Der Strategic-Fit des Teilbereichs, eine Umwelt- und Unternehmensanalyse lassen bereits Rückschlüsse auf den zuvor erkannten Misfit zu.[482]

Die strategische Detailanalyse wird in der Praxis von einem Team durchgeführt, bestehend aus dem Top-Management, Spezialisten der einzelnen Abteilungen sowie externen Beratern. Weil das Top-Management dem möglicherweise zu desinvestierenden Teilbereich kritisch bis unsicher gegenübersteht, erbringen externe Unternehmensberater i. d. R. die gesamte Detailanalyse.[483] Wenn später tatsächlich eine Desinvestition erfolgt, ist aber die ständige Zusammenarbeit mit dem Management von großer Bedeutung, insbesondere wegen der dann anstehenden Verhandlungen mit möglichen Investoren.[484]

Finanzwirtschaftliche Detailanalyse
Die finanzwirtschaftliche Detailanalyse soll klären, ob der innere Wert des Teilbereichs womöglich größer ist als ein zu erwartender Gewinn bei einem Verkauf oder bei einer Stilllegung dieses Bereichs. Wenn der datenbasierte innere Wert höher ist als ein zu erwartender Verkaufserlös, wäre das ein starker Anreiz für das Management, den Teilbereich weiter zu führen und nicht zu desinvestieren. Die finanzwirtschaftliche Detailanalyse erlaubt es zudem, den inneren Wert eines Teilbereichs überhaupt erst einmal zu bestimmen. Das Ergebnis kann später bei einer Desinvestition die Grundlage für die Ermittlung eines Verkaufspreises bilden.[485] Lässt sich kein angemessener Veräußerungsgewinn erzielen, kann das wiederum zu einer Marktaustrittsbarriere führen, die

---

[482] Vgl. Wirtz (2001) S.148
[483] Vgl. Dohm (1989) S.83
[484] Vgl. Wirtz (2003) S.439
[485] Vgl. Dohm (1989) S.148

den Konzern möglicherweise dazu verführt, den Geschäftsteil zu behalten, obwohl es wirtschaftlich nicht wirklich sinnvoll ist.[486]

Es gibt unterschiedliche finanzmathematische Investitionsrechenverfahren, um einen Teilbereich zu bewerten.[487] Schwierigkeiten treten aber dann auf, wenn sich indirekte Verbundeffekte über Wechselwirkungen mit anderen Teilbereichen ergeben, die nicht eindeutig einem Bereich zuzuordnen sind.[488] Zu nennen sind Gemeinkosten, Transferpreise und gemeinsam genutzte Ressourcen, die dann als informatorische Barrieren bezeichnet werden können. Ein gutes Controlling-System trägt sicher dazu bei, diese Schwierigkeiten bei der finanziellen Detailanalyse zu minimieren.[489]

Es erscheint sinnvoll, das o. g. Team bei der Durchführung der finanzwirtschaftlichen Detailanalyse um einen Experten aus der Finanzwirtschaft zu erweitern (z. B. ein Investmentbanker), um dessen Kapitalmarktexpertise zu nutzen. Im Ergebnis sollten dann im Idealfall nur zwei Optionen bestehen: Weiterführen des Teilbereichs oder Desinvestition.[490]

Eine Entscheidungsgrundlage für bzw. gegen eine Desinvestition von Geschäftsbereichen ist in Abbildung 12 dargestellt.

---

[486] Vgl. Caves & Porter (1976) S.40
    Vgl. auch Abschnitt II 3.2 *Barrieren bei Desinvestitionen* auf S.97ff
[487] Vgl. Wirtz (2003) S.205ff: WIRTZ nennt finanzmathematische Investitionsrechenverfahren zur Unternehmensbewertung und Kaufpreisermittlung, wie bspw. Multiplikatormethoden (z. B. Kurs-Gewinn-Verhältnis), Diskontierungsmethoden (z. B. Disounted-Cash-Flow) sowie den Liquidations- und Substanzwert.
[488] Vgl. Wirtz (2003) S.440f
[489] Vgl. Dohm (1989) S.147
    Vgl. auch Abschnitt II 3.2.2.1 *Informatorische Marktaustrittsbarrieren* auf S.105
[490] Vgl. Wirtz (2003) S.441

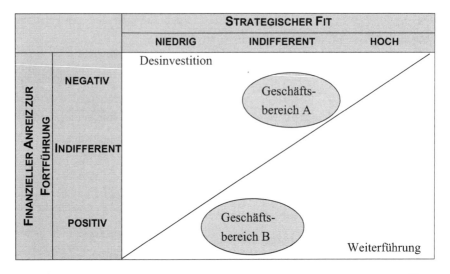

Abbildung 12: Entscheidungsgrundlage für bzw. gegen Desinvestitionen[491]

Die Diagonale ist als kritische Linie für oder gegen eine Desinvestitions-Entscheidung anzusehen. Der Geschäftsbereich B unter dieser Linie ist demnach geeignet, weitergeführt zu werden, während der Geschäftsbereich A oberhalb der Linie für eine Desinvestition spricht. In diesen beiden Fällen erfolgte die Entscheidung allein aufgrund der finanziellen Detailanalyse. Der innere Wert des Geschäftsbereichs B war größer als der Marktwert (Weiterführung), beim Geschäftsbereich A verhielt es sich umgekehrt (Desinvestition/Demerger).[492]

Entscheidungs- und Konzeptfindung

Im Anschluss daran wird eine Entscheidungs- und Konzeptfindung anstehen. Das Top-Management entscheidet in der Regel über die Frage, ob eine Desinvestition durchgeführt werden soll.[493] Diese Entscheidung kann entweder von einer einzelnen Person (z. B. vom Firmenchef) oder von einem Kollektiv aus

---

[491] Darstellung nach Wirtz (2003) S.442
      Vgl. dazu auch Dohm (1989) S.64
[492] Vgl. Wirtz (2003) S.441ff
[493] Vgl. Achleitner (2001) S.385f

Führungskräften herbeigeführt werden.[494] Entscheidet nur eine Person, bedeutet das für den gesamten Desinvestitions-Prozess einen Zeitgewinn. Entscheidet ein Kollektiv, hat das womöglich den Vorteil einer erweiterten Sichtweise und der größeren Akzeptanz im Unternehmen.[495] Wenn eine kollektive Entscheidung herbeigeführt werden soll, erscheint es allerdings ratsam, einen zeitlichen Rahmen zu setzen, eine Deadline bzw. ein Datum zu nennen, an dem eine Entscheidung fällig ist. Wenn das Kollektiv bis zu diesem Termin nicht zu einer Entscheidung gekommen ist, sollte der Firmenchef bzw. der Vorsitzende der Geschäftsführung allein entscheiden können. Diese Vorgehensweise setzt das Kollektiv massiv im Vorfeld unter Druck, rechtzeitig eine akzeptable Lösung zu finden, die zugleich ein möglichst breites Interessenspektrum widerspiegelt.[496]

Bei der Konzeptfindung geht es schließlich darum, welches der möglichen Demerger- bzw. Desinvestitions-Instrumente genutzt werden soll.[497] Abhängig ist das von den Desinvestitionsmotiven, die in der Regel schon eine Richtung vorgeben oder bestimmte Instrumente von vornherein ausschließen. Will bspw. ein Konzern einen Liquiditätszufluss gewinnen und sich auch definitiv von dem Desinvestitionsobjekt trennen, kommt eine *Stilllegung* nicht in Betracht. Ein *Sell-off* oder ein *Subsidiary-IPO* wären die Mittel der Wahl.[498]
Es kommt darauf an, eine klare Zielsetzung unter Berücksichtigung von Nebenbedingungen zu formulieren, wobei als Nebenbedingungen das Transaktionsrisiko, die öffentliche und unternehmensinterne Akzeptanz wie auch die steuerliche Effizienz zu nennen sind. Wenn Ziele und Nebenbedingungen eindeutig benannt sind, können die infrage kommenden Demerger-Instrumente bewertet oder im Ausschlussverfahren so weit eingeschränkt werden, bis schließlich das optimale Konzept vorliegt.[499]

---

[494] Vgl. Taylor (1988) S.33
[495] Vgl. Rechsteiner (1995) S.72
[496] Vgl. Rechsteiner (1995) S.72, Wirtz (2003) S.443
[497] Vgl. Abschnitt II 4 *Formen der Desinvestition* auf S.110ff
[498] Vgl. Wirtz (2003) S.444f
[499] Vgl. Achleitner (2001) S.403f, Wirtz (2003) S.443f

5.2. Desinvestitions-Durchführung

Die Durchführung einer Desinvestition kann in zwei Phasen unterteilt werden: in die Phase der Kommunikation und in die eigentliche Umsetzungsphase.[500]

Kommunikationsphase

Kommunikation beginnt selbstverständlich nicht erst dann, wenn die Desinvestition umgesetzt wird, sondern sie zieht sich von Beginn der geplanten Maßnahme durch den gesamten Desinvestitions-Prozess. Das Management wird i. d. R. schon in der Analyse- und Konzeptionsphase unterrichtet, um dessen Expertenwissen mit in die Detailanalyse einzubringen und einzubinden. Wenn die Umsetzung der Desinvestition erfolgt, sind weitere Schritte notwendig. Es werden eine interne und eine externe Kommunikation unterschieden.[501]

Die interne Kommunikation betrifft die Mitarbeiter, die in dem zu desinvestierenden Unternehmensteil tätig sind. Es soll dadurch eine Mobilisierung der Organisation eines Unternehmens erfolgen.[502] Das Top-Management sollte sich durch ein abgestimmtes Kommunikationskonzept der loyalen Zusammenarbeit des Managements des Teilbereichs versichern, damit die gesamte Transaktion problemlos ablaufen kann.[503] So ist es schließlich Aufgabe des Managements, den zu desinvestierenden Teilbereich gegenüber möglichen Kaufinteressenten zu präsentieren.[504]

Die Akzeptanz der Maßnahmen durch die Mitarbeiter ist sicher größer, wenn eine rechtzeitige Unterrichtung durch das Management erfolgt und nicht etwa durch die Presse.[505]

Die externe Kommunikation betrifft den Kapitalmarkt, die Aktionäre und die Öffentlichkeit. Eine überzeugende Darlegung der geplanten Desinvestitions-Maßnahme ist unerlässlich für den Erfolg. Es scheint auch das Timing der Unterrichtung von großer Bedeutung zu sein. Es bleibt dem Fingerspitzengefühl

---

[500] Vgl. Wirtz (2003) S.446
[501] Vgl. ebenda S.446ff
[502] Vgl. Achleitner (2001) S.387
[503] Vgl. Opitz (1995) S.332, Gehrke (1999) S.201
[504] Vgl. Wirtz (2003) S.446
[505] Vgl. Rechsteiner (1995) S.77

der Konzernleitung überlassen, wann und wie viele Personen mit Informationen versorgt werden.[506]

Desinvestitionsumsetzung

Bevor Verhandlungen mit möglichen Interessenten erfolgen können, muss das Desinvestitionsobjekt sowohl personell als auch sachlich vom Gesamtunternehmen abgegrenzt werden. Häufig wird eine Neudefinition des Objektes vorgenommen.[507] Die personelle Abgrenzung bezieht sich auf die Mitarbeiter dieses Bereichs, d. h. auf das Humankapital, das nicht zuletzt einen strategischen Erfolgsfaktor darstellt.[508] Wenn wichtige Mitarbeiter im Rahmen der Desinvestition diesen Teilbereich verließen, könnte das den Erfolg der gesamten Maßnahme infrage stellen.[509]

Die sachliche Abgrenzung hat zum Ziel, eine neue Rechtsform für das Desinvestitionsobjekt zu finden. Neben der Lösung vom Konzern wird sogleich auch die zukünftige Geschäftsbeziehung zur Muttergesellschaft definiert.[510] Bei kleineren Unternehmen wird gelegentlich die sachliche Abgrenzung zu einem Problem, wenn es darum geht, Geschäfts- und Privatbereich zu trennen. Beispielsweise liegen Betriebsgrundstücke oder Patente oftmals außerhalb des rechtlichen Unternehmensrahmens.[511]

Als Nächstes gilt es, die Attraktivität des Desinvestitionsobjektes durch Aufwertungsmaßnahmen zu steigern, um die Verhandlungsposition beim Verkauf zu verbessern. Bilanzwirksame Aufwertungsmaßnahmen sind sowohl auf der Aktiv- als auch der Passivseite möglich.[512] Aber auch nicht-bilanzwirksame Aufwertungsmaßnahmen können ergriffen werden. So trägt es sicherlich zur

---

[506] Vgl. Holzapfel & Pöllath (2000) S.9
[507] Vgl. Achleitner (2001) S.388
[508] Vgl. Rechsteiner (1995) S.73
[509] Vgl. Wirtz (2003) S.448
[510] Vgl. Morawietz & Kreuz (2001) S.128
[511] Vgl. Holzapfel & Pöllath (2000) S.438
[512] Vgl. Achleitner (2001) S.389

Wertsteigerung des Teilbereichs bei, wenn qualifizierte Mitarbeiter erhalten bleiben oder neue hinzugewonnen werden können.[513]

In Abbildung 13 sind die Aufwertungsmaßnahmen eines Desinvestitions-objektes dargestellt.

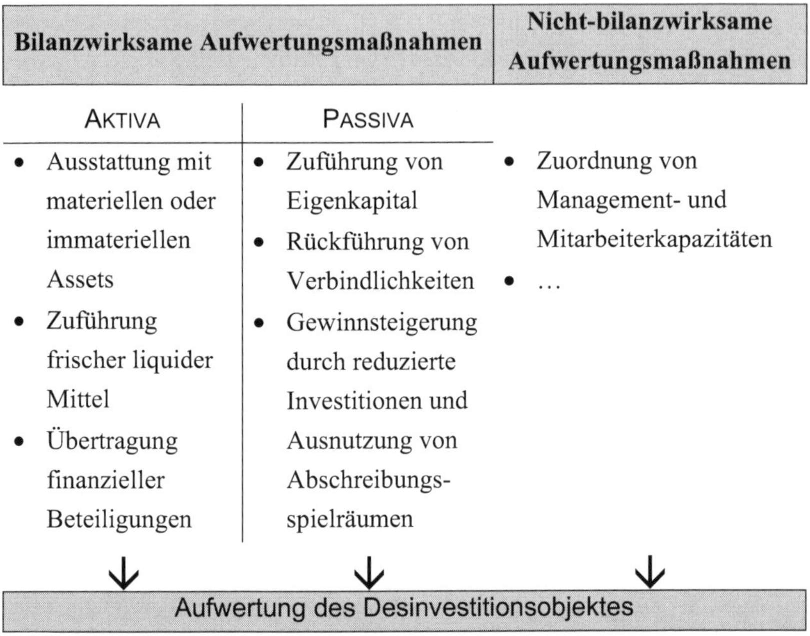

Bilanzwirksame Aufwertungsmaßnahmen		Nicht-bilanzwirksame Aufwertungsmaßnahmen
AKTIVA	PASSIVA	
• Ausstattung mit materiellen oder immateriellen Assets • Zuführung frischer liquider Mittel • Übertragung finanzieller Beteiligungen	• Zuführung von Eigenkapital • Rückführung von Verbindlichkeiten • Gewinnsteigerung durch reduzierte Investitionen und Ausnutzung von Abschreibungs-spielräumen	• Zuordnung von Management- und Mitarbeiterkapazitäten • ...

$$\downarrow \qquad \downarrow \qquad \downarrow$$

Aufwertung des Desinvestitionsobjektes

Abbildung 13: Aufwertung eines Desinvestitionsobjektes[514]

Sodann kann mit der Suche nach geeigneten Investoren begonnen werden. Für das desinvestierende Unternehmen ist das Rendite- bzw. Risikoprofil der möglichen Investoren, deren Verbundenheit mit diesem Unternehmen sowie die beabsichtigte Aktienstreuung von großer Bedeutung.[515] ACHLEITNER betont, dass, wenn ein börsennotierter Teilbereich veräußert wird, eine ausreichende

---

[513] Vgl. Wirtz (2003) S.450
[514] Abbildung nach Wirtz (2003) S.450
[515] Vgl. Achleitner (2001) S.393

Streuung der Aktie den Einfluss weniger Anteilseigner einschränkt und zugleich auch die Gefahr einer feindlichen Übernahme mindert.[516]

Als Käufer kommen Finanzinvestoren und strategische Käufer in Betracht. Während Finanzinvestoren allein unter Rendite- und Risikogesichtspunkten kaufen, legen strategische Käufer mit dem Erwerb des Desinvestitionsobjektes Wert auf eine Stärkung ihrer eigenen Marktposition. Effektivitäts- und Effizienzvorteile können dadurch realisiert werden.[517] Auf der Seite des Verkäufers ist es durchaus üblich, mithilfe eines Emissions- oder Verkaufsprospektes das Desinvestitionsobjekt anzubieten.[518] Ein solches *Informationsmemorandum* ist dann für einen Kaufinteressenten die Basis für ein unverbindliches Angebot (*Non-Binding Offer*).[519]

Dem Verkäufer ist es selbstverständlich vorbehalten, mit mehreren Kaufinteressenten gleichzeitig oder nacheinander zu verhandeln, bevor ein bindender Vertrag unterzeichnet wird. DOHM beschreibt eindeutige Gestaltungsempfehlungen für eine erfolgreiche Verhandlungsführung. Eine klare Zielvorstellung ist ebenso wichtig wie eine gute Vorbereitung auf die Verhandlung mit einem qualifizierten Verhandlungsführer bzw. einem Team, dem ein ausreichender Verhandlungsspielraum zugebilligt werden sollte.[520]

5.3. Desinvestitions-Controlling

Erfolge oder auch Misserfolge einer Desinvestition können durch ein kontinuierliches Controlling gemessen werden. Zu unterscheiden ist ein prozessbegleitendes Controlling, welches die einzelnen Aktivitäten im Desinvestitions-Prozess überwacht und eine Erfolgskontrolle der Desinvestition insgesamt. Das Controlling hat den übergeordneten Unternehmenszielen Rechnung zu tragen.[521]

---

[516] Vgl. Achleitner (2001) S.264
[517] Vgl. Wirtz (2003) S.452
[518] Vgl. Achleitner (2001) S.494f
[519] Vgl. Sinnecker (1995) S.445, Piccot (1998) S.21
[520] Vgl. Dohm (1989) S.169f
[521] Vgl. Reichmann (2001) S.3

Das Prozess begleitende Controlling geht über die rein finanzielle Sichtweise hinaus. Der Desinvestitions-Erfolg hat neben der Finanzperspektive gleichermaßen eine Strategie-, eine Mitarbeiter- und eine Investorenperspektive, die analysiert werden müssen. Die von KAPLAN und NORTON vorgestellte *Balanced-Scorecard* ist ein Kennzahlensystem, welches unterschiedliche, nicht nur monetäre Parameter zur Erfolgskontrolle erfasst. Die besonderen Erfordernisse beim Desinvestitions-Prozess müssen allerdings der *Balanced-Scorecard* angepasst werden, wodurch in Anlehnung an KAPLAN und NORTON eine *Desinvestitions-Balanced-Scorecard* entsteht.[522]

Ein fortlaufender Abgleich der Soll- und Ist-Größen bietet sich als Controllinginstrument an. Überprüft werden die der Strategie zugrunde liegenden Annahmen (Prämissenkontrolle), alle Aktivitäten des Desinvestitions-Prozesses (Durchführungskontrolle), der Fortschritt der bisherigen Maßnahmen (Fortschrittskontrolle) und das Endergebnis (Ergebniskontrolle).[523]

Im folgenden Abschnitt werden die Parameter erläutert, die für die abschließende Beurteilung des Erfolgs einer Desinvestition zur Verfügung stehen. Grundsätzlich sind diese Erfolgskriterien auch Gegenstand der vorliegenden empirischen Untersuchung. Der Desinvestitions-Erfolg wird in dieser Arbeit von den Unternehmen allerdings nur subjektiv nach den folgenden Kriterien beurteilt: finanzieller und strategischer Erfolg sowie ein möglicher Image- bzw. Reputationsgewinn oder -verlust. Die nachstehenden Erfolgskriterien werden jedoch aus Praktikabilitätsgründen nicht explizit im Detail abgefragt, zudem wird dadurch eine unnötige Komplexität des Untersuchungsgegenstands vermieden.

Desinvestitions-Erfolg

Die Ansätze zur Erfolgsbestimmung bei Desinvestitionen können vom Grundsatz her mit denen verglichen werden, die bei Unternehmenszusammenschlüssen bzw. -Käufen angewendet werden. Es lassen sich Reaktionen am Kapitalmarkt

---

[522] Vgl. Kaplan & Norton (1997) S.9, Wirtz (2003) S.459
[523] Vgl. dazu auch Brühl (1992) S.138f, Weber (2004) S.150ff

beobachten, Jahresabschlüsse sind zu bewerten, von der Desinvestition betroffene Menschen (Mitarbeiter, Management) können befragt werden und schließlich ist es möglich, bestimmte Ereignisse zu analysieren, die sich in Folge der Desinvestition ergeben haben. Gleichwohl ist festzuhalten, dass es wegen der großen Komplexität einer Desinvestition und der unterschiedlichen Vorgaben im Einzelfall kein standardisiertes Verfahren zur Messung eines Desinvestitions-Erfolgs gibt.[524]

Insbesondere das desinvestierende Unternehmen wird an einer Erfolgskontrolle ihrer Maßnahme interessiert sein. Hierzu müssen Kriterien aufgezeigt werden, die zur Beurteilung eines Erfolgs geeignet erscheinen.[525] Als *Problemfelder* eines Desinvestitions-Erfolgs bezeichnet GERPOTT folgende Kriterien, die zur Messung dienen können: Erfolgsdimension, Erfolgskonzept, Zeitpunkt und Zeitraum, Maßstäbe.[526]

- **Erfolgsdimension**

  Als Erfolgsdimension werden sowohl die Anzahl als auch die Inhalte der Gesichtspunkte zusammengefasst, die zur Erfolgsbestimmung einer Desinvestition von Bedeutung sind. VOGEL unterscheidet einmal eine finanzwirtschaftliche Erfolgsdimension, die den Fokus auf monetäre Größen legt (Shareholder-Value, Eigenkapitalrendite). Sodann eine marktstrategische Erfolgsdimension, die als Ziel eine nachhaltige Wettbewerbsfähigkeit sieht (relativer Marktanteil, Marktwachstum) und schließlich eine soziale Erfolgsdimension. Es werden arbeitsbezogene und individuelle Verhaltensweisen und Einstellungen betrachtet.[527]

- **Erfolgskonzept**

  Erfolgskonzepte sind in quantitativ-objektive (Jahresabschlüsse, Reaktionen am Kapitalmarkt) sowie in qualitativ-subjektive Konzepte zu unterteilen

---

[524] Vgl. Wirtz (2003) S.463
[525] Vgl. Vogel (2002) S.273
[526] Vgl. Gerpott (1993) S.189f
[527] Vgl. Vogel (2002) S.275

(Befragung von Mitarbeitern, Managern oder internen und externen Experten, die ein hohes Informationsniveau haben).[528] Finanzwirtschaftliche Analysen beinhalten die Vermögens- und Kapitalstruktur sowie die Liquidität eines Unternehmens.[529] Diese Kennzahlen können vor und nach der Desinvestition verglichen werden. Eine größere Bedeutung für die Erfolgsmessung haben allerdings die Jahresabschlüsse bzw. der Gewinn eines Unternehmens.[530] Ein Ante-Post-Vergleich ist aber nur zulässig, wenn zuvor die Rentabilitätskennziffern von branchenbezogenen und gesamtwirtschaftlichen Einflüssen bereinigt wurden.[531] Jahresabschlüsse und deren Interpretation im Sinne eines Desinvestitions-Erfolgs sind jedoch mit aller Vorsicht zu betrachten. Eine eindeutige kausale Zuordnung der Desinvestitions-Maßnahmen zu den finanziellen Kennzahlen ist oftmals ebenso fraglich wie die Kennzahlen selbst, welche durch das Management in Richtung eines Desinvestitions-Erfolgs manipuliert werden können.[532]

Die erkennbaren Schwächen einer Erfolgskontrolle durch Jahresabschlüsse führten dazu, den Reaktionen auf dem Kapitalmarkt größere Beachtung zu schenken.[533] Weil mittelständische Unternehmen aber in der Regel nicht börsennotiert sind, hat die kapitalmarktorientierte Erfolgskontrolle einer Desinvestition für den Fortgang dieser Arbeit kaum Bedeutung und soll hier nicht weiter betrachtet werden.

An bestimmten Ereignissen lassen sich Erfolge oder Misserfolge einer Transaktion beschreiben.[534] Dies gilt aber insbesondere für Investitionen bzw. Mergers, die nicht Gegenstand dieser Arbeit sind. Es ist davon auszugehen, dass Unternehmen sich nicht von Geschäftsbereichen trennen, wenn diese erfolgreich sind. Wenn allerdings nach kurzer Zeit ein gerade

---

[528] Vgl. Sewing (1996) S.84ff, Vogel (2002) S.275
[529] Vgl. Coenenberg (2000) S.907
[530] Vgl. Albrecht (1994) S.57, Baetke (1998) S.350ff
[531] Vgl. Albrecht (1994) S.61
[532] Vgl. Meyer (1994) S.95, Ebert (1998) S.114f
[533] Vgl. Wirtz (2003) S.399
[534] Vgl. Sewing (1996) S.86

erworbener Geschäftsbereich wieder desinvestiert wird, kann ein Misserfolg angenommen werden.[535] Ein weiterer Erfolgsindikator ist der Verbleib bzw. die Fluktuation der Mitarbeiter und Führungskräfte im erworbenen bzw. desinvestierten Geschäftsbereich. So wird eine kausale Beziehung zwischen der Fluktuationsrate und dem Erfolg einer Transaktion unterstellt.[536] Je geringer die Fluktuation, desto größer ist demnach der Transaktionserfolg.[537] Kritisch anzumerken ist in diesem Zusammenhang, dass eine starke Fluktuation von Mitarbeitern auch zu einem Verlust an Know-how im akquirierenden oder desinvestierenden Unternehmen führt.[538]

Zusammenfassend ist bisher zu sagen, dass die vorgestellten Parameter zur Erfolgskontrolle einer Desinvestition jeweils nur Determinanten des Erfolgs bilden. Nur im Zusammenwirken aller Kennzahlen kann eine halbwegs sichere Erfolgsbeurteilung erstellt werden, zu der als wesentlicher Bestand-teil die Befragung der Mitarbeiter, des Managements oder interner und externer Experten gehört.[539] Gemessen wird die Erfolgswahrnehmung und Erfolgskontrolle qualifizierter Auskunftspersonen.[540]

Persönliche oder schriftliche Befragungen können statistisch aufbereitet und mit externen Daten verglichen werden. Derartige Befragungen können schon zu einem frühen Zeitpunkt der geplanten Desinvestition einsetzen. Dadurch können Fehlentwicklungen rechtzeitig erkannt und vermieden werden.[541] Der wesentliche Vorteil einer solchen Befragung liegt allerdings nicht in der Ermittlung von quantitativen Kennzahlen, sondern vielmehr in der Bewertung von qualitativen Merkmalen, die mit der Desinvestition im Bereich der Mitarbeiter, des Managements und externen Experten verbunden sind.[542]

---

[535] Vgl. Porter (1987) S.31
[536] Vgl. Canella & Hambrick (1993) S.137ff
[537] Vgl. Sewing (1996) S.87
[538] Vgl. Schäfer (2001) S.99
     Vgl. dazu auch Abschnitt II 1.4 *Weiterentwicklungen des RBV* auf S.33f
[539] Vgl. Gerpott (1993) S.210ff
[540] Vgl. Sewing (1996) S.87
[541] Vgl. Schäfer (2001) S.102ff
[542] Vgl. Wirtz (2003) S.404

Die Erfolgskontrolle einer Desinvestition durch Befragung kann die bereits beschriebenen Parameter ideal ergänzen, insbesondere durch die qualitative Dimension, die damit verbunden ist. Als alleiniges Beurteilungskriterium muss sie allerdings infrage gestellt werden, weil die subjektiven Meinungen der Mitarbeiter und / oder des Managements häufig ein verzerrtes Bild wiedergeben. Die Erfolgseinschätzung kann sowohl durch positive als auch durch negative Erwartungen geprägt sein und zu falschen Ergebnissen führen. Eine Befragung von externen Experten, die an der Transaktion beteiligt waren, kann zu objektiveren Bewertungen führen.[543]

- **Zeitpunkt und Zeitraum**

Die Entscheidung, an welchem Zeitpunkt oder für welchen Zeitraum der Erfolg einer Desinvestition gemessen wird, hängt von der primären Zielsetzung eines Unternehmens ab. Die zur Verfügung stehenden Zeitfenster sind daher durchaus unterschiedlich zu bewerten. Wenn bspw. der Shareholder-Value Grund für die Desinvestition war, wird eher ein kurzes Zeitfenster gewählt, weil vor allem der Minderheitsaktionär in der Regel kurzfristige finanzielle Interessen bzw. Gewinnausschüttungen verfolgt. Wenn die Desinvestition allerdings langfristige strategische Ziele erreichen sollte (Sicherung der Markt- und Wettbewerbsposition), kann eine Erfolgsbeurteilung demnach erst sehr viel später erwartet werden.[544]

- **Maßstäbe**

Der Erfolg einer Desinvestition kann schließlich auch dadurch bestimmt werden, dass mithilfe von Bewertungsmaßstäben Vergleiche herangezogen werden. VOGEL nennt folgende Maßstäbe: Zunächst kann geprüft werden, ob die geplanten *Zielvorgaben* bei der Desinvestition mit dem Ergebnis übereinstimmen (Soll- / Ist-Vergleich). Ferner kann die Geschäftsentwicklung nach der Desinvestition über einen längeren Zeitraum beobachtet werden. Wenn vereinfachend davon ausgegangen wird, dass die Entwicklung ohne die Desinvestitions-Maßnahme gleich geblieben wäre, können Unter-

---

[543] Vgl. Gerpott (1993) S.227
[544] Vgl. Wirtz (2003) S.462

schiede erkannt werden (*intertemporale Vergleiche*). Sodann ist ein Vergleich mit anderen, ähnlich strukturierten Unternehmen möglich, die keine entsprechende Desinvestition durchgeführt haben. Jahresabschlüsse und Reaktionen am Kapitalmarkt können in diesem Fall untersucht werden (*unternehmensübergreifender Vergleich*). Schließlich können andere vergleichbare Desinvestitionen anderer Unternehmen den jeweiligen Kriterien entsprechend als Kontrollgruppe betrachtet werden (*externes Benchmarking*).[545]

Weil bei der empirischen Untersuchung dieser Arbeit der Erfolg von Demarketing- und Desinvestitions-Maßnahmen aus Praktikabilitätsgründen von den befragten Unternehmen aus deren subjektiver Sicht beurteilt wurde, haben, wie schon ausgeführt,[546] die beschriebenen Erfolgskriterien für diese empirische Untersuchung keine unmittelbare Relevanz. Die Unternehmen wurden nicht explizit danach gefragt, welche Kriterien im Einzelnen in die wirtschaftliche Erfolgsbewertung einer Desinvestition eingeflossen sind. Detaillierte Fragen nach den genannten Bewertungskriterien hätten die Komplexität des Untersuchungsgegenstandes unnötig erhöht.

Ein wesentlicher Aspekt liegt in dieser Arbeit in der Beurteilung eines Desinvestitions-Erfolgs ohne Image- bzw. Reputationsverlust. Auch diese Bewertung wurde aus Praktikabilitätsgründen von den befragten Unternehmen selbst vorgenommen.[547]

Im nächsten Kapitel wird ein Modell zum Demarketing-Management konzipiert, welches durch eine empirische Untersuchung einer Überprüfung unterzogen werden soll und welches die Einflussfaktoren auf einen Desinvestitions-Erfolg aufzeigt.

---

[545] Vgl. Vogel (2002) S.276
[546] Vgl. die Ausführung zur Erfolgsbewertung in der empirischen Untersuchung dieser Arbeit in Abschnitt II 5.3 *Desinvestitions-Controlling* auf S.130
[547] Vgl. Abschnitt IV *Empirische Untersuchung* auf S.199ff

„Alles wissenschaftliche Arbeiten ist
nichts anderes, als immer neuen Stoff
in allgemeine Gesetze zu bringen. "[548]

III Konzeptualisierung eines Modells zum Demarketing-Management

Nachdem im vorausgegangenen Abschnitt die theoretischen Grundlagen vorgestellt wurden, soll nunmehr ein Modell zum Demarketing-Management erarbeitet werden, auf dessen Basis der Unternehmensführung eine Orientierungshilfe für den strategischen, systematischen Rückzug und für die Desinvestition auf der Geschäftsfeldebene gegeben werden kann. Weiterhin soll das dargestellte Modell eine Grundlage für die Entwicklung von Handlungsanleitungen bei der Gestaltung von Demarketing-Strategien und Desinvestitionen aufzeigen.

Um dieses Ziel zu erreichen, soll ein Modell zum Demarketing-Management mit einem Hypothesensystem erarbeitet und die theoretischen Konstrukte dargestellt werden.

Im ersten Abschnitt III 1 wird die Wahl der Methode zur Modellschätzung des Demarketing-Managements erörtert. Im darauf folgenden Abschnitt III 2 wird die Kausalanalyse auf der Grundlage von Strukturgleichungsmodellen dargestellt.

In Abschnitt III 3 wird das Modell zum Demarketing-Management auf der Grundlage von sachlogischen Überlegungen hergeleitet. Weiterhin werden das Modell und die Hypothesen des Demarketing-Managements sowie die theoretischen Konstrukte mit den Indikatoren vorgestellt.

Um die vermuteten Wirkungszusammenhänge einer empirischen Überprüfung zugänglich zu machen, müssen die Elemente des Modells in einem nächsten

---

[548] Wilhelm Freiherr von Humboldt (1767-1835)

Schritt operationalisiert werden. Eine Operationalisierung der theoretischen Konstrukte des Modells zum Demarketing-Management wird in Abschnitt III 4 beschrieben.

1. Wahl der Methode zur Modellschätzung

Das Modell soll sowohl konzeptionelle als auch analytische Ansätze für eine Marketing-Strategie und für eine Geschäftsfeld-Entwicklung von Unternehmen umfassen. Um die aufgestellte Forschungsfrage beantworten zu können, sind sowohl empirische Daten zu erheben als auch geeignete statistisch-mathematische Methoden anzuwenden.[549]

Ausgehend von den in Kapitel II vorgestellten Grundlagen stützt sich diese Untersuchung auf die Darstellung der theoretischen Konstrukte und auf das Aufzeigen kausaler Wirkungszusammenhänge von (nicht direkt) beobachtbaren Variablen. Weiterhin sollen die nicht beobachtbaren (latenten) Variablen empirisch messbar gemacht werden. Für eine Analyse von mehreren gleichzeitig zusammenwirkenden Variablen werden i. d. R. multivariate Verfahren angewendet.[550]

Die Ursachen-Wirkungs-Beziehungen werden in ein Modell überführt, um eine bedeutungsgleiche Abbildung der Realität zu erzeugen und um auf der Grundlage von Prämissen Schlussfolgerungen zu ziehen.[551] TÖPFER definiert Modelle folgendermaßen: *„Modelle lassen sich als eine reduzierte Form theoretischer Ursachen-Wirkungs-Zusammenhänge kennzeichnen, die formal-logisch aufgebaut sind oder deren Gültigkeit empirisch bestätigt sein kann.“*[552]

---

[549] Vgl. Ohlwein (1999) S.218
[550] Vgl. Fornell (1982) S.2
[551] Vgl. Stachowiak (1992) S.219
[552] Töpfer (2010) S.88

Zur Analyse von nicht beobachtbaren Variablen muss nach OHLWEIN ein Verfahren gewählt werden, das die folgenden Merkmale aufweist:[553]

- Untersuchung kausaler Zusammenhänge zwischen hypothetischen Konstrukten

- Darstellung von Beziehungen zwischen Variablen, um das hypothetische Konstrukt zu erklären

- Simultane Untersuchung der postulierten Wirkungszusammenhänge

- Beachtung von Messfehlern

Zur Überprüfung von Ursachen-Wirkungs-Beziehungen zwischen nicht beobachtbaren Variablen kommen alle statistisch-mathematischen Methoden in Betracht, die auf einer Regressionsanalyse aufbauen. Es ist ein strukturiertes Vorgehen erforderlich, um theoretische Konstrukte empirisch analysieren zu können, wobei eine Konzeptualisierungs- von einer Operationalisierungsphase zu unterscheiden ist.[554]

Für die statistische Analyse wird in dieser Arbeit im Wesentlichen auf die Kausalanalyse mithilfe von Strukturgleichungsmodellen mit latenten Variablen zurückgegriffen. Die Kausalanalyse ist eine Methode zur Untersuchung komplexer Dependenzstrukturen und findet in allen Bereichen des Marketings Anwendung. Multivariate Verfahren lassen auf der Grundlage von empirisch gemessenen Varianzen und Kovarianzen von Indikatorvariablen durch eine Parameterschätzung Rückschlüsse auf Abhängigkeitsbeziehungen zwischen (latenten) Variablen zu.[555]

---

[553] Vgl. Ohlwein (1999) S.220ff
  Vgl. zur detaillierten Herleitung der Anforderungskriterien für adäquate Analyseverfahren auch Peter (1997) S.128ff
[554] Vgl. Homburg & Giering (1996) S.5ff für eine ausführliche Darstellung der Konzeptualisierung und Operationalisierung komplexer Konstrukte.
[555] Vgl. Gujarati (2003) S.140ff für eine Übersicht von auf der Regressionsanalyse basierenden Methoden.
  Vgl. dazu auch Homburg et al. (2008) S.573f, Homburg (1989) S.2

2. Kausalanalysen auf der Grundlage von Strukturgleichungsmodellen

Mithilfe von statistischen Methoden werden Ursachen-Wirkungs-Zusammenhänge zwischen den beobachteten Variablen aufgezeigt. Verfahren zur Überprüfung komplexer Modellstrukturen sind in der Literatur unter dem Begriff Kausalanalyse zusammengefasst. Der Begriff wird bspw. für den LISREL-Ansatz (Linear Structural Relationships), die Strukturgleichungsmodellierung und die Kovarianz-Strukturanalyse verwendet. Auch in dieser Arbeit soll der im Sprachgebrauch verankerte Begriff beibehalten werden.[556]

HOMBURG und HILDEBRANDT beschreiben die Verfahren zur Überprüfung umfassender Modellstrukturen folgendermaßen: *„Ausgangspunkt kausalanalytischer Modelltests sind im allgemeinen die Varianzen und Kovarianzen experimenteller und nichtexperimenteller Daten, mit denen eine theoretische Struktur, formalisiert als lineares Gleichungssystem, getestet wird. (...) Charakteristisch für die Kausalanalyse ist, daß der methodische Ansatz es erlaubt, explizit zwischen beobachteten und theoretischen Variablen zu trennen (...).“*[557]

Die Kausalanalyse kann auf der Grundlage einer quantitativen Befragung zur numerischen Darstellung empirischer Sachverhalte durchgeführt werden und basiert auf dem allgemeinen linearen Modell, das auch der Ausgangspunkt für Regressionsanalysen ist. Während bei (multiplen) Regressionsanalysen[558] mehrere unabhängige Variable bzw. Indikatoren eine abhängige Variable erklären, werden bei Strukturgleichungsmodellen (SGM) komplexe Ursachen-Wirkungs-Beziehungen zwischen abhängigen, unabhängigen und latenten Variablen in einem Modell geprüft. Hierfür werden die Indikatoren der

---

[556] Vgl. Homburg & Pflesser (2000) S.635, Hansmann & Ringle (2003) S.70, Diller (2006) S.611ff, Backhaus et al. (2008) S.511ff, Töpfer (2007) S.822f, Herrmann et al. (2006) S.34ff, Hildebrandt & Homburg (1998) S.17
[557] Homburg & Hildebrandt (1998) S.17
[558] Vgl. zur Regressionsanalyse Skiera & Albers (2008) S.467ff, Handl (2002) S.219ff, Backhaus et al. (2008) S.51ff

hypothetischen Konstrukte zunächst mithilfe der Faktorenanalyse[559] zu einem Faktor verdichtet. Strukturgleichungsmodelle verknüpfen die Ansätze der Regressions- bzw. Pfadanalyse mit der Faktorenanalyse.[560]

Bei dieser Untersuchung stehen das Messen der theoretisch hergeleiteten Konstrukte und die Darstellung der Wirkungszusammenhänge untereinander im Vordergrund. Diese Vorgehensweise wird als *Operationalisierung* der theoretischen Konstrukte des Strukturmodells bezeichnet.[561] Eine Kausalanalyse dient dazu, Hypothesen statistisch zu überprüfen. Sie hat einen konfirmatorischen Charakter. Voraussetzung für eine Kausalanalyse mithilfe von Strukturgleichungsmodellen ist aber ein theoretisch bzw. sachlogisch fundiertes Hypothesensystem, welches zunächst in Struktur-gleichungen formal abgebildet und sodann mithilfe der Verfahren der Strukturgleichungsanalyse (SGA) empirisch geprüft wird.[562]

2.1. Grundlagen von Strukturgleichungsmodellen

Mithilfe von Strukturgleichungsmodellen bzw. *Structural Equation Modeling* (SEM) lassen sich multivariate empirische Datenanalysen erstellen. Anwendung findet die Strukturgleichungsmethodik bereits in verschiedenen Wissenschafts-bereichen, so in der Psychologie, in den Sozialwissenschaften, aber auch zunehmend im Marketing.[563] Strukturgleichungsmodelle dienen u. a. auch der Schätzung der Wirkungs-koeffizienten zwischen den betrachteten Variablen und der Schätzung von Messfehlern.[564] Das Strukturgleichungsmodell als statistisches Prüfverfahren verbindet unterschiedliche multivariate Analysetechniken. Die herausragende Bedeutung im Rahmen einer Kausalanalyse besteht darin, dass ein gleichzeitiges Betrachten von Beziehungsstrukturen zwischen manifesten (beobachtbaren) und

---

[559] Vgl. zur Faktorenanalyse Hüttner & Schwarting (2008) S.241ff, Handl (2002) S.248ff, Backhaus et al. (2008) S.323ff
[560] Vgl. Ohlwein (1999) S.221
[561] Vgl. Scholderer et al. (2006) S.640ff, Töpfer (2010) S.279f
[562] Vgl. Backhaus et al. (2008) S.338, Hildebrandt (1983), Weiber & Mühlhaus (2010) S.3
[563] Vgl. Bagozzi (1980), Eggert & Fassott (2003) S.1
[564] Vgl. Weiber & Mühlhaus (2010) S.6

latenten (nicht beobachtbaren) Variablen möglich ist. Die Strukturgleichungsmethodik kann daher auch als eine Kombination von regressions- und
faktoranalytischen Methoden bezeichnet werden.[565]

WEIBER und MÜHLHAUS definieren die Strukturgleichungsanalyse als struktur-
prüfendes statistisches Verfahren zur Untersuchung komplexer Beziehungsstrukturen zwischen latenten und / oder manifesten Variablen, das eine
quantitative Abschätzung der Wirkungszusammenhänge ermöglicht. Es ist das
Ziel der SGA, die Modellparameter der a priori formulierten Wirkungszusammenhänge so zu schätzen, dass die erhobenen Ausgangsdaten die
Variablen gut reproduzieren.[566]

In der vorliegenden Arbeit wird ein *Desinvestitions-Erfolg ohne Image- bzw.
Reputationsverlust* empirisch untersucht.[567] Zur statistischen Überprüfung der
abgefragten Daten ist eine Strukturgleichungsanalyse dafür als die Methode der
Wahl anzusehen, weil der Desinvestitions-Erfolg eine typische nicht direkt
messbare, latente Variable ist. Das Image muss ebenfalls als latente Variable
betrachtet werden,[568] es wird in dieser Arbeit aber aus Gründen der
Praktikabilität als eine bei den Unternehmen direkt abgefragte und messbare
Größe betrachtet. Die Problematik der latenten Variablen soll im Folgenden
erläutert werden.

Es wird eine kausale Abhängigkeit unterschieden zwischen zwei direkt
messbaren Größen, den *Faktoren*, sowie eine Abhängigkeit zwischen zwei
Größen, die sich einer direkten Messbarkeit entziehen. Diese werden als *latente
Faktoren* oder *Konstrukte* bezeichnet.[569] Zwei Beispiele sollen dies verdeutlichen:

---

[565] Vgl. Backhaus et al. (2008) S.338, Hildebrandt & Görz (1999) S.2, Hildebrandt (1996)
      S.1125ff, Ullmann (2001) S.653ff
[566] Vgl. Weiber & Mühlhaus (2010) S.17
[567] Vgl. Abschnitt IV *Empirische Untersuchung* auf S.199ff
[568] Vgl. Backhaus et al. (2008) S.340
[569] Vgl. Fahrmeir et al. (2010) S.11

1. Beispiel: Die Wohnfläche in m² beeinflusst die Nettokaltmiete einer Wohnung.

2. Beispiel: Die Einstellung zu einer Marke beeinflusst das Kaufverhalten.

In beiden Fällen handelt es sich um Hypothesen, die eine direkte Abhängigkeit zweier Größen formulieren. Im ersten Beispiel können die Größen direkt gemessen werden, im zweiten jedoch nicht unmittelbar: Es handelt es sich um latente Variable bzw. hypothetische Konstrukte, bei denen nicht unmittelbar entschieden werden kann, ob die aufgestellte Hypothese tatsächlich der Wirklichkeit entspricht.[570] Wie bereits erwähnt, werden in verschiedenen Wissenschaftsdisziplinen Untersuchungen mit derartigen latenten Variablen bzw. hypothetischen Konstrukten durchgeführt. Latente Variable sind z. B. *Einstellung, Motivation, Zufriedenheit, Kompetenz, Vertrauen, Sozialstatus, Aggression, Frustration, Image und Reputation.*[571]

Weil sich keine direkten empirischen Messwerte für diese latenten Variablen finden, muss eine Operationalisierung dergestalt erfolgen, dass andere Messindikatoren die latenten Variablen definieren. *Indikatoren* sind daher nach KROEBER-RIEL und WEINBERG *„unmittelbar messbare Sachverhalte, welche das Vorliegen der gemeinten, aber nicht direkt erfassbaren Phänomene [...] anzeigen“.*[572] Die Indikatoren stellen *„die empirische Repräsentation der nicht beobachtbaren latenten Variablen dar“.*[573]

Mit anderen Worten kann eine *theoretische Sprache* von einer *Beobachtungssprache* abgegrenzt werden. Das erste oben genannte Beispiel mit einer direkt messbaren unabhängigen (exogenen) Variablen und einer direkt messbaren abhängigen (endogenen) Variablen gehört zur Beobachtungssprache. Das zweite Beispiel mit einer nicht direkt messbaren abhängigen und unabhängigen Variablen ist der theoretischen Sprache zuzuordnen. Als Brücke zwischen

---

[570] Vgl. Backhaus et al. (2008) S.339
[571] Vgl. Weiber & Mühlhaus (2010) S.19
[572] Kroeber-Riel & Weinberg (2003) S.31
[573] Hodapp (1984) S.47

beiden sind *Korrespondenzhypothesen* zu nennen, die Aussagen von beobachtbaren und latenten Variablen enthalten. Mithilfe dieser Korrespondenzhypothesen können hypothetische Konstrukte operationalisiert werden. Es sind
jeweils ein Indikator oder mehrere Indikatoren erforderlich, um eine latente
Variable zu definieren.[574]

2.2. Aufbau und Notation von Strukturgleichungsmodellen

Auf der Basis von theoretischen und sachlogischen Vorüberlegungen sowie
empirischen Erkenntnissen kann ein Modell mit seinen Komponenten und
vermuteten Wirkungszusammenhängen zunächst in einem Pfaddiagramm
grafisch dargestellt werden. Durch diese Visualisierung kann die Problemstellung bei komplexen Modellstrukturen leicht erfasst, zugleich auch die
formale Gleichungsstruktur des Modells abgeleitet werden, die bei der Modellschätzung von Bedeutung ist.[575]

Strukturgleichungsmodelle setzen sich aus drei Elementen zusammen. Aus dem
Strukturmodell, das auch inneres Messmodell genannt wird, aus dem äußeren
Messmodell der latent exogenen Variablen und dem äußeren Messmodell der
latent endogenen Variablen. Diese drei Elemente werden im Folgenden mit ihrer
Notation erklärt.[576]
In dem Strukturmodell werden die hypothetischen Zusammenhänge zwischen
den latenten Variablen dargestellt. Die aufgestellten Hypothesen werden in
Form von kausalen Zusammenhängen, den Pfaden, gezeigt. Im Pfaddiagramm
werden diese Beziehungen durch Pfeile, die eine kausale Richtung angeben,
zwischen den Variablen grafisch abgebildet. Exogene latente Variable werden
nicht durch das Modell erklärt, sie werden mit dem griechischen Klein-
buchstaben ξ (klein Xi) gekennzeichnet. Endogenen latenten Variablen, die
durch das Modell erklärt werden, ist der Buchstabe η (klein Eta) zugeordnet.

---

[574] Vgl. Backhaus et al. (2008) S.340
[575] Vgl. Hildebrandt & Görz (1999) S.2
[576] Vgl. Backhaus et al. (2008) S.338ff

Das Messmodell erklärt die Beziehungen zwischen den beobachtbaren Indikatoren und den nicht beobachtbaren theoretischen Konstrukten. Es wird auch als äußeres Modell bezeichnet. Die Indikatoren der latent exogenen manifesten Messvariablen werden durch x_i darstellt, die Indikatoren der latent endogenen manifesten Messvariablen durch y_i.

In einem Strukturgleichungsmodell werden weitere Einflussfaktoren betrachtet, die durch Messfehler oder nicht erfasste weitere Variable entstehen können. Diese statistischen Störgrößen werden durch Residualvariable ausgedrückt. Die Residualvariablen der Messvariablen x werden mit δ (klein Delta), der Messvariablen y mit ε (klein Epsilon) und die Residualvariablen für latent endogene Variable mit ζ (klein Zeta) gekennzeichnet.[577]

Ein einfaches Beispiel für ein vollständiges Strukturgleichungsmodell mit der zugehörigen Notation ist in Abbildung 14 dargestellt.

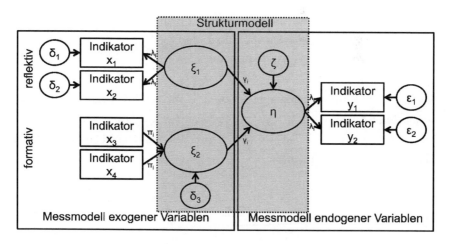

Abbildung 14: Beispiel eines Strukturgleichungsmodells[578]

---

[577] Vgl. Backhaus et al. (2008) S.338ff, Weiber & Mühlhaus (2010) S.33
[578] Darstellung in Anlehnung an Götz & Liehr-Gobbers (2004) S.718

Latente Variable bzw. hypothetische Konstrukte werden in dem Pfaddiagramm in Kreisen/Ellipsen dargestellt, direkt messbare Variable sind hingegen in Rechtecken eingefasst. Die Pfadkoeffizienten zwischen den latenten exogenen und endogenen Variablen werden durch γ (klein Gamma), die Faktorladungen der Indikatorvariablen im reflektiven Messmodell durch λ (klein Lamda) und im formativen Messmodell durch π (klein Pi) gekennzeichnet. In der Literatur hat sich diese Notation weitgehend durchgesetzt.[579]

Moderierende Variable

Zwischen exogenen und endogenen Variablen wird ein direkter Ursachen-Wirkungs-Zusammenhang unterstellt, wenn keine weiteren systematischen Einflüsse bestehen. Dies ist in komplexen Kausalstrukturen jedoch nicht immer gegeben. Eine ausführliche Betrachtung verschiedener Beziehungszusammen-hänge in der wirtschafts- und sozialwissenschaftlichen Forschung geben bspw. MACKINNON ET AL., HENSELER und FASSOTT sowie HENSELER und CHIN.[580]

Der Zusammenhang zwischen unabhängiger und abhängiger Variablen ist demnach nicht immer gleich stark, sondern kann von äußeren Größen, die in der Literatur als *Moderatoren* oder *moderierende Variable* bezeichnet werden, in Form und Stärke beeinflusst werden.[581]

BARON und KENNY formulieren diesen Sachverhalt folgendermaßen: *„In general terms, a moderator is a [...] variable that affects the direction and/or strength of the relation between an independent or predictor variable and a dependent or criterion variable."*[582]

Abbildung 15 zeigt schematisch den Einfluss einer moderierenden Variablen auf eine abhängige Variable.

---

[579] Vgl. Backhaus et al. (2008) S.339-348
[580] Vgl. MacKinnon et al. (2002) S.83ff, Henseler & Fassott (2010) S.713ff,
Henseler & Chin (2010)S.82ff
[581] Vgl. Sharma et al. (1981) S.291ff, Arnold (1982) S.143ff, Darrow & Kahl (1982) S.35ff
[582] Baron & Kenny (1986) S.1174

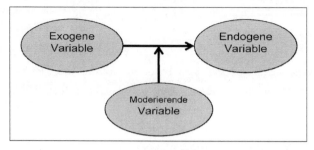

Abbildung 15: Einfluss einer moderierenden Variablen auf eine endogene Variable[583]

Die Bedeutung moderierender Variablen mit ihren Wirkungsbeziehungen wird in der Literatur eingehend thematisiert.[584] Bei der empirischen Untersuchung dieser Arbeit kann bspw. die Anwendung unterschiedlicher Demarketing-Maßnahmen eine Änderung des Einflusses auf die endogene Variable *Desinvestitions-Erfolg* bewirken.[585]

Konstrukte höherer Ordnung

In der empirischen wirtschaftswissenschaftlichen Forschung bekommen Konstrukte eine besondere Bedeutung, die aus mehreren verwandten latenten Variablen abgeleitet werden. Bei den *Konstrukten höherer Ordnung* handelt es sich um Konstrukte einer höheren Aggregationsstufe.[586] EDWARDS spricht dann von einem Konstrukt höherer Ordnung oder von einem mehrdimensionalen Konstrukt, „*when it refers to several distinct but related dimensions treated as a single theoretical concept*".[587] Das PLS-Verfahren erlaubt es, die Parameter von Modellen mit Konstrukten höherer Ordnung ohne Modifikationen zu bestimmen.[588]

---

[583] Darstellung in Anlehnung an Gerdin & Greve (2004) S.310
  Vgl. auch Jaccard & Turrisi (2003) für weitere Kausalbeziehungen zwischen latenten Konstrukten.
[584] Vgl. Chin et al. (2003) S.193, Eggert et al. (2005) S.102, Ernst (2001) S.180, Homburg & Giering (2001) S.47
[585] Vgl. dazu auch Abschnitt III 4.1 *Operationalisierung der Einflussgrößen* auf S.183ff
[586] Vgl. Homburg (2007) S.42, Albers & Götz (2006) S.669ff, Law et al. (1998) S.741ff
[587] Edwards (2001) S.144
[588] Vgl. Wold (1982) S.1ff

Wenn ein Konstrukt im Mittelpunkt der Untersuchung steht, wie in der vorliegenden Arbeit der *Erfolg* einer Demarketing- und Desinvestitions-Entscheidung, kann diese Größe durch unterschiedliche Facetten beleuchtet bzw. von mehreren Einflussgrößen bestimmt werden, bei denen es sich um latente Variable handelt. In dieser Arbeit sind das die latenten Variablen *Motiv*, *Barriere* und *Desinvestitions-Durchführung*.[589]

2.3. Formative und reflektive Messmodelle

Es werden *formative* und ein *reflektive* Messmodelle unterschieden, denen jeweils andere Kausalhypothesen zuzuordnen sind. Reflektive und formative Messmodelle folgen einem Regressionsansatz, der sich in Grundgleichungen formulieren lässt.[590]

Für reflektive Messmodelle gilt:

$$X_0 = X_T + (X_S + X_R)$$

Für formative Messmodelle gilt hingegen:

$$X_T = X_0 + (X_S + X_R)$$

mit: X_T = nicht beobachtbarer, wahrer Konstruktwert (True Value)

X_0 = beobachtbarer empirischer Messwert (Observed Value)

X_S = Systematischer Fehler (Systematic Error)

X_R = Zufallsfehler (Random Error)

Für das in Abbildung 14 dargestellte Strukturgleichungsmodell ergeben sich folgende Messgleichungen, wenn die Indikatoren und Residuen in Vektoren zusammengefasst werden:

Reflektives exogenes Messmodell: $x = \lambda \cdot \xi + \delta$

Formatives exogenes Messmodell: $\xi = \pi \cdot x + \delta$

Reflektives endogenes Messmodell: $y = \lambda \cdot \eta + \varepsilon$

---

[589] Vgl. Abschnitt III 3.2 *Modell des Demarketing-Managements* auf S.174f
[590] Vgl. Weiber & Mühlhaus (2010) S.202

Das hypothetische Konstrukt ist bei formativen Messmodellen die abhängige Variable einer Kausalbeziehung, bei reflektiven Messmodellen dagegen die unabhängige Variable. Es handelt sich um eine Umkehrung der Beziehungsrichtung, die zu unterschiedlichen Prüfinstrumenten führt. Mit anderen Worten laufen formative Indikatoren der latenten Variablen voraus und die Inhalte der gemessenen Indikatoren verursachen bei der latenten Variablen eine bestimmte Wirkung. Reflektive Indikatoren laufen der latenten Variablen hinterher, die latente Variable bewirkt ein Ergebnis bei den Indikatoren.[591]

Formative Modelle, die in der Literatur auch als *Index* bezeichnet werden, gehen auf CURTIS und JACKSON zurück.[592] Bei einem formativen Messmodell wird die Ausprägung einer latenten Variablen bestimmt durch die Ausprägung von vorab festgelegten und messbaren Indikatoren. Weil die Indikatoren bei einem formativen Messmodell die latente Variable inhaltlich bestimmt, kommt es bei einer Änderung der Indikatoren i. d. R. zu einem Validitätsverlust.[593] Indikatoren eines formativen Messmodells erfassen darüber hinaus verschiedene Facetten eines Konstrukts, um ein valides Ergebnis für die latente Variable aufzuzeigen.[594] Aus diesem Grund wird in der vorliegenden Arbeit einem formativen Messmodell der Vorzug gegeben. Dieses Messmodell wird mit einem regressionsanalytischen Ansatz untersucht.

Reflektive Messmodelle werden mit einer konfirmatorischen Faktorenanalyse geprüft. Die latente Variable wird in ihrer Höhe ebenfalls durch die Ausprägungen der zuvor festgelegten Indikatoren gemessen, jedoch verursacht die latente Variable die Ausprägung der Indikatoren.[595]

Bei jedem Messmodell ist vorab zu prüfen, welche Spezifikation vorliegt. DIAMANTOPOULOS und WINKELHOFER schreiben zu dieser Thematik: „*The choice between a formative and a reflective specification should primarily be*

---

[591] Vgl. Bollen & Lennox (1991) S.305f, Diamantopoulos (1999) S.445, Diamantopoulos & Winklhofer (2001) S.269
[592] Vgl. Curtis & Jackson (1962) S.195ff
[593] Vgl. Eberl (2004) S.7
[594] Vgl. Albers & Hildebrandt (2006) S.25
[595] Vgl. Weiber & Mühlhaus (2010) S.36f, Töpfer (2010) S.281ff

based on theoretical considerations regarding the causal priority between the indicators and the latent variable involved."[596]

Von JARVIS ET AL. wurde ein Fragenkatalog vorgeschlagen, anhand dessen der Forscher die Spezifikation eines Konstrukts bestimmen kann. Vier Fragen nach der *Kausalitätsrichtung* zwischen dem Konstrukt und den Indikatoren, der *Austauschbarkeit* von Indikatoren, der *Kovariation* von Indikatoren sowie nach dem *nomologischen Netz* (Beziehungsgeflecht zwischen (latenten) Konstrukten und beobachtbaren Variablen) sollen die richtige Wahl der Spezifikation unterstützen.[597]

Nach EBERL kann dieser Fragebogenkatalog auf die zwei Fragen nach der Kausalitätsrichtung und der Austauschbarkeit von Indikatoren eingegrenzt werden. HERMANN ET AL. gehen noch einen Schritt weiter und stellen nur die Frage nach der Kausalitätsrichtung als entscheidendes Merkmal heraus. Die Autoren stützen diese Vorgehensweise darauf, dass sich alle weiteren Fragestellungen aus dieser Frage ergeben. Wenn eine Veränderung des Konstrukts eine Veränderung der Indikatoren bewirkt, liegt ein reflektives Modell vor. Auf der anderen Seite handelt es sich um ein formatives Modell, wenn die Veränderung eines Indikators eine Veränderung des Konstrukts bewirkt.[598]

Bei einer unklaren Spezifikation der Messmodelle kommen neben der inhaltlichen Überprüfung auch statistische Verfahren zum Einsatz, die eine Spezifikation verifizieren können, wie bspw. der *Tetrad-Test*. In dieser Arbeit wird aufgrund fehlender Unklarheiten auf eine solche Überprüfung verzichtet.[599]

---

[596] Diamantopoulos & Winklhofer (2001) S.274
[597] Vgl. Jarvis et al. (2003) S.203
[598] Vgl. Eberl (2004) S.17, Herrmann et al. (2006) S.47
[599] Vgl. Binder & Eberl (2005), Eberl (2004) S.15ff, Eberl (2006) S.651ff,
　　　Bollen & Ting (2000) S.3ff
　　　Die Grundlage des *Tetrad-Tests* basiert darauf, dass bestimmte Produktdifferenzen der Kovarianzen der beobachteten Indikatorvariablen bei einer Gültigkeit des Messmodells gleich *null* sein müssen.

2.4. Modellschätzung und Softwareprogramme

Für die Erstellung und Berechnung von Strukturgleichungsmodellen haben sich einige Softwarepakete etabliert. LISREL (Linear Structural Relationships), AMOS (Analysis of Moment Structures), EQS (Equation Based Structural Program) und SMARTPLS sind als führende Programme zu nennen. AMOS ist eine Erweiterung für das Statistikprogramm SPSS und gilt als anwenderfreundlicher als das ältere Programm LISREL. Auch das freie Statistikprogramm *R* ermöglicht eine Analyse von Strukturgleichungsmodellen über das Erweiterungspaket SEM.[600]

Als Schätzmethode eines Kausalmodells sind die Kovarianzstrukturanalyse (Kovarianzanalytischer Ansatz) bzw. der *Linear Structural Relationships* – Ansatz (LISREL) und der Partial Least Square – Ansatz (PLS)[601] zu nennen. Die beiden Ansätze ermöglichen die Integration von Messfehlern in die Modellformulierung und stimmen auch in formaler Hinsicht mit dem Strukturmodell überein. Sie unterscheiden sich aber in den Schätzmethoden sowie in den anwendbaren Messmodellen für latente exogene Variable.[602]

2.4.1. Kovarianzanalytischer Ansatz

Eine Möglichkeit zur Schätzung des Gleichungssystems eines Strukturgleichungsmodells ist der *kovarianzanalytische Ansatz* (*Linear Structural Relationships* – LISREL-Ansatz), der von JÖRESKOG entwickelt wurde. Mithilfe der Kovarianzanalyse werden die Strukturen der beobachtbaren Variablen untersucht, die sich aus der Varianz-Kovarianz-Matrix ergeben. Die Beziehungen zwischen den nicht beobachtbaren latenten Variablen können durch manifeste Variable gemessen und untersucht werden.[603]

---

[600] Vgl. Kline (1998) S.343ff, Fox (2006) S.465ff, Ringle et al. (2005), SPSS-Inc. (2010), Temme et al. (2010) S.737ff, R-Project (2010)

[601] Vgl. Fornell (1989) S.166
FORNELL nennt diese Schätzmethode auch *Varianzstrukturanaylse*.

[602] Vgl. Rigdon (1998) S.252f, Völckner (2003) S.167

[603] Vgl. Jöreskog (1970) S.239, Jöreskog (1973) S.85ff, Bentler (1985), Jöreskog & Wold (1982) S.266

Für die Parameterschätzung können verschiedene Algorithmen benutzt werden. Der am häufigsten verwendete Algorithmus zur Parameterschätzung ist die *Maximum Likelihood Methode* (ML-Methode). Sie liefert verlässliche Gütemaße, ist konsistent und robust. Auf der anderen Seite geht diese Methode von einer multivariaten Normalverteilung der Daten aus, die insbesondere im Marketing nur gelegentlich vorliegt. MUELLER beschreibt eine detaillierte Vorgehensweise der Kovarianzanalyse mit den entsprechenden Formeln, auf deren Darstellung in dieser Arbeit verzichtet wird.[604]

Der kovarianzanalytische Ansatz ist in den heute verwendeten Computerprogrammen LISREL, EQS und AMOS enthalten. Mithilfe dieser Programme ist es möglich, auf der Basis einer konfirmatorischen Faktorenanalyse alle Parameter eines SGM unter Einbeziehung aller empirischen Informationen simultan zu schätzen.[605]

2.4.2. Varianzanalytischer Ansatz – PLS-Ansatz

Eine weitere Möglichkeit zur Schätzung des Gleichungssystems ist der *varianzanalytische Ansatz* (Partial Least Square – PLS-Ansatz), der von WOLD entwickelt wurde. Eine detaillierte Vorgehensweise des PLS-Ansatzes sowie das Verständnis im Kontext der Regressions- und Faktorenanalyse werden von WOLD, LOHMÖLLER, RINGLE ET AL. und HENSELER ET AL. beschrieben.[606]

Der PLS-Ansatz hat einen prognoseorientierten Charakter und optimiert die Vorhersage für die abhängigen Variablen. Es ist das Ziel, Schätzwerte für die latenten Variablen zu generieren, um darauf aufbauend die Beziehungen der latenten Variablen untereinander aufzuzeigen. In dem mehrstufigen Verfahren werden zunächst die latenten Variablen geschätzt und in einem zweiten Schritt die Pfadkoeffizienten und weitere Ergebnisse berechnet.[607]

---

[604] Vgl. Nevitt & Hancock (2001) S.353ff, Mueller (1996)
[605] Vgl. Weiber & Mühlhaus (2010) S.47, Arbuckle (2009)
[606] Vgl. Wold (1982) S.1ff, Lohmöller (1989), Ringle et al. (2006) S.81ff,
Henseler et al. (2009) S.277ff, Henseler (2005) S.70ff
[607] Vgl. Ringle et al. (2006) S.81ff

Ein besonderes Augenmerk erfuhr der PLS-Ansatz in der Forschung aufgrund der Beachtung formativer Indikatoren. Eine hohe Indikatoranzahl impliziert eine gute Parameterbestimmung, weshalb latente Variable möglichst viele Indikatoren besitzen sollten. Denn bei einer zu niedrigen Anzahl werden die Ladungen im Messmodell über- und die Pfade im Strukturmodell unterschätzt. LOHMÖLLER weist jedoch auf eine theoretisch bedingte Höchstanzahl für Indikatoren hin.[608]

Die geringen Anforderungen an die Stichprobengröße sind als Vorteil dieses Ansatzes zu sehen. MARCOULIDES und SAUNDERS raten jedoch davon ab, den PLS-Ansatz bei sehr kleinen Stichproben zu verwenden: *„PLS is not a silver bullet to be used with samples of any size!".*[609]

Ein weiterer Vorteil des PLS-Ansatzes besteht darin, dass aufgrund der *Kleinste-Quadrate-Schätzung* keine Verteilungsannahmen getroffen werden und die Daten nicht multivariat normalverteilt vorliegen müssen. Eine Schiefe der Stichprobe führt nicht zur falschen Parameterschätzung mit einer Software.[610]

LOHMÖLLER fügte den von WOLD erarbeiteten PLS-Ansatz in das Statistikprogramm LVPLS (*Latent Variables Path Analysis with Partial Least Squares Estimation*) ein. Als weitere Programme zur PLS-Schätzung sind z. B. VISUAL PLS, PLS-GRAPH und SMARTPLS zu nennen, mit denen formative Messmodelle relativ einfach erstellt werden können. Einen detaillierten Vergleich der gängigen Softwarepakete für den PLS-Ansatz beschreiben TEMME ET AL.[611]

---

[608] Vgl. Jöreskog & Wold (1982) S.263ff, Herrmann et al. (2006) S.41, Chin (1995) S.315f, Lohmöller (1989) S.213ff

[609] Marcoulides & Saunders (2006) S.VIII

[610] Vgl. Frohn (1995) S.31f, Bradtke (2003) S.114f: Die Methode der KLEINSTEN QUADRATE (KQ-Methode, englisch: *method of least squares*) ist eine statistische Analysemethode in der Regressionsanalyse. Das Ziel ist die Anpassung einer Kurve bzw. Funktion durch eine Datenpunktewolke. Die Summe der Residuen, die Abweichungsquadrate der Messwerte von den Werten der Funktion, sollen dabei für eine optimale Anpassung minimiert werden.

[611] Vgl. Weiber & Mühlhaus (2010) S.58, Lohmöller (1984) S.44ff, Lohmöller (1989), Temme et al. (2010) S.737ff, Temme & Kreis (2005) S.193ff

2.4.3. Kriterien zur Auswahl des Ansatzes

Die Entscheidung, welcher der beiden Ansätze im Einzelfall gewählt werden sollte, hängt ab von der Zielsetzung bzw. von den jeweiligen Möglichkeiten der Programme. Eine Wahl sollte nach sachlogischen Gesichtspunkten erfolgen. Kausalanalysen führen aber häufig schon deshalb zu fehlerhaften Ergebnissen, weil eine inadäquate Durchführung der Analyse vorausging. Für die Schätzung des Gleichungssystems mit einem kovarianzanalytischen Ansatz gibt es weitverbreitete statistische Softwareprogramme (LISREL, AMOS), die, obwohl sie ausschließlich reflektive Messmodelle rechnen, als Standard zur Bestimmung von Kausalmodellen betrachtet wurden. Für LISREL sind reflektive Messmodelle für die latente Variable nachgerade typisch. Werden diese Softwaresysteme nur wegen ihres Bekanntheitsgrades kritiklos auch für formative Kausalanalysen angewendet, die einem regressionsanalytischen Ansatz (PLS) zu folgen haben, sind die Ergebnisse der Schätzung unbrauchbar. LISREL- und PLS-Schätzwerte sind nicht, allenfalls nur bedingt vergleichbar.[612]

Andererseits kommt es bei PLS-Schätzungen in einem reflektiven Messmodell zu Fehlerquellen. So werden z. B. die Faktorladungen i. d. R. überschätzt. Ein PLS-Ansatz ist stets dann zu wählen, wenn ein komplexes Modell eine hohe Anzahl von Messvariablen aufweist, wenn nur kleine Stichproben vorhanden sind und wenn Prognosen getroffen werden sollen.[613]

Mit dem PLS-Ansatz (varianzanalytisch) können formative Messmodelle direkt geschätzt werden. Bei dem LISREL / AMOS-Ansatz (kovarianzanalytisch) ist dies zunächst nicht möglich. Eine Einschätzung kann in diesen Fällen aber dann erfolgen, wenn ein MIMIC-Modell (*multiple indicators multiple causes*) gewählt wird. Neben formativen Referenzindikatoren in einem Messmodell empfehlen MACKENNZIE ET AL. auch immer reflektive Referenzindikatoren zu verwenden.[614]

---

[612] Vgl. Diamantopoulos & Winklhofer (2001) S.274, Weiber & Mühlhaus (2010) S.68
[613] Vgl. Scholderer & Balderjahn (2006) S.57ff, Weiber & Mühlhaus (2010) S.69
[614] Vgl. Weiber & Mühlhaus (2010) S.204, MacKenzie et al. (2005) S.710ff

Tabelle 10 vergleicht die Verfahren der Strukturgleichungsanalyse und zeigt eine Auswahl von Kriterien zur Entscheidung für die Kovarianz- oder Varianzanalyse in einer Übersicht.[615]

Kovarianzanalyse (LISREL, AMOS)	Varianzanalyse (SmartPLS)
Prinzipiell nur reflektive Indikatoren. Im Rahmen der MIMIC-Modellierung sind auch formative Indikatoren möglich.	Überwiegend formative Indikatoren
Große Stichprobe	Kleine Stichprobe
Annahme normalverteilter Daten	Keine Verteilungsannahme
Konfirmatorische Datenanalyse mit der Aussage von Gütewerten	Explorative Datenanalyse mit der Aussage von Prognosewerten
Gleichzeitige Schätzung der Modellparameter durch Optimierung globaler Kriterien	Lokale Schätzung und Minimierung von Residualvarianzen unter der Beachtung der Gesamtinformationen

Tabelle 10: Kriterien zur Auswahl des Ansatzes: Kovarianz- vs. Varianzanalyse[616]

2.4.4. Auswirkungen fehlerhafter Spezifikation

Eine fehlerhafte Spezifikation des Modells kann zu massiven inhaltlichen Problemen führen. Es lassen sich zwei Arten von Fehlspezifikationen unterscheiden: eine irrtümlich reflektive und eine irrtümlich formative Spezifikation der Konstrukte. So konnten EGGERT und FASSOT zeigen, dass irrtümlich mehrheitlich eine reflektive Spezifikation vorliegt. JARVIS ET AL. kommen zu dem Ergebnis, dass von ihnen nachuntersuchte Konstrukte etwa zu 28 % fälschlicherweise als reflektiv bestimmt worden waren. Untersuchungen von

---

[615] Vgl. für einen detaillierten Methodenvergleich zwischen PLS und Kovarianzstruktur-analyse (LISREL) auch: Bliemel et al. (2005) S.11, Chin & Newsted (1999) S.314, Fornell (1987) S.413

[616] Darstellung in Anlehnung an Weiber & Mühlhaus (2010) S.66

EBERL konnten diese hohe Zahl fehlerhaft als reflektiv betrachtete Konstrukte bestätigen.[617]

Die Auswirkungen irrtümlich reflektiver bzw. formativer Spezifikationen sollen im Folgenden dargestellt werden.

- **Irrtümlich reflektive Spezifikation der Konstrukte**

  Wenn formative Indikatoren, welche nicht hoch korrelieren, irrtümlich als reflektiv betrachtet werden, führt das für diese Indikatoren zu einem Ausschluss aus dem Konstrukt. Dadurch würden aber wichtige, nicht korrelierende Facetten, die in Wirklichkeit formativ zu handhaben wären, nicht berücksichtigt. Wichtige Teilaspekte gingen verloren, die Validität des gesamten Konstrukts wäre infrage gestellt. BOLLEN und LENNOX schreiben dazu: *„Omitting an indicator is omitting a part of the construct."*[618]

  Zu Unrecht entfernte Indikatoren wirken sich wegen der geforderten hohen Korrelation des vermeintlich reflektiven Modells bei der Skalenbereinigung aus. Die nicht entfernten Indikatoren erfüllen möglicherweise alle Gütekriterien, sie sagen aber nichts über das eigentliche Konstrukt aus. Das Ergebnis ist allenfalls für unvalide Teilaspekte des Konstrukts von Bedeutung. Nach allem ist es wahrscheinlich, dass ein Strukturgleichungsmodell auf der Basis der (noch) verbleibenden Indikatoren nicht bestätigt werden kann.[619]

- **Irrtümlich formative Spezifikation der Konstrukte**

  Der umgekehrte Fall ist zu beobachten, wenn irrtümlich eine formative Spezifikation eines Konstrukts erfolgt. Indikatoren, die nicht hoch korrelieren, werden nun nicht aus dem Konstrukt entfernt, sondern beibehalten. Ein für reflektive Indikatoren wichtiges Gütemaß wird vernachlässigt. Wenn unreliable Indikatoren irrtümlich erhalten bleiben, wird demzufolge auch die interne Konsistenz des resultierenden Messmodells geringer

---

[617] Vgl. Eggert & Fassott (2003) S.9ff, Jarvis et al. (2003) S.206, Eberl (2004) S.23
[618] Bollen & Lennox (1991) S.308
    Vgl. auch Eberl & von Mitschke-Collande (2006) S.13
[619] Vgl. Jarvis et al. (2003) S.216

sein. Es kommt zu einer Übermessung, weil mehr Parameter zu schätzen sind. Von einer gewünschten *Parametersparsamkeit* kann dann keine Rede mehr sein. Auch wenn das Strukturmodell grundsätzlich richtig ist, könnte im äußersten Fall ein Hypothesensystem aufgrund unzureichender Messmodelle verworfen werden.[620]

Eine weitere Auswirkung einer irrtümlich formativen Spezifikation ergibt sich bereits bei der Auswahl des Strukturgleichungsverfahrens. Es kommt zu einem Identifizierbarkeitsproblem bzw. zu einer Implikation von Null-kovarianzen. Im Ergebnis sind die Parameterschätzungen verzerrt, eine Strukturhypothese kann über die Beziehung der Konstrukte untereinander fälschlicherweise abgelehnt oder beibehalten werden.[621]

EBERL weist darauf hin, dass bislang kaum Ergebnisse darüber vorliegen, welche Konsequenzen mit einer falschen Auswahl eines Strukturgleichungs-verfahrens hinsichtlich der Bestätigung von Hypothesen verbunden sind.[622]

Es gilt daher aus den o. g. Gründen, eine Fehlspezifikation zu vermeiden und im Vorfeld der Untersuchung die richtige Art der Spezifikation zu bestimmen. In dem dieser Arbeit zugrunde liegenden Strukturgleichungsmodell handelt es sich nur um formative Indikatoren. Aus diesem Grund kommt der PLS-Ansatz zur Anwendung.[623]

2.5. Ablauf der Kausalanalyse

Die allgemeinen Ablaufschritte der Kausalanalyse sollen im Folgenden in einer Übersicht dargestellt werden. Abbildung 16 zeigt die sechs erforderlichen Schritte.

---

[620] Vgl. Eberl & von Mitschke-Collande (2006) S.11f
[621] Vgl. Jarvis et al. (2003) S.210ff
[622] Vgl. Eberl & von Mitschke-Collande (2006) S.12
[623] Vgl. Abschnitt III 2.4.2 *Varianzanalytischer Ansatz – PLS-Ansatz* auf S.152ff

Ablauf einer Kausalanalyse	
1. Schritt:	Hypothesenbildung
2. Schritt:	Modellspezifikation und Erstellung des Pfaddiagramms
3. Schritt:	Identifikation der Modellstruktur
4. Schritt:	Schätzung der Parameter
5. Schritt:	Beurteilung der Schätzergebnisse
6. Schritt:	Modifikation des Modells

Abbildung 16: Allgemeiner Ablauf einer Kausalanaylse[624]

Zunächst wird auf der Grundlage von theoretisch bzw. sachlogisch fundierten Überlegungen in einem **ersten Schritt** ein Hypothesensystem für die Kausalanalyse erstellt. Das Hypothesensystem beinhaltet die Variablen des Strukturgleichungsmodells und es zeigt, in welcher Beziehung diese zueinander stehen.

Im **zweiten Schritt** wird ein Pfaddiagramm zur Visualisierung des theoretisch und / oder sachlogisch aufgestellten Hypothesensystems erstellt, welches bereits in Abschnitt III 2.2 beschrieben wurde.[625] Softwareprogramme, wie bspw. das Programmpaket AMOS oder SMARTPLS, unterstützen die Abbildung der Modellstruktur in Form einer Zeichnung in einem Pfaddiagramm. Die komplexen Ursachen-Wirkungs-Zusammenhänge werden grafisch verdeutlicht und es bedarf keiner vorherigen Abbildung in einem mathematischen Gleichungssystem. Vermutete Kausalbeziehungen zwischen den latenten Variablen werden nunmehr durch Pfeile verdeutlicht. Von exogenen Variablen gehen immer nur Pfeile aus, auf die endogenen Variablen muss mindestens jeweils eine Pfeilspitze zeigen.[626]

---

[624] Darstellung in Anlehnung an Backhaus et al. (2008) S.357
[625] Vgl. Abschnitt III 2.2 *Aufbau und Notation von Strukturgleichungsmodellen* auf S.144
[626] Vgl. Weiber & Mühlhaus (2010) S.33f

Die Modellstruktur wird im **dritten Schritt** identifiziert, d. h., es wird überprüft, ob das Gleichungssystem lösbar ist. Hierfür kontrolliert AMOS bzw. SMARTPLS, ob die Informationen aus den empirischen Daten ausreichen, um die unbekannten Parameter des Modells zu bestimmen.

Im **vierten Schritt** werden die Modellparameter des Strukturgleichungsmodells geschätzt. Dem Anwender werden z. B. von AMOS mehrere Schätzmethoden zur Verfügung gestellt, die von unterschiedlichen Annahmen ausgehen. Es werden ein *kovarianzanalytischer* und ein *varianzanalytischer Ansatz* (PLS-Ansatz) unterschieden. Beide Ansätze sind geeignet, die zuvor vorgestellten Messmodelle zu modellieren und sie auch gemeinsam in einem Kausalmodell zu überprüfen.[627]

Die Ergebnisse dieser Parameterschätzung werden im **fünften Schritt** insoweit beurteilt, wie gut die empirischen Daten zu der Modellstruktur passen. AMOS kann die Modellstruktur als Ganzes, aber auch nur eine Teilstruktur prüfen. Die Gütemaße zur Beurteilung der Ergebnisse für die Kovarianzstrukturanalyse und den PLS-Ansatz werden in Abschnitt III 2.6 beschrieben.[628]

Im **sechsten Schritt** wird ggf. die Modellstruktur modifiziert. Aus den im vorherigen Schritt gewonnenen Ergebnissen der Parameterschätzung können Anhaltspunkte für eine Verbesserung der Modellstruktur abgelesen werden. Eine neue bzw. modifizierte Modellstruktur bedeutet aber auch eine Veränderung der Hypothesen, wodurch die Analyse von einem konfirmatorischen zu einem explorativen Datenanalyseinstrument wird. Denn die modifizierten Hypothesen sind das Ergebnis der empirischen Untersuchung und nicht Grundlage von vorherigen theoretischen Überlegungen.[629]

Wenn bereits ein sachlogisch und / oder theoretisch fundiertes Hypothesensystem vorhanden ist, ergeben sich vor dem Hintergrund der in Abschnitt III 2.4

---

[627] Vgl. Weiber & Mühlhaus (2010) S.37
[628] Vgl. Abschnitt III 2.6 *Gütekriterien zur Beurteilung des Modells* auf S.160ff
[629] Vgl. Backhaus et al. (2008) S.356

vorgestellten Schätzmethoden der Kovarianzstrukturanalyse und des PLS-Ansatzes folgende in Abbildung 17 dargestellten Ablaufschritte der Strukturgleichungsanalyse.

Ablauf einer Strukturgleichungsanalyse	
1. Schritt:	Klassifizierung aller Variablen des Modells
2. Schritt:	Erstellung eines Strukturmodells, d. h. Formulierung von Hypothesen für jede endogene Variable
3. Schritt:	Formulierung von Messmodellen für jede latente Variable
4. Schritt:	Erstellung eines Pfaddiagramms
5. Schritt:	Erstellung eines linearen Gleichungssystems aus dem Pfaddiagramm
6. Schritt:	Schätzung des linearen Gleichungssystems:
6.1)	Kovarianzanalytischer Ansatz (LISREL, AMOS)
6.2)	PLS-Ansatz (SMARTPLS)

Abbildung 17: Ablauf der SGA bei bestehendem Hypothesensystem[630]

2.6. Gütekriterien zur Beurteilung des Modells

Eine zentrale Bedeutung für die Kausalanalyse hat die Beurteilung des Modells. Sie erfolgt in einem mehrstufigen Prozess, in dem zunächst die Güte der formativen bzw. reflektiven Messmodelle geprüft wird. In einem weiteren Schritt soll herausgefunden werden, inwiefern das Modell zur Prognose geeignet ist.[631]

2.6.1. Gütemaße für die Kovarianzstrukturanalyse

Die Kovarianzstrukturanalyse ist ein statistisches Verfahren mit einem hohen Komplexitätsgrad. Zahlreiche Restriktionen, die eine Abbildung bzw. Über-

---

[630] Darstellung in Anlehnung an Weiber & Mühlhaus (2010) S.32
[631] Vgl. Diamantopoulos & Siguaw (2000) S.82ff, Götz & Liehr-Gobbers (2004) S.727ff

prüfung realer Phänomene schwierig, teilweise sogar unmöglich machen, sind zu beachten. Eine genaue, verfahrensspezifische Prüfung ist daher zwingend erforderlich, um nicht a priori zu falschen Aussagen zu kommen. Daher ist eine genaue Modellbeurteilung von großer Bedeutung. Kriterien dafür sind die Konzepte der *Reliabilität* und der *Validität*.[632]

Es werden *lokale* und *globale* Gütemaße zur Überprüfung der Anpassungsgüte unterschieden. Einerseits die Anpassungsgüte von einzelnen Teilstrukturen des Modells (lokal) sowie andererseits der Vergleich zwischen der empirischen Kovarianzmatrix und der vom Modell reproduzierten Kovarianzmatrix (global). Zu den partiellen (lokalen) Gütemaßen zählen die Indikatorreliabilität, die Faktorreliabilität, die durchschnittlich erfasste Varianz eines Faktors, ein Signifikanztest der Faktorladungen sowie das s. g. FORNELL-LARCKER-Kriterium. Globale Gütekriterien sind der *Goodness of Fit Index* und der *Adjusted Goodness of Fit Index*.[633]

Für eine Kovarianzstrukturanalyse ist im Gegensatz zum PLS-Ansatz eine große Anzahl von empirischen Daten erforderlich, um gültige Aussagen treffen zu können. Stichproben von n = 200 und mehr werden gefordert. Wenn aber eine doppelt so große Fallzahl zur Verfügung steht, ist es sogar möglich, abschließend eine Kreuzvalidierung vorzunehmen.[634]

2.6.2. Gütemaße für die Varianzstrukturanaylse – PLS-Ansatz

Die Beurteilung des Modells hat auch bei der Kausalanalyse mit dem PLS-Verfahren eine zentrale Bedeutung. Mit dem Algorithmus sollen Schätzwerte für die nicht beobachtbaren latenten Variablen generiert werden, um Aussagen über die Beziehung der latenten Variablen zu ihren Indikatoren bzw. untereinander machen zu können. Im Gegensatz zur Kovarianzstrukturanalyse ist die Anzahl der Gütemaße jedoch erheblich geringer, was auf das Fehlen einer statistischen

[632] Vgl. Riekeberg (2002) S.942, Diamantopoulos & Siguaw (2000) S.82ff,
        Schumaker & Lomax (1996) S.S.119ff, Völckner (2003) S.171
[633] Vgl. Völckner (2003) S.179ff, Ringle (2004) S.15f, Hansmann & Ringle (2003) S.72
[634] Vgl. Bagozzi & Yi (1994) S.19, Balderjahn (1998) S.371ff

Verteilungsannahme zurückzuführen ist. Die Beurteilung der Schätzergebnisse erfolgt nicht durch ein *globales* Kriterium, sondern durch eine gemeinsame Betrachtung aller verfügbaren Einzelkriterien.[635]

Die im vorherigen Abschnitt III 2.6.1 vorgestellten Gütemaße der Kovarianzstrukturanalyse können beim PLS-Ansatz mit formativen Messmodellen nicht in derselben Weise angewendet werden. Da sich die traditionellen und parametrisch ausgerichteten Signifikanztests nicht für die Gütemessung der PLS-Methode eignen, schlägt WOLD eine Verwendung von Tests vor, die für eine fehlende Verteilungsannahme geeignet sind.[636]

Das Bestimmtheitsmaß latenter endogener Variablen, der STONE-GEISSER-Test zur Bestimmung der Schätzrelevanz und die faktoranalytische Bestimmung der durchschnittlich erfassten Varianz (DEV), sind beispielhaft zu nennen. Das *Bootstrapping* als Weiterentwicklung des *Jackknifing* ist ein Verfahren, um die Stabilität der Schätzung und eine systematische Veränderung der empirischen Daten aufzuzeigen.

Beim Bootstrapping werden Mittelwerte und Standardfehler für die Indikatorgewichte ermittelt und deren Konfidenzintervalle mithilfe eines t-Tests auf Signifikanz geprüft. Hierfür werden Subsamples geschätzt, die aus den Originaldaten durch *Ziehen mit Zurücklegen* generiert wurden.[637]

In den folgenden Abschnitten werden die Gütekriterien reflektiver und formativer Messmodelle sowie die Gütekriterien des Strukturmodells für den PLS-Ansatz erörtert. Die Problematik der Multikollinearität wird abschließend in Abschnitt III 2.6.2.4 thematisiert.

---

[635] Vgl. Herrmann et al. (2006) S.59, Ringle (2004) S.23
[636] Vgl. Diamantopoulos (1999) S.453f, Wold (1982) S.1ff, Chin & Newsted (1999) S.328
[637] Vgl. Fornell & Larcker (1981) S.39ff, Gefen et al. (2000) S.42ff, Lohmöller (1989) S.49ff, Stone (1974) S.111ff, Geisser (1974) S.101ff, Backhaus et al. (2008) S.41f, Ringle & Spreen (2007) S.213

2.6.2.1. Gütekriterien reflektiver Messmodelle

Bei reflektiven Messmodellen werden die Inhaltsvalidität, Indikatorreliabilität, Konstruktreliabilität und die Diskriminanzvalidität geprüft. Ohne den Anspruch auf Vollständigkeit ist in Tabelle 11 eine Übersicht über die Gütebeurteilung reflektiver Messmodelle wiedergegeben.[638]

Gütebeurteilung reflektiver Messmodelle		
Art der Güte	**Gütemaß**	**Anspruchsniveau**
Inhaltsvalidität	Explorative Faktorenanalyse	Indikatoren laden auf einen Faktor
Indikatorreliabilität	Signifikanz und Höhe der Faktorladungen λ	$\lambda > 0{,}7$ akzeptabel $\lambda < 0{,}4$ eliminieren Signifikanzniveau $\alpha < 5\,\%$
Konstruktreliabilität	Interne Konsistenz (IK)	IK $> 0{,}5$ IK $> 0{,}7$ ist akzeptabel
Diskriminanzvalidität	durchschnittlich erfasste Varianz (DEV) FORNELL-LARCKER-Kriterium	DEV $> 0{,}5$ DEV $>$ quadrierte Korrelation der latenten Variablen mit einer anderen latenten Variablen im Modell

Tabelle 11: Beurteilung der Güte reflektiver Messmodelle[639]

Es liegt eine hohe Inhaltsvalidität vor, wenn die Indikatoren des reflektiven Messmodells *„dem inhaltlich-semantischen Bereich des Konstruktes angehören"* und folglich die Bedeutungsinhalte korrekt modelliert wurden.[640] Zur Untersuchung der zugrunde liegenden Faktorenstruktur wird die explorative Faktorenanalyse als eine geeignete Methode gewählt.[641]

Die Indikatorreliabilität zeigt den Anteil der Varianz eines Indikators auf, durch den die latente Variable erklärt wird. Als Richtwerte gelten in diesem Fall, dass mindestens 50 % der Varianz eines Indikators auf die latente Variable

---

[638] Vgl. Krafft et al. (2005) S.73ff, Homburg & Giering (1996) S.5ff
[639] Darstellung in Anlehnung an Krafft et al. (2005) S.75
[640] Homburg & Giering (1996) S.7
    Vgl. auch Bohrnstedt (1970) S.92
[641] Vgl. Krafft et al. (2005) S.73, Vinzi et al. (2003) S.5f

zurückzuführen sein sollten und dass eine Faktorladung von mehr als 0,7 als akzeptabel angesehen wird.[642]

Die Konstruktreliabilität ist eine *lokale* Gütebeurteilung auf der Konstruktebene, die mithilfe der *Internen Konsistenz* (IK) gemessen wird und verlangt, dass die Indikatoren desselben Konstrukts untereinander eine starke Beziehung aufweisen. Im Gegenzug sollen folglich Indikatoren mit geringer Korrelation eliminiert werden. Die IK nimmt Werte zwischen *null* und *eins* an, ein Wert von >0,7 wird allgemein in der Literatur als „*akzeptabel"* angesehen.[643]

Weiterhin dient die Diskriminanzvalidität, die das Verhältnis der durch das Konstrukt erklärten Gesamtvarianz und dem Varianzanteil des Messfehlers wiedergibt, mit der *durchschnittlich erfassten Varianz* (DEV) als konstruktbezogenes Gütemaß. Die DEV kann Werte zwischen *null* und *eins* annehmen, wobei Werte von >0,5 verlangt werden und eine hohe Güte mit einer starken Annäherung an den Wert *eins* einhergeht. Der Erklärungsgehalt der Varianz des Faktors muss folglich größer sein als der Varianzanteil des Messfehlers.[644]

2.6.2.2.   Gütekriterien formativer Messmodelle

Die bereits in Abschnitt III 2.3 diskutierte Kausalitätsumkehr zwischen reflektiven und formativen Messmodellen verlangt auch eine Unterscheidung bezüglich der Interpretation des Messmodells. Weiterhin können die Gütemaße reflektiver Modelle nicht analog auf formative Modelle übertragen werden, weil die aufgeführten Gütemaße zur Beurteilung der Reliabilität und Validität Annahmen unterliegen, die für formative Konstrukte ungültig sind. Eine Reliabilitätsprüfung ist bspw. nicht hilfreich, weil die Indikatoren des Modells gerade nicht korreliert oder intern konsistent sein müssen.[645]

---

[642] Vgl. Krafft et al. (2005) S.73, Carmines & Zeller (1979) S.27
[643] Vgl. Krafft et al. (2005) S.74, Fornell & Larcker (1981) S.45, Eggert & Fassott (2003) S.5, Nunnally (1978) S.245
Vgl. auch Bagozzi & Yi (1988) S.82: Die Autoren benennen einen Wert von > 0,6 als ausreichend.
[644] Vgl. Krafft et al. (2005) S.74, Fornell & Larcker (1981) S.45f, Homburg & Baumgartner (1995) S.170, Backhaus et al. (2008) S.377
[645] Vgl. Diamantopoulos (1999) S.453f, Diamantopoulos & Winklhofer (2001) S.271, Chin (1998) S.306, Bollen & Lennox (1991) S.8

Zunächst ist die inhaltliche Spezifikation der Indikatoren für formative Messmodelle von besonderer Relevanz, d. h., es müssen alle Indikatoren erfasst werden, die einen potenziellen Einfluss auf das Konstrukt haben. Im Vordergrund für eine Gütebeurteilung formativer Messmodelle stehen multiple Regressionskoeffizienten zwischen latenten Konstrukten und den Indikatoren sowie deren Plausibilität.[646]

Tabelle 12 zeigt eine Übersicht über die Gütebeurteilung formativer Messmodelle.

Gütebeurteilung formativer Messmodelle		
Art der Güte	**Gütemaß**	**Anspruchsniveau**
Inhalts- bzw. Expertenvalidität	Experteninterview Übereinstimmung zwischen beabsichtigter und beobachteter Indikatorzuordung	p_{sa}-Index nahe 1 c_{sv}-Index nahe 1 ohne Schwellenwert
Indikatorrelevanz bzw. Indikatorkollinearität	Gewichtung (nicht Ladungen)	Interpretation der Gewichte ohne Schwellenwert. Eliminierung bei Multikollinearität.
Multikollinearität	Korrelationsmatrix der Indikatoren	Korrelationskoeffizienten <0,9 zeigen die Eliminierung eines Indikators auf
Externe bzw. nomologische Validität	Überprüfung der Signifikanz bzw. Stärke vermuteter Wirkungszusammenhänge	Pfadkoeffizienten ohne Schwellenwert

Tabelle 12: Beurteilung der Güte formativer Messmodelle[647]

Die Inhalts- bzw. Expertenvalidität erfolgt im Rahmen der Überprüfung formativer Messmodelle mithilfe eines Pre-Tests an Testpersonen (z. B. Experten), die zufällig angeordnete Indikatoren einzelnen Konstrukten zuordnen. Für die Beurteilung der Eindeutigkeit dieser Zuordnung werden von

---

[646] Vgl. Diamantopoulos & Winklhofer (2001) S.271, Krafft et al. (2005) S.76
[647] Darstellung in Anlehnung an Krafft et al. (2005) S.82

ANDERSON und GERBING zwei Indizes vorgeschlagen: der p_{sa}-Index und der c_{sv}-Index.[648]

Der p_{sa}-Index nimmt Werte zwischen *null* und *eins* an und gibt die Eindeutigkeit und Übereinstimmung der a priori beabsichtigten und der tatsächlichen Zuordnung eines Indikators zu einem Konstrukt wieder. Werte nahe *eins* zeigen eine hohe Übereinstimmung. Der c_{sv}-Index gibt die inhaltliche Relevanz an und berechnet sich aus der Differenz zwischen der Anzahl *richtiger* und der am häufigsten *falsch* genannten Zuordnungen im Verhältnis zu der Anzahl der befragten Personen. Der c_{sv} nimmt Werte zwischen *minus eins* und *plus eins* an, wobei hohe Werte nahe *plus eins* auf eine positive Relevanz hinweisen. Werte nahe *minus eins* deuten jedoch auf eine hohe inhaltliche Relevanz zu einem anderen als dem in der Theorie auserwählten Konstrukt hin.[649]

Durch die Indikatorrelevanz bzw. Indikatorkollinearität wird der gewichtete Anteil aller Indikatoren zur Konstruktbildung überprüft und bestimmt, welche Indikatoren das Konstrukt nachhaltig bilden. Die Indikatoren können keine positiven wie auch keine negativen Korrelationen aufweisen und sind nicht als Faktorladungen zu interpretieren. Werte nahe *minus eins* bzw. *plus eins* deuten auf eine starke Beziehung und auf eine hohe Relevanz des Indikators hin. Werte nahe *null* zeigen dagegen eine schwache Beziehung und eine geringe Relevanz an. Gewichte, die < -0,2 und > 0,2 sind, werden als *bedeutsam* angesehen. LOHMÖLLER nennt dagegen äußere Gewichte < -0,1 und > 0,1 als relevant.[650]

Relativ gering ausfallende Absolutwerte der Gewichtung eines formativen Konstrukts sollten nicht fehlinterpretiert werden. Unerwartete Vorzeichen der äußeren Gewichte können jedoch Probleme im Datensatz aufzeigen und die Interpretation erschweren. BIDO erklärt die Problematik der nicht signifikanten und negativen äußeren Gewichte durch das Vorliegen von Multikollinearität.[651]

---

[648] Vgl. Anderson & Gerbing (1991) S.734
[649] Vgl. Krafft et al. (2005) S.76f, Anderson & Gerbing (1991) S.734
[650] Vgl. Chin (1998) S.307, Bollen & Lennox (1991) S.308, Jarvis et al. (2003) S.202,
  Nitzl (2010) S.34, Lohmöller (1989) S.60f
[651] Vgl. Ringle & Spreen (2007) S.213, Vinzi et al. (2003) S.165, Bido (2009)
  Vgl. dazu auch Abschnitt III 2.6.2.4 *Multikollinearität* auf S.170

Für eine Reduktion von formativen Items sind statistische, insbesondere aber inhaltliche Aspekte zu beachten. Die Indikatoren wurden auf der Basis von theoretisch fundierten Vorüberlegungen gewählt, eine Eliminierung könnte daher trotz eines geringen Gewichts im Messmodell zu einer Verfälschung des Konstruktinhaltes führen. Nach ROSSITER sind die theoretischen Vorüberlegungen wichtiger, d. h., die Inhaltsvalidität sollte als die entscheidende Größe angesehen werden.[652]

Die externe bzw. nomologische Validität wird von REINARTZ ET AL. für die Bewertung formativer Messmodelle vorgeschlagen. Da mithilfe formativer Indikatoren eine fehlerfreie Bestimmung eines Konstrukts nicht immer möglich ist, sollen zusätzlich erhobene reflektive Indikatoren die Bestimmung unterstützen und extern validieren. Das von HAUSER und GOLBERGER vorgestellte MIMIC-Modell (*multiple indicators multiple causes*) ermöglicht das Messen einer einzelnen latenten Variablen sowohl durch formative als auch reflektive Indikatoren.[653]

2.6.2.3.   Gütekriterien des Strukturmodells

Beim PLS-Schätzverfahren können im Gegensatz zu den kovarianzbasierten Methoden keine inferenzstatistische Tests zur Messung der Gesamtgüte des beobachteten Modells angewendet werden. Nicht-parametrische Tests werden zur Überprüfung des Strukturmodells benötigt.[654]

Tabelle 13 zeigt Methoden für die Gütebeurteilung des Strukturmodells beim PLS-Ansatz.

---

[652] Jarvis et al. (2003) S.202, Rossiter (2002) S.305ff
   Vgl. dazu auch Abschnitt III 2.6.2.4 *Multikollinearität* auf S.170
[653] Vgl. Reinartz et al. (2004) S.298f, Hauser & Goldberger (1971) S.81f,
   Krafft et al. (2005) S.80f
   Vgl. zum MIMIC-Modell auch Abschnitt III 2.4.3 *Kriterien zur Auswahl des Ansatzes* auf S.154
   Vgl. zur externen bzw. nomologischen Validität auch Abschnitt III 4 *Operationalisierung der theoretischen Konstrukte* auf S.179
[654] Vgl. Krafft et al. (2005) S.83

Gütebeurteilung des Strukturmodells		
Art der Güte	Gütemaß	Anspruchsniveau
Bestimmtheitsmaß	R^2	$R^2 > 0,45$
Prognoserelevanz	STONE GEISSER Kriterium	$Q^2 > 0$
Effektgröße	f^2	$f^2 > 0$
Stärke und Signifikanz Pfadkoeffizienten	Pfadkoeffizienten (Stärke und Signifikanz)	Keine Schwellenwerte Überprüfung mittels t-Statistik

Tabelle 13: Beurteilung der Güte des Strukturmodells beim PLS-Ansatz[655]

Das aus der Regressionsanalyse bekannte Bestimmtheitsmaß R^2 kann Werte zwischen *null* und *eins* annehmen und gibt den Anteil der erklärten Varianz an der Gesamtvarianz wieder. Ein hohes R^2 gibt einen hohen Anteil der erklärten Varianz an der Gesamtvarianz der endogenen latenten Variablen an und weist auf eine hohe Modellgüte hin. COHEN nennt Werte von 0,10 als „*klein*", 0,30 als „*mittel*" und 0,50 als „*groß*". CHIN gibt Richtwerte vor und bezeichnet ein Bestimmtheitsmaß von 0,67 als „*substanziell*", 0,33 als „*durchschnittlich*" und 0,19 als „*schwach*".[656]

Die Schätzrelevanz Q^2 basiert auf der von STONE und GEISSER entwickelten Methode, um Daten bzw. Samples wiederzuverwerten. Q^2 kann Werte zwischen *minus eins* und *eins* annehmen. Die Anpassung des Modells an die Daten ist gegeben, sofern der Q^2-Wert über *null* liegt, d. h., je größer der positive Wert von Q^2 ist, desto besser ist die Prognosegüte des Modells. Q^2-Werte unter *null* zeigen eine fehlende Schätzrelevanz.[657] Die durchschnittlich erfasste Varianz

---

[655] Darstellung in Anlehnung an Krafft et al. (2005) S.85
[656] Vgl. Cohen (1988) S.83, Chin (1998) S.323
COHEN stellt bezüglich der angegebenen Richtwerte aber auch fest: *"A reader who finds that what is here defined as 'large' is too small (or too large) to meet what his area of behavioral science would consider appropriate standards is urged to make more suitable operational definitions. What are offered below are definitions for use when no others suggest themselves, or as conventions."*
[657] Vgl. Stone (1974) S.111ff, Geisser (1974) S.101ff, Ringle (2004) S.20f
Vgl. Fornell & Cha (1994) S.71ff für eine ausführliche Herleitung des Stone-Geisser-Testkriteriums.

beurteilt reflektive Messmodelle und nimmt Werte zwischen *null* und *eins* an. Für jedes Konstrukt sollte der Wert über 0,5 liegen.[658]

Weiterhin kann die Effektstärke f^2 für die Gütebeurteilung des Strukturmodells herangezogen werden, die von COHEN analog zum partiellen F-Test entwickelt wurde. Als Richtwerte gelten für die Effektstärke f^2 Werte von 0,02 für einen „*schwachen*", 0,15 für einen „*moderaten*" und 0,35 für einen „*substanziellen*" Einfluss auf die endogene Variable. Die Effektstärke wird von SMARTPLS nicht ausdrücklich angegeben und muss daher gesondert berechnet werden. Das R^2 einer endogenen Variablen wird zunächst notiert ($R^2_{eingeschlossen}$) und sodann nach Entfernen der exogenen Variablen aus dem Modell erneut berechnet ($R^2_{ausgeschlossen}$). Im Ergebnis erscheint die Effektstärke der exogenen auf die endogene Variable.[659]

Die Stärke und Signifikanz der einzelnen Pfadkoeffizienten, welche die Wirkungszusammenhänge zwischen den (latenten) Variablen angeben, können ebenso für die Beurteilung des Modells herangezogen werden. Analog zu Regressionskoeffizienten einer multiplen Regression wird der marginale Effekt einer Änderung einer unabhängigen auf die abhängige Variable gemessen. Je höher die Pfadkoeffizienten sind, desto stärker wirken sich die Wirkungszusammenhänge auf die endogenen Variablen aus.[660]

RINGLE stellt fest, dass in der Literatur trotz der Vielzahl von Tests noch kein systematisches Vorgehen bei der Modellbeurteilung empfohlen wird und sich die Anwender auf die von CHIN vorgeschlagenen Gütemaße beziehen. Die von CHIN angegebenen Richtwerte sind nach RINGLE eine gute Orientierungshilfe für die Beurteilung des Bestimmtheitsmaßes R^2 in PLS-Modellen. CHIN gibt eine ausführliche Darstellung der Gütemaße und Validierung von PLS-Modellen an, die sich mithilfe von Statistiksoftware (z. B. SMARTPLS) berechnen lassen.[661]

---

[658] Vgl. Chin (1998) S.321, Krafft et al. (2005) S.85
[659] Vgl. Cohen (1988) S.410ff, Krafft et al. (2005) S.84f, Ringle & Spreen (2007) S.214f

$$\text{Effektstärke } f^2 = \frac{R^2\text{eingeschlossen} - R^2\text{ausgeschlossen}}{1 - R^2\text{eingeschlossen}}$$

[660] Vgl. Henseler (2005) S.74ff, Krafft et al. (2005) S.83f
[661] Vgl. Ringle (2004) S.27, Chin (1998) S.295ff

Die von CHIN vorgestellten Gütemaße wurden von DIAMANTOPOULOS und WINKLHOFER bzw. KRAFFT ET AL. ergänzt. Es existiert jedoch kein *globales* Gütemaß. Das innere Pfadmodell und die Messmodelle der latenten Variablen werden daher zunächst getrennt und anschließend das Gesamtmodell beurteilt.[662]

2.6.2.4. Multikollinearität

Weil in dieser Arbeit die Problematik einer vorliegenden Multikollinearität im Datensatz bei der Auswertung des Modells von Bedeutung ist, soll dieser Aspekt gesondert betrachtet werden.

Formative Indikatoren können für das Modell irrelevant sein, weil sie entweder keine signifikante Bedeutung haben oder aber weil eine hohe Multikollinearität besteht. Weil formative Messmodelle auf der multiplen Regression basieren, beeinflussen die Korrelationen zwischen den Indikatoren die Stabilität der Indikatorwerte. Unter Multikollinearität wird eine sehr starke Korrelation zweier erklärender Variablen verstanden, d. h., die Information, welche der Indikator liefert, könnte redundant sein. Die Signifikanz der geschätzten Indikator-gewichte kann durch das *Bootstrapping* überprüft werden. Die Multikollinearität formativer Indikatoren wird durch Berechnung des VIF (*Variance Inflation Factor*) bestimmt.[663]

Der VIF steigt bei einem zunehmenden engen Zusammenhang der Indikator-variablen gegen unendlich. Als kritische Grenze bei kleineren Stichproben geben RINGLE und SPREEN einen VIF von *drei* bis *vier* an. HENSELER, RINGLE und SINKOVICS nennen dagegen einen VIF > 10 als kritisches Level für Multikollinearität. Die Autoren weisen zugleich darauf hin, dass bereits ein VIF-

---

[662] Vgl. Diamantopoulos & Winklhofer (2001) S.269ff, Krafft et al. (2005) S.71ff
Vgl. dazu auch Henseler et al. (2009) S.277ff

[663] Vgl. Diamantopoulos & Winklhofer (2001) S.272, Frohn (1995) S.54f,
Backhaus et al. (2008) S.41f
Variance Inflation Factor - VIF $= \frac{1}{1-R^2}$

Wert größer *eins* auf Multikollinearität deutet und dass auf die typischen Probleme zu achten ist, die mit der Multikollinearität einhergehen.[664]

Das Vorliegen von Multikollinearität, d. h. der Grad der linearen Abhängigkeit der Indikatoren, ist gleichsam eine Empfehlung für die Eliminierung eines der betroffenen Indikatoren aus dem formativen Messmodell. Dies führt jedoch i. d. R. zu einer Spezifikationsverzerrung der Schätzfunktion. Die Korrelationsmatrix mit extremen Korrelationskoeffizienten nahe dem Wert *eins* deutet auf Multikollinearität und die mögliche Eliminierung eines Indikators hin. Eine Auswirkung bei steigender Multikollinearität besteht darin, dass die äußeren Pfadkoeffizienten nicht signifikant sein werden und der Einfluss einzelner formativer Indikatoren im Messmodell nicht mehr zu erkennen ist. Ferner wird die Schätzung der Regressionskoeffizienten instabil und ungenau. Die Interpretation des Modells wird erschwert und ist nicht mehr eindeutig. BIDO stellt fest, dass äußere Indikatorgewichte einen Wert von > 1 aufweisen können, wenn niedrige Pfadkoeffizienten und kritische VIF-Werte vorliegen.[665]

Bei steigender Multikollinearität gibt BIDO die Empfehlung, nichts weiter zu tun, sofern die Pfadkoeffizienten lediglich als Maß zur Bedeutung der Indikatoren dienen, um das Konstrukt zu messen. In diesem Fall besteht nur ein Interesse an den Pfadkoeffizienten des Strukturmodells. Wenn die Einschätzung der Pfadkoeffizienten erforderlich ist, ergibt sich andererseits die Möglichkeit, die Indikatoren zu aggregieren und sie als Indikator der latenten Variablen im SMARTPLS zu verwenden.[666]

Eine weitere Maßnahme bei vorliegender Multikollinearität kann darin bestehen, die Stichprobe zu vergrößern, was in der vorliegenden Untersuchung jedoch

---

[664] Vgl. Henseler et al. (2009) S.302f, Cassel et al. (2000) S.897ff, Grewal et al. (2004) S. 519ff, Ringle & Spreen (2007) S.213f
Das Problem einer perfekten Kollinearität liegt darin, dass die rechnerische Durchführung einer linearen Regressionsanalyse unmöglich ist.

[665] Vgl. Diamantopoulos & Winklhofer (2001) S.271f, Krafft et al. (2005) S.78f, Frohn (1995) S.60f, Little et al. (1999) S.192ff, Bido et al. (2009), Bido (2009)
Vgl. hierzu auch die Thematik *Inhaltsvalidität* in Abschnitt III 2.6.2.2 *Gütekriterien formativer Messmodelle* auf S.167

[666] Vgl. Bido (2009), Bido et al. (2009), Cohen (2003) S.426, Diamantopoulos et al. (2008) S.1212, Little et al. (2002) S.151ff

nicht Erfolg versprechend ist. Oftmals ist es auch eine notwendige Maßnahme, sich mit der Multikollinearität abzufinden.[667]

3. Modell und Hypothesen des Demarketing-Managements

In den folgenden Abschnitten wird ein Modell entwickelt, mit dem die Einfluss-faktoren auf den Erfolg einer Desinvestition aufgezeigt und analysiert werden können. Ein besonderes Augenmerk soll auf einen strategischen, systematischen Rückzug, d. h. auf Demarketing-Strategien und auf die Maßnahmen gegen Desinvestitions-Barrieren gerichtet werden.

3.1. Herleitung des Modells

Aufgrund sachlogischer Überlegungen kann ein Motiv als Ausgangspunkt und Initiator für eine Desinvestitions-Entscheidung angesehen werden. Die Durch-führung einer Desinvestition ist abhängig von Einflussgrößen, die ihrerseits auf den Erfolg einer Desinvestition einwirken.

Die Untersuchung der Abhängigkeiten und Einflussgrößen auf den Erfolg einer Desinvestition soll in dieser Untersuchung anhand der folgenden Merkmale erörtert werden, die in Abbildung 18 dargestellt sind.

---

[667] Vgl. dazu Abschnitt IV 2.1 *Beteiligung an der Untersuchung* S.212ff
Vgl. hierzu auch Backhaus et al. (2008) S.92 sowie Hackl (2005) S.169: *„In manchen Situationen wird man nicht umhin kommen, mit den Auswirkungen der Multikollinearität zu leben."*
EDWARD LEAMER: *„Keep in mind the three most important aspects of real data analysis: compromise, compromise, and compromise."*

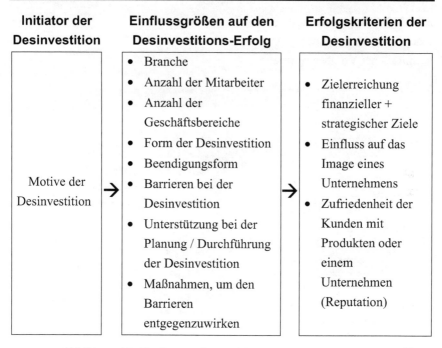

Initiator der Desinvestition	Einflussgrößen auf den Desinvestitions-Erfolg	Erfolgskriterien der Desinvestition
Motive der Desinvestition →	• Branche • Anzahl der Mitarbeiter • Anzahl der Geschäftsbereiche • Form der Desinvestition • Beendigungsform • Barrieren bei der Desinvestition • Unterstützung bei der Planung / Durchführung der Desinvestition • Maßnahmen, um den Barrieren entgegenzuwirken →	• Zielerreichung finanzieller + strategischer Ziele • Einfluss auf das Image eines Unternehmens • Zufriedenheit der Kunden mit Produkten oder einem Unternehmen (Reputation)

Abbildung 18: Einflussgrößen auf den Desinvestitions-Erfolg

Bei den dargestellten Variablen handelt es sich um die bereits in Abschnitt II vorgestellten Rahmenbedingungen: Formen einer Desinvestition, Motive und Barrieren bei Demarketing- und Desinvestitions-Entscheidungen sowie die Variablen zur Messung eines Desinvestitions-Erfolgs. Eine Operationalisierung der Variablen und der theoretischen Konstrukte erfolgt in Abschnitt 4 dieses Kapitels.

Das theoretische Vorverständnis zeigt A-Priori-Hypothesen auf, die das Ziel haben, ein bestimmtes Ergebnis vorherzusagen bzw. konkrete Hypothesen abzuleiten, die für die Entwicklung eines Demarketing-Modells von Bedeutung sind.[668]

---

[668] Vgl. Bortz & Döring (2006) S.379, Lamnek (2005) S.132f: Unter A-Prior-Hypothesen werden durch theoretische Vorüberlegungen gut begründete Hypothesen verstanden, die vor der Datenerhebung formuliert werden und bestimmte Ergebnisse vorhersagen.

3.2. Modell des Demarketing-Managements

Abbildung 19 zeigt das Modell zum Demarketing-Management als Ergebnis sachlogischer Vorüberlegungen.

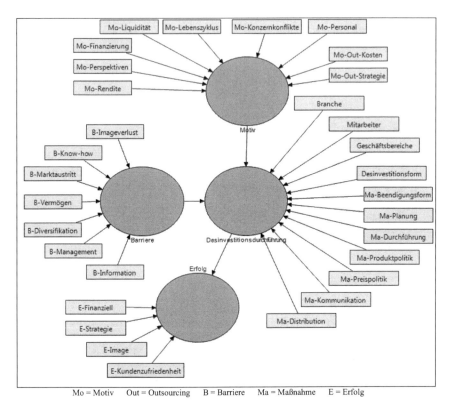

Mo = Motiv   Out = Outsourcing   B = Barriere   Ma = Maßnahme   E = Erfolg

Abbildung 19: Modell zum Demarketing-Management

In folgenden Abschnitt werden auf der Konzeptualisierung des Modells aufbauend die Hypothesen zum Demarketing-Management abgeleitet. Das Modell wird anschließend beschrieben.

174

3.3. Hypothesen zum Modell des Demarketing-Managements

Die Hypothesen verdeutlichen, wie die Einflussfaktoren auf den Erfolg einer Desinvestition einwirken bzw. welche Abhängigkeiten zwischen Indikatoren und Konstrukten bestehen.

Die Abhängigkeiten der Konstrukte *Motiv* und *Barriere* von den Indikatoren sind in den Hypothesen 1 und 2 wiedergegeben, die in Tabelle 14 dargestellt sind.

Hypothese 1
Das Konstrukt MOTIV für eine *Desinvestitions-Entscheidung* wird beeinflusst durch:
a) den Verlust bzw. eine niedrige Rendite in dem Geschäftsfeld.
b) unzureichende Perspektiven in dem Geschäftsfeld.
c) eine Liquiditätssicherungs-Maßnahme
d) eine Finanzierung des Wachstums im Kerngeschäft.
e) Personal- bzw. Nachfolgerprobleme.
f) die Beendigung des Lebenszyklus eines Geschäftsbereichs.
g) Konflikte mit dem Konzern.
Hypothese 2
Das Konstrukt BARRIERE gegen eine *Desinvestitions-Entscheidung* wird beeinflusst durch:
a) einen entstehenden Diversifikationsverlust.
b) einen entstehenden Imageverlust.
c) das Fehlen relevanter Daten, die nicht (im erforderlichen) Umfang zur Verfügung stehen.
d) einen entstehenden Know-how Verlust.
e) Konflikte zwischen dem Management und den rationalen Unternehmenszielen.
f) hohe entstehende Marktaustrittskosten.
g) hohe Vermögensgegenstände im Desinvestitionsobjekt.

Tabelle 14: Hypothesen 1 a-g und 2 a-g zum Einfluss der Indikatoren auf die Konstrukte *Motiv* und *Barriere*

Die erste Hypothese thematisiert das Konstrukt *Motiv*, das einer Desinvestitions-Entscheidung zugrunde liegt. Unterschiedliche Motive sind zu nennen, die jeweils einen Einfluss nehmen, wenn Umstände in einem Unternehmen eintreten, die unmittelbar auf den zu desinvestierenden Geschäftsbereich einwirken. Vermindert sich die Rendite, treten gar Verluste auf oder zeichnen sich für die nähere und weitere Zukunft keine nennenswerten Perspektiven für den fraglichen Geschäftsbereich ab, ist dies eine starke Motivation zu desinvestieren.

Das Gleiche gilt, wenn bspw. der Lebenszyklus eines Produktes dieses Geschäftsbereichs endet oder wenn ein Unternehmen Maßnahmen zur Liquiditätssicherung oder zur Finanzierung des Wachstums im Kerngeschäft ergreifen muss. Aber auch Konflikte innerhalb eines Konzerns, Personal- und Nachfolgeprobleme können zu einer starken Motivation werden, diesen Geschäftsbereich zu desinvestieren.

Die zweite Hypothese beschäftigt sich mit dem Konstrukt *Barrieren*, die einen Desinvestitions-Prozess begleiten. Es erscheint schlüssig, dass Barrieren dann einen Einfluss haben, wenn durch eine Desinvestition ein Diversifikationsverlust in einem Unternehmen zu erwarten ist, wenn ein Know-how Verlust befürchtet wird oder gar ein Imageschaden für ein gesamtes Unternehmen bzw. für die übrigen Produkte dieser Firma bedacht werden muss.

Wenn keine relevanten Geschäftsdaten vorliegen, wenn darüber hinaus auch Konflikte zwischen dem Management und den eigentlichen zweckrationalen Zielen eines Unternehmens bzw. eines zu desinvestierenden Geschäftsfeldes bestehen, sind dies Einflussgrößen, die auf die Barrieren einwirken. Hohe Vermögenswerte in diesem Geschäftsfeld sowie die Marktaustrittskosten stellen ebenfalls Barrieren dar.

Die Hypothesen zum Einfluss der Indikatoren auf das Konstrukt *Desinvestitions-Durchführung* sind in Tabelle 15 dargestellt.

Hypothese 3
Das Konstrukt DESINVESTITIONS-DURCHFÜHRUNG wird beeinflusst durch die
a) Branche des Unternehmens
b) Anzahl der Mitarbeiter des Unternehmens
c) Anzahl der Geschäftsbereiche des Unternehmens
d) Beendigungsform
e) Desinvestitionsform
f) Unterstützung bei der Planung der Desinvestition
g) Unterstützung bei der Durchführung der Desinvestition
h) Preispolitik
i) Produktpolitik
j) Kommunikationspolitik
k) Distributionspolitik

Tabelle 15: Hypothesen 3 a-k zum Einfluss der Indikatoren auf das Konstrukt *Desinvestitions-Durchführung*

Die dritte Hypothese beschreibt das Konstrukt *Desinvestitions-Durchführung*. Eine (positive) Einflussnahme kann durch unterschiedliche Parameter erfolgen. Die Beeinflussung dieses Konstrukts kann abhängen von der Branche eines Unternehmens, der Anzahl der Mitarbeiter sowie der Anzahl der Geschäftsbereiche. Schließlich kann auch die gewählte Desinvestitionsform einen Einfluss auf das Konstrukt nehmen.

Das Konstrukt *Desinvestitions-Durchführung* und insbesondere die *Maßnahme-Indikatoren* können prinzipiell als moderierende Variable aufgefasst werden. Weil in dieser Arbeit jedoch nur grundsätzliche Betrachtungen zum Demarketing erörtert werden können, muss auf eine differenzierte Darstellung dieser moderierenden Effekte verzichtet werden.[669]

---

[669] Vgl. hierzu auch die Thematik *moderierender Variablen* in Abschnitt III 2.2 *Aufbau und Notation von Strukturgleichungsmodellen* auf S.146f

Als *Demarketing-Maßnahme* ist zunächst die gewählte Beendigungsform von Bedeutung. Weiterhin kommt eine Beeinflussung zustande, wenn es bei der Planung und / oder der Durchführung der Desinvestition eine professionelle Unterstützung, z. B. durch Berater oder Banken, gegeben hat. Die Maßnahmen Preis- und Produktpolitik, Kommunikations- und Distributionspolitik können ebenso einen Einfluss auf das Konstrukt *Desinvestitions-Durchführung* nehmen.

Die Abhängigkeiten des Konstrukts *Desinvestitions-Erfolg* von den Indikatoren sind in Hypothese 4 wiedergegeben, die in Tabelle 16 dargestellt ist.

Hypothese 4
Das Konstrukt ERFOLG einer Desinvestition wird beeinflusst durch
a) den finanziellen Erfolg der Desinvestition.
b) den strategischen Erfolg der Desinvestition.
c) das Image bzw. den Imageverlust nach einer Desinvestition.
d) die Reputation bzw. die Kundenzufriedenheit nach einer Desinvestition.

Tabelle 16: Hypothesen 4 a-d zum Einfluss der Indikatoren auf das Konstrukt
Desinvestitions-Erfolg

Die vierte Hypothese thematisiert das Konstrukt *Erfolg* einer Desinvestition. Der Erfolg kann danach als umso größer angesehen werden, je umfangreicher die finanziellen und strategischen Ziele eines Unternehmens durch die Desinvestition erreicht wurden. Ein weiteres Erfolgskriterium ist daran zu erkennen, dass das Image eines Unternehmens durch die Desinvestition keinen Schaden genommen hat und dass die Kundenzufriedenheit (Reputation) nicht negativ von der Desinvestition beeinflusst wurde.[670]
Es bestehen auch hypothetische Beziehungen zwischen den genannten Konstrukten. Es kann davon ausgegangen werden, dass die *Motive, Barrieren* und der Gebrauch geeigneter *Maßnahmen* einen Effekt auf die *Desinvestitions-*

---

[670] Vgl. hierzu auch die Thematik *finanzieller* und *strategischer Erfolg, Image* und *Reputation* sowie *Kundenzufriedenheit* in den Abschnitten III 4.2.1 bis 4.2.3 auf S.188ff

Durchführung haben. Der *Durchführung* wiederum kann ein Einfluss auf den *Erfolg* der Desinvestition unterstellt werden. Es ergeben sich daraus die in Tabelle 17 dargestellten Hypothesen.

Hypothese 5
Desinvestitionsmotive haben Einfluss auf die Desinvestitions-Durchführung.
Hypothese 6
Barrieren haben Einfluss auf die Desinvestitions-Durchführung.
Hypothese 7
Demarketing-Maßnahmen haben Einfluss auf die Desinvestitions-Durchführung.
Hypothese 8
Eine geplante Desinvestitions-Durchführung hat Einfluss auf den Desinvestitions-Erfolg.

Tabelle 17: Hypothesen 5 bis 8 zum Einfluss der Konstrukte auf die *Desinvestitions-Durchführung* und den *Desinvestitions-Erfolg*

4. Operationalisierung der theoretischen Konstrukte

Um die Hypothesen bzw. das Hypothesensystem des in Abschnitt III 3 vorgestellten Modells zum Demarketing-Management empirisch zu überprüfen, müssen die Konstrukte operationalisiert werden. Es ist das Ziel der Operationalisierung, die Dimensionen, die Struktur und die Merkmale der Konstrukte zu definieren. Die Operationalisierung beschreibt, welche Indikatoren bzw. Items zur Messung der eindimensionalen, theoretischen Konstrukte verwendet werden.[671]

Um formative Messmodelle zu entwickeln, schlagen DIAMANTOPOULOS und WINKELHOFER vier Schritte vor, die in Abbildung 20 dargestellt sind.

---

[671] Vgl. Homburg & Giering (1996) S.6, Schnell et al. (2011) S.129ff

Operationalisierung formativer Messmodelle	
1. Schritt	Definition des Konstruktinhaltes
2. Schritt	Bestimmung der Indikatoren
3. Schritt	Eliminierung von Items mit hoher Multikollinearität
4. Schritt	Überprüfung der externen Validität

Abbildung 20: Operationalisierung formativer Modelle[672]

Im **ersten Schritt** erfolgt die Festlegung der konzeptionellen Breite bzw. die genaue Spezifikation des Konstruktinhaltes. Weil bei einem formativen Messmodell die latenten Variablen durch alle Indikatoren bestimmt werden, sind die Inhalte des Konstrukts sehr sorgfältig zu wählen.[673]

In einem **zweiten Schritt** werden die Indikatoren zusammengestellt, die das Konstrukt in all seinen Facetten beschreiben bzw. abdecken können. Es soll eine inhaltliche Übereinstimmung zwischen den Definitionen der Konstrukte und der Operationalisierung erreicht werden.

Im **dritten Schritt** erfolgt die Eliminierung von Items hoher Multikollinearität. Unter Multikollinearität wird der Grad der linearen Abhängigkeit der Indikatoren untereinander verstanden. Formativen Messmodellen liegt das Prinzip der multiplen Regression zugrunde. Standardfehler der Koeffizienten nehmen deshalb mit steigender Multikollinearität zu und die Schätzungen der Regressionsparameter werden unzuverlässiger. Wenn sich bei der Kontrolle der Korrelationsmatrix erweist, dass Korrelationskoeffizienten nahe dem Extremwert *eins* liegen, belegt das ein hohes Maß an Multikollinearität.[674]

---

[672] Darstellung in Anlehnung an Diamantopoulos & Winklhofer (2001) S.153
[673] Vgl. Bollen & Lennox (1991) S.306
[674] Vgl. Backhaus et al. (2008) S.129, Kleinbaum et al. (1998) S.129
    Vgl. dazu auch Abschnitt III 2.6.2.4 *Multikollinearität* auf S.170f
    Vgl. insbesondere auch die Thematik *Inhaltsvalidität* in Abschnitt III 2.6.2.2 *Güte-kriterien formativer Messmodelle* auf S.167f

Schließlich wird in einem **vierten Schritt** die externe bzw. nomologische Validität des Messmodells geprüft. Diese Überprüfung ist den Fällen notwendig, in denen lediglich formative, d. h. keine reflektiven Indikatoren zur Verfügung stehen. Wenn gleichzeitig formative und reflektive Indikatoren in einem Modell operationalisiert werden, können die reflektiven Indikatoren zur inhaltlichen Validierung des formativen Modells dienen. Bei nur formativen Indikatoren in einem Modell muss aber ersatzweise ein Zusammenhang zwischen dem formativen Konstrukt und anderen Marketingvariablen bzw. Netzwerken untersucht werden.[675]

In der Literatur werden in Skalenhandbüchern Untersuchungen und Items zur Messung von theoretischen Konstrukten vorgestellt. So hat bspw. das GESIS – LEIBNIZ-INSTITUT FÜR SOZIALWISSENSCHAFTEN[676] in einem Skalenhandbuch mit Hilfe von empirischen Studien eine *„Zusammenstellung sozialwissen-schaftlicher Items und Skalen (ZIS)"* zur Messung von theoretischen, sozial-wissenschaftlichen Konstrukten herausgegeben.[677] Auch die Skalenhandbücher von BEARDEN und NETEMEYER sowie von BRUNER ET AL. beinhalten umfang-reiche und häufig gebrauchte Item-Sammlungen zum Mitarbeiter- und Konsumentenverhalten.[678] Weil hierbei jedoch mehrheitlich psychologische und sozialwissenschaftlichen Themen angesprochen werden, tragen diese Zu-sammenstellungen wenig zum Thema dieser Arbeit bei.[679]

Die Operationalisierung in der vorliegenden Arbeit kann jedoch auf diesen Beiträgen aufbauen. So wird z. B. die Reputation eines Unternehmens mit Hilfe

---

[675] Vgl. Diamantopoulos & Winklhofer (2001) S.153ff
Vgl. auch Abschnitt III 2.6.2.2 *Gütekriterien formativer Messmodelle* auf S.164f
[676] Ehemals: ZENTRUM FÜR UMFRAGEN, METHODEN UND ANALYSEN – ZUMA, Mannheim
[677] Vgl. GESIS (2010), GESIS (2012): *„Das elektronische Handbuch ZIS dokumentiert Instrumente zur Erhebung von Einstellungen und Verhaltensweisen aus häufig untersuchten sozialen Themenbereichen, gemeinsam mit zentralen theoretischen und methodischen Ansätzen. ZIS ist eine Weiterentwicklung des ZUMA-Skalenhandbuchs, welches bereits in den 80er Jahren erstellt wurde."*
[678] Vgl. Bearden & Netemeyer (2001), Bruner et al. (2001)
[679] Vgl. bspw. Glöckner-Rist & Prinz (2010) S.3: u. a. Arbeit und Beruf, Individuum und Per-sönlichkeit, Politik, Soziale Gruppen und Netzwerke, Öffentliche Gesundheit, Umwelt und Wirtschaft.

von neun Items in einer siebenstufigen Skala gemessen.[680] In einem weiteren Beitrag wird die generelle Zufriedenheit zu Personen, Plätzen oder Dingen in einer siebenstufigen Skala abgefragt.[681]

Aufbauend auf den Grundlagen der Theorien, Hypothesen, Konstrukte und Items der Skalenhandbücher werden die theoretischen Konstrukte in dieser Arbeit nach sachlogischen Überlegungen operationalisiert.

Tabelle 18 gibt die für die Untersuchung des Desinvestitions-Erfolgs zu berücksichtigenden Konstrukte und die Items zur Messung wieder.

---

[680] Vgl. Anderson & Richardson (1995) S.16ff, Bruner et al. (2001) S.1430f: „My customers think my firm is: [...] 1.) Not reputable – Highly reputable [...]"
Vgl. auch Geiser & Eid (2010) S.329: Eine Erweiterung der Ratingskala von fünf auf bspw. sieben Stufen führt oftmals zu einer nur eingeschränkten Nutzung der detaillierten Antwortmöglichkeiten. Eine Antworttendenz zu den Extremkategorien sowie zur Mittelkategorie der Skala ist mehrfach zu beobachten.

[681] Vgl. Spreng & Mackoy (1996) S.201ff, Bruner et al. (2001) S.487ff: „Overall, how do you feel about the ____ services you received? 1.) Very dissatisfied – Very satisfied [...]"

Items zur Messung der betrachteten Konstrukte	
Motiv	
Verluste bzw. zu geringe Rendite	Konzernkonflikte
Unzureichende Perspektiven	Personal- und Nachfolgerprobleme
Liquiditätssicherung	Lebenszyklus
Finanzierung des Wachstums	
Barriere	
Imageverlust	Vermögensgegenstände
Diversifikationsverlust	Managementbarriere
Know-how Verlust	Informationsbarriere
Marktaustrittskosten	
Desinvestitions-Durchführung	
Branche	Beendigungsform
Desinvestitionsform	Preispolitik
Anzahl der Geschäftsbereiche	Produktpolitik
Anzahl der Mitarbeiter	Kommunikationspolitik
Unterstützung bei der Planung	Distributionspolitik
Unterstützung bei der Durchführung	
Erfolg der Desinvestition	
Image	Finanzieller Erfolg
Reputation bzw. Kundenzufriedenheit	Strategischer Erfolg

Tabelle 18: Items zur Messung der betrachteten Konstrukte

Es werden insgesamt 29 Items zur Messung der vier Konstrukte herangezogen. Die Operationalisierung der Einflussgrößen *Motiv*, *Barriere* und *Desinvestitions-Durchführung* sowie der Wirkungsgröße *Erfolg* wird in den nachfolgenden Abschnitten erörtert.

4.1. Operationalisierung der Einflussgrößen

In der Betriebswirtschaftslehre beschäftigt sich eine Forschungsrichtung seit Jahren mit der Untersuchung von Einflussfaktoren auf Erfolgsgrößen. Das PIMS-Projekt (*Profit Impact of Marketing Strategies*) ist als Beispiel zu nennen.

Es beschreibt, welche Schlüsselfaktoren mit dem wirtschaftlichen Erfolg eines Unternehmens korreliert sind.[682]

Im Folgenden wird die Operationalisierung der in Abschnitt III 3 vorgestellten hypothetischen Konstrukte durch Variable dargelegt.

Operationalisierung der Variablen Motiv

Tabelle 19 zeigt die Operationalisierung der Variablen *Motiv*.

Formative Spezifikation	
Skala: neutral, weniger wichtig, wichtig, sehr wichtig	
Variable	**Item**
	Was war das Motiv für die Desinvestition?
Mo-Rendite	Verluste bzw. zu geringe Renditen des Desinvestitionsobjekts
Mo-Finanzierung	Finanzielle Motive zur Finanzierung des Wachstums im Kerngeschäft
Mo-Liquidität	zu hoher Kapitalbedarf des Desinvestitionsobjekts und Liquiditätssicherung
Mo-Perspektiven	unzureichende Perspektiven und Abbau von Kapazitäten
Mo-Lebenszyklus	Überalterung der Produktionsanlagen oder Ende des Produktlebenszyklus
Mo-Konzernkonflikte	Konflikte zwischen dem Mutterkonzern und dem Desinvestitionsobjekt
Mo-Personal	Personelle Motive und Nachfolgeprobleme
Mo-Out-Kosten	Kostenrechnerische Gründe
Mo-Out-Strategie	Strategische Gründe Sortimentserhaltung (z. B. nur geringer oder sporadischer Bedarf von Produkten, veränderte Qualitäts- oder Flexibilitätsanforderungen)

Mo = Motiv   Out = Outsourcing

Tabelle 19: Operationalisierung des Konstrukts *Motiv*

---

[682] Vgl. Homburg & Krohmer (2009) S.422ff, The-Strategic-Planning-Institute-(SPI) (2011), Bea & Haas (2001) S.122f
Vgl. auch Abschnitt II 1.5 *Portfolio-Normstrategien* auf S.35f

Operationalisierung des Konstrukts *Barriere*

Die Operationalisierung des Konstrukts *Barriere* ist in Tabelle 20 wiedergegeben.

Formative Spezifikation	
Skala: neutral, weniger wichtig, wichtig, sehr wichtig	
Variable	**Item**
Welche Barrieren sind vor bzw. bei der Desinvestition aufgetreten und haben die Desinvestitions-Entscheidung NEGATIV beeinflusst?	
B-Imageverlust	drohender Imageverlust und negative Effekte auf das restliche Sortiment
B-Know-how	Know-how Verlust
B-Diversifikation	Verlust einer risikomindernden Diversifikation
B-Marktaustritt	Kosten des Marktaustritts (z. B. Personalkosten, Garantie- & Serviceleistungen, Dienstleistungs- & Lieferverträge, Abbruch- & Entsorgungskosten)
B-Vermögen	materielle Vermögensgegenstände (z. B. Anlagen, Spezialmaschinen)
B-Information	Informatorische Barrieren: relevanten Daten standen dem Topmanagement nicht (im erforderlichen Umfang) zur Verfügung
B-Management	Managementbezogene Barrieren: Konflikte zwischen den (persönlichen) Zielen des Managements und den rational ökonomischen Zielen

B = Barriere

Tabelle 20: Operationalisierung des Konstrukts *Barriere*

Operationalisierung des Konstrukts *Durchführung*

Als eines der bekanntesten wirtschaftswissenschaftlichen Modelle im Marketing kann der Marketing-Mix genannt werden, der 1960 von JEROME MCCARTHY entwickelt und unter den „*4Ps*" (englisch für: *Product, Price, Place, Promotion*) bekannt wurde. Die Marketinginstrumente beschreiben die Kombination von Produkt-, Preis-, Vertriebs- und Kommunikationspolitik. Diese und weitere

Maßnahme-Indikatoren können, wie bereits in Abschnitt III 3.3 erörtert, grundsätzlich als moderierende Variable verstanden werden.[683]
Die Operationalisierung des Konstrukts *Desinvestitions-Durchführung* ist in Tabelle 22 dargestellt.

Formative Spezifikation	
Skala: Merkmalsausprägungen und Ja-Nein-Entscheidungen	
Variable	**Item**
Branche	In welcher Branche liegt der Schwerpunkt Ihres Unternehmens?
Mitarbeiter	Wie viele Mitarbeiter/-innen arbeiten in Ihrem Unternehmen?
Geschäftsbereiche	In wie vielen weiteren Geschäftsbereichen ist Ihr Unternehmen tätig?
Desinvestitionsform	In welcher Form wurde die Desinvestition durchgeführt?
Ma-Beendigungsform	Wie haben Sie die Kundenbeziehung beendet?
Ma-Planung	Hatten Sie Unterstützung von externen Beratern (z. B. Banken, Unternehmensberatern) bei der Planung der Desinvestition?
Ma-Durchführung	Hatten Sie Unterstützung von externen Beratern (z. B. Banken, Unternehmensberatern) der Durchführung der Desinvestition?
Welche Maßnahmen haben Sie vor der Desinvestition genutzt, um die Kunden auf die Desinvestition vorzubereiten oder die Nachfrage vorab zu senken?	
Ma-Preis	Preispolitik
Ma-Produkt	Produktpolitik
Ma-Kommunikation	Kommunikationspolitik
Ma-Distribution	Distributionspolitik

Ma = Maßnahme

Tabelle 21: Operationalisierung des Konstrukts *Desinvestitions-Durchführung*

---

[683] Vgl. MacCarthy (1960), Kotler & Bliemel (1999) S.926
Vgl. Abschnitt III 3.3 *Hypothesen zum Modell des Demarketing-Managements* auf S.175ff
Vgl. hierzu auch die Thematik *moderierender Variablen* in Abschnitt III 2.2 *Aufbau und Notation von Strukturgleichungsmodellen* auf S.146ff

4.2. Operationalisierung der Wirkungsgröße *Erfolg*

Die abhängige Variable *Erfolg* stellt ein essenzielles Konstrukt in dieser Arbeit dar. Es gibt in der Literatur allerdings zahlreiche Definitionen zum Begriff *Erfolg*.[684] Um den Erfolg einer Desinvestition zu operationalisieren, müssen Variable definiert werden, die den Einfluss der Erfolgsfaktoren messbar und vergleichbar machen. Die Messgrößen eines Desinvestitions-Erfolgs können einen quantitativen (Rentabilitätsdaten, Wachstumsraten), aber auch einen qualitativen Charakter aufweisen (z. B. Kundenzufriedenheit, Zielerreichungsgrad).

Der monetäre Gewinn wird in der Betriebswirtschaftslehre als klassischer Maßstab für die ökonomische Effizienz verwendet.[685] Die Betrachtung rein finanzieller Messgrößen ist allerdings problematisch, weil diese quantitativen und meist kurzfristig ausgelegten Daten wenig über die langfristige Überlebensfähigkeit eines Unternehmens aussagen. Zudem können Unterschiede in der unternehmensspezifischen Rechnungslegung zu starken Verzerrungen führen.[686]

Die Betrachtung von qualitativen Messgrößen für einen Desinvestitions-Erfolg ist aus den oben genannten Gründen unabdingbar. Der Unternehmenserfolg wird in der empirischen Zielforschung als ein Erreichen von Unternehmenszielen definiert. Demnach steht nicht die quantitative Erfolgsmessung in Form einer Gewinnverfolgung im Vordergrund, sondern das Erreichen und Messen eines komplexen Zielbündels.[687]

Die Anzahl der Messgrößen kann bei einer empirischen Untersuchung variieren und sowohl aus quantitativen als auch qualitativen Größen bestehen. Die einzelnen Erfolgsgrößen können anschließend aggregiert und faktoranalytisch verdichtet werden. Mit steigendem Aggregationsgrad gewinnt das Modell auf

---

[684] Vgl. Cameron & Whetten (1983) S.1ff
[685] Vgl. Hinterhuber (2004) S.6
[686] Vgl. Fritz (1995) S.222
[687] Vgl. Kubicek (1981) S.461f, Göttgens (1996) S.118, Raffeé & Fritz (1991) S.1211ff

der einen Seite an Übersichtlichkeit, auf der anderen Seite gehen aber auch Informationen verloren.[688]

Ein Desinvestitions-Erfolg kann auf unterschiedliche Weise gemessen werden. In dieser Arbeit sind eine finanzielle und strategische Zielerreichung, das Image und die Reputation bzw. die Kundenzufriedenheit von Bedeutung. Die Operationalisierung der endogenen Variablen *Desinvestitions-Erfolg* ist in Tabelle 22 dargestellt.

Formative Spezifikation	
Skala: sehr negativ, negativ, neutral, positiv, sehr positiv	
Variable	**Item**
E-Finanziell	Haben Sie Ihr geplantes Ziel durch die Desinvestition erreicht? FINANZIELLE ZIELE
E-Strategie	Haben Sie Ihr geplantes Ziel durch die Desinvestition erreicht? STRATEGISCHE ZIELE
E-Image	Welchen Einfluss hatte die Desinvestition auf das Image Ihres Unternehmens?
E-Kundenzufriedenheit	Welchen Einfluss hatte die Desinvestition auf die Zufriedenheit der Kunden mit den/m Produkten / Unternehmen?

E = Erfolg

Tabelle 22: Operationalisierung des Konstrukts *Desinvestitions-Erfolg*

Die Aspekte der Erfolgsmessung dieser Arbeit werden in den anschließenden Abschnitten erörtert.

4.2.1. Finanzieller und strategischer Erfolg

Der finanzielle Erfolg ist einer der Erfolgsfaktoren, die das Gesamtkonstrukt Erfolg beeinflussen. Wie bereits erwähnt, wird der monetäre Gewinn klassisch als Maßstab für die Erfolgsmessung einer finanziellen Zielerreichung ver-

---

[688] Vgl. Winkelmann (2008) S.166f, Handl (2002) S.248ff

wendet. Aber auch der ROI (Return on Investment) ist als klassische Rendite-kennzahl zu nennen.[689]

Einem strategischen, systematischen Rückzug ohne Image- bzw. Reputations-verlust, der Desinvestition aus einem Teilbereich eines Unternehmens geht immer ein strategischer Plan voraus.[690] Die Inhalte von Strategien werden auch als strategische Erfolgsfaktoren bezeichnet. Allgemeine Erfolgsfaktoren können bspw. Marktanteile, die Produktqualität oder Umsatzwachstum im Kerngeschäft sein. Die Messung des strategischen Erfolgs ist stark von der Strategie-formulierung abhängig und jeweils individuell zu bewerten. Es ist jedoch sehr schwierig, den Erfolg von strategischen Entscheidungen und Handlungen zu ermitteln und diese zu messen. Die Problematik liegt darin, dass sich die Wirkungen einer Handlung nicht isoliert beobachten lassen. Ein weiterer Aspekt ist der Zeitpunkt der Beobachtung: Strategien haben einen langfristigen Charakter, Zeitangaben zur Beurteilung einer Strategie sind jedoch nicht näher definiert. Als weitere Schwierigkeiten sind u. a. die große Komplexität und die Dynamik zu nennen, die einem Forschungsobjekt *Erfolg einer Desinvestition* innewohnen.[691]

Weil es in der vorliegenden Untersuchung lediglich darum geht, ob Demarketing- und Desinvestitions-Strategien grundsätzlich von den Unter-nehmen beachtet werden, wird die Bewertung des strategischen Erfolgs aus Gründen der Praktikabilität dem subjektiven Empfinden der befragten Personen überlassen.

4.2.2. Image und Reputation

In dieser Arbeit soll weiterhin untersucht werden, inwieweit ein Unternehmen bei der Desinvestition eines Geschäftsbereichs einem drohenden Imageschaden

---

[689] Vgl. Kistner & Steven (1997) S.407, Busse (2003) S.840f: Der Return on Investment (ROI) ist eine klassische Erfolgskennzahl zur Analyse der Rentabilität. Sie gibt die Ver-zinsung des eingesetzten Kapitals an.

[690] Vgl. Abschnitt I 1 *Problemstellung* auf S.6ff sowie Abschnitt II 2 *Demarketing und Desinvestition* auf S.49ff

[691] Vgl. Buzzell & Gale (1987) S.27ff, Bea & Haas (2001) S.35ff
   Vgl. auch Abschnitt II 1 *Strategien und Marketing-Strategien* auf S. 25ff

und Verbundeffekten entgegenwirken kann. Die herausragende Bedeutung eines Imageverlustes bzw. Brand-Impacts wurde bereits thematisiert.[692]

Die Begriffe *Image* und *Reputation* werden in der Literatur oft synonym verwendet.[693] Es erscheint aber dennoch zweckmäßig, eine Abgrenzung der Begrifflichkeiten vorzunehmen, weil entscheidende konzeptionelle Unterschiede bestehen. Beiden ist gemeinsam, dass es sich um das Ergebnis einer kollektiven Wahrnehmung handelt, bspw. eines Unternehmens durch eine Bezugsgruppe.[694] Bereits die Definition des Begriffes *Reputation* ist vielgestaltig. KIRSTEIN weist darauf hin, dass derzeit kein einheitliches Begriffsverständnis des Phänomens Reputation erkennbar sei, der Reputationsbegriff könne als definitorisch verwässert gekennzeichnet werden.[695] Eine Übersicht über die Diskussionen zum Begriff der *Reputation* und dessen Synonym *Ruf* geben u. a. WARTICK, GOTSI und WILSON sowie MAHON.[696] Nach BARNETT ET AL. bieten sich drei verschiedene Definitionsansätze bzw. Betrachtungsweisen an:[697]

- *Reputation als Kenntnisstand*
- *Reputation als Vermögenswert*
- *Reputation als Maßstab der Bewertung eines Bezugsobjektes*

Die Definitionen des ersten Ansatzes stellen ab auf die Wahrnehmung und die Kenntnis des Reputationsobjektes. Externen Beobachtern oder *Stakeholdern* ist ein Unternehmen zwar bekannt, es wird aber nicht von ihnen beurteilt. Der zweite Definitionsansatz fokussiert den Vermögenswert eines Unternehmens. Reputation wird als eine Ressource, als ein immaterieller, finanzieller oder ökonomischer Vermögenswert betrachtet. Definitionen des dritten Ansatzes bewerten und beurteilen die Reputation eines Unternehmens. Die Einschätzung bzw. die Bewertung kann als ein Maßstab verstanden werden. Auch das

---

[692] Vgl. Abschnitt II 3.2.1.1 *Strategische Marktaustrittsbarrieren* auf S.99ff
[693] Vgl. Dutton et al. (1994) S.239ff
[694] Vgl. Weiss et al. (1999) S.75
[695] Vgl. Kirstein (2009) S.25f
[696] Vgl. Wartick (2002) S.371ff, Gotsi & Wilson (2001) S.24ff, Mahon (2002) S.415ff
[697] Vgl. Barnett et al. (2006) S.32

Ansehen eines Unternehmens, der Respekt vor seiner Führung, der sich auf potenzielle Mitarbeiter übertragen kann, wird in diesen Definitionen erfasst.[698] Der Begriff *Reputation* steht nicht für das Empfinden des Einzelnen über ein Unternehmen, sondern für eine kollektive Meinungsbildung einer Vielzahl von Menschen gegenüber einem Meinungsgegenstand.[699] Nach allem kommt KIRSTEIN zu einer allgemeinen Definition der Unternehmensreputation: Es wird darunter *„die Summe der Reputationsbilder sämtlicher unternehmensinterner und -externer Stakeholder verstanden, die unter Berücksichtigung von finanziellen und sozialen Einflüssen sowie von Umwelteinflüssen im Laufe der Zeit entstehen.“*[700]

Ein Image ist das Bild, welches eine Firma einzelnen Bezugsgruppen (Kunden) von sich selbst mitteilen möchte. Es handelt sich um von einem Unternehmen selbst kommunizierte Botschaften an seine Kunden. Diese Botschaften können durchaus manipuliert werden.[701] Während das Image (*Corporate Identity*[702]) widerspiegelt, wofür ein Unternehmen steht, beschreibt die Reputation dieses Bild aus der Sicht des Marktes.[703]

Die Reputation (*Corporate Reputation*) ist aus Kundensicht das *„Wissen über die zentralen Eigenschaften und die Wahrnehmung charakteristischer Merkmale“* eines Unternehmens.[704] Kundenurteile über die Reputation einer Firma basieren auf direkten Erfahrungen, sie haben einen unmittelbaren Realitätsbezug und sind weniger manipulierbar.[705] Die Reputation zählt gleichsam zu den wesentlichen Ressourcen und bedeutendsten intangiblen Vermögenswerten eines Unternehmens, die zur Erzielung von Wettbewerbsvorteilen und der Sicherung eines Unternehmens beitragen.[706]

---

[698] Vgl. Barnett et al. (2006) S.32f
[699] Vgl. Voswinkel (2001) S.70, Breyer (1962) S.20
[700] Kirstein (2009) S.32
[701] Vgl. Brown et al. (2006) S.104
[702] Vgl. Dischinger (1992) S.32: Corporate-Identity *„ist das Bemühen des Unternehmens, sich eine eigene unverwechselbare Wesenheit, ein eigenes Gesicht zu geben.“*
[703] Vgl. Weiss et al. (1999) S.75
[704] Vgl. Zimmer (2010) S.69
[705] Vgl. Eberl (2006) S.11f
[706] Vgl. Dowling (1994), Sandig (1962) S.21, Breyer (1962) S.151

Im Allgemeinen werden die Variablen *Image* und *Reputation* als latente Variable bezeichnet, die zunächst operationalisiert werden müssen. HELM stellt dazu ein formatives Messmodell vor, um das Konstrukt *Unternehmensreputation* messbar zu machen. Es war das grundlegende Ziel, einen allgemeingültigen Messansatz zu schaffen, der den Ruf eines Unternehmens in der Öffentlichkeit erfasst und der bei allen Stakeholder-Gruppen anwendbar ist.[707]

Das von HELM vorgestellte Modell zur Messung des Konstrukts *Unternehmensreputation* beinhaltet die in Tabelle 23 dargestellten zehn Indikatoren.

Indikatoren zur Messung des Konstrukts *Unternehmensreputation*	
Qualität der Produkte	Unternehmerischer Erfolg
Preis-Leistungs-Verhältnis der Produkte	Finanzielle Lage des Unternehmens
Kundenorientierung	Verhalten gegenüber Mitarbeitern
Einhaltung von Werbeversprechen	Engagement für wohltätige Zwecke
Qualifikation des Managements	Engagement für den Umweltschutz

Tabelle 23: Items zur Messung des Konstrukts *Unternehmensreputation* nach HELM[708]

In dieser Arbeit werden die Variablen *Image* und *Reputation* jedoch aus Gründen der Praktikabilität als direkt messbare Größen betrachtet. Eine objektive Bewertung des Image und der Reputation ist durch die Befragung nicht möglich, sie kann naturgemäß nur von Dritten, d. h. von Personen außerhalb eines Unternehmens vorgenommen werden. In der Untersuchung dieser Arbeit erfolgt eine subjektive Beurteilung des Image bzw. der Reputation nach der erfolgten Desinvestition durch die Unternehmen selbst.

Auch wenn eine objektive Angabe nicht möglich ist, kann zumindest eine Tendenzaussage über einen Imagegewinn oder -verlust gemacht werden. Die Reputation soll über die subjektive Bewertung der vermuteten Kundenzufriedenheit aus Unternehmenssicht abgefragt werden.

---

[707] Vgl. Helm (2005) S.241ff
[708] Darstellung nach Helm (2005) S.251

4.2.3. Kundenzufriedenheit

Gefragt wird in der empirischen Untersuchung u. a. nach der vermuteten Kundenzufriedenheit im Rahmen eines strategischen, systematischen Rückzuges aus Geschäftsfeldern. Für Unternehmen ist die Kundenzufriedenheit auch bei derartigen Maßnahmen ein wichtiger Faktor, weil der Kundenstamm insgesamt nicht verärgert und ein Image- bzw. Reputationsschaden vermieden werden soll, auch wenn in einem einzelnen Bereich ein Demarketing notwendig wird.[709]

Der Begriff der Zufriedenheit ist positiv belegt und ursächlich für emotionale Reaktionen auf die unternehmerische Leistung. In den 90er-Jahren des vorigen Jahrhunderts wurden Studien publiziert, die die Kundenzufriedenheit mit dem operativen Geschäftsergebnis eines Unternehmens, bspw. gemessen durch Kennzahlen wie den *Return on Quality* (ROQ) oder den *Return on Investment* (ROI), belegen konnten.[710]

Das eingangs erwähnte Beispiel der Firma BRAUN zeigte eindrucksvoll, wie Kundenzufriedenheit auch bei einer Desinvestition erhalten werden kann. Kundenbeziehungen wurden zwar im Bereich der Unterhaltungselektronik endgültig beendet, zugleich litten die übrigen Sparten des Unternehmens aber nicht darunter. Insbesondere war ein Imageverlust nicht damit verbunden, die Reputation des Unternehmens hatte nicht gelitten.[711]

Kundenzufriedenheit hat eine dreifache Bedeutung. Sie löst Wiederverkäufe aus, es kommt zu einer Kundenbindung, die verhindert, dass Kunden zur Konkurrenz abwandern und schließlich kann sie ein Maßstab zur Bewertung der eigenen Marketing-Maßnahmen sein.[712]

Zufriedene Kunden können, müssen aber einem Unternehmen nicht zwangsläufig treu bleiben.[713] Eine Garantie für Wiederkäufe bei durchaus zufriedenen Kunden gibt es nicht, die Kundenzufriedenheit ist aber trotzdem die zentrale

---

[709] Vgl. dazu auch die Thematik *Image* in Abschnitt II 3.2.1.1 *Strategische Marktaustritts-barrieren* auf S.99ff

[710] Vgl. Scharnbacher & Kiefer (2003) S.5, Rust et al. (1995) S.58ff

[711] Vgl. Abschnitt I *Einleitung* auf S.2f

[712] Vgl. Scharnbacher & Kiefer (2003) S.15

[713] Vgl. Sturm & Thiry (1991) S.35

Voraussetzung dafür.[714] Dies gilt umso mehr, als Wiederholungskäufe nach GRIFFIN ET AL. im Allgemeinen nahezu 70 % des Umsatzes eines Produktes ausmachen.[715]

Es ist darüber hinaus eine interessante Beobachtung, dass Kundenzufriedenheit nicht nur an einem einzelnen Produkt festzumachen ist, sondern immer mehr auch an zusätzlichen Serviceleistungen des Anbieters.[716] RAPP konnte diesen Sachverhalt in der Automobilindustrie zeigen. In dieser zunächst stark technisch-orientierten Branche wird offensichtlich der Service rund um das Auto immer wichtiger für die Kundenzufriedenheit und die Kundenbindung.[717] Der Fokus des Marketings hat sich bei der Automobilindustrie demnach in ähnlicher Weise verschoben (von der reinen Technik der Produkte hin zu Service-leistungen), wie es bereits beim Government-Demarketing zu beobachten war (von finanziellen hin zu gesundheitlichen Argumenten z. B. gegen das Rauchen).[718]

Zufriedene Kunden sind für ein Unternehmen eine kostenlose Werbung. Durch positive Mund-zu-Mund-Propaganda kommt es zu einem Multiplikations-effekt.[719] Das gilt selbstverständlich auch im umgekehrten Fall: Unzufriedene Kunden können ebenfalls eine kräftige Negativ-Werbung betreiben.[720] Die unzufriedenen Kunden können sich am Markt, insbesondere auch oft im Internet, völlig unkontrolliert verhalten. Sie werden so zu negativen Multiplikatoren mit hohen Überstrahlungseffekten im Vergleich zu einer

---

[714] Vgl. Burmann (1991) S.249, Jones & Sasser (1995) S.89
[715] Vgl. Griffin et al. (1995) S.65
[716] Vgl. Dahlhoff & Dudenhöffer (1997) S.72ff, Gelbrich (2001) S.6f
    Vgl. auch Abschnitt II 1.6.2 *Kernkompetenzen* auf S.48f
[717] Vgl. Rapp (1995) S.137 u. 147ff
    Vgl. auch Gelbrich (2001) S.6f u. die Ausführungen zu Service- bzw. Dienstleistungen in der Automobilindustrie in Abschnitt II 1.6.2 *Kernkompetenzen / Strategie der Kern-kompetenzen* auf S.46f
[718] Vgl. Abschnitt II 2.1.6 *Demarketing–Erfahrungen* auf S.68f
[719] Vgl. Müller & Riesenbeck (1991) S.69, Dick & Basu (1994) S.107
[720] Vgl. Singh (1988) S.95

wesentlich größeren Anzahl von zufriedenen, aber „stummen" Kunden für ein Unternehmen.[721]

In diesem Zusammenhang kann auf die TARP-Studie *(Technical Assistance Research Program)* verwiesen werden, die von der US-amerikanischen Regierung zur Untersuchung des Beschwerdeverhaltens von Konsumenten in Auftrag gegeben wurde: Ein zufriedener Kunde teilt seine Erfahrung im Mittel drei bis vier Personen mit, ein unzufriedener gibt seine negativen Erfahrungen dagegen durchschnittlich an neun bis zehn Personen weiter.[722]

Von einer Kundenbindung wird gesprochen, wenn ein Kunde das Produkt eines einzelnen Anbieters wiederholt nachfragt und zusätzlich durch positive Mund-zu-Mund-Propaganda (kostenlose) Werbung für dieses Produkt betreibt. Wenn dieser Kunde noch dazu die Absicht hat, auch zukünftig andere Produkte dieses Unternehmens zu kaufen, kann nach HOMBURG ET AL. von einer *„wirklichen Loyalität"* gesprochen werden.[723]

Für die eigenen Marketing-Maßnahmen kann die Kundenzufriedenheit als eine Kontrollfunktion angesehen werden. Es lassen sich zumindest retrospektiv Fehler oder gelungene Marketing-Schritte analysieren, wenn entsprechende Rückmeldungen von Kunden vorliegen, z. B. durch gezielte Kundenbe-fragungen. Darüber hinaus hat die Kundenzufriedenheit für das Marketing eine Orientierungsfunktion. Es sollen zukünftig nur solche Leistungen angeboten

---

[721] Vgl. Töpfer (2008) S.72
[722] Vgl. TARP (1979), TARP (1986)
    Vgl. dazu auch ähnliche Untersuchungen von Andreasen & Best (1977) S.93ff, Oliver (1996), Resnik et al. (1977) S.148ff: Mehr als 50 % von Dienstleistungs-Fehlern und den daraus resultierenden Reklamationen werden nicht zur Zufriedenheit der Kunden gelöst.
[723] Vgl. Homburg et al. (2008) S.109ff

werden, von denen anzunehmen ist, dass sie zur Zufriedenheit der Kunden beitragen und ein Unternehmen auf einem erfolgreichen Kurs hält.[724]

Messung der Kundenzufriedenheit

Die Messung der Kundenzufriedenheit kann in *objektive* und *subjektive* Verfahren unterteilt werden, die in Abbildung 21 dargestellt sind.[725]

OBJEKTIVE VERFAHREN		SUBJEKTIVE VERFAHREN
Aggregierte Größen der Marktbearbeitung		Systematische Erfassung von Beschwerden
• Umsatz	IMPLIZITE MESSUNG	Problem-Panels
• Marktanteil		
• Wiederkäuferrate		Befragung von Personen im
• Zurückgewinnungsrate		Anbieterunternehmen
• Abwanderungsrate		Direkte Messung der Zufriedenheit anhand einer Zufriedenheitsskala
Qualitätskontrollen	EXPLIZITE MESSUNG	Indirekte Messung der Zufriedenheit durch die Messung des Erfüllungsgrades von Erwartungen

Abbildung 21: Methoden zur Messung der Kundenzufriedenheit[726]

---

[724] Vgl. Riemer (1986) S.16
  Vgl. auch Stahl et al. (2006) S.252f: Bruhn (2004) S.33ff: Der Aufbau und Erhalt von profitablen Kundenbeziehungen ist ein zentrales Unternehmensziel. Aus diesem Grund ist die Kundenzufriedenheits-Analyse auch eng mit der Frage nach einem Kundenwert verbunden. Marketing-Aktivitäten zur Kundenbindung oder gar Kundenbegeisterung machen nur für *profitable*, aber keinesfalls für *unprofitable* Kunden einen Sinn. Vgl. dazu auch Abschnitt II 3.1.2.1 *Der unprofitable Kunde* auf S.89ff

[725] Vgl. Scharnbacher & Kiefer (2003) S.18f
  Vgl. auch Beutin (2008) S.124 für eine Übersicht der Verfahren zur Messung der *Kundenzufriedenheit*.

[726] Scharnbacher & Kiefer (2003) S.19 in Anlehnung an Andreasen (1982) S.185, Standop & Hesse (1985) S.185, Lingenfelder & Schneider (1991) S.110

Die Kundenzufriedenheit, die in dieser Arbeit als ein Maß für die Reputation eines Unternehmens anzusehen ist, wird durch ein *subjektives* Verfahren durch eine Befragung von Personen aus dem Anbieterunternehmen mit Kundenkontakt gemessen. Diese Personen sollen eine Einschätzung der wahrgenommenen (vermuteten) Veränderung der Kundenzufriedenheit bezüglich der Desinvestitions-Entscheidung anhand einer Bewertungsskala abgeben. Es ist offensichtlich, dass die Bezugsbasis und Sichtweise der genannten Indikatoren für die Kunden-zufriedenheit bzw. den Unternehmenserfolg weiträumig und auch relativ vage sind.

Eine *objektive* Bewertung der Kundenzufriedenheit ist im Rahmen dieser Untersuchung unmöglich, weil die Kunden der befragten Unternehmen nicht bekannt sind. In Fallstudien könnte eine *objektive* Messung der Kunden-zufriedenheit erfolgen, wenn Unternehmen dazu bereit sind, ihre Kundendaten offenzulegen und einer Kundenbefragungen zu zustimmen.

Selbstverständlich wären (weitere) *harte Fakten*, wie z. B. Umsatz- und Renditezahlen oder die Höhe des Umsatzwachstums im Kerngeschäft, zu einer objektiven Bewertung des Desinvestitions-Erfolgs wünschenswert. Aber schon aus Konkurrenzgründen ist sicher nicht zu erwarten, dass Unternehmen *heikle* oder konkrete finanzielle Daten preisgeben würden. Es gilt daher, fehlende Werte (*Item Non-Response*) in der Erhebung bereits vorab zu vermeiden und diese Informationen aus Praktikabilitätsgründen durch eine indirekte Befragung zu erlangen. Die möglichen Antworten sollen zumindest eine *Tendenz* erkennen lassen, wie sich der Rückzug ausgewirkt hat.[727]

---

[727] Vgl. Decker & Wagner (2002) S.285f
   Vgl. dazu auch Abschnitt V 2 *Grenzen der Untersuchung und erweiterter Forschungs-bedarf* auf S.254ff

„Die Statistik ist eine sehr gefällige Dame.
Nähert man sich ihr mit entsprechender
Höflichkeit, dann verweigert sie
einem fast nie etwas."[728]

IV Empirische Untersuchung

In diesem Kapitel wird das erarbeitete Modell zum Demarketing-Management anhand erhobener Daten und unter Berücksichtigung der in den vorherigen Abschnitten vorgestellten Grundlagen analysiert.

Abschnitt IV 1 beschreibt die Datenbasis, die Grundlagen der Untersuchung mit der Datenerhebung, den Aufbau des Fragebogens sowie die Stichprobe und das Untersuchungsobjekt. Die empirische Untersuchung mit einer Datenanalyse, einer Auswertung und Darstellung der Ergebnisse folgt im zweiten Abschnitt. Abschnitt IV 3 beschreibt die Analyse und Überprüfung des Modells zum Demarketing-Management.

1. Datenbasis und Grundlagen der Untersuchung

1.1. Datenerhebung

Es kann als Grundsatz realwissenschaftlicher Forschung angesehen werden, dass eine Entwicklung theoretischer Konzepte und Modelle auch der Realität standhalten muss. Daher ist es notwendig, empirische Daten zu erfassen, die die theoretischen Erkenntnisse mit der Realität konfrontieren.[729]

In dieser Arbeit wurden die relevanten Primärdaten durch eine Befragung mithilfe des am weitaus häufigsten eingesetzten Datenerhebungsinstruments gewonnen, mit einer Erhebung durch einen Fragebogen.[730] Hierfür wurde ein

---

[728] Édouard Herriot (1872-1957)
[729] Vgl. Popper (1973) S.213ff
[730] Vgl. Porst (2011) S.14: *„(...) ein Fragebogen* [stellt] *das zentrale Verbindungsstück zwischen Theorie und Praxis dar."*

standardisierter Fragebogen entwickelt, der sich dadurch auszeichnet, dass die Formulierungen und die Reihenfolge der Fragen exakt vorgegeben sind. Die internetbasierte Erhebungsmethode mit einem Onlinefragebogen (*Web-Survey*) vereinfacht den Erhebungsprozess und ermöglicht eine schnelle und kostengünstige Studiendurchführung bei einer gleichzeitigen hohen Reichweite und Ergebnisqualität. Ein Vorteil der Onlinebefragung ist auch darin zu sehen, dass eine mögliche Beeinflussung des Befragten durch einen Interviewer entfällt und dass die Zusicherung der Anonymität der Befragung als glaubwürdig erscheint. Eine Verzerrung der Daten kann vermieden werden. Diese Methode scheint die geeignete Wahl, um eine große Anzahl von Beobachtungen zu generieren und zugleich den Ansprüchen einer Stichprobe zu genügen.[731]

Als grundlegende Anforderungen an die Stichprobe sollen die folgenden Punkte genannt werden, um akzeptable Aussagen zu den Demarketing- und Desinvestitions-Entscheidungen zu erhalten:

- Die untersuchten Demarketing- und Desinvestitions-Aktivitäten müssen den in Abschnitt II vorgestellten Definitionen entsprechen.

- Branchenübergreifende, repräsentative und ausreichend große Stichprobe

- Aufgrund der großen Anzahl mittelständischer Industrieunternehmen sind bei diesen potenziell Demarketing- und Desinvestitions-Aktivitäten zu erwarten. Diese Unternehmen werden deshalb für die Befragung ausgewählt.

- Um wirklichkeitsnahe Antworten zu erhalten, sollten das Demarketing und die Desinvestition nicht zu lange zurückliegen. Auf der anderen Seite sollte eine realistische Erfolgsbewertung erst mit rückwirkender Betrachtung aus einem bestimmten Zeitabstand möglich sein.

---

[731] Vgl. Stier (1999) S.171ff, Müller-Böling & Klandt (1996) S.29, Pötschke (2010) S.51ff
Vgl. auch Homburg & Krohmer (2008) S.27ff, Meffert (2005) S.156,
Atteslander (2006) S.147, Diekmann (2006) S.439 für eine Übersicht der Vor- und Nachteile von Erhebungsmethoden und Onlinebefragungen.
Vgl. auch die Bias-Thematik in Abschnitt IV 2.1.2 *Verzerrungen in der Stichprobe* auf S.215ff u. Scheffler (1999) S.63: Eine Stichprobe ist *„eine nach wissenschaftlichen Regeln der zuvor definierten Grundgesamtheit entnommenen Teilmenge".*

- Weiterhin sollten Personen und insbesondere Führungskräfte befragt werden, die den gesamten Desinvestitions-Prozess auf der Geschäftsbereichsebene begleitet haben.

Um die genannten Stichprobenanforderungen zu erfüllen, erfolgte die Erhebung der Daten mit Hilfe eines Onlinefragebogens (Web-Survey). Als Software für die Internetbefragungen wurde das Programm UNIPARK von der GLOBALPARK AG verwendet, die akademischen Einrichtungen unter diesem Namen die Umfragesoftware EFS SURVEY zu Forschungszwecken zur Verfügung stellt.[732]

Die Firmeninformationen und Adressdaten der zu befragenden Unternehmen wurden aus der HOPPENSTEDT-Datenbank gewonnen. Die Nutzung derartiger Markt- und Branchendatenbanken vereinfacht vor dem Hintergrund der steigenden und häufig unüberschaubaren Informationsangebote die Erfassung und Auswertung relevanter Informationsquellen. Die weiteren Kontaktdaten bzw. E-Mail-Adressen wurden nach einer Recherche mithilfe der Internetsuchmaschine GOOGLE, über die jeweiligen Firmenhomepages ermittelt.[733]

Die Befragung der empirischen Untersuchung wurde im 4. Quartal 2010 durchgeführt. Die Unternehmen wurden per E-Mail angeschrieben und zu der Onlinebefragung eingeladen. Vor dem Hintergrund der zu erwartenden geringen Rücklaufquote zum Ende der ursprünglich im Anschreiben genannten Frist war eine Erinnerung der angeschriebenen Unternehmen zweckmäßig. Aufgrund der personifizierten Anschreiben wurden ca. drei Wochen nach dem ersten Versand der Einladungen Erinnerungs-E-Mails an die Unternehmen gesendet, die bis dahin nicht an der Befragung teilgenommen bzw. die Befragung abgebrochen hatten.[734]

Die Datenerhebung wurde zum Ende des Jahres 2010 abgeschlossen.

---

[732] Vgl. Unipark (2010)
[733] Vgl. Hoppenstedt (2010), Heinzelbecker (1994) S.45ff, Ulbricht (1993) S.138ff, Google (2010)
[734] Vgl. ANHANG 1: *Anschreiben zur Datenerhebung* auf S.259f

1.2. Aufbau des Fragebogens

Der Fragebogen ist in mehrere Fragegruppen unterteilt, die das Modell des Demarketing-Managements widerspiegeln sollen. Es wurde darauf geachtet, dass die Frageformulierungen den Prinzipien nach HOMBURG und KROHMER genügten.[735] Ein weiterer und oftmals unterschätzter Aspekt ist die Bedeutung der äußeren Gestaltung des Fragebogens bzw. des Layouts. KUß und EISEND stellen bewährte Leitlinien vor, die auch bei der Entwicklung des Fragebogens beachtet wurden.[736]

Nach einem Pre-Test mit n = 5 teilnehmenden Unternehmen wurde der Fragebogen auf Verständlichkeit geprüft und noch einmal überarbeitet. Überwiegend wurden redundante Fragestellungen aggregiert, der Fragebogen insgesamt aber nur geringfügig verändert. Nach einem Einleitungsteil[737] befasst sich der Hauptteil des Fragebogens vor dem Hintergrund einer *Fragebogendramaturgie* mit den Sachfragen zum Untersuchungsgegenstand.[738] Gefragt wird nach dem Desinvestitionsobjekt, der Form der Desinvestition, den Motiven, den Barrieren,

---

[735] Vgl. Homburg & Krohmer (2008) S.45
- Einfachheit: Die Fragen sollten einfach formuliert sein und von den Befragten ohne Schwierigkeiten beantwortet werden können. Zu komplexe Sätze und der Zielgruppe unbekannte Fachausdrücke sollten vermieden werden.
- Neutralität: Es sollten suggestive Fragestellungen vermieden werden, die Hinweise auf die erwartete Antwort geben.
- Eindeutigkeit: Die Befragten sollen durch eine präzise Frage erkennen, welche Informationen von ihnen verlangt werden.

Weitere Hinweise zur Fragebogenformulierung geben auch:
Iacobucci & Churchill (2010), Kuß & Eisend (2010), Tourangeau et al. (2006).

[736] Vgl. Kuß & Eisend (2010) S.111ff. Homburg & Krohmer (2008) S.46
Den Befragten soll durch eine einfache und übersichtliche Gestaltung der Eindruck vermittelt werden, dass die Beantwortung des Fragebogens einfach ist und wenig Zeit in Anspruch nimmt. Als Leitlinien nennen KUß und EISEND:
- Übersichtliche Anordnung der Fragen mit großen, klaren Schriftarten
- Vermeidung von Fragen bzw. Frageblöcken über Seitenbegrenzungen hinweg
- Nutzung optischer Hilfsmittel und Hervorhebung von Hinweisen für die Fragebogenbeantwortung

[737] Vgl. Decker & Wagner (2002) S.167
Im Einleitungsteil werden die befragten Personen nach einer Begrüßung mit Hinweisen zum Ausfüllen des Fragebogens über den Zweck der Untersuchung unterrichtet. Es folgen die Kontakt- bzw. „Eisbrecherfragen".

[738] Vgl. Decker & Wagner (2002) S.168f

den eingeleiteten Maßnahmen und schließlich nach dem Erfolg der durch-geführten Desinvestition.[739]

Fragekomplex	Frageinhalte zum Untersuchungsgegenstand
Form der Desinvestition[740]	Stilllegung, Liquidation, Sell-off, Outsoucing
Motive der Desinvestition	Verluste, Finanzierung, Liquiditätssicherung, unzu-reichende Perspektiven, Ende eines Produktionszyklus, Konflikte mit dem Mutterkonzern, personelle Motive, kostenrechnerische und strategische Gründe
Barrieren bei der Desinvestition	Image- bzw. Reputationsverlust, Know-how Verlust, Verlust einer risikomindernden Diversifikation, Kosten des Marktaustritts, informatorische und management-bezogene Barrieren
Maßnahmen bei der Desinvestition	offener Rückzug, verdeckte Rückzug, Preis-, Produkt-, Kommunikations- und Distributionspolitik, Unterstützung externer Berater
Erfolg der Desinvestition	Einfluss der Desinvestition auf das Image und die Kundenzufriedenheit (Reputation)

Tabelle 24: Übersicht der Sachfragen zum Untersuchungsgegenstand

Um der tendenziell niedrigen Rücklaufquote von Fragebögen bei einer eher sensiblen Unternehmensangelegenheit entgegen zu wirken, werden fast nur geschlossene Fragen gestellt. Um den Erfolg einer Desinvestition ohne Image-bzw. Reputationsverlust, d. h. um Demarketing-Maßnahmen zu bewerten, sollen

---

[739] Vgl. ANHANG 2: *Fragebogen zu der empirischen* Untersuchung auf S.261ff
[740] Bei der Frage nach der Desinvestitionsform handelt es sich um eine *Filterfrage*, die das Outsourcing von den anderen Formen der Desinvestition trennt. Diese Differenzierung ist für die Abfrage der unterschiedlichen *Motive* im nächsten Fragenkomplex von Bedeutung.
Vgl. dazu Arentzen (1997): Eine *Filterfrage* trennt Zielpersonen voneinander, die einzelne Voraussetzungen nicht erfüllen. Die nachfolgenden Fragen des Fragebogens können dadurch für die Befragten verändert oder ausgeschlossen werden.

die Unternehmen Antworten in einer ordinalen, bipolar balancierten Ratingskala mit verbaler Stimulusdarbietung gegeben.[741]

Bei der in dieser Arbeit verwendeten Bewertungsskala durch s. g. *Globalfragen* ist allerdings kritisch anzumerken, dass jede befragte Person durchaus ein anderes Verständnis mit der Befragung verbindet und dass deshalb die Ergebnisse einer solchen Pauschalbefragung nur schwer miteinander verglichen werden können. Das jeweils andere Verständnis der Befragung kann letztendlich dazu führen, dass die eigenen strategischen Entscheidungen glorifiziert und die finanziellen Folgen geschönt werden.[742]

Auch die Gefahr einer *Tendenz zur Mitte*, der s. g. *Zentralitätseffekt*, ist bei einer Auswertung zu beobachten. Probanden vermeiden in diesem Fall Extremurteile und bevorzugen mittelmäßige Einschätzungen. Weiterhin kann ein *Nachsichteffekt* genannt werden: Wenn der Untersuchungsgegenstand den Probanden bekannt ist, wird er in der Regel nachsichtiger und daher oftmals positiver beurteilt. Schließlich ist der *Haloeffekt* zu erwähnen: Es ist dann mit einer überwiegend positiven Beurteilung zu rechnen, wenn die Fragestellung von einem übergeordneten Sachverhalt beeinflusst wird. Vor dem Hintergrund dieser Arbeit würde das bedeuten, dass ein erfolgreiches Unternehmen die durchgeführte Desinvestition ebenfalls positiv beurteilt.[743]

1.3. Stichprobe und Untersuchungsobjekt

Bei Demarketing- und Desinvestitions-Entscheidungen mit einem damit verbundenen Desinvestitions-Prozess steht die Befragung von Führungskräften im Vordergrund, die diesen Prozess auf der Geschäftsbereichsebene begleitet

---

[741] Vgl. Geiser & Eid (2010) S.329 zur Problematik einer fünf bzw. siebenstufigen Bewertungsskala.
In dieser Arbeit erfolgt die Bewertung in Anlehnung an Schulnoten von *eins* bis *fünf* bzw. von *sehr negativ, negativ* über *neutral* bis *positiv* und *sehr positiv*.
Vgl. dazu auch Decker & Wagner (2002) S.235f: Die Verwendung von Ratingskalen ist aufgrund der vielseitigen und einfachen Handhabung eines der am häufigsten eingesetzten Skalierungsmethoden in der empirischen Forschung.
[742] Vgl. Weiber & Mühlhaus (2010) S.35
[743] Vgl. Decker & Wagner (2002) S.237f, Forgas (1999)

haben. Es sollten Desinvestitionen mittelständischer Industrieunternehmen auf der Geschäftsbereichsebene untersucht werden.[744]

Maßgeblich für die Untersuchung ist der „*Abschnitt C – Verarbeitendes Gewerbe*" aus der *Klassifikation der Wirtschaftszweige (WZ-Klassifikation 2008)* des STATISTISCHEN BUNDESAMTES DEUTSCHLAND.[745] Die Untersuchung dieser Arbeit wird bewusst branchenübergreifend durchgeführt, um Repräsentativitätsprobleme zu vermeiden. Eine Zusammenfassung der Branchen des *Abschnitt C – Verarbeitendes Gewerbe* ist in Tabelle 25 dargestellt.

Branchen des verarbeitenden Gewerbes	
• chemische Erzeugnisse	• Kraftwagen und Kraftwagenteile
• Datenverarbeitungsgeräte, elektronische und optische Erzeugnisse	• Leder, Lederwaren und Schuhe
	• Maschinenbau und sonstiger Fahrzeugbau
• Druckerzeugnisse; Vervielfältigung von bespielten Ton-, Bild- und Datenträgern	• Metallerzeugnisse
• elektrische Ausrüstungen	• Metallerzeugung und -bearbeitung
• Glas und Glaswaren, Keramik, Verarbeitung von Steinen und Erden	• Nahrungs-, Futtermittel oder Getränke
• Gummi- und Kunststoffwaren	• Papier, Pappe und Waren daraus
• Herstellung von Möbeln	• pharmazeutische Erzeugnisse
• Herstellung von sonstigen Waren	• Reparatur und Installation von Maschinen und Ausrüstungen
• Holz-, Flecht-, Korb- und Korkwaren (ohne Möbel)	• Tabakverarbeitung
• Kokerei und Mineralölverarbeitung	• Textilien oder Bekleidung

Tabelle 25: Branchen des *verarbeitenden Gewerbes*[746]

---

[744] Vgl. Abschnitt IV 1.1 *Datenerhebung* auf S.199f

[745] Statistisches-Bundesamt-Deutschland (2010): „*Dieser Abschnitt umfasst die mechanische, physikalische oder chemische Umwandlung von Stoffen oder Teilen in Waren. Es handelt sich dabei um Roh- oder Grundstoffe aus Landwirtschaft, Forstwirtschaft, Fischerei und Fischzucht, Bergbau, Gewinnung von Steinen und Erden sowie um Erzeugnisse dieses Abschnitts selbst. Die wesentliche Änderung oder Neugestaltung von Waren wird generell als Herstellung von Waren angesehen und dem Verarbeitenden Gewerbe zugeordnet.*"

Die Begriffe des Untersuchungsobjekts, *mittelständische Industrieunternehmen* und die *Geschäftsbereichsebene*, werden in den nachfolgenden Abschnitten beschrieben.

1.3.1. Mittelständische Industrieunternehmen

Die empirische Untersuchung dieser Arbeit wird durch eine Befragung mittelständischer Industrieunternehmen durchgeführt. Ein Industrieunternehmen kann definiert werden als *„ein Betrieb, der gewerblich unter maßgeblichem Einsatz von Maschinen nach dem Prinzip der Arbeitsteilung Sachgüter erzeugt und auf großen Märkten absetzt".*[747] Sachgüter können entweder hergestellt werden durch Verarbeitung von Stoffen (Textil-, Holz-, Metallverarbeitung) oder durch Gewinnung (Rohstoffe, Erdöl- oder Erdgasgewinnung).[748]

Eine klare Abgrenzung zu Handwerksbetrieben ist nicht immer möglich. Ein Industrieunternehmen erschafft zur Fremdbedarfsdeckung Sachgüter i. d. R. auf ingenieurwissenschaftlicher Basis. Bei einem Handwerksbetrieb steht dagegen die Handarbeit im Vordergrund, auch der Abnehmerkreis ist bei diesen Firmen räumlich und persönlich eng begrenzt. Ein formaler Unterschied besteht insofern, als Industrieunternehmen der INDUSTRIE- UND HANDELSKAMMER (IHK), Handwerksbetriebe dagegen der HANDWERKSKAMMER (HWK) zugehörig sind.[749]

Die Sachgüterproduktion steht bei einem Industrieunternehmen an erster Stelle. Zunehmend werden in den letzten Jahren aber auch produktbezogene Dienstleistungen bzw. Serviceleistungen angeboten und erbracht.[750]

Mittelständische Unternehmen sind Unternehmen aller Branchen einschließlich des Handwerks und der Freien Berufe. Charakterisiert sind sie dadurch, dass ein Eigentumsunternehmer sein kleines oder mittleres Unternehmen alleinverantwortlich prägt und führt. Andere Ausdrücke für derartige Unternehmen sind

---

[746] Vgl. Statistisches-Bundesamt-Deutschland (2010): Wirtschaftszweige-Klassifikation 2008 mit den Codes 10-33
[747] Vgl. Hansmann (2006) S.4
[748] Vgl. Corsten (2000) S.347
[749] Vgl. Arentzen (1997) S.1856
[750] Vgl. Abschnitt II 1.6.2 *Kernkompetenzen* auf S.45

Klein- und mittlere Unternehmen (KMU), Klein- und Mittelbetriebe, Small Firms oder auch *Small and Medium-Sized Enterprises (SME).*[751] Das INSTITUTS FÜR MITTELSTANDSFORSCHUNG (IFM) BONN definiert den Begriff *Mittelstand* und grenzt ihn sowohl durch *quantitative* Merkmale (kleine und mittlere Unternehmen - KMU) als auch durch *qualitative* Merkmale (Familienunternehmen) ein.[752] Eine eindeutige Definition des Begriffs *mittelständisches Unternehmen* ist allerdings in der Literatur und der Praxis wegen der großen Heterogenität dieser Firmen nicht möglich.[753]

Quantitative Merkmale

Quantitative Merkmale stellen ab auf die Größe eines Unternehmens, vorzugsweise auf die Zahl der Beschäftigten und auf den Jahresumsatz bzw. die Jahresbilanzsumme. Diese betriebswirtschaftlichen Kennzahlen können bspw. dem Jahresabschluss entnommen werden.[754] In der Literatur sind keine eindeutigen Definitionen bzw. quantitativen Merkmale für kleine und mittlere Unternehmen zu finden. Als Schwellenwerte werden unterschiedliche Umsatz- und Mitarbeiterzahlen, aber auch Bilanzsummen verwendet.[755] Nach allem ist

---

[751] Vgl. Gabler-Wirtschaftslexikon (2012), Kießling (1996) S.26ff
[752] Vgl. IfM-Bonn (2012a)
[753] Vgl. Mugler (1999) S.19
[754] Vgl. Zdrowomyslaw & Dürig (1999) S.9, Ridinger (1997) S.19, Schuster (1991) S.11
[755] Vgl. Handelsgesetzbuch (2012), Publizitätsgesetz (2012)
Der § 267 HGB unterscheidet kleine, mittelgroße und große Kapitalgesellschaften bei der Umschreibung der Größenklassen. Beispielsweise sind kleine Kapitalgesellschaften solche, *die mindestens zwei der drei nachstehenden Merkmale nicht überschreiten: (1.) 4.840.000 € Bilanzsumme nach Abzug eines auf der Aktivseite ausgewiesenen Fehlbetrags (§ 268 Abs. 3). (2.) 9.680.000 € Umsatzerlöse in den zwölf Monaten vor dem Abschlußstichtag. (3.) Im Jahresdurchschnitt fünfzig Arbeitnehmer.*

aber festzustellen, dass die Definitionen für kleine und mittlere Unternehmen überwiegend eine Obergrenze von maximal 500 Mitarbeitern beinhalten.[756] Tabelle 26 gibt beispielhaft eine Einteilung der Betriebe nach ihrer Größe, ihrem Jahresumsatz und der Anzahl der Beschäftigten gemäß des IFM BONN wieder, die für die empirische Untersuchung dieser Arbeit maßgeblich ist.

Unternehmensgröße	Zahl der Beschäftigten	Umsatz in € / Jahr
klein	bis 9	bis unter 1 Million
mittel	10 – 499	1 bis unter 50 Millionen
Mittelstand (KMU) zusammen	bis 499	bis unter 50 Millionen
groß	500 und mehr	50 Millionen und mehr

Tabelle 26: Einteilung der Betriebe nach ihrer Größe gemäß des IFM BONN[757]

Qualitative Merkmale

Folgende qualitative Merkmale eines mittelständischen Industrieunternehmens sind zu nennen:[758]

---

[756] Vgl. u. a. Europäische-Kommission (2012) u. Verheugen (2006) S.12ff: Die Größenklassen der KMU-Schwellenwerte der EU für Kleinstunternehmen sowie der kleinen und mittleren Unternehmen (KMU) seit dem 01.01.2005 sind in der folgenden Tabelle dargestellt.

Unternehmensgröße	Zahl der Beschäftigten	und	Umsatz in € / Jahr	oder	Bilanzsumme in € / Jahr
kleinst	< 10		≤ 2 Millionen		≤ 2 Millionen
klein	< 50		≤ 10 Millionen		≤ 10 Millionen
mittel	< 250		≤ 50 Millionen		≤ 43 Millionen

[757] Vgl. IfM-Bonn (2010): „Das INSTITUT FÜR MITTELSTANDSFORSCHUNG Bonn definiert Unternehmen mit bis zu neun Beschäftigten respektive weniger als 1 Million € Jahresumsatz als kleine und solche mit zehn bis 499 Beschäftigten bzw. einem Jahresumsatz von 1 Million € bis unter 50 Millionen € als mittlere Unternehmen. Die Gesamtheit der KMU setzt sich somit aus allen Unternehmen mit weniger als 500 Beschäftigten respektive 50 Millionen € Jahresumsatz zusammen."

[758] Vgl. Kraut (2002) S.10f, Mugler (1999) S.19ff, Theile (1996) S.17ff, Hake (1996) S.967

- Es handelt sich um Eigentümerunternehmen. Der Kapitalbesitz, das Management und das gesamte Firmenrisiko liegen in einer Hand bzw. von nur wenigen Eigentümern.

- Das Unternehmen ist eigenständig, rechtlich und wirtschaftlich unabhängig.

- Das Unternehmen ist einfach und überschaubar organisiert.

- Wegen der angestrebten Selbstständigkeit und des Eigentums an seiner Firma und der damit verbundenen Nichtemissionsfähigkeit hat der Unternehmer nur beschränkten Zugang zum Kapitalmarkt.

- Das Unternehmen bildet die Existenzgrundlage für den Unternehmer. Die Unternehmenskultur wird bestimmt durch seine zentrale Stellung im Unternehmen und durch das persönliche Vertrauensverhältnis zu den Mitarbeitern.

Das IfM BONN verwendet den Begriff *Familienunternehmen* als qualitatives Merkmal für ein mittelständisches Unternehmen. Als Familienunternehmen werden alle Unternehmen definiert, bei denen[759]

- *bis zu zwei natürliche Personen oder ihre Familienangehörigen mindestens 50% der Anteile eines Unternehmens halten und*

- *diese natürlichen Personen der Geschäftsführung angehören.*

Nach NEUGEBAUER treffen die genannten qualitativen Merkmale statistisch mehrheitlich auf mittelständische Industrieunternehmen zu und können deshalb als nachgerade typisch bezeichnet werden.[760]

1.3.2. Geschäftsbereichsebene

Der Geschäftsbereich, der synonym auch *Sparte* genannt wird, ist als *organisatorischer Teilbereich eines Unternehmens* definiert, der nach dem

---

[759] Vgl. IfM-Bonn (2012b)

Vgl. auch Stiftung-Familienunternehmen (2012): Nach der weniger strengen Definition von der STIFTUNG FÜR FAMILIENUNTERNEHMEN IN DEUTSCHLAND UND EUROPA werden auch jene Unternehmen als Familienunternehmen definiert, bei denen einerseits eine Trennung zwischen Eigentumsverhältnissen und Unternehmensführung besteht, andererseits jedoch das Unternehmen von einer überschaubaren Anzahl natürlicher Einzelpersonen oder Familien geleitet bzw. kontrolliert wird.

[760] Vgl. Neugebauer (1993) S.14

Objektprinzip (bspw. Produkte, Kundengruppen oder Absatzgebiete) gegliedert ist. Es handelt sich um den organisatorischen Teilbereich eines Unternehmens (Division), in dem bei reiner Umsetzung der Spartenorganisation alle Kompetenzen für jeweils ein Produkt bzw. eine Produktgruppe zusammengefasst sind.[761]

Ein Geschäftsfeld, auch Domäne genannt, beschreibt nicht nur die Produkte oder das Produktprogramm in diesem Bereich, sondern kann auch einzelnen Kundengruppen oder Anwenderproblemen zugeordnet werden. Geschäftsfelder sind keine statischen Größen. Es ist Aufgabe des Top-Managements, sie ständig auf ihre Inhalte und ihre Zukunftsfähigkeit hin zu überprüfen und ggf. Änderungen unter Berücksichtigung der Ressourcen eines Unternehmens anzustoßen.[762] Mittlere und große Firmen haben i. d. R. mehrere (strategische) Geschäftsfelder, die sich idealerweise ergänzen sollten.[763] Eine unkonventionelle Einteilung dieser Geschäftsfelder kann oftmals der Einstieg in eine Innovationsstrategie sein. Andererseits ist mit einer latenten Gefahr zu rechnen, wenn sich Geschäftsfelder zu sehr abgrenzen, sich letztlich gegenseitig Konkurrenz machen und unnötige Kosten verursachen. Die Kunst des Top-Managements ist es, die richtige Balance zu finden.[764]

Beispielhaft sind in Abbildung 22 strategische Geschäftsfelder einiger großer Unternehmen aufgeführt.

---

[761] Vgl. Arentzen (1997) S.1537 u. S.3498, Gabler-Wirtschaftslexikon (2011)
[762] Vgl. Steinmann & Schreyögg (2005) S.169
[763] Vgl. Abschnitt II 1.6.2 *Kernkompetenzen* auf S.45
[764] Vgl. Steinmann & Schreyögg (2005) S.190

LUFTHANSA	SIEMENS	BASF	DAIMLER	COMMERZBANK
Passage	Information und	Pflanzenschutz	Mercedes-Benz	Privatkunden
Logistik	Communications	und Ernährung	Personenwagen	
Technik			und Smart	Asset
Catering	Automation und	Öl und Gas		Management
Touristik	Control		Nutzfahrzeuge	
IT-		Veredelungs-		Firmenkunden
Services	Power	produkte	Dienstleistungen	
	Transportation			Investment
	Medical &	Chemikalien	Übrige	Banking
	Lighting		Aktivitäten	
		Kunststoffe		
	Finanz- und Im-	und Fasern		
	mobiliengeschäft			

Abbildung 22: Strategische Geschäftsfelder einiger großer Unternehmen[765]

2. Deskriptive Analyse und Verteilung in der Stichprobe

Die Beteiligung an der Untersuchung mit Ausreißern in den Daten sowie die Problematik von Verzerrungen und die Nicht-Teilnahme an der Untersuchung wird im ersten Abschnitt IV 2.1 analysiert. In Abschnitt IV 2.2 werden die Unternehmens- und Desinvestitions-Charakteristika thematisiert. Die Bedeutung der Motive und Barrieren bei Desinvestitions-Entscheidungen sowie die Demarketing-Maßnahmen gegen die Barrieren und die Rückzugsformen werden in den Abschnitten IV 2.3 bis IV 2.5 erörtert. Die Ergebnisse des Erfolgs der getätigten Desinvestitionen sind im letzten Abschnitt IV 2.6 dargestellt.

Die Tabellen mit den jeweiligen Häufigkeitsverteilungen des untersuchten Datensatzes mit absoluten und relativen Zahlen sind im ANHANG 3 wiedergegeben.[766]

---

[765] Vgl. Steinmann & Schreyögg (2005) S.190
[766] Vgl. ANHANG 3: *Häufigkeitsverteilungen in der empirischen Untersuchung* auf S.269ff

2.1.Beteiligung an der Untersuchung

Insgesamt wurden 3.925 Unternehmen aus dem Bereich des Mittelstandes per E-Mail zu der Befragung eingeladen. Nach ca. drei Wochen bekamen die Unternehmen, die bis dahin nicht geantwortet oder die Befragung unterbrochen hatten, eine Erinnerungs-E-Mail. Aufgrund der bis dahin nur geringen Beteiligung an der Befragung wurden auch größere Unternehmen mit mehr als 500 Mitarbeitern in die Untersuchung einbezogen. 193 E-Mails kamen nach dem Versand der Fragebögen umgehend als *Bounce Message* mit dem Hinweis der Unzustellbarkeit vom E-Mail-Server zurück.[767]

Auf dieser Basis wurde eine Beteiligungsquote von 5,45 % (5,73 % ohne die Beachtung von *Bounce Messages*) erreicht. 4,13 % der Unternehmen lehnten eine Teilnahme an der Befragung ab. Die Rücklauf- bzw. Beendigungsquote liegt in dieser Untersuchung bei lediglich 2,01 % (2,12 % ohne die Beachtung von *Bounce Messages*). Eine detaillierte Aufstellung der Rückläufe nach Branchen ist im ANHANG 3 wiedergegeben.[768]

Abbildung 23 zeigt eine Übersicht der Reaktionen auf die Einladung zur Befragung mit absoluten Werten.

---

[767] Bei einer *Bounce Message* (engl.: zurückwerfen, abprallen), die auch *Delivery Status Notification* (DSN) Message genannt wird, handelt es sich um eine vom Mailserver automatisch erstellte Fehlermeldung, wenn eine E-Mail nicht zustellbar ist, weil die Empfänger-E-Mail-Adresse bspw. nicht (mehr) existiert. Als Absender für diese DSN wird häufig „MAILER-DAEMON@mailserver" oder „POSTMASTER@mailserver" verwendet.

[768] Vgl. ANHANG 3: *Häufigkeitsverteilungen in der empirischen Untersuchung* auf S.269ff

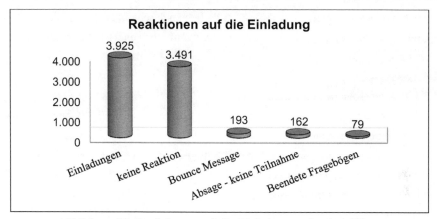

Abbildung 23: Reaktionen auf die Einladung – absolute Werte

Nach allem konnten nur 79 Unternehmen gefunden werden, die einen kompletten Fragebogen beendet und „zurückgeschickt" haben. Nach der Eliminierung von zwei *Ausreißern* im Datensatz ergibt sich eine Nettostichprobe von n = 77 verwendbaren Fragebögen. Diese bilden die Grundlage für die prozentualen Angaben der Fragebogenauswertung.[769]

Die befragten Unternehmen stammen aus den bereits in Abschnitt IV 1.3 *Stichprobe und Untersuchungsobjekt* vorgestellten Branchen. Die Befragung wurde deshalb im Bereich des Mittelstandes durchgeführt, um eine möglichst breite Basis unterschiedlicher Branchen ansprechen zu können. Es zeigte sich aber, dass von den 3.925 angeschriebenen Firmen 3.491 (~ 89 %) auch nach einem Erinnerungsschreiben überhaupt nicht reagierten. Selbst bei der zugesicherten Anonymität aller zu übermittelnden Daten waren von diesem Teilnehmerkreis keine Antworten zu bekommen.

---

[769] Vgl. auch die Thematik *Ausreißer* in Abschnitt IV 2.1.1 *Ausreißer in den Daten* auf S.214f
Die Nettostichprobe beinhaltet alle tatsächlich befragten Personen, d. h. es werden von der ursprünglichen Bruttostichprobe alle Personen abgezogen, die aus irgendeinem Grund nicht an der Befragung teilnehmen. In dieser Arbeit werden die Begriffe *Stichprobe* und *Nettostichprobe* synonym verwendet.

Auch vor dem Hintergrund der vertraulichen und sensiblen Thematik für die Unternehmen vermag die Rücklaufquote damit als sehr gering eingeschätzt werden.[770]

2.1.1. Ausreißer in den Daten

Bei einer empirischen Untersuchung sollen normalerweise alle Beobachtungswerte einen vergleichbaren Einfluss auf das Ergebnis haben. Einzelne Beobachtungen sollen das Ergebnis allerdings nicht sehr stark beeinflussen.[771] Als *Ausreißer* werden Antworten von Probanden *„with a unique combination of characteristics identifiable as distinctly different from the other observations"* bezeichnet, d. h., wenn Messwerte nicht in eine Messreihe passen oder allgemein nicht den (logischen) Erwartungen entsprechen.[772] Ein oder mehrere Indikatoren dieser s. g. Ausreißer haben demnach extreme Ausprägungen und es liegt ein atypisches Antwortverhalten vor. Sofern die Ausreißer nicht auf einen Eingabefehler zurückzuführen sind, gibt es keine eindeutige Anweisung für das Management von Ausreißern.[773]

Neben der visuellen Überprüfung der Verteilung der Beobachtungswerte existieren zahlreiche statistische Verfahren zur Identifizierung von Ausreißern. Einen verständlichen Überblick über solche statistische Verfahren geben bspw. CHATTERJEE und HADI.[774]

Das Vorhandensein der Ausreißer ist in der empirischen Forschung mit verschiedenen Effekten verbunden. Auf der einen Seite führen Ausreißer zu einer Verzerrung der Analyse, weil sie nicht repräsentativ für die Grundgesamtheit sind. Auf der anderen Seite kann die Eliminierung von Ausreißern dazu führen, dass die erhobenen Daten einer multivariaten Normalverteilung

---

[770] Die Problematik der *Nicht-Teilnahme an der Untersuchung (Non-Responses)* wird in Abschnitt IV 2.1.3 *Nicht-Teilnahme an der Untersuchung* auf S.220ff thematisiert.
[771] Vgl. Skiera & Albers (2008) S.492
[772] Hair et al. (2005) S.73
[773] Vgl. Skiera & Albers (2008) S.492
[774] Vgl. Chatterjee & Hadi (1986) S.380ff

folgen.[775] PUNJ und STEWART empfehlen, in einem Datensatz maximal 10 % der Daten als Ausreißer zu klassifizieren und zu eliminieren.[776]

Der vorliegende Datensatz wurde auf offensichtliche und formal-logische Fehler bei der Beantwortung überprüft.[777] Zwei Fragebögen (~ 2,5 %) wurden aufgrund von inkonsistenten, unplausiblen und atypischen Antworten eliminiert, die der logischen Erwartung widersprachen. Eine ernsthafte Beantwortung konnte mit großer Wahrscheinlichkeit ausgeschlossen werden.[778]

Nach der Entfernung aus der Stichprobe wies der Datensatz einen Umfang von n = 77 für die Fragebogenauswertung auf.

2.1.2. Verzerrungen in der Stichprobe

Bei einer Rücklauf- bzw. Beendigungsquote von 2,01 % (2,12 % ohne *Bounce Messages*) kann nicht zwingend davon ausgegangen werden, dass die Netto-stichprobe frei von Verzerrungen ist.

Ein wichtiger Gesichtspunkt ist in diesem Fall die Übereinstimmung, d. h. die *Repräsentativität* der Stichprobe, in ihren wesentlichen und untersuchungs-relevanten Merkmalen mit der (unbekannten) Grundgesamtheit.[779] Vor dem Hintergrund des sensiblen Themas dieser Arbeit ist auch die Problematik des *Over-* bzw. *Undersampling* zu nennen. Für den vorliegenden Datensatz könnte dies bedeuten, dass überwiegend Unternehmen geantwortet haben, die ein spezifisches Interesse an der Untersuchungsthematik haben bzw. ihren Desinvestitions-Erfolg mitteilen möchten. Umgekehrt ist zu vermuten, dass Unternehmen, die negative Desinvestitions-Erfahrungen gemacht haben, diese nicht bzw. ungern veröffentlichen, selbst wenn Anonymität zugesichert

---

[775] Vgl. Hair et al. (2005) S.73, West et al. (1995) S.61, Kline (2005) S.49
[776] Vgl. Punj & Stewart (1983) S.136f
[777] Vgl. dazu auch Sommer et al. (1999) S.54f
[778] Die Fragebögen enthielten die gleichen Beurteilungen für alle Aussagen und / oder sachlo-gisch konträre Angaben bei der Erfolgsbewertung.
[779] Vgl. Berekoven et al. (2009) S.45, Homburg & Krohmer (2008) S.39
Bortz & Döring (2006) S.398 ergänzen: Eine Stichprobe *„ist global repräsentativ, wenn ihre Zusammensetzung in nahezu allen Merkmalen der Populations-zusammensetzung entspricht."*

wurde.[780] In diesem Zusammenhang ist auch die *Rücklaufquote* der empirischen Untersuchung von Bedeutung. Eine hohe Rücklaufquote ist insbesondere dann wünschenswert, wenn sich antwortende und nicht-antwortende Unternehmen bezüglich der untersuchten Merkmale unterscheiden und folglich keine Repräsentativität der Daten gegeben ist. Eine hohe Rücklaufquote ist generell dann zu erwarten, wenn die Fragebogenthematik aktuell und interessant ist. Bei sensiblen, uninteressanten bzw. für Unternehmen unwichtig erscheinenden Themen ist a priori mit einer geringen Teilnahme zu rechnen. Von einer sensiblen Thematik kann auch in der vorliegenden empirischen Untersuchung ausgegangen werden.[781]

Es ist weiterhin zu überprüfen, ob ein systematischer Fehler vorliegt. Die Ursachen für systematische Messfehler in einer empirischen Untersuchung können von den Informanten auf verschiedene Arten hervorgerufen werden und zu Verzerrungseffekten führen: *(Key)-Informant-Bias, Common-Method-Bias* und *Non-Response-Bias.* Diese Effekte werden im Folgenden erläutert.

(Key)-Informant-Bias
Eine Verzerrung durch den systematischen Messfehler *(Key)-Informant-Bias* ist gegeben, wenn Unterschiede zwischen der subjektiven Wahrnehmung des Informanten und den objektiv vorliegenden Phänomenen vorhanden sind und dies zu einer Einschränkung der Validität der gemachten Aussagen führt.[782] Als ursächlich für diese Beurteilungsunterschiede sind die Zugehörigkeit der befragten Personen zu einzelnen Abteilungen oder Hierarchieebenen und den Kompetenzen zu nennen.[783] Nach ERNST wird von einem *Informant-Bias* gesprochen, *„wenn die funktionale Zugehörigkeit und / oder die hierarchische*

---

[780] Vgl. Bortz & Döring (2006) S.398: Vom *Over-* bzw. *Undersampling* wird gesprochen, wenn eine repräsentative Über- bzw. Unterverteilung einzelner Gruppen in einer Stichprobe vorliegt.
[781] Vgl. Bortz & Döring (2006) S.256f
    Vgl. auch Abschnitt IV 2.1.3 *Nicht-Teilnahme an der Untersuchung* auf S.220f
[782] Vgl. Bagozzi et al. (1991) S.423ff, Ernst (2003) S.1251ff
[783] Vgl. Ernst (2003) S.1253ff, Ireland et al. (1987) S.472

Stellung von Informanten in ihren jeweiligen Organisationen einen verzerrenden Einfluss auf das Antwortverhalten ausüben."[784]

In dieser Arbeit wurde lediglich nur eine Person bzw. ein Informant je Unternehmen befragt, sodass ein Vorliegen des Informant-Bias nicht überprüft werden kann.

Das s. g. Identitätsproblem ist ein bekanntes Thema bei einer schriftlichen Datenerhebung. Dieses Problem tritt u. a. auf, wenn Personen den Fragebogen beantworten, die möglicherweise nicht über die nötigen Kompetenzen verfügen. Insbesondere Führungskräfte übertragen die Beantwortung von Fragebögen bspw. aus Gründen der hohen Arbeitsbelastung an Mitarbeiter.[785]

Die Auswertung der Daten hinsichtlich der Position der befragten Personen im Unternehmen zeigt, dass die anvisierte Zielgruppe, d. h. insbesondere Führungskräfte, überwiegend erreicht wurde. Abbildung 24 gibt den Anteil der hierarchischen Position der befragten Personen im Unternehmen in Prozent wieder.

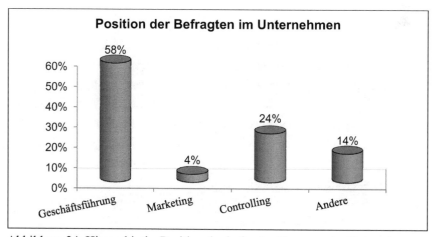

Abbildung 24: Hierarchische Position der befragten Personen im Unternehmen – in %

---

[784] Ernst (2001) S.96
[785] Vgl. Hafermalz (1976) S.31f, Fritz (1995) S.100

58 % der befragten Personen gaben an, eine Position in der *Geschäftsführung* zu haben. Zusammen mit den Positionen *Marketing* und *Controlling* ergibt sich ein Anteil von 86 %. Lediglich 14 % der befragten Personen haben eine *andere Position* in ihrem Unternehmen.

Es kann daher davon ausgegangen werden, dass ein Identitätsproblem bei dieser Untersuchung zu vernachlässigen ist.

Common-Method-Bias

Aufgrund der Konzeption der empirischen Untersuchung ist auch die Möglichkeit eines *Common-Method-Bias* gegeben, der insbesondere die Schätzung der Wirkungsmodelle beeinflusst und eng mit dem *Informant-Bias* verbunden ist. Der *Common-Method-Bias* ist nach PODSAKOFF ET AL. eine systematische Verzerrung der Zusammenhänge zwischen exogenen und endogenen Konstrukten, der auf die Methodik der Datenerhebung und nicht auf die realen Wirkungszusammenhänge zwischen diesen Konstrukten zurückzuführen ist. Eine Konfundierung von abhängigen und unabhängigen Variablen ist die Folge.[786]

Vier Ursachen können für diesen systematischen *Common-Method-Bias* Messfehler genannt werden:[787] Zunächst kann die Datenerhebung abhängiger und unabhängiger Konstrukte von nur einer einzigen Datenquelle dazu führen, dass sich aufgrund von Konsistenzmotiven der antwortenden Personen Scheinzusammenhänge innerhalb der Konstrukte herausstellen. Diese Scheinzusammenhänge müssen in der Realität nicht oder sie können nur in geringem Maße existieren. Als weitere Ursache für eine Verzerrung können die Eigenschaften der Indikatoren mit bspw. nicht eindeutigen Frageformulierungen oder ähnelnden Skalenformaten genannt werden.

Eine dritte Ursache kann der Kontext der Datenerhebung sein: Zeitpunkt und Erhebungsort können bspw. einen Einfluss auf die Beantwortung der Fragen

---

[786] Vgl. Podsaskoff et al. (2003) S.879, Diller (2004) S.177, Avolio et al. (1991) S.571ff
   In der Literatur werden die Begriffe *Common-Method-Bias* und *Common-Method-Variance* synonym verwendet.

[787] Vgl. Podsaskoff et al. (2003) S.879ff

haben. Als vierte Ursache für eine Verzerrung ist der Kontext zu nennen, in dem die Indikatoren abgefragt werden. Die Gruppierung als auch die Positionierung eines Indikators in dem Fragebogen kann bspw. zu einer verzerrenden Antwort führen.[788]

Die Gefahr einer Verzerrung durch den systematischen *Common-Method-Bias* Messfehler kann auch in dieser Arbeit nicht ausgeschlossen werden, weil die Aussagen über exogene und endogene Variable von nur einer identischen Quelle bezogen wurden. Mit Hilfe des *One-Factor-Tests* von HARMAN kann überprüft werden, ob ein Großteil der Varianz aus der Messmethode resultiert und somit ein *Common-Method-Bias* vorliegt.[789] PODSAKOFF ET AL. weisen jedoch darauf hin, dass der *One-Factor-Test* mit zunehmender Indikatorenanzahl an seine Grenzen stößt und die Wahrscheinlichkeit sinkt, eine *Ein-Faktor-Lösung* zu generieren.[790] Aus diesem Grund wurde in dieser Untersuchung auf die Prüfung im Hinblick auf einen *Common-Method-Bias* verzichtet.

Non-Response-Bias

Bei einem *Non-Response-Bias* werden systematische Fehler im Gegensatz zum *Informant-* und *Common-Method-Bias* nicht durch Verzerrungseffekte innerhalb der erhobenen Daten, sondern durch strukturelle Unterschiede zwischen teilnehmenden und nicht teilnehmenden Informanten verursacht. Ein *Non-Response-Bias* liegt bspw. dann vor, wenn die teilnehmenden Personen ein spezifisches Interesse an dem Untersuchungsthema haben oder aber wichtige Informationen durch die Nicht-Teilnahme verloren gehen, weil Unterschiede zwischen den teilnehmenden bzw. nicht teilnehmenden Unternehmen vorhanden sind. Die Aussagekraft der Untersuchung wäre in diesem Fall nur eingeschränkt zu verwenden und nicht zu verallgemeinern. Nur eine gezielte Nacherhebung in

---

[788] Vgl. hierzu auch Söhnchen (2007) S.138ff
[789] Vgl. Harman (1976), Podsakoff & Organ (1986) S.531ff
    Der *One-Factor-Test* wird in der Literatur auch *Single-Factor-Test* genannt.
[790] Vgl. Podsaskoff et al. (2003) S.879ff

der Gruppe der Non-Responses könnte diesem Phänomen entgegenwirken. Das war in dieser Untersuchung aber nicht durchführbar.[791]

2.1.3. Nicht-Teilnahme an der Untersuchung

Von den 3.925 angeschriebenen Unternehmen haben 3.492 Teilnehmer überhaupt nicht reagiert, auch nicht auf die Erinnerungs-E-Mail. 193 E-Mails kamen als *Bounce Message* zurück und waren nicht zustellbar, obgleich diese E-Mail-Adressen auf den Internetseiten der Unternehmen als Kontaktadressen angegeben waren.

Diese Beobachtung lässt sich u. a. dadurch erklären, dass viele Unternehmen die auf ihren Internetseiten angegebenen Kontakt-E-Mail-Adressen aus Gründen der *SPAM-Flut* inzwischen deaktiviert haben und nur noch Online-Kontakt-formulare anbieten.[792] Eine weitere Erklärung kann auch die Verwendung einer REALTIME BLACKHOLE LIST als wirkungsvolles Anti-Spam-Tool sein.[793]

Ein wesentlicher Grund für die Nicht-Teilnahme mag darin liegen, dass den Unternehmen das Tagesgeschäft allemal wichtiger ist, als dass ein Unternehmen sich 10-15 Minuten Zeit nehmen würde, um über eigene Strategien nach-zudenken. Hinzu kommt, dass Unternehmen sich sicherlich mit unter-schiedlichen Anfragen, u. a. auch für wissenschaftliche Untersuchungen, konfrontiert sehen, die irgendwann als Belästigung empfunden werden. Eine Differenzierung zwischen unwichtigen und womöglich aber für ein Unter-nehmen auch hilfreichen Untersuchungen und Fragestellungen findet dann nicht mehr statt. Die Anfragen werden schlicht ignoriert.

---

[791] Vgl. Armstrong & Overton (1977) S.396ff, Friedrichs (1990) S.244f, Viswesvaran et al. (1993) S.551ff, Hafermalz (1976) S.29f u. 170f

[792] Unerwünschte elektronische Nachrichten mit oftmals werbenden Inhalten, die dem Empfänger unverlangt zugestellt werden, werden SPAM- oder auch JUNK-E-Mails (engl.: Abfall, Plunder) genannt. Dem Empfänger entsteht häufig ein Schaden durch zusätzlichen Aufwand in der Bearbeitung dieser E-Mails.

[793] Die REALTIME BLACKHOLE LIST ist eine „schwarze Liste" mit den IP-Adressen von Mailservern (möglicherweise auch den UNIPARK-Mailservern), die durch häufigen Spam-Versand aufgefallen sind. E-Mails können dadurch in Echtzeit als Spam klassifiziert und abgewiesen werden.

Weil die Fragen in dieser Untersuchung zudem ein sensibles Thema berühren, ist auch aus diesem Grund eine völlige Ignoranz durchaus verständlich. Desinvestitionen und Demarketing-Strategien sind allgemein negativ konnotiert. Sie haben den Beigeschmack eines Misserfolgs.[794] Auch der ausdrückliche Hinweis im Anschreiben des Fragebogens, dass lediglich strategische, d. h. positive Strategien nachgefragt werden, konnte diesen Teilnehmerkreis nicht dazu bewegen, den Fragebogen überhaupt „anzuklicken".

Nach allem wird deutlich, dass ein Problembewusstsein für *Demarketing-* und *Desinvestitions-Strategien* bei den meisten Unternehmen nicht bzw. nicht ausreichend vorhanden ist. Dieses mangelnde Problembewusstsein ist wiederum die Ursache für die geringe Rücklaufquote und für die Verzerrungen in den vorliegenden Daten. Die Grenzen der vorliegenden empirischen Untersuchung werden somit deutlich.[795]

Anders verhält es sich bei den angeschriebenen Firmen, die wenigstens bereit waren, eine mehr oder weniger freundliche Absage zu formulieren. 162 Unternehmen haben eine Teilnahme an der Befragung abgelehnt. Zunächst werden in einem ersten Schritt die Gründe für die Nichtteilnahme von den Unternehmen analysiert. Hierfür wurden die E-Mail-Absagen der Teilnehmer ausgewertet.

Abbildung 25 gibt die Häufigkeiten der von den befragten Personen angegebenen Gründe für die Nicht-Teilnahme an der Befragung in % wieder.

---

[794] Vgl. Abschnitt II 2.2 *Desinvestition* auf S.70ff
[795] Vgl. Abschnitt V 2 *Grenzen der empirischen Untersuchung und erweiterter Forschungsbedarf* auf S.254ff

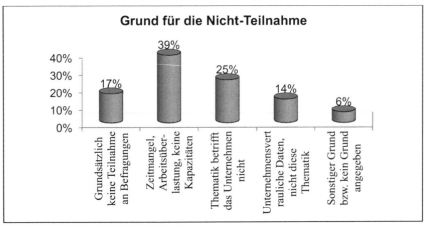

Abbildung 25: Gründe für die Nicht-Teilnahme an der Befragung – in %

Aus unterschiedlichen Gründen konnten oder wollten Unternehmen nicht an der Befragung teilnehmen. Folgende Antworten können als nachgerade typisch gelten, die in folgende Gruppen geclustert werden können: Man nehme grundsätzlich an keinen Befragungen dieser Art teil (17 %), man könne aus Zeitgründen leider nicht teilnehmen, es stünden keine entsprechenden Kapazitäten zur Verfügung (39 %), das Thema der Befragung sei für ihr Unternehmen nicht relevant, Desinvestitionen und Demarketing-Strategien kämen nicht vor (25 %), sensible Firmendaten würden grundsätzlich nicht veröffentlicht, daher erfolge keine Beteiligung an dieser Thematik (14 %). Etwa 6 % der Absagen hatten einen Sonstigen bzw. keine Gründe für die Nicht-Teilnahme zum Inhalt.

Auch die Sensibilität des Untersuchungsgegenstandes ist zu berücksichtigen: Hatte es nur mit Desinteresse oder auch mit der Sensibilität des Themas zu tun, dass ein großes und erfolgreiches mittelständisches Unternehmen etwas salopp formulierte: „*sorry - da möchten wir nicht teilnehmen.*"? Das Desinteresse an Demarketing-Strategien zeigte sich in der Gruppe der zumindest absagenden

Unternehmen auch daran, dass der Fragebogen überhaupt nicht beachtet, d. h. nicht einmal versuchsweise angeklickt wurde.[796]

Immerhin 214 Unternehmen waren bereit, die Befragung zu beginnen. 135 Firmen haben die Befragung abgebrochen. Ein Abbruch erfolgte größtenteils nach der ersten oder zweiten Fragebogenseite. Am Ende der Untersuchung lagen 79 vollständig ausgefüllte Fragebögen vor. Vor dem Hintergrund der Beteiligung an der Befragung ergibt sich eine Beendigungsquote von 37 %.
Dieser Sachverhalt ist mit absoluten Werten in Abbildung 26 grafisch dargestellt.

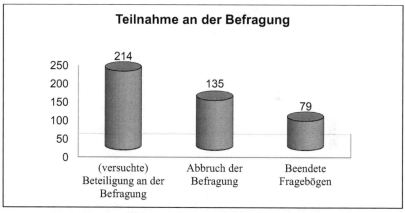

Abbildung 26: Teilnahme an der Befragung – absolute Werte

---

[796] Schließlich ist auch eine Rückmeldung erwähnenswert, die nicht einer gewissen Komik entbehrte. Ein größeres mittelständisches Unternehmen teilte mit, an der Befragung, obgleich sie als unterstützungswürdig eingeschätzt wurde, wegen fehlender Ressourcen nicht teilnehmen zu können. Nur eine Woche später bat die gleiche Firma im Gegenzug um Unterstützung und um die Beantwortung eines eigenen Fragebogens. Das Unternehmen wolle den *„schnellen, effizienten und freundlichen Service"* verbessern. Auf die Entgegnung, an der Befragung sehr gerne teilnehmen zu wollen, sofern auch auf den Fragebogen dieser Arbeit geantwortet würde, erfolgte jedoch keine Reaktion mehr.

Bei den unvollständigen und nicht verwertbaren Antworten kann nur vermutet werden, warum die Beantwortung unterbrochen wurde. Wurde erkannt, dass tatsächlich keine sachdienlichen Hinweise zu geben waren? Oder war es nur das Interesse, den Fragebogen einzusehen? Von der Möglichkeit einer angebotenen Rücksprache via Telefon oder E-Mail in Zweifelsfällen wurde in 124 Fällen kein Gebrauch gemacht, lediglich 11 Probanden nutzen diese Möglichkeit. Bei den an der Befragung interessierten Unternehmen, die den Fragebogen aber nicht unmittelbar beantworten konnten, erfolge in nur vier Fällen nach telefonischer Rücksprache die Beantwortung. In sieben Fällen stellte sich jedoch heraus, dass keine für das Thema gültigen Antworten zu generieren waren.

2.2. Unternehmens- und Desinvestitions-Charakteristika

Um die Charakteristika der Unternehmen hinsichtlich der Struktur und Unternehmensgröße zu ermitteln, wurden die zur Befragung eingeladenen Unternehmen nach der Anzahl der Geschäftsbereiche und der Mitarbeiteranzahl befragt, die im Folgenden dargestellt sind.

Im Anschluss daran werden die Desinvestitions-Charakteristika im Datensatz hinsichtlich der Desinvestitions-Zeitpunkte und der Desinvestitionsform beschrieben.

Anzahl der Mitarbeiter

Tabelle 27 gibt die Häufigkeitsverteilung der Anzahl von Mitarbeitern in dem beobachteten Datensatz wieder.

Anzahl der Mitarbeiter	Häufigkeit der Angabe	
	absolut	in %
≤ 500	51	66,23 %
> 500 bis ≤ 1000	9	11,69 %
> 1000	17	22,08 %

Tabelle 27: Häufigkeitsverteilung der Anzahl der Mitarbeiter

Der Datensatz zeigt, dass mit mehr als 66 % überwiegend Unternehmen geantwortet haben, die dem Mittelstand zuzuordnen sind.[797] Die Tabelle zeigt ferner, dass die größeren Unternehmen mit bis zu 1.000 Mitarbeitern lediglich ca. 12 % und mit mehr als 1.000 Mitarbeitern ca. 22 % des Datensatzes ausmachen.

Anzahl der weiteren Geschäftsbereiche

Die Häufigkeitsverteilung der Anzahl der weiteren Geschäftsbereiche ist in Tabelle 28 wiedergeben.

Anzahl der weiteren Geschäftsbereiche	Häufigkeit der Angabe	
	absolut	in %
0	35	45,45 %
1	23	29,87 %
2	11	14,29 %
3	3	3,90 %
4	3	3,90 %
≥ 5	2	2,60 %

Tabelle 28: Häufigkeitsverteilung der Anzahl der weiteren Geschäftsbereiche

Die Tabelle zeigt, dass ca. 45 % der desinvestierenden Unternehmen keine weiteren Geschäftsbereiche haben. Ca. 44 % sind lediglich in 1 bzw. 2 weiteren Geschäftsfeldern tätig. Nur ein geringer Anteil von jeweils 3,9 % bzw. 2,6 % der befragten Firmen gab weitere Geschäftätigkeiten in mehr als 3 Bereichen an.

Der große Anteil von Unternehmen ohne weitere Geschäftsbereiche ist dadurch zu erklären, dass davon einerseits ca. 54 % das *Outsourcing* als Desinvestitionsform gewählt haben und nur Teile eines Geschäftsbereichs desinvestiert wurden. Auf der anderen Seite wurde, wie den Antworten auf die offene Frage zu entnehmen ist, auch nicht das Hauptgeschäftsfeld desinvestiert, sondern überwiegend *kleinere Sparten des Hauptgeschäftsfeldes, Teile der Produktion zur Reduktion der Produktionskapazität* sowie *IT-* und *EDV-Abteilungen.*

---

[797] Vgl. Tabelle 26: *Einteilung der Betriebe nach ihrer Größe gemäß des IFM* BONN auf S.208

Durchführungszeitpunkt

Die prozentuale Häufigkeitsverteilung des Durchführungszeitpunkts der Desinvestition in den Stufen *kürzlich, vor bis zu 1 Jahr, vor 1-2 Jahren* und *vor 2-5 Jahren* ist in Abbildung 27 dargestellt.

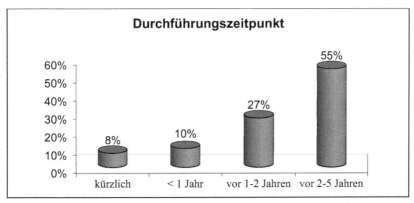

Abbildung 27: Durchführungszeitpunkt der Desinvestition – in %

55 % der Unternehmen gaben an, dass die Desinvestition vor 2-5 Jahren durchgeführt wurde. Bei 27 % wurde diese vor 1-2 Jahren, bei lediglich 18 % vor weniger als einem Jahr durchgeführt. Daraus ergibt sich, dass insgesamt 87 % der Desinvestitionen 1-5 Jahre zurücklagen.

Gefragt wurde in der Untersuchung nach strategischen Desinvestitionen, die stets mittel- bis langfristig ausgerichtet sind. Der hohe Prozentwert länger zurückliegender Desinvestitionen ist daher insofern von Bedeutung, als von den Unternehmen ein Desinvestitions-Erfolg bereits über einen längeren Zeitraum beurteilt werden konnte. Die Antworten auf die Frage nach der Bewertung des Desinvestitions-Erfolgs in Abschnitt IV 2.6 erhalten dadurch ein größeres Gewicht. Im Umkehrschluss bedeutet dies aber auch, dass ein langfristiger strategischer Erfolg einer erst kürzlich bzw. erst weniger als vor einem Jahr durchgeführten Desinvestition kaum bzw. nur sehr schwer abschließend beurteilt werden kann.[798]

---

[798] Vgl. dazu auch Abschnitt II 1 *Strategien und Marketing-Strategien* auf S.25ff u. Abschnitt IV 2.6 *Erfolg der Desinvestition* auf S.233ff

Desinvestitionsform

Die Häufigkeitsverteilung der Desinvestitionsformen *Stilllegung*, *Liquidation*, *Sell-off* und *Outsourcing* ist in Abbildung 28 dargestellt.

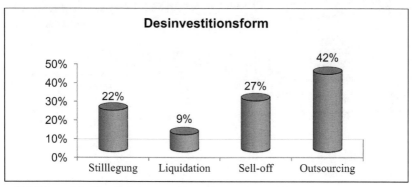

Abbildung 28: Häufigkeitsverteilung der Desinvestitionsformen – in %

Von den auswertbaren Fragebögen gaben 22 % der Unternehmen an, eine *Stilllegung* als Desinvestitionsform gewählt zu haben. 9 % haben *liquidiert*, bei 27 % erfolgte ein *Sell-off*. Die Mehrheit von 42 % hat sich für das *Outsourcing* als Desinvestitionsform entschieden.

2.3. Bedeutung von Motiven

Die Befragung hinsichtlich der Bedeutung der **Motive** für die Desinvestition zeigt, dass *Verluste bzw. zu geringe Renditen des Desinvestitionsobjekts* das bedeutendste Motiv war. Auf der bereits vorgestellten Ratingskala von *null=neutral* über *eins=weniger wichtig* und *zwei=wichtig* bis *drei=sehr wichtig*, liegt ein Mittelwert von 2,00 vor, der dieses Motiv im Durchschnitt als *wichtig* beurteilt.

In Abbildung 29 sind die Bedeutungen der Motive für die Desinvestitionsformen *Stilllegung*, *Liquidation* und *Sell-off* dargestellt.

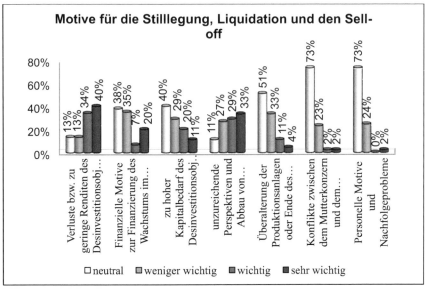

Abbildung 29: Bedeutung der *Motive* für die *Stilllegung*, *Liquidation* und den
Sell-off – in %

Als weitere wichtige Motive für eine Desinvestitions-Entscheidung sind *unzureichende Perspektiven und Abbau von Kapazitäten* mit einem Mittelwert von
1,84 (nahezu *wichtig*) und *finanzielle Motive zur Finanzierung des Wachstums
im Kerngeschäft* mit einem Mittelwert von 1,09 (*weniger wichtig*) zu nennen.
Ebenfalls *weniger wichtig* erscheint ein *zu hoher Kapitalbedarf des Desinvestitionsobjekts und die Sicherung der Liquidität* mit einem Mittelwert von
1,02. Eher zu vernachlässigen sind im Datensatz die Motive *Überalterung der
Produktionsanlagen oder Ende des Produktlebenszyklus* (MW=0,69), *Konflikte
zwischen dem Mutterkonzern und dem Desinvestitionsobjekt* (MW=0,33) und
personelle Motive und Nachfolgeprobleme mit einem Mittelwert von 0,31. Als
neutral bewerten diese Motive 51 % bzw. jeweils 73 %.

In der offenen Frage zu den Motiven der Desinvestition wurden vereinzelt auch
die folgenden Gründe genannt: Produktionsoptimierung innerhalb des Konzerns,
Platzbedarf, Preisstabilisierung, Investition in eine neue Firma, Konzentration
auf neue Filiale an einem anderen Standort.

Die Bedeutungen der Motive bei einer Desinvestition sind in Abhängigkeit von der Desinvestitionsform *Outsourcing* in Abbildung 30 dargestellt.

Abbildung 30: Bedeutung der *Motive* für das *Outsourcing* – in %

Der Mittelwert für *kostenrechnerische Gründe* für das *Outsourcing* liegt bei 2,41. Demzufolge handelt es sich um ein *wichtiges* bis *sehr wichtiges* Motiv. So bewerteten es auch 91 % der antwortenden Unternehmen. *Weniger wichtig* bis *wichtig* sind mit einem Mittelwert von 1,59 offensichtlich *strategische Gründe*. Immerhin 47 % hielten *strategische Gründe* für *wichtig*.

Zu den Motiven der Desinvestition beim Outsourcing wurde in der offenen Frage auch ein Kapazitätsengpass als Motiv benannt.

2.4. Bedeutung von Barrieren

Hinsichtlich der **Barrieren** bei Desinvestitions-Entscheidungen wird deutlich, dass der Barriere *Imageverlust und negative Effekte auf das restliche Sortiment* auf der bereits benannten Skala von *null* für *neutral* über *eins* für *weniger wichtig* und *zwei* für *wichtig* bis *drei* für *sehr wichtig* mit einem Mittelwert von 0,99 (*weniger wichtig*) die höchste Relevanz beigemessen wurde.

Die Bedeutung unterschiedlicher Barrieren bei einer Desinvestitions-Entscheidung ist in Abbildung 31 wiedergegeben.

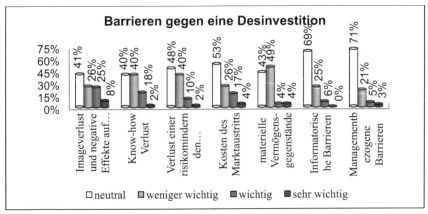

Abbildung 31: Bedeutung der *Barrieren* bei einer Desinvestition – in %

Als weitere *weniger wichtige* Motive wurden der *Know-how Verlust* und die *Kosten des Marktaustritts* mit einem Mittelwert von 0,81 bzw. 0,71 sowie *materielle Vermögensgegenstände* und der *Verlust einer risikomindernden Diversifikation* mit einem Mittelwert von 0,69 bzw. 0,65 genannt. Eine nur geringe Relevanz wurde hingegen den *managementbezogenen* und *informatorischen* Barrieren mit einem Mittelwert von 0,39 bzw. 0,38 beigemessen. Diese Barrieren wurden von 69 % bzw. 71 % als *neutral* angegeben.

In der offenen Frage zu den Barrieren wurden zudem eine politische Motivation sowie steuerliche Aspekte genannt.

2.5. Rückzugsformen und Demarketing-Maßnahmen

Die Unternehmen wurden im Rahmen der Untersuchung nach der Rückzugsform befragt. Zur Auswahl standen die bereits in Abschnitt II 2.1.4 *Demarketing–Strategien* vorgestellten offenen und verdeckten Rückzugsformen.[799]

Die Häufigkeitsverteilung dieser Rückzugsformen ist in Abbildung 32 dargestellt.

---

[799] Vgl. Abschnitt II 2.1.4 *Demarketing–Strategien* auf S.60ff

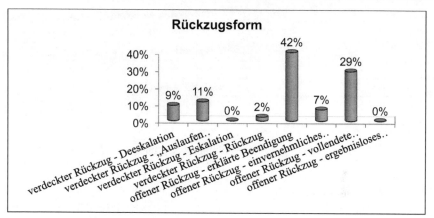

Abbildung 32: Häufigkeitsverteilung der Rückzugsformen – in %

22 % der Unternehmen haben sich für einen verdeckten Rückzug entschieden. 11 % verfolgten die Strategie *„Auslaufen lassen"*, z. B. durch Senkung der Investitionen in die Kundenbeziehung. 9 % wählten die *Deeskalation*, z. B. eine Pseudo-Weiterführung bei geringer Beziehungsintensität. Die beiden weiteren verdeckten Rückzugsformen *Eskalation* (0 %), z. B. durch Anhebung der Preise, und *Rückzug* (2 %), z. B. durch den Abbau von Vertrauen und Vertrautheit, sind zu vernachlässigen.

Eine offene Rückzugsstrategie wählten 78 % der Unternehmen. Eine *erklärte Beendigung*, z. B. durch ein Gespräch zur Erklärung der Gründe, wurde mit 42 % mehrheitlich genannt. 29 % der Unternehmen stellten die Kunden vor *vollendete Tatsachen*, z. B. durch eine schriftliche Mitteilung. Zwei weitere offene Rückzugsstrategien, das *einvernehmliche* und das *ergebnislose Gespräch* mit den Kunden, sind ebenfalls zu vernachlässigen.

Die Unternehmen wurden nach ihren Maßnahmen gefragt, die den Barrieren und einem möglichen Desinvestitions-Misserfolg entgegenwirken sollten. Die Antworthäufigkeiten auf die geschlossenen Fragen nach den Maßnahmen, die auch als Demarketing-Mix bezeichnet werden, sind in Tabelle 29 dargestellt.[800]

---

[800] Vgl. Abschnitt II 2.1.5 *Demarketing–Mix* auf S.64ff

Demarketing-Mix	Keine Nutzung der Maßnahme		Nutzung der Maßnahme	
	absolut	in %	absolut	in %
Produktpolitik	44	97,78 %	1	2,22 %
Preispolitik	39	86,67 %	6	13,33 %
Kommunikationspolitik	19	42,22 %	26	57,78 %
Distributionspolitik	21	46,67 %	24	53,33 %

Tabelle 29: Häufigkeiten der Verwendung der Demarketing-Mix-Maßnahmen

Die Tabelle zeigt, dass Produkt- und Preispolitik mit ca. 2 % bzw. ca. 13 % nur eine untergeordnete Rolle spielten. Wesentlich häufiger wurde mit ca. 58 % die Kommunikationspolitik und mit ca. 53 % die Distributionspolitik als eine adäquate Reaktion angesehen, um den Desinvestitions-Erfolg zu unterstützen.

Die Unternehmen wurden in der Untersuchung auch danach befragt, ob sie Unterstützung bei der Planung und / oder bei der Durchführung der Desinvestition hatten. Die Häufigkeiten der Antworten sind in Tabelle 30 wiedergegeben.

Unterstützung bei der Planung und / oder der Durchführung bei der Desinvestition	Häufigkeit der Angabe	
	absolut	in %
Unterstützung bei der Planung	11	14,29 %
Unterstützung bei der Durchführung	13	16,88 %
Keine Unterstützung	62	80,52 %

Tabelle 30: Häufigkeiten der Unterstützung bei der Planung und / oder der Durchführung der Desinvestition

Lediglich 14,29 % bzw. 16,88 % der befragten Unternehmen nahmen eine Unterstützung bei der Planung bzw. bei der Durchführung der Desinvestition in Anspruch. 80,52 % der Firmen gaben an, keine Unterstützung benötigt zu haben. Das Vorhandensein eigener Kompetenzen zur Planung und Durchführung von Desinvestitionen bei der überwiegenden Anzahl der Unternehmen kann hierfür als Grund vermutet werden.

Dieser Sachverhalt spiegelt sich auch in den Antworten auf die offene Frage wieder, in der weitere Demarketing-Maßnahmen genannt werden konnten, um den Barrieren im Vorfeld entgegenzuwirken. 27 Unternehmen antworteten auf diese offene Frage. Für 10 Unternehmen (ca. 37 %) hatten die Demarketing-Maßnahmen zwar *„keine Relevanz"*, 17 Firmen (ca. 63 %) hatten Demarketing-Maßnahmen allerdings bedacht und beschrieben diese in Antworten, die in den folgenden Punkten zusammengefasst werden können:

- Aufklärung nach innen und außen, Kommunikation mit allen Betroffenen (Berater, Betriebsrat, Wirtschaftsausschuss, Mitarbeiter und Kunden)
- Einbindung der Betroffenen in den Desinvestitions-Prozess mit Diskussionen und der Vereinbarung von „Spielregeln"
- Kooperationsvertrag mit dem Erwerber, eine Änderung des Firmennamens erfolgte erst später
- Verweis der Kunden an andere (konzerneigene) Unternehmen
- Keine öffentliche Information über die Desinvestition

Die Antworten auf die Rückzugsform sowie auf die Demarketing-Maßnahmen machen deutlich: Auf der einen Seite stellten 29 % der Unternehmen die Kunden vor *vollendete Tatsachen*, d. h., eine Vorbereitung der Desinvestition mit Demarketing-Maßnahmen fand vermutlich so gut wie nicht statt. Auf der anderen Seite haben sich lediglich ca. 22 % aller antwortenden Unternehmen differenziert zu den getroffenen Demarketing-Maßnahmen geäußert.

Ein strategischer, systematischer Rückzug mit Demarketing-Strategien steht folglich auf der Basis des vorliegenden Datensatzes anscheinend nicht bzw. nicht im erforderlichen Umfang im Fokus der Unternehmen, um einen positiven Desinvestitions-Erfolg ohne Image- bzw. Reputationsverlust zu erzielen.

2.6. Erfolg der Desinvestition

Der von den befragten Unternehmen wahrgenommene *finanzielle* und *strategische* Erfolg bei den durchgeführten Desinvestitionen ist in Abbildung 33 dargestellt.

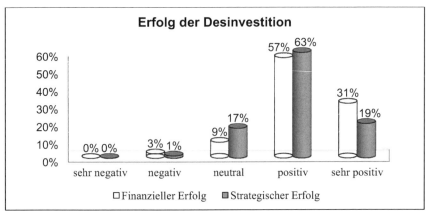

Abbildung 33: Finanzieller und strategischer Erfolg der Desinvestition – in %

Es fällt auf, dass die Bewertung des *finanziellen* und *strategischen* Erfolgs innerhalb der Bewertungsskala einen nahezu identischen Verlauf hat. Die Prozentwerte weichen nur marginal voneinander ab. Die befragten Unternehmen haben den finanziellen Erfolg nach einer Desinvestition auf einer Skala von *minus zwei* für *sehr negativ* über *null* für *neutral* bis *plus zwei* für *sehr positiv* im Durchschnitt mit einem Mittelwert von 1,14 mehr als *positiv* bewertet. Der strategische Erfolg wurde auf dieser Skala mit einem Mittelwert von 0,99 nahezu als *positiv* beurteilt.

Sehr negative oder *negative* Erfolgsbewertungen gab es nicht bzw. kaum. Von den Unternehmen haben 9 % bzw. 17 % den Erfolg als *neutral* angegeben. 57 % bzw. 63 % bewerteten den finanziellen bzw. strategischen Erfolg als *positiv*, 31 % bzw. 19 % sogar als *sehr positiv*. Angesichts der Tatsache, dass *sehr negative* oder *negative* Bewertungen (so gut wie) gar nicht genannt wurden, lässt sich eine *Tendenz zur positiven Mitte* erkennen.[801]

Abbildung 34 zeigt den Einfluss der Desinvestition auf das *Image* und die *Reputation* bzw. die *Kundenzufriedenheit*.

---

[801] Vgl. die Problematik der *Tendenz zur Mitte* in Abschnitt IV 1.2 *Aufbau des Fragebogens* auf S.204ff

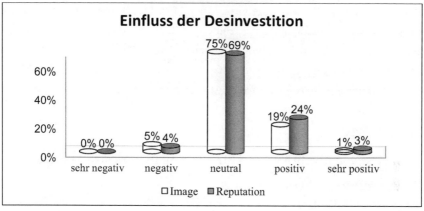

Einfluss der Desinvestition

Abbildung 34: Einfluss der Desinvestition auf das *Image* und die *Reputation*
– in %

Auch bei der Bedeutung der Desinvestition für das *Image* und die *Reputation* fällt auf, dass die Bewertungen einen nahezu identischen Verlauf nehmen. Auch hier weichen die Prozentwerte nur marginal voneinander ab. Die Unternehmen haben den Einfluss der Desinvestition auf ihr Image auf der bereits benannten Skala von *minus zwei* für *sehr negativ* bis *plus zwei* für *sehr positiv* im Durchschnitt mit einem Mittelwert von 0,16 als *neutral* bis *leicht positiv* bewertet. Die Reputation bzw. die Kundenzufriedenheit wurde mit einem Mittelwert von 0,26 ähnlich mit einer etwas größeren *positiven* Tendenz bewertet.

Die extremen Ausprägungen *sehr negativ* und *sehr positiv* kamen nicht bzw. kaum vor. Nur wenige Unternehmen kamen zu einem *negativen* Ergebnis (5 % bzw. 4 %), immerhin bewerteten 19 % bzw. 20 % den Einfluss der Desinvestition auf das Image bzw. die Reputation *positiv*. 75 % und 69 % der Unternehmen gaben einen *neutralen* Einfluss auf die beiden Erfolgsgrößen an. Auch hier ist eine noch eindeutigere *Tendenz zur Mitte* bei den Antworten zu erkennen.[802]

---

[802] Vgl. die Problematik der *Tendenz zur Mitte* in Abschnitt IV 1.2 *Aufbau des Fragebogens* auf S.204ff

Bemerkenswert an diesen Ergebnissen zum Erfolg der Desinvestition ist die Tatsache, dass die befragten Unternehmen im Rahmen von Desinvestitionen fast ausschließlich positive Erfahrungen gemacht haben. Vor diesem Hintergrund soll noch einmal auf die Problematik der *Verzerrungen* und die der *Nicht-Teilnahme an der Befragung* in den Abschnitten IV 2.1.2 und IV 2.1.3 dieses Kapitels hingewiesen werden.[803]

3. Analyse und Überprüfung des Modells zum Demarketing-Management

Beim PLS-Ansatz werden i. d. R., wie bereits in Abschnitt III 2.6.2 beschrieben, neben den Indikatorgewichten und dem Bestimmtheitsmaß R^2 auch die Pfad-koeffizienten als Gütekriterium für die Beurteilung des Strukturmodells verwendet.[804]

Die Ergebnisse bzw. die postulierten Wirkungszusammenhänge der PLS-Schätzung des Programms SMARTPLS für das in Abschnitt III 3.2 vorgestellte Modell sind in Abbildung 35 dargestellt. Die Tabellen mit den detaillierten Ergebnissen der PLS-Schätzung mit SMARTPLS sind im ANHANG 4 wieder-gegeben.[805]

---

[803] Vgl. dazu die Abschnitte IV 2.1.2 *Verzerrungen in der Stichprobe* und IV 2.1.3 *Nicht-Teilnahme an der Untersuchung* auf S.215ff
[804] Vgl. Abschnitt III 2.6.2 Gütemaße für die *Varianzstrukturanaylse – PLS-Ansatz* auf S.161ff
[805] Vgl. ANHANG 4: *Ergebnisse der PLS-Schätzung mit SMARTPLS* auf S.275ff

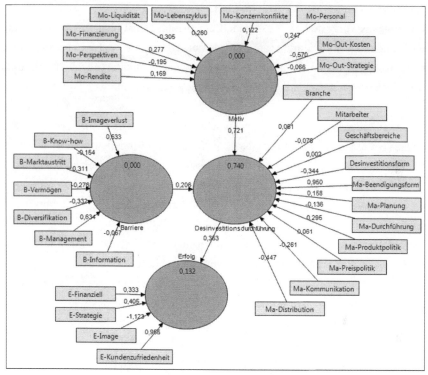

Mo = Motiv   Out = Outsourcing   B = Barriere   Ma = Maßnahme   E = Erfolg

Abbildung 35: Ergebnisse der PLS-Schätzung des Gesamtmodells mit
SMARTPLS

In den Abschnitten IV 3.1 und IV 3.2 werden die Güte der Messmodelle sowie
die Güte des Strukturmodells analysiert. Abschließend werden in Abschnitt IV
3.3 die Ergebnisse für die Bewertung des Gesamtmodells diskutiert.

In Abschnitt IV 3.4 sollen die theoretisch-konzeptionell abgeleiteten
Hypothesen in Bezug auf die Wirkungszusammenhänge innerhalb der
Konstrukte überprüft werden. Die in dieser Arbeit aufgestellte Forschungsfrage
soll auf dieser Grundlage beantwortet werden.

3.1. Analyse und Güte der Messmodelle

Im eingangs vorgestellten Messmodell der theoretischen Konstrukte wurde auf eine eindeutige Indikatorzuordnung geachtet. Deren inhaltliche Relevanz sollte stimmig sein. Bei den auf dieser Basis errechneten Indikatorgewichten fällt auf, dass doch sehr unterschiedliche Messergebnisse resultieren.

Wenn nur niedrige Indikatorgewichte vorliegen, die sowohl positive als auch negative Vorzeichen aufweisen, ist es in reflektiven Modellen üblich, derartige Indikatoren zu entfernen, um die Modellstruktur schrittweise zu verbessern. CHIN warnt allerdings davor, Indikatoren mit verhältnismäßig geringen Gewichten vorzeitig zu eliminieren, weil dadurch das Messergebnis verfälscht werden kann.[806]

In formativen Messmodellen ist es jedoch nicht erforderlich, dass Indikatoren eine bestimmte Stärke oder ein bestimmtes (positives) Vorzeichen haben müssen. Indikatoren können teilweise auch negativ miteinander korrelieren. Anders als bei reflektiven Modellen sollen bei formativen Konstrukten in diesen Fällen die Indikatoren nicht deshalb entfernt werden, um dadurch womöglich die Modellstruktur verbessern zu können. Der inhaltliche Charakter der formativen latenten Variablen würde erheblich verändert, dem Konstrukt würden inhaltliche Facetten entzogen. Eine Eliminierung solcher nicht signifikanter Indikatoren ist grundsätzlich in formativen Modellen abzulehnen, weil die theoretische Grundlage des Modells und der Hypothesen von größerer Bedeutung ist als die im formativen Modell gemessenen Gewichte.[807]

3.1.1. Indikatorgewichte der latenten Variablen *Motiv*

Von den neun Indikatoren der latenten Variablen *Motiv* weisen drei Gewichte ein negatives Vorzeichen auf: -0,304 (*Liquiditätssicherung*), -0,570 (*kosten-rechnerische Gründe beim Outsourcing*) sowie das geringste Gewicht -0,066

---

[806] Vgl. Hair et al. (2005) S.24, Chin (1998) S.307

[807] Vgl. Diamantopoulos & Winklhofer (2001) S.269ff, Helm (2005) S.250f, Rossiter (2002) S.315
Vgl. dazu Abschnitt III 2.3 *Formative und reflektive Messmodelle* auf S.148ff sowie insbesondere die Thematik *Inhaltsvalidität* in Abschnitt III 2.6.2.2 *Gütekriterien formativer Messmodelle* auf S.167f

(*strategische Gründe beim Outsourcing*). Die Gewichte der übrigen Indikatoren haben ein positives Vorzeichen mit Werten von 0,121 (*Konzernkonflikte*) bis hin zu Werten von 0,276 (*Finanzierung des Kerngeschäfts*). Dazwischen liegen Werte von 0,260 (*Lebenszyklus*), 0,246 (*personelle Probleme*) und jeweils 0,169 für die Motive *Rendite* und *Perspektiven*.

Alle Indikatoren weisen Beträge von > 0,2 bzw. ≥ 0,1 auf und können in dem formativen Modell als *bedeutsam* klassifiziert werden. Eine Ausnahme stellt mit einem Wert von lediglich -0,066 das Gewicht des Indikators *strategische Motive für das Outsourcing* dar, sodass dieser Indikator zur Verbesserung des Messmodells eigentlich eliminiert werden sollte. Aus den bereits genannten Gründen ist das nicht theoriegeleitete Eliminieren formativer Indikatoren jedoch grundsätzlich abzulehnen.[808]

3.1.2. Indikatorgewichte der latenten Variablen *Barriere*

Von den sieben betrachteten Indikatoren haben die Barrieren *Imageverlust* und eine *Barriere durch das Management* jeweils ein Gewicht von 0,633, gefolgt von der Barriere *Marktaustrittskosten* mit einem Gewicht von 0,310. Die übrigen Gewichte haben ein negatives Vorzeichen:-0,066 (*informatorische Barrieren*),-0,154 (*Know-how Verlust*), -0,275 (*Vermögensgegenstände*) und -0,332 (*Verlust einer risikomindernden Diversifikation*).

Auch die Indikatorgewichte der latenten Variablen Barriere können mit Werten von > 0,2 bzw. ≥ 0,1 als *bedeutsam* angesehen werden. Lediglich der Indikator *informatorische Barrieren* weist ein niedriges Gewicht auf. Aus den bereits genannten Gründen wird dieser Indikator dennoch nicht aus dem Messmodell entfernt.[809]

3.1.3. Indikatorgewichte der latenten Variablen *Desinvestitions-Durchführung*

Bei der latenten Variablen *Desinvestitions-Durchführung* wurden die äußeren Gewichte von 11 Indikatoren bestimmt. Es wird deutlich, dass der *Beendigungsform* mit einem Wert von 0,950 eine sehr große Bedeutung beigemessen wird.

---

[808] Vgl. Abschnitt III 2.6.2.2 *Gütekriterien formativer Messmodelle* auf S.164ff
[809] Vgl. ebenda

Aber auch die *Desinvestitionsform* (-0,344), die *Unterstützung bei der Planung* (0,158) und die *Unterstützung bei der Durchführung der Desinvestition* (-0,136) sowie die Maßnahmen *Distributionspolitik* (0,446), *Produktpolitik* (0,294) und *Kommunikationspolitik* (0,261) sind mit Werten ≥ 0,1 als *bedeutsam* klassifiziert. Lediglich die Maßnahme *Preispolitik* bleibt mit einem äußeren Gewicht von 0,061 unter dem von LOHMÖLLER verlangten Wert. Aus den bereits genannten Gründen wird auch dieser Indikator ebenfalls nicht eliminiert. Das gilt entsprechend für die Indikatoren *Anzahl der Mitarbeiter*, *Branche des Unternehmens* und *Anzahl der Geschäftsbereiche*, die mit den sehr niedrigen Gewichten 0,076, 0,060 und 0,002 gleichfalls eine geringe Bedeutung signalisieren. Eine Eliminierung dieser Indikatoren könnte aber zu einer Verfälschung des Konstruktinhaltes führen.[810]

3.1.4. Indikatorgewichte der latenten Variablen *Desinvestitions-Erfolg*

Von den vier berechneten Indikatorgewichten zeigt die *Kundenzufriedenheit* einen Wert von 0,955, während der Indikator *Image* ein Gewicht von -1,122 hat. Nahezu gleiche Indikatorgewichte (0,333 bzw. 0,405) ergeben sich für die Indikatoren *finanzieller* und *strategischer Erfolg*. Schließlich lassen auch die hohen (> 0,2) Indikatorgewichte der latenten Variablen *Desinvestitions-Erfolg* eine Bedeutsamkeit dieser Indikatoren erkennen. Das Gewicht des Indikators *Image* mit einem Extremwert von -1,122 ist auf die Problematik der Multikollinearität zurückzuführen.[811]

Aus dem gleichen Grund ist eine Signifikanzprüfung der Indikatoren mithilfe des Bootstrapping-Verfahrens im vorliegenden Datensatz nicht möglich. Eine zu hohe Korrelation innerhalb der Beobachtungen hindert SMARTPLS an der Ausführung des Bootstrapping-Algorithmus, weil aus den Originaldaten identische Fälle als Subsample generiert werden.[812]

---

[810] Vgl. Abschnitt III 2.6.2.2 *Gütekriterien formativer Messmodelle* auf S.164ff
[811] Vgl. ebenda und insbesondere Abschnitt III 2.6.2.4 *Multikollinearität* auf S.170f
[812] Vgl. Ringle (2008)

3.1.5. Multikollinearität – VIF (Variance Inflation Factor)

Unter Multikollinearität wird eine starke Korrelation zwischen erklärenden Variablen verstanden. Multikollinearität formativer Indikatoren wird durch den VIF (*Variance Inflation Factor*) bestimmt. Die Folgen der Multikollinearität sind redundante Informationen der Indikatoren sowie Schwierigkeiten bei der Berechnung und der Interpretation des PLS-Modells. VIF-Werte > *eins* deuten bereits auf das Vorliegen von Multikollinearität hin, als kritische Grenze werden Werte von *drei* bis *vier* angesehen.[813]

Die Indikatoren der latenten Variablen *Motiv* zeigen VIF-Werte von 1,7 für den Indikator *Ende des Produktlebenszyklus* bis 5,7 für den Indikator *kostenrechnerische Gründe für das Outsourcing*. Die übrigen VIF-Werte der Indikatoren dieses formativen Messmodells haben Werte > 2, der Indikator *geringe Rendite des Desinvestitionsobjekts* liegt mit einem VIF-Wert von 4,1 ebenfalls über der kritischen Grenze und belegt das Vorliegen von Multikollinearität im Datensatz.

Bei der latenten Variablen *Barriere* wurden für die Indikatoren *informatorische und managementbezogene Barrieren* VIF-Werte von 2,6 berechnet. Der Indikator *Verlust einer risikomindernden Diversifikation* hat den niedrigsten VIF mit einem Wert von 1,1. Die weiteren Indikatoren dieses formativen Messmodells haben VIF-Werte von ca. 1,6. Auch bei dem Konstrukt *Barriere* ist der Hinweis auf Multikollinearität im Datensatz gegeben.

Für die Indikatoren *Preispolitik* und *Branche* des Konstrukts *Desinvestitions-Durchführung* wurden mit 1,3 die niedrigsten VIF-Werte gemessen. Der Indikator *Desinvestitionsform* liegt mit einem VIF = 3,2 bereits im kritischen Bereich. Die übrigen Indikatoren des Messmodells weisen VIF-Werte von ca. 2 auf. Insgesamt ist das Vorliegen von Multikollinearität zu bestätigen.

Das formative Messmodell *Desinvestitions-Erfolg* hat mit seinen Indikatoren *finanzieller und strategischer Erfolg* mit 1,3 bzw. 1,6 die niedrigsten VIF-Werte. Für die Indikatoren *Image* und *Kundenzufriedenheit* wurden VIF-Werte von 2

---

[813] Vgl. Abschnitt III 2.6.2.4 *Multikollinearität* auf S.170f

bzw. 2,1 berechnet. Ein Hinweis auf Multikollinearität ist auch in diesem Konstrukt trotz relativ niedriger VIF-Werte erkennbar.

3.2. Analyse und Güte des Strukturmodells

Im Mittelpunkt der folgenden Ausführungen steht die Beurteilung des Struktur-modells. Zunächst werden die Regressionskoeffizienten der latenten Variablen untersucht. Anschließend werden die Pfadkoeffizienten und die Effektstärke in dem Strukturmodell analysiert.

3.2.1. Bestimmtheitsmaß – R^2

Tabelle 31 zeigt die Bestimmtheitsmaße R^2, d. h. die erklärten Anteile der Varianz an der Gesamtvarianz der endogenen latenten Variablen in dem vor-gestellten Demarketing-Management-Modell.

R^2 - Regressionskoeffizient	
Desinvestitions-Durchführung	0,739656
Erfolg	0,131523

Tabelle 31: Regressionskoeffizienten der latenten Variablen *Desinvestitions-Durchführung und Desinvestitions-Erfolg*

Der Regressionskoeffizient R^2 kann Werte zwischen *null* und *eins* annehmen. Ein hohes R^2 weist auf eine hohe Modellgüte hin.

Für die latente endogene Variable *Desinvestitions-Durchführung* ergibt sich mit 0,739 ein sehr hoher Wert für R^2. Nach COHEN wird dieser Wert (> 0,50) als *groß*, nach CHIN (> 0,66) sogar als *substanziell* bezeichnet. Die genannten Faktoren erklären einerseits ~ 74 % der Varianz, auf der anderen Seite besagt dies aber auch, dass ~ 26 % nicht durch die Indikatoren erklärt werden. Die latente endogene Variable *Desinvestitions-Erfolg* hat nur einen geringeren R^2-Wert. Mit 0,131 ist dieser Wert nach COHEN *klein* (0,10 = klein), nach CHIN nur *(sehr) schwach* (0,19 = schwach).[814]

---

[814] Vgl. Abschnitt III 2.6.2.3 *Gütekriterien des Strukturmodells* auf S.167ff

Im Vorfeld der Untersuchung konnte davon ausgegangen werden, dass der Erfolg einer Desinvestition von vielen und nicht unmittelbar nachvollziehbaren oder beeinflussbaren Items bzw. Faktoren abhängt. Aus diesem Grund war es auch unwahrscheinlich, dass eine einzelne latente Variable *Desinvestitions-Durchführung* einen durchschnittlichen oder sogar einen höheren Varianzanteil der latenten Variablen *Desinvestitions-Erfolg* erklären kann.

Dieser niedrige Regressionskoeffizient ist ebenfalls durch die Multikollinearitäts-Problematik im vorliegenden Datensatz und die subjektive (Über-)Bewertung des Erfolgs durch die Unternehmen selbst zu erklären. Eine objektive Erfolgsbewertung durch Dritte und die Verwendung weiterer Indikatoren zur Messung eines *Desinvestitions-Erfolgs* könnte einerseits die Qualität der Daten und auch die Modellgüte verbessern, andererseits würde die Komplexität des Untersuchungsgegenstands dadurch unnötig erhöht.[815]

3.2.2. Pfadkoeffizienten und Effektstärke – f^2

Die Pfadkoeffizienten und die Effektstärke zwischen den latenten Variablen zu dem in Abbildung 35 vorgestellten Modell zum Demarketing-Management sind in Tabelle 32 dargestellt.

	Pfadkoeffizient	Effektstärke
Motiv → Desinvestitions-Durchführung	0,721140	1,545713
Barriere → Desinvestitions-Durchführung	0,205878	0,676493
Desinvestitions-Durchführung → Erfolg	0,362661	nicht messbar

Tabelle 32: Pfadkoeffizienten und Effektstärke des Strukturmodells

---

[815] Aus Praktikabilitätsgründen erfolgte die Einschätzung des Images bzw. der Reputation in dieser Untersuchung durch die Unternehmen selbst. Eine Erweiterung des Modells mit einer differenzierten Betrachtung moderierender Effekte und Demarketing-Maßnahmen erhöht zudem nochmals die Komplexität des Modells. Vgl. dazu auch die Abschnitte III 2.6.2.4 *Multikollinearität* auf S.170f, III 4.2.1 *Finanzieller und strategischer Erfolg auf* S.188f, III 4.2.2 *Image und Reputation* auf S.189f sowie Abschnitt V 2 *Grenzen der Untersuchung und erweiterter Forschungsbedarf* auf S.254f

Pfadkoeffizienten nahe *null* liefern einen schwachen Erklärungsbeitrag der latenten Variablen. Werte nahe *eins* bzw. *minus eins* zeigen einen starken Zusammenhang auf. Die Effektstärke gibt an, ob eine unabhängige (exogene) latente Variable einen *substanziellen* Einfluss auf eine abhängige (endogene) latente Variable ausübt. f^2-Werte von 0,02, 0,15 bzw. 0,35 beurteilen die Effektstärke als *gering, mittel* bzw. *groß*.[816]

Der Pfadkoeffizient zwischen den latenten Variablen *Motiv* und *Desinvestitions-Durchführung* liefert mit einem Wert von 0,721140 einen hohen Erklärungsbeitrag und zeigt eine hohe Relevanz der latenten Variablen bzw. der durch sie operationalisierten Indikatoren an. Die gemessene Effektstärke mit einem f^2 - Wert von 1,545713 belegt, dass die latente Variable *Motiv* einen (mehr als) *substanziellen* Einfluss hat und nachhaltig zur Bildung des Konstrukts *Desinvestitions-Durchführung* beiträgt.

Zwischen den latenten Variablen *Barriere* und *Desinvestitions-Durchführung* liegt mit dem am niedrigsten gemessen Wert eines Pfadkoeffizienten von 0,205878 lediglich eine schwache Relevanz der latenten Variablen *Barriere* vor, d h., *Barrieren* bei der *Desinvestitions-Durchführung* geben in diesem Modell auf der Grundlage des vorliegenden Datensatzes nur einen geringen Erklärungsbeitrag bzw. sie haben nur eine untergeordnete Bedeutung. Die gemessene Effektstärke zeigt allerdings mit einem Wert von f^2 = 0,676493, dass die latente Variable *Barriere* dennoch einen (mehr als) *großen* Einfluss auf das Konstrukt *Desinvestitions-Durchführung* ausübt.

Der Pfadkoeffizient zwischen den latenten Variablen *Desinvestitions-Durchführung* und *Desinvestitions-Erfolg* weist mit einem Wert von 0,362661 nur einen relativ geringen Erklärungsbeitrag der latenten Variablen auf. Die Effektstärke der latenten Variablen *Desinvestitions-Durchführung* ist in dem vorliegenden Modell zweiter Ordnung nicht messbar.

---

[816] Vgl. Abschnitt III 2.6.2.3 *Gütekriterien des Strukturmodells* auf S.167f

3.3.Bewertung der Ergebnisse für das Gesamtmodell

Für die Beurteilung des Gesamtmodells ist die gemeinsame Betrachtung eines *Katalogs von Einzelkriterien* notwendig. Ein *globales* Kriterium für die Bewertung der PLS-Schätzergebnisse existiert nicht. Das Modell kann insgesamt als zuverlässig geschätzt betrachtet werden, wenn relevante Gütekriterien der Teilstrukturen erfüllt sind.

Die Indikatoren in den formativen Messmodellen zeigen bis auf wenige Ausnahmen *bedeutsame* Gewichte und sind als signifikante Indikatoren für das Modell zu bewerten. Wenige Indikatoren mit geringen Gewichten wurden dennoch im Modell belassen, weil ihre Auswahl aus sachlogischen Gründen erfolgte und zudem die Eliminierung nicht signifikanter Indikatoren in formativen Messmodellen grundsätzlich abzulehnen ist.

Ein Problem des Datensatzes besteht im Vorliegen von Multikollinearität, die durch die Berechnung der VIF-Werte für die einzelnen Indikatoren nachgewiesen ist. Das Vorliegen von Multikollinearität führt zu grundlegenden Problemen bei der PLS-Schätzung. Die Berechnung der Regressionskoeffizienten wird instabil und ungenau. Eine Interpretation des Modells wird zudem zunehmend erschwert.

Dieser Sachverhalt ist jedoch kein grundsätzliches Problem des vorgestellten, schlüssigen Modells zum Demarketing-Management. Vielmehr liefert der Datensatz der empirischen Untersuchung dieses Ergebnis. Mit anderen Worten liegt kein Problem der Modellschätzung vor, die vorliegenden Daten sind das Problem.

Die Ergebnisse zeigen andererseits, dass die latenten Variablen *Motiv* und *Barriere* einen statistisch gesicherten Einfluss auf die *Desinvestitions-Durchführung* haben.

Die u. a. von COHEN und CHIN vorgegebenen Werte sind keine *(starren) Richtlinien,* sondern das Ergebnis ihrer Modelle und sie bieten daher lediglich einen Anhalt für vergleichbare Studien. Zum Thema der Untersuchung dieser Arbeit wurden bisher jedoch keine vergleichbaren Forschungsmodelle vorgestellt, sodass keine direkten Vergleichswerte zur Prüfung der Modellgüte vorliegen. Bei der Prüfung der Güte des Modells dienen in dieser Arbeit daher die in den Abschnitten zur Güteprüfung vorgeschlagenen Richtwerte.[817]

Abschließend kann bezüglich der Analyse und der Güte der Messmodelle und des Strukturmodells festgestellt werden, dass die mithilfe von SMARTPLS ermittelten Ergebnisse den in Abschnitt IV 2 beschriebenen Beobachtungen (in der deskriptiven Analyse des Datensatzes) grundlegend entsprechen. Das vorgestellte Modell zum Demarketing-Management ist mithin schlüssig und tragfähig.[818]

3.4. Überprüfung der Hypothesen zum Demarketing-Management

Anhand der empirischen Untersuchung und mithilfe des erarbeiteten Strukturgleichungsmodells sollen die aufgestellten Hypothesen zum Demarketing-Management überprüft werden.

Das nach sachlogischen Überlegungen vorgestellte Strukturmodell führt zu den daraus abgeleiteten Hypothesen, die anhand der empirischen Daten dieser Arbeit einer Überprüfung bedürfen. Die latenten Variablen wurden in dem Modell durch Indikatoren erklärt, die mit den in Kapitel II dargelegten wissenschaftlichen Erkenntnissen zur Demarketing- und Desinvestitions-Forschung sowie mit den sich daraus ergebenden Handlungsempfehlungen für Unternehmen in Übereinstimmung stehen.

Eine Überprüfung der Hypothesen bzw. der *Bedeutung der Indikatoren* im vorliegenden Datensatz erfolgt im ersten Abschnitt zunächst anhand der empirischen Daten, die in der deskriptiven Analyse des Datensatzes beschrieben wurden. Anschließend wird eine Analyse der Hypothesen anhand einer Überprüfung der Indikatoren der Messmodelle sowie der Pfadkoeffizienten der latenten Variablen im Strukturmodell auf *Signifikanz* vorgenommen.

---

[817] Vgl. hierzu die Abschnitte III 2.6.2.2 *Gütekriterien formativer Messmodelle* auf S.164f und III 2.6.2.3 *Gütekriterien des Strukturmodells* auf S.167f

[818] Vgl. Abschnitt IV 2 *Deskriptive Analyse und Verteilung in der Stichprobe* auf S.211ff

3.4.1. Überprüfung der Bedeutung der Indikatoren

Die deskriptive Analyse des ermittelten Datensatzes in Abschnitt IV 2 bestätigt in wesentlichen Teilen die aufgestellten Hypothesen.

Die in den Hypothesen 1 und 2 sowie 3 d, 3 f-k und 4 vermutete *Bedeutung der Indikatoren* im vorliegenden Datensatz soll mithilfe des nichtparametrischen Binomialtests überprüft werden. Die detaillierten Ergebnisse der Binomialtests mit SPSS sind im ANHANG 5 dargestellt. Eine Überprüfung aller Hypothesen auf *Signifikanz* kann bzw. signifikante Einflüsse der Indikatoren und latenten Variablen können nur auf der Grundlage des mit SMARTPLS berechneten Strukturmodells erfolgen. Dies scheitert jedoch, wie in Abschnitt IV 3.4.2 dargelegt werden wird, aufgrund der bereits thematisierten Multikollinearität im vorliegenden Datensatz.[819]

Hypothesen 1 und 2 – Motiv und Barriere

Die Hypothesen 1 a-g unterstellen, dass die Indikatoren des Konstrukts *Motiv* einen Einfluss, d. h. eine Relevanz bei einer Desinvestitions-Entscheidung haben. Die Hypothesen 2 a-g gehen davon aus, dass die Indikatoren des Konstrukts *Barriere* ebenso eine Relevanz bzw. einen Einfluss auf die Desinvestitions-Entscheidung haben.

Dieser Sachverhalt soll mithilfe des Binomialtests auf Signifikanz geprüft werden. Die Testprobleme der jeweiligen Hypothesen für die Indikatoren der Konstrukte *Motiv* und *Barriere* lauten:

H$_0$:   Es liegt eine symmetrische Verteilung vor.

H$_1$:   Es liegt eine nicht-symmetrische Verteilung vor.

Das Statistikprogramm SPSS liefert für den Binomialtest mit einer Erfolgs-wahrscheinlichkeit von 0,50 für die Indikatoren *Verluste bzw. zu geringe Renditen, unzureichende Perspektiven* und *kostenrechnerische* sowie *strategische Gründe für das Outsourcing* höchstsignifikante p-Werte (0,000),

---

[819] Vgl. SPSS-Inc. (2010), ANHANG 5: *Ergebnisse der Binomialtests mit SPSS* auf S.278ff u. Abschnitt IV 3.4.2 Überprüfung der Hypothesen anhand des Strukturmodells auf S.250ff

d. h., die Nullhypothese wird abgelehnt. Es liegt eine nicht-symmetrische Verteilung vor, die Indikatoren haben im Datensatz einen signifikant *weniger wichtigen, wichtigen* oder *sehr wichtigen* Einfluss auf bzw. eine Bedeutung für die Desinvestitions-Entscheidung.

Die Indikatoren *Konzernkonflikte* und *personelle Motive und Nachfolgerprobleme* weisen mit einem p-Wert < 0,05 ebenfalls eine signifikante nicht-symmetrische Verteilung auf, d. h., diese Motive wurden im Datensatz als *neutral* bewertet. Gleiches gilt für die Indikatoren *managementbezogene* und *informatorische Barrieren*, die signifikant als *neutral* bewertet wurden.

Die übrigen *Motiv*-Indikatoren *Finanzierung des Wachstums, Liquiditätssicherung* und *Ende des Produktlebenszyklus* sowie die *Barriere*-Indikatoren *Image-* und *Know-how Verlust, Kosten des Marktaustritts, materielle Vermögensgegenstände* und der *Verlust einer risikomindernden Diversifikation* zeigen p-Werte > 0,05. Die Nullhypothesen können nicht abgelehnt werden, es liegen symmetrische Verteilungen vor, sodass keine signifikant wichtige Bedeutung der Indikatoren im Datensatz nachgewiesen werden kann.

Hypothese 3 – Desinvestitions-Durchführung

Die Hypothesen 3 d und 3 f-k beinhalten, dass diese Indikatoren des Konstrukts *Desinvestitions-Durchführung* Einfluss bzw. eine Relevanz haben. Die Indikatoren der Hypothesen 3 a-c und e können nicht mit dem Binomialtest auf Symmetrie geprüft werden, weil die Merkmale dieser Variablen mehr als zwei Ausprägungen annehmen können.

Die Testprobleme der jeweiligen Hypothesen 3 für die Indikatoren des Konstrukts *Desinvestitions-Durchführung* lauten:

H_0:   Es liegt eine symmetrische Verteilung vor.

H_1:   Es liegt eine nicht-symmetrische Verteilung vor.

Die Maßnahme-Indikatoren *Unterstützung bei der Planung* und bei der *Durchführung* der Desinvestition sowie die Maßnahmen *Preis-* und *Produktpolitik* haben p-Werte von 0,000. Die Nullhypothesen sind abzulehnen. Es liegt eine nicht-symmetrische Verteilung vor, d. h., diese Maßnahmen werden im Datensatz bei der Durchführung einer Desinvestition signifikant nicht genannt. Für die Maßnahme-Indikatoren *Kommunikations-* und *Distributionspolitik* werden p-Werte > 0,05 berechnet. Die Nullhypothesen können nicht abgelehnt werden, es liegen symmetrische Verteilungen vor. Eine signifikante Nennung der Indikatoren im Datensatz kann nicht nachgewiesen werden.

Der Indikator *Beendigungsform* wurde für diese Analyse in zwei Gruppen, in den *offenen* und in den *verdeckten Rückzug*, aggregiert. Der p-Wert von 0,000 zeigt, dass die Nullhypothese abzulehnen ist. Es liegt eine signifikant nicht-symmetrische Verteilung vor, in dem Datensatz wird die verdeckte Rückzugs-form bei einer Desinvestitions-Durchführung gewählt.

Hypothese 4 – Desinvestitions-Erfolg
In den Hypothesen 4 a-d wird postuliert, dass die Indikatoren des Konstrukts *Desinvestitions-Erfolg* einen Einfluss auf den Erfolg, d. h. eine Bedeutung für die Messung dieses Konstrukts haben.

Die Testprobleme der jeweiligen Hypothesen für die Indikatoren des Konstrukts *Desinvestitions-Erfolg* lauten:

H_0:   Es liegt eine symmetrische Verteilung vor.

H_1:   Es liegt eine nicht-symmetrische Verteilung vor.

Die Indikatoren des Konstrukts *Desinvestitions-Erfolg* zeigen p-Werte < 0,05. Die Nullhypothesen werden abgelehnt, sodass signifikant nicht-symmetrische Verteilungen vorliegen. Die *Erfolgs*-Indikatoren *finanzieller* und *strategischer Erfolg* haben im Datensatz folglich einen signifikant *sehr negativen, negativen, positiven* oder *sehr positiven* Einfluss auf bzw. eine Bedeutung für den Desinvestitions-Erfolg. Die Indikatoren *Image* und *Kundenzufriedenheit* wurden hingegen signifikant als *neutral* bewertet und machen deutlich, dass diese Indikatoren keinen Einfluss auf den Desinvestitions-Erfolg haben.

3.4.2. Überprüfung der Hypothesen anhand des Strukturmodells

Die in den Messmodellen ermittelten Indikatorgewichte der latenten Variablen entsprechen im Wesentlichen den bereits im vorherigen Abschnitt gemachten Beobachtungen und zeigen die in den Hypothesen 1 bis 4 postulierten Einflüsse der einzelnen Indikatoren auf die jeweiligen Konstrukte. Auch die Höhe der mit SMARTPLS berechneten Pfadkoeffizienten lassen die in den Hypothesen 5 bis 8 vermuteten Wirkungszusammenhänge im Strukturmodell erkennen.

Zur Überprüfung der Indikatoren der formativen Messmodelle auf *Signifikanz* sowie der Pfadkoeffizienten der latenten Variablen auf *Reliabilität* müssen die t-Werte ermittelt werden. Diese t-Werte werden bei der PLS-Schätzung durch das Bootstrapping-Verfahren berechnet.

Aufgrund der bereits mehrfach thematisierten Multikollinearitäts-Problematik in dem vorliegenden Datensatz ist eine Berechnung der t-Werte mithilfe des Bootstrapping-Verfahrens jedoch nicht möglich. SMARTPLS ist bei einer zu hohen Korrelation der Daten nicht in der Lage, den Bootstrapping-Algorithmus durchzuführen.[820] Eine Überprüfung der Hypothesen 1 bis 8 auf Signifikanz ist im vorgestellten Modell zum Demarketing-Management auf der Grundlage des vorliegenden Datensatzes daher nicht möglich. Die Hypothesen können daher weder *bestätigt* noch *abgelehnt* werden.[821]

Um der Problematik der Multikollinearität zu begegnen, bestünde die Möglichkeit, Variable mit (scheinbar) redundantem Informationsgehalt aus dem Modell zu entfernen. In dieser Untersuchung wird jedoch auf die Eliminierung von Indikatoren verzichtet, weil diese auf der Grundlage von fundierten Vorüberlegungen ausgewählt wurden und eine Eliminierung zur Verfälschung des Konstruktinhaltes führen würde. Die Inhaltsvalidität steht als entscheidende Größe im Vordergrund, sodass es keinesfalls eine schlechte Lösung ist, sich mit der vorliegenden Multikollinearität abzufinden.[822]

---

[820] Vgl. Ringle (2008) u. Abschnitt IV 3.1.4 *Indikatorgewichte der latenten Variablen Desinvestitions-Erfolg* auf S.240f

[821] Vgl. Fahrmeir et al. (2010) S.391f: In wissenschaftlichen Arbeiten werden Hypothesen oftmals als *bestätigt* angegeben, sie müssen jedoch eigentlich, statistisch korrekt, als *nicht-abgelehnt* bezeichnet werden.

[822] Vgl. u. a. Abschnitt III 2.6.2.4 *Multikollinearität* auf S.170f

„Die Wissenschaft fängt eigentlich erst da an,
interessant zu werden, wo sie aufhört. "[823]

V Zusammenfassung und Ausblick

Das Thema *Demarketing* findet in der Literatur nur wenig Beachtung. Zu diesem innovativen Thema wurde ein fundiertes theoriegeleitetes Modell zum Demarketing-Management mit den zugehörigen Hypothesen vorgestellt. Durch eine empirische Untersuchung sollten die wesentlichen Einflussgrößen auf einen Desinvestitions-Erfolg identifiziert und deren Bedeutung geprüft werden. Zudem wurde erörtert, inwieweit die Problematik Demarketing und Desinvestition im Bewusstsein der Unternehmen verankert ist.

Bei den für viele Unternehmen sehr sensiblen Themen Demarketing und Desinvestition, welche im Allgemeinen negativ konnotiert sind und daher mit einem unternehmerischen Misserfolg in Verbindung gebracht werden, war *ex ante* nicht zu erwarten, dass sich viele Unternehmen an der Befragung beteiligen würden.

1. Zusammenfassung und Beantwortung der Forschungsfrage

Die grundlegende Annahme bei den in der Untersuchung betrachteten Desinvestitions-Entscheidungen beruht darauf, dass die Unternehmen in weiteren Geschäftsbereichen tätig sind und an einem Erhalt bzw. sogar an einer Erweiterung der Geschäftsbeziehungen in diesen Bereichen interessiert sind. Ein Image- bzw. Reputationsverlust durch die Desinvestition soll vermieden werden, d. h., ein *strategischer, systematischer Rückzug* im Sinne einer *proaktiven Desinvestition* mit den dazugehörigen Demarketing-Maßnahmen ist unerlässlich.

Eine Kausalanalyse mithilfe eines Strukturgleichungsmodells mit latenten Variablen sollte diesen Sachverhalt überprüfen. Das gewählte Struktur-

---

[823] Justus Freiherr von Liebig. (1803-1873)

gleichungsmodell mit formativen Messmodellen ist im Gegensatz zu reflektiven Modellen in der Lage, auch aus relativ kleinen Stichproben eine Tendenz bzw. eine Prognose hinsichtlich der postulierten Beziehungen zwischen den latenten Variablen aufzuzeigen.

Eine deskriptive Analyse und eine Überprüfung des Modells zum Demarketing-Management mithilfe von SMARTPLS ergaben bis auf wenige Ausnahmen hohe Indikatorgewichte und eine relevante Bedeutung für die Indikatoren der hypothetischen Konstrukte. Weil die Inhaltsvalidität als entscheidende Größe angesehen wird, wurden Indikatoren mit niedriger Gewichtung jedoch nicht aus den Messmodellen entfernt.

Faktoren, die einen besonderen Einfluss auf die Durchführung einer Desinvestition haben, sind die insgesamt bedeutsamen Indikatoren der Konstrukte *Motiv* und *Barriere*. Als die wichtigsten Einflussfaktoren haben sich in der Untersuchung *Verluste bzw. zu geringe Renditen des Desinvestitions-objekts* sowie ein *Imageverlust und negative Effekte auf das restliche Sortiment* herausgestellt. Als häufige Desinvestitionsformen werden *Outsourcing, Sell-off* und *Stilllegung* genannt.

Um den Barrieren und möglichen negativen Effekten zu begegnen und um den Erfolg einer Desinvestition zu unterstützen, werden Demarketing-Maßnahmen als moderierende Effekte auf den Desinvestitions-Erfolg interpretiert. Es haben sich Kommunikationspolitik und offene Rückzugsformen der *erklärten Beendigung* durch ein Gespräch zur Erklärung der Gründe sowie die Form *der vollendeten Tatsachen* durch eine schriftliche Mitteilung an die Kunden als maßgeblich erwiesen. Die Unternehmen haben die Desinvestition überwiegend selbst geplant und durchgeführt, Hilfe von bspw. externen Unternehmens-beratern oder Banken wurde nur selten in Anspruch genommen.
Es lässt sich aber nur vermuten, dass die Unternehmen, die den Fragebogen beantwortet haben, mögliche Folgen im Vorfeld einer Desinvestition bereits analysiert und entsprechende Demarketing-Maßnahmen in den gesamten Desinvestitions-Prozess einbezogen haben.

Beantwortung der Forschungsfrage und Erkenntnisgewinn

Auf der Grundlage der Ergebnisse der empirischen Untersuchung dieser Arbeit soll die eingangs gestellte Forschungsfrage beantwortet werden, die auf dem Forschungsleitfaden basiert, dass die *Strategie der Desinvestition* und ein *strategischer, systematischer Rückzug* aus nicht zukunftsfähigen Geschäftsbereichen eine erfolgreiche Business- und Marketing-Strategie für Unternehmen sein kann. Der systematischen Vorbereitung einer *proaktiven Desinvestition* kommt dabei eine zentrale Bedeutung zu.

Die Forschungsfrage lässt sich anhand der Untersuchungsergebnisse wie folgt beantworten: Die Bedeutung von Demarketing-Strategien als Option für Unternehmen bei einem *strategischen, systematischen Rückzug* ist im vorliegenden Datensatz grundsätzlich zu erkennen.

Einschränkend ist jedoch festzustellen, dass dieser Datensatz mit nur n = 77 verwertbaren Fragebögen keinesfalls als repräsentativ für die (unbekannte) Grundgesamtheit gelten kann. Wegen der Problematik der Verzerrung sowie der vorliegenden Multikollinearität lassen sich nur eingeschränkte Schlussfolgerungen aus den gewonnenen Daten ziehen. Es kann aber eine *Tendenz* herausgelesen werden.

Die grundlegende Erkenntnis und die Schlussfolgerungen aus der empirischen Untersuchung bestehen darin, dass die Themen *Demarketing* und *Desinvestition* nicht in dem Maße im Fokus der Unternehmen verankert sind, wie es in der Literatur beschrieben und gefordert wird. Das Thema *Demarketing* wird wenig zur Kenntnis genommen und schlicht unterbewertet. Für das Marketing ergibt sich daraus die Implikation, die Führungskräfte der Unternehmen für das Demarketing zu sensibilisieren und die Thematik stärker in den Kontext der strategischen Unternehmensführung zu stellen.

Das vorgestellte und begründete Modell zeigt, dass das Demarketing zusammen mit Desinvestitions-Entscheidungen eine Einheit bilden und als ein entscheidender Faktor für den Erfolg oder Misserfolg einer Desinvestition betrachtet werden muss. Im Zusammenhang mit Desinvestitions-Strategien sind stets auch Demarketing-Strategien zu beachten, um den Erfolg einer Des-investition ohne Image- bzw. Reputationsverlust zu unterstützen.

2. Grenzen der Untersuchung und erweiterter Forschungsbedarf

Es liegt in der Natur einer jeden empirischen Untersuchung, dass nicht alle gestellten Fragen in dem erhofften Maße erschöpfend und nachhaltig beantwortet werden können. Der erhobene Datensatz stößt zwangsläufig an eine Grenze, die gleichzeitig aber auch als ein Ansatzpunkt für weitere Forschungs-arbeiten betrachtet werden kann.

Grenzen der Untersuchung

Die nicht zu verkennenden Einschränkungen des Datensatzes sollten nicht dazu verleiten, das Modell insgesamt infrage zu stellen. Weil die theoretischen Vorüberlegungen zur Konstruktion des Modells wichtiger bewertet werden, d. h., weil die Inhaltsvalidität als die entscheidende Größe angesehen wird, wurden keine (formativen) Indikatoren aus den Messmodellen entfernt, obwohl wenige Indikatorgewichte eine Eliminierung dieser Indikatoren nahelegten.

Aufgrund der vorliegenden Multikollinearität im Datensatz war es deshalb nicht möglich, eine Signifikanz dieser Beziehungen nachzuweisen. Eine nicht prüfbare Signifikanz der Indikatoren und Pfadkoeffizienten ist aber nicht dem Modell anzulasten. Vielmehr liegt das Problem in der Quantität und der Qualität der vorliegenden Daten. Die Grenzen der vorliegenden empirischen Unter-suchung sind aber kein singuläres Problem dieser Arbeit, sondern sie können unabhängig vom gewählten Thema bei allen Untersuchungen auftreten, die auf der Basis einer Befragung durchgeführt werden. Eine Vergrößerung der Stich-probe würde auch in dieser Untersuchung nicht dazu führen, die Genauigkeit zu verbessern bzw. die Aussagekraft zu erhöhen. Die Bias-Problematik der Daten bliebe dadurch (vermutlich) unverändert.[824]

---

[824] Vgl. dazu Polasek (1997) S.3, Stockmann (2007) S.237: Das Beispiel „*Gallup vs. Literary Digest*" zur US-Präsidentschaftswahl 1936 zeigt, dass eine sehr große Stichprobe nicht zwingend die Aussagekraft erhöht.

Eine Erweiterung des vorgestellten Modells zum Demarketing-Management mit einer differenzierten Betrachtung moderierender Effekte und Demarketing-Maßnahmen erscheint auf der einen Seite zwar wünschenswert, auf der anderen Seite erhöht sich dadurch nochmals die Komplexität. Befriedigende Antworten im Rahmen einer allgemein gehaltenen Onlinebefragung wären nicht zu erwarten.

Die Grenzen der empirischen Untersuchung dieser Arbeit lassen sich folgendermaßen zusammenfassen:

- Durch die Methode der Datenerfassung im Sinne einer Querschnitts-Untersuchung durch Fragebögen lassen sich keine eindeutigen kausalen Zusammenhänge ableiten. Schlussfolgerungen werden immer in Anlehnung an das zuvor aufgestellte theoretische Konstrukt beschrieben und gedeutet.[825] Zu erkennen ist die Schwierigkeit bzw. die Unmöglichkeit, bei der sensiblen Thematik *Demarketing* und *Desinvestition* empirische Daten in großer Zahl zu erhalten, die repräsentativ, valide und reliabel sind. Dies ist auch eine Erklärung dafür, dass es in der Literatur keine empirischen Untersuchungen mit einer großen Stichprobe zur Wirkung von Demarketing-Maßnahmen gibt.[826]

- Aufgrund der subjektiven Beurteilung des *Desinvestitions-Erfolgs* (Gewinn oder Verlust von Image bzw. Reputation / Kundenzufriedenheit) und der ihn begleitenden *Demarketing-Maßnahmen* durch die Führungskräfte der Unternehmen ist eine Verzerrung wahrscheinlich dadurch gegeben, dass die befragten Personen geneigt waren, den Erfolg der getroffenen Maßnahmen, d. h. der von ihnen selbst getroffenen Maßnahmen zu schönen.[827]

- Eine pauschale Befragung nach den in der Literatur beschriebenen Demarketing-Maßnahmen wird der enormen Komplexität dieses Sach-verhaltes kaum gerecht. Tatsächlich ergeben sich Mischformen sowohl der Motive als auch der getroffenen Maßnahmen. Es ist daher wahrscheinlich, dass die Kombination unterschiedlicher Motive und unterschiedlicher

---

[825] Vgl. Abernethy & Brownell (1997) S.245
[826] Vgl. Blömeke & Clement (2009) S.810f u. Abschnitt I 2 *Stand der Forschung* auf S.12ff
[827] Vgl. Abschnitt IV 2.1.2 *Verzerrungen in der Stichprobe* auf S.215ff

Maßnahmen zu anderen Ergebnissen führt, als bei der nur isolierten Betrachtung der einzelnen Maßnahmen. Insbesondere konnten womöglich einige moderierende Einflussgrößen in dem komplexen Konstrukt von Demarketing- und Desinvestitions-Maßnahmen in dieser Untersuchung nicht berücksichtigt werden.

Angesichts des Konzeptes der Untersuchung, ihrer Grenzen und der Bewertung der Ergebnisse muss diese Arbeit als eine *explorative Studie* zum Demarketing verstanden werden.[828]

Erweiterter Forschungsbedarf

Aus den gewonnenen Erkenntnissen dieser Arbeit ergeben sich offene und neue Fragen, die in zukünftigen Untersuchungen zur Demarketing- und Desinvestitions-Forschung thematisiert werden sollten. Die logische Konsequenz nach einer explorativen Studie sind weitere Forschungen mit einem Konzept, das repräsentative Ergebnisse ermöglicht.

Zu einem tieferen und repräsentativen Einblick in die Problematik des Demarketing und der Desinvestition könnten Unternehmen nur im Rahmen einer individuellen, qualitativen Fallstudie beitragen, wenn diese Firmen denn dazu bereit wären, *„die Karten"* vollständig auf den Tisch zu legen. Anstelle einer pauschalen Befragung könnte daher in Fallstudien gezeigt werden, welche Demarketing-Maßnahmen in einem bestimmten Umfeld von Bedeutung sind und welchen Einfluss sie auf einen Desinvestitions-Erfolg haben.

---

[828] Vgl. Busch et al. (2008) S.773, Theobald (2003) S.50, Kuß & Eisend (2010) S.36:
„Explorative Untersuchungen dienen vor allem dazu,
- *die für ein Problem überhaupt relevanten Einflussfaktoren zunächst zu identifizieren,*
- *Zusammenhänge zwischen Variablen festzustellen,*
- *das Untersuchungsproblem zu präsentieren,*
- *eine komplexe Fragestellung in übersichtliche (...) Einzelfragen aufzubrechen,*
- *anschließende (...) Untersuchungen (z. B. durch Generierung von Hypothesen) vozubereiten (...)."*

Aus den genannten Praktikabilitätsgründen erfolgte die Einschätzung des Images bzw. der Reputation durch die befragten Führungskräfte, d. h. durch die Unternehmen selbst. Im Rahmen einer Case Study könnte mit objektiven, *„harten"* Fakten geprüft werden, wie Dritte, d. h. die von den Demarketing- und Desinvestitions-Maßnahmen betroffenen Kunden, diesen Aspekt beurteilen.

„Die größte Sünde gegen den menschlichen Geist ist,
Dinge ohne Beweis zu glauben." [829]

Anhang

1. Anschreiben zur Datenerhebung

Sehr geehrte Damen und Herren!

Im Rahmen meines Dissertationsprojekts am Lehrstuhl für ABWL, Investitionsgütermarketing und Beschaffungsmanagement von Prof. Dr. Dr. h.c. Ulli Arnold an der Universität Stuttgart untersuche ich die Fragestellung, ob eine Desinvestition eine Erfolg versprechende Option für Unternehmen sein kann. Insbesondere soll der *geplante Rückzug ohne Imageverlust* als erfolgreiche Strategieumsetzung herausgestellt werden.

Untersucht werden **proaktive Desinvestitionen**, d. h. freiwillige und strategische Desinvestitionen. Hierunter werden in diesem Projekt der **Verkauf**, die **Abspaltung** oder **Ausgliederung** von Geschäftsbereichen verstanden. Aber auch das **Outsourcing** bzw. eine **Resale-Strategie** (Sortimentserhalt durch Zukauf) sind ebenfalls als eine Desinvestition zu betrachten.

Den Fragebogen zu diesem Thema finden Sie unter der folgenden Internetadresse:
http://www.unipark.de/■■■■■■■

Ich würde mich sehr darüber freuen, wenn Ihr Unternehmen ca. **10-15 Minuten** Zeit fände, um sich an meinem Dissertationsprojekt zu beteiligen. Bitte füllen Sie den Fragebogen bis zum **19.November 2010** aus.

---

[829] Thomas Henry Huxley. (1825-1895)

Auch wenn die Desinvestition eines Geschäftsbereichs bereits einige Zeit zurückliegt und Sie eventuell nur selten eine Desinvestition durchführen, ist Ihre Teilnahme an dieser Untersuchung dennoch von Bedeutung für den Erfolg dieses Forschungsvorhabens.

Alle Angaben werden **streng vertraulich** behandelt und **anonym** ausgewertet! Es werden keine auf den Einzelfall bezogenen Ergebnisse veröffentlicht. Eine Rückverfolgung auf die einzelnen Unternehmen und Teilnehmer ist somit nicht möglich.

Sollten Sie nicht der richtige Ansprechpartner für diesen Fragebogen sein oder terminliche Verpflichtungen die Beantwortung der Fragen nicht zulassen, so bitte ich Sie, das Ausfüllen des Fragebogens auf eine(n) qualifizierte(n) Mitarbeiter(in) zu übertragen.

Für Ihre Unterstützung bedanke ich mich bereits im Voraus und stehe Ihnen für Rückfragen jederzeit gern zur Verfügung.

Mit bestem Dank und freundlichen Grüßen
    Nils Matthiessen

Dipl.-Kfm. Nils Matthiessen
Universität Stuttgart
Betriebswirtschaftliches Institut Abt.VI
Prof. Dr. Dr. h.c. Ulli Arnold
Lehrstuhl für Investitionsgütermarketing und Beschaffungsmanagement
Keplerstraße 17
D-70174 Stuttgart

Telefon: +49 (0)5231 878 99 23
E-Mail: nils.matthiessen@stud.uni-stuttgart.de
Internet: http://www.bwi.uni-stuttgart.de/marketing

2. Fragebogen zu der empirischen Untersuchung

Professor Dr. Dr. h.c. Ulli Arnold
Lehrstuhl Investitionsgütermarketing
und Beschaffungsmanagement

Dipl.-Kfm. Nils Matthiessen
nils.matthiessen@stud.uni-stuttgart.de

 **Universität Stuttgart**

Willkommen	1 [Seiten-ID: 154 8874]

Fragebogen zum Forschungsprojekt „Demarketing und Desinvestition als strategische Option für Unternehmen."

Sehr geehrte Teilnehmerin, sehr geehrter Teilnehmer,

vielen Dank, dass Sie das Forschungsprojekt unterstützen und den Onlinefragebogen ausfüllen.

Hinweise:
- Das Ausfüllen des Fragebogens dauert **ca. 10-15 Minuten**.
- Unter einer *proaktiven Desinvestition* (d. h. eine freiwillige und strategische Desinvestition) wird im Rahmen dieses Projektes der **Verkauf**, die **Abspaltung** oder **Ausgliederung** von Geschäftsbereichen (Produkte oder Dienstleistungen) verstanden. Das **Outsourcing** durch eine Make-or-Buy Entscheidung (Sortimentserhaltung durch Zukauf) bzw. eine **Resale-Strategie** kann ebenfalls als eine Desinvestition angesehen werden.
- Für die Untersuchung sind alle Desinvestitionen der letzten 5 Jahre relevant.
- Bitte geben Sie im Zweifel eine Tendenzaussage an!

Bei Rückfragen wenden Sie sich bitte an:

nils.matthiessen@stud.uni-stuttgart.de

Die erhobenen Daten werden **streng vertraulich** behandelt. Die wissenschaftliche Auswertung erfolgt anonym und lässt keine Rückschlüsse auf die beteiligten Unternehmen zu!

Bei Interesse senden wir Ihnen gerne die Ergebnisse der Studie in elektronischer Form zu. Hierfür bitte ich Sie um die Angabe Ihrer E-Mail-Adresse am Ende dieses Fragebogens.

Unternehmen   2 [Seiten-ID: 154 8909]

In welcher Branche liegt der Schwerpunkt Ihres Unternehmens?

o   chemische und pharmazeutische Erzeugnisse

o   Datenverarbeitungsgeräte, elektronische und optische Erzeugnisse

o   Druckerzeugnisse; Vervielfältigung von bespielten Ton-, Bild- und
    Datenträgern

o   elektrische Ausrüstungen

o   Glas und Glaswaren, Keramik, Verarbeitung von Steinen und Erden

o   Gummi- und Kunststoffwaren

o   Holz-, Flecht-, Korb-, Korkwaren und Möbel

o   Kokerei und Mineralölverarbeitung, Tabakverarbeitung

o   Leder, Lederwaren und Schuhe

o   Maschinenbau, sonstiger Fahrzeugbau, Kraftwagen und
    Kraftwagenteile

o   Metallerzeugnisse, Metallerzeugung und -bearbeitung

o   Nahrungs-, Futtermittel oder Getränke

o   Papier, Pappe und Waren daraus

o   Reparatur und Installation von Maschinen und Ausrüstungen

o   sonstige Waren

o   Textilien oder Bekleidung

Was ist das Kerngeschäft Ihres Unternehmens?

In wie vielen weiteren Geschäftsbereichen ist Ihr Unternehmen tätig?

Wie viele Mitarbeiter/-innen arbeiten in Ihrem Unternehmen?

Desinvestition 3 [Seiten-ID: 154 8951]

In welcher Form wurde die Desinvestition durchgeführt?

Desinvestition = Verkauf, Abspaltung, Ausgliederung oder Outsourcing von Geschäftsbereichen.

- o Stilllegung (Schließung ohne Erzielung eines Verkaufserlöses)
- o Liquidation (Verkauf der Vermögensgegenstände mit Aufgabe des Geschäftsbereichs)
- o Sell-off (Verkauf an ein externes Unternehmen mit Erhalt des Geschäftsbereichs)
- o Outsourcing und Resale-Strategie (z. B.Make-or-Buy Entscheidung)

In welchem(n) Geschäftsfeld(ern) Ihres Unternehmens wurden Desinvestitionen durchgeführt?

Wann haben Sie die Desinvestitionen durchgeführt und abgeschlossen?

- o kürzlich
- o vor bis zu 1 Jahr
- o vor 1-2 Jahren
- o vor 2-5 Jahren

Motive 4 [Seiten-ID: 154 8956]

Was war das Motiv für die Desinvestition?

Bitte bewerten Sie die Motive nach der Wichtigkeit.

(neutral = kein Desinvestitionsmotiv)

	neutral	weniger wichtig	wichtig	sehr wichtig
• Verluste bzw. zu geringe Renditen des Desinvestitionsobjekts	o	o	o	o
• Finanzielle Motive zur Finanzierung des Wachstums im Kerngeschäft	o	o	o	o

	neutral	weniger wichtig	wichtig	sehr wichtig
• zu hoher Kapitalbedarf des Desinvestitionsobjekts und Liquiditätssicherung	○	○	○	○
• unzureichende Perspektiven und Abbau von Kapazitäten	○	○	○	○
• Überalterung der Produktionsanlagen oder Ende des Produktlebenszyklus	○	○	○	○
• Konflikte zwischen dem Mutterkonzern und dem Desinvestitionsobjekt	○	○	○	○
• Personelle Motive und Nachfolgeprobleme	○	○	○	○

Anderer Grund:

Was war das Motiv für Outsourcing bzw. die Resale-Strategie?

Bitte bewerten Sie die Motive nach der Wichtigkeit. (neutral = kein Desinvestitionsmotiv)

	neutral	weniger wichtig	wichtig	sehr wichtig
• Kostenrechnerische Gründe	○	○	○	○
• Strategische Gründe: Sortimentserhaltung (z. B. nur geringer oder sporadischer Bedarf von Produkten, veränderte Qualitäts- oder Flexibilitätsanforderungen)	○	○	○	○

Anderer Grund:

Barrieren	5 [Seiten-ID: 154 9245]

Welche Barrieren sind vor bzw. bei der Desinvestition aufgetreten und haben die Desinvestitions-Entscheidung NEGATIV beeinflusst?

Bitte bewerten Sie die Barrieren nach der Wichtigkeit. (neutral = keine Desinvestitions-Barriere)

	neutral	weniger wichtig	wichtig	sehr wichtig
• drohender Imageverlust und negative Effekte auf das restliche Sortiment	o	o	o	o
• Know-how Verlust	o	o	o	o
• Verlust einer risikomindernden Diversifikation	o	o	o	o
• Kosten des Marktaustritts (z. B. Personalkosten, Garantie- & Serviceleistungen, Dienstleistungs- & Lieferverträge, Abbruch- & Entsorgungskosten)	o	o	o	o
• materielle Vermögensgegenstände (z. B. Anlagen, Spezialmaschinen)	o	o	o	o
• Informatorische Barrieren: relevanten Daten standen dem Topmanagement nicht (im erforderlichen Umfang) zur Verfügung	o	o	o	o
• Managementbezogene Barrieren: Konflikte zwischen den (persönlichen) Zielen des Managements und den rational ökonomischen Zielen	o	o	o	o

Andere Barriere:

Maßnahmen	6 [Seiten-ID: 154 8971]

Wie haben Sie den Barrieren entgegengewirkt bzw. versucht entgegenzuwirken?

Wie haben Sie die Kundenbeziehung beendet?

o verdeckter Rückzug - **Deeskalation**: z. B. Pseudo-Weiterführung bei geringer Beziehungsintensität

o verdeckter Rückzug - „Auslaufen lassen": z. B. Senkung der Investitionen in die Beziehung

o verdeckter Rückzug - Eskalation: z. B. Anhebung der Preise

o verdeckter Rückzug - Rückzug: z. B. Abbau von Vertrauen und Vertrautheit

o offener Rückzug - erklärte Beendigung: z. B. Gespräch zur Erklärung der Gründe

o offener Rückzug - **einvernehmliches Gespräch**: Einigung auf Beendigung der Beziehung

o offener Rückzug - vollendete Tatsachen: z. B. Schriftliche Mitteilung an den Kunden

o offener Rückzug - **ergebnisloses Gespräch**: z. B. Wiederaufnahme ohne Kompromisse

Hatten Sie Unterstützung von externen Beratern (z. B. Banken, Unternehmensberatern) bei...

□ ... der Planung der Desinvestition?

□ ... der Durchführung der Desinvestition?

□ KEINE Unterstützung von externen Beratern!

Welche Maßnahmen haben Sie vor der Desinvestition genutzt, um die Kunden auf die Desinvestition vorzubereiten oder die Nachfrage vorab zu senken?

☐ Produktpolitik: z. B. Veränderung der Qualität, der Leistung oder des Service

☐ Preispolitik: z. B. Preiserhöhung, Mindestumsätze für Kunden

☐ Kommunikationspolitik: z. B. Einstellung der Werbemaßnahmen, Vorenthalten von Produktinformationen und Beratungsleistungen

☐ Distributionspolitik: z. B. Schließung von Distributionswegen, Transfer der Kunden zu Kooperationspartnern oder Wettbewerbern

Erfolg	7 [Seiten-ID: 154 8977]

Haben Sie Ihr geplantes Ziel durch die Desinvestition erreicht?

Bitte bewerten Sie den Erfolg der Desinvestition.

Finanzielle Ziele

○	○	○	○	○
sehr negativ	negativ	neutral	positiv	sehr positiv

Strategische Ziele

○	○	○	○	○
sehr negativ	negativ	neutral	positiv	sehr positiv

Welchen Einfluss hatte die Desinvestition auf...

...das Image Ihres Unternehmens?

○	○	○	○	○
sehr negativ	negativ	neutral	positiv	sehr positiv

...die Zufriedenheit der Kunden mit den/m Produkten/Unternehmen?

○	○	○	○	○
sehr negativ	negativ	neutral	positiv	sehr positiv

Welche weiteren Einflüsse hatte die Desinvestition auf Ihr Unternehmen?

| **Kontakt** | 8 [Seiten-ID: 154 8986] |

In welcher Position arbeiten Sie in Ihrem Unternehmen?

○	○	○	○
Geschäftsführung	Marketing	Controlling	Andere

Anmerkungen und ergänzende Informationen

z. B. Kontaktdaten für etwaige Rückfragen

| **Endseite** | 9 [Seiten-ID: 154 8866] |

Vielen Dank für Ihre Mitarbeit!

Dipl.-Kfm. Nils Matthiessen

Universität Stuttgart

Betriebswirtschaftliches Institut Abt. VI

Prof. Dr. Dr. h.c. Ulli Arnold

Lehrstuhl für Investitionsgütermarketing und Beschaffungsmanagement

Keplerstraße 17

D-70174 Stuttgart

E-Mail: nils.matthiessen@stud.uni-stuttgart.de

Internet: http://www.bwi.uni-stuttgart.de/marketing

3. Häufigkeitsverteilungen in der empirischen Untersuchung

Branche	Versandte Anfragen	Rücklauf absolut	Rücklauf in %
chemische und pharmazeutische Erzeugnisse	334	10	2,99 %
Datenverarbeitungsgeräte, elektronische und optische Erzeugnisse	308	6	1,95 %
Druckerzeugnisse; Vervielfältigung von bespielten Ton-, Bild- und Datenträgern	186	4	2,15 %
elektrische Ausrüstungen	260	5	1,92 %
Glas und Glaswaren, Keramik, Verarbeitung von Steinen und Erden	219	6	2,74 %
Gummi- und Kunststoffwaren	247	7	2,83 %
Holz-, Flecht-, Korb-, Korkwaren und Möbel	266	4	1,50 %
Kokerei und Mineralölverarbeitung, Tabakverarbeitung	11	0	0,00 %
Leder, Lederwaren und Schuhe	34	1	2,94 %
Maschinenbau, sonstiger Fahrzeugbau, Kraftwagen und Kraftwagenteile	589	9	1,53 %
Metallerzeugnisse, Metallerzeugung und -bearbeitung	576	9	1,56 %
Nahrungs-, Futtermittel oder Getränke	298	2	0,67 %
Papier, Pappe und Waren daraus	132	1	0,76 %
Reparatur und Installation von Maschinen und Ausrüstungen	29	0	0,00 %
sonstige Waren	222	7	3,15 %
Textilien oder Bekleidung	214	6	2,80 %

Tabelle 33: Rücklauf bei der Datenerhebung nach Branchen

Position des Antwortenden im Unternehmen	Häufigkeit der Angabe	
	absolut	in %
Geschäftsführung	45	58 %
Marketing	3	4 %
Controlling	18	24 %
Andere	11	14 %

Tabelle 34: Hierarchische Position der befragten Personen im Unternehmen

Grund für die Nicht-Teilnahme an der Befragung	Häufigkeit der Angabe	
	absolut	in %
Grundsätzlich keine Teilnahme an Befragungen	27	17 %
Zeitmangel, Arbeitsüberlastung, keine Kapazitäten	63	39 %
Thematik betrifft das Unternehmen nicht	40	25 %
Unternehmensvertrauliche Daten	22	14 %
Sonstiger Grund bzw. kein Grund angegeben	10	6 %

Tabelle 35: Häufigkeiten der Gründe für die Nicht-Teilnahme an der Befragung

(versuchte) Teilnahme und Abbruch der Befragung	Häufigkeit	
	absolut	in %
(versuchte) Teilnahme an der Befragung	214	100 %
Beendete Fragebögen	79	37 %
Abbruch der Befragung	135	63 %

Tabelle 36: Häufigkeiten der versuchten Teilnahme und Abbruch der Befragung

Durchführungszeitpunkt der Desinvestition	Häufigkeit der Angabe	
	absolut	in %
kürzlich	6	8 %
vor bis zu 1 Jahr	8	10 %
vor 1-2 Jahren	21	27 %
vor 2-5 Jahren	42	55 %

Tabelle 37: Häufigkeitsverteilung des Durchführungszeitpunkts der Desinvestition

Desinvestitionsform	Häufigkeit der Angabe	
	absolut	in %
Stilllegung	17	22 %
Liquidation	7	9 %
Sell-off	21	27 %
Outsourcing	32	42 %

Tabelle 38: Häufigkeitsverteilung der Desinvestitionsformen

Motive für die Stilllegung, Liquidation und den Sell-off		neutral	weniger wichtig	wichtig	sehr wichtig
Verluste bzw. zu geringe Renditen des Desinvestitionsobjekts	absolut	6	6	15	18
	in %	13 %	13 %	34 %	40 %
Finanzielle Motive zur Finanzierung des Wachstums im Kerngeschäft	absolut	17	16	3	9
	in %	38 %	35 %	7 %	20 %
zu hoher Kapitalbedarf des Desinvestitionsobjekts und Liquiditätssicherung	absolut	18	13	9	5
	in %	40 %	29 %	20 %	11 %
unzureichende Perspektiven und Abbau von Kapazitäten	absolut	5	12	13	15
	in %	11 %	27 %	29 %	33 %
Überalterung der Produktionsanlagen oder Ende des Produktlebenszyklus	absolut	23	15	5	2
	in %	51 %	33 %	11 %	5 %
Konflikte zwischen dem Mutterkonzern und dem Desinvestitionsobjekt	absolut	33	10	1	1
	in %	73 %	23 %	2 %	2 %
Personelle Motive und Nachfolgeprobleme	absolut	33	11	0	1
	in %	74 %	24 %	0 %	2 %

Tabelle 39: Häufigkeitsverteilung der *Motive* für die *Stilllegung*, *Liquidation* und den *Sell-off*

271

Motive für das *Outsourcing*		neutral	weniger wichtig	wichtig	sehr wichtig
Kostenrechnerische Gründe	absolut	0	3	13	16
	in %	0 %	9 %	41 %	50 %
Strategische Gründe	absolut	4	9	15	4
	in %	12 %	28 %	47 %	13 %

Tabelle 40: Häufigkeitsverteilung der *Motive* für das *Outsourcing*

Barrieren gegen eine Desinvestition		neutral	weniger wichtig	wichtig	sehr wichtig
drohender Imageverlust und negative Effekte auf das restliche Sortiment	absolut	32	20	19	6
	in %	41 %	26 %	25 %	8 %
Know-how Verlust	absolut	31	31	14	1
	in %	40 %	40 %	18 %	2 %
Verlust einer risikomindernden Diversifikation	absolut	37	31	8	1
	in %	48 %	40 %	10 %	2 %
Kosten des Marktaustritts	absolut	41	20	13	3
	in %	53 %	26 %	17 %	4 %
materielle Vermögensgegenstände	absolut	33	38	3	3
	in %	43 %	49 %	4 %	4 %
Informatorische Barrieren	absolut	53	19	5	0
	in %	69 %	25 %	6 %	0 %
Managementbezogene Barrieren	absolut	55	16	4	2
	in %	71 %	21 %	5 %	3 %

Tabelle 41: Häufigkeitsverteilung der *Barrieren* gegen eine *Desinvestition*

Rückzugsform	Häufigkeit der Angabe	
	absolut	in %
verdeckter Rückzug - Deeskalation: z. B. Pseudo-Weiterführung bei geringer	4	9 %
verdeckter Rückzug -„Auslaufen lassen": z. B. Senkung der Investitionen in die Beziehung	5	11 %
verdeckter Rückzug - Eskalation: z. B. Anhebung der Preise	0	0 %
verdeckter Rückzug - Rückzug: z. B. Abbau von Vertrauen und Vertrautheit	1	2 %
offener Rückzug - erklärte Beendigung: z. B. Gespräch zur Erklärung der Gründe	19	42 %
offener Rückzug - einvernehmliches Gespräch: Einigung auf Beendigung der Beziehung	3	7 %
offener Rückzug - vollendete Tatsachen: z. B. Schriftliche Mitteilung an den Kunden	13	29 %
offener Rückzug - ergebnisloses Gespräch: z. B. Wiederaufnahme ohne Kompromisse	0	0 %

Tabelle 42: Häufigkeitsverteilung der Rückzugsformen

Erfolg der Desinvestition		sehr negativ	negativ	neutral	positiv	sehr positiv
Finanzieller Erfolg	absolut	0	2	7	44	24
	in %	0 %	3 %	9 %	57 %	31 %
Strategischer Erfolg	absolut	0	1	13	48	15
	in %	0 %	1 %	17 %	63 %	19 %

Tabelle 43: Häufigkeitsverteilung des finanziellen und strategischen Erfolgs

Einfluss der Desinvestition auf das Image und die Reputation		sehr negativ	negativ	neutral	positiv	sehr positiv
Image	absolut	0	4	58	14	1
	in %	0 %	5 %	75 %	19 %	1 %
Reputation	absolut	0	3	53	19	2
	in %	0 %	4 %	69 %	24 %	3 %

Tabelle 44: Einfluss der Desinvestition auf das *Image* und die *Reputation*

4. Ergebnisse der PLS-Schätzung mit SMARTPLS

Indikator der latenten Variablen *Motiv*	Äußeres Gewicht des Indikators	VIF
Mo-Rendite	0,169375	4,058
Mo-Perspektiven	0,169375	3,169
Mo-Finanzierung	0,276933	2,000
Mo-Liquidität	-0,304661	2,473
Mo-Lebenszyklus	0,260161	1,664
Mo-Konzernkonflikte	0,121731	2,230
Mo-Personal	0,246820	2,425
Mo-Out-Kosten	-0,570429	5,709
Mo-Out-Strategie	-0,066368	3,315

Tabelle 45: Indikatorgewichte und VIF der latenten Variablen *Motiv*

Indikator der latenten Variablen *Barriere*	Äußeres Gewicht des Indikators	VIF
B-Imageverlust	0,633384	1,557
B-Know-how	-0,154347	1,430
B-Marktaustritt	0,310797	1,939
B-Vermögen	-0,275552	1,619
B-Diversifikation	-0,332280	1,147
B-Management	0,633540	2,611
B-Information	-0,066848	2,590

Tabelle 46: Indikatorgewichte und VIF der latenten Variablen *Barriere*

Indikator der latenten Variablen *Desinvestitions-Durchführung*	Äußeres Gewicht des Indikators	VIF
Branche	0,060680	1,292
Mitarbeiter	-0,076336	2,507
Geschäftsbereiche	0,002089	2,389
Desinvestitionsform	-0,344032	3,233
Ma-Beendigungsform	0,950216	2,242
Ma-Planung	0,158171	2,630
Ma-Durchführung	-0,136342	2,816
Ma-Produktpolitik	0,294560	1,550
Ma-Preispolitik	0,061365	1,304
Ma-Kommunikation	-0,261335	2,054
Ma-Distribution	-0,446827	2,284

Tabelle 47: Indikatorgewichte und VIF der latenten Variablen *Desinvestitions-Durchführung*

Indikator der latenten Variablen *Desinvestitions-Erfolg*	Äußeres Gewicht des Indikators	VIF
E-Finanziell	0,333351	1,314
E-Strategie	0,405301	1,591
E-Image	-1,122603	1,956
E-Kundenzufriedenheit	0,955352	2,050

Tabelle 48: Indikatorgewichte und VIF der latenten Variablen *Desinvestitions-Erfolg*

	Barriere	Desinvestitions-Durchführung	Erfolg	Motiv
Barriere	1,000000			
Desinvestitions-Durchführung	0,636297	1,000000		
Erfolg	0,087226	0,362661	1,000000	
Motiv	0,596859	0,844020	0,144000	1,000000

Tabelle 49: Korrelation latenter Variablen

	Desinvestitions-Durchführung	Erfolg
Barriere	0,205878	0,074664
Desinvestitions-Durchführung		0,362661
Motiv	0,721140	0,261529

Tabelle 50: Total Effects – direkte und indirekte Effekte

5. Ergebnisse der Binomialtests mit SPSS

Indikator der latenten Variablen *Motiv*	Häufigkeiten der Nennung		p-Wert
	neutral	weniger wichtig, wichtig, sehr wichtig	
Mo-Rendite	6	38	0,000
Mo-Perspektiven	5	39	0,000
Mo-Finanzierung	16	28	0,096
Mo-Liquidität	18	26	0,291
Mo-Lebenszyklus	23	21	0,880
Mo-Konzernkonflikte	32	12	0,004
Mo-Personal	32	12	0,004
Mo-Out-Kosten	0	32	0,000
Mo-Out-Strategie	4	28	0,000

Tabelle 51: Ergebnisse des Binomialtests der *Motiv*-Indikatoren

Indikator der latenten Variablen *Barriere*	Häufigkeiten der Nennung		p-Wert
	neutral	weniger wichtig, wichtig, sehr wichtig	
B-Imageverlust	32	44	0,207
B-Know-how	30	46	0,085
B-Marktaustritt	41	35	0,567
B-Vermögen	32	44	0,207
B-Diversifikation	37	39	0,909
B-Management	54	22	0,000
B-Information	52	24	0,002

Tabelle 52: Ergebnisse des Binomialtests der *Barriere*-Indikatoren

Indikator der latenten Variablen *Desinvestitions-Durchführung*	Häufigkeiten der Nennung		p-Wert
	nein	ja	
Ma-Planung	65	11	0,000
Ma-Durchführung	63	13	0,000
Ma-Preispolitik	38	6	0,000
Ma-Produktpolitik	43	1	0,000
Ma-Kommunikationspolitik	19	25	0,451
Ma-Distributionspolitik	20	24	0,652
	offener Rückzug	verdeckter Rückzug	
Beendigungsform	35	10	0,000

Tabelle 53: Ergebnisse des Binomialtests der *Desinvestitions-Durchführungs-*Indikatoren

Indikator der latenten Variablen *Desinvestitions-Erfolg*	Häufigkeiten der Nennung		p-Wert
	neutral	sehr negativ, negativ, positiv, sehr positiv	
E-Finanziell	7	69	0,000
E-Strategie	13	63	0,000
E-Image	58	18	0,000
E-Kundenzufriedenheit	53	23	0,001

Tabelle 54: Ergebnisse des Binomialtests der *Desinvestitions-Erfolgs-*Indikatoren

Literaturverzeichnis

Abendblatt-Online, (2005): *Meister Proper kauft Gillette.* o.V. vom 29. Januar 2005. URL: http://www.abendblatt.de/wirtschaft/article304080/Meister-Proper-kauft-Gillette.html Zugriff am 03.04.2010.

Abernethy, M. **& Brownell**, P. (1997): *Management Control Systems in Research and Development Organizations.* The Role of Accounting, Behavior and Personnel Controls. In: Accounting, Organizations and Society. Vol.22, No.3, S.233-248, 1997.

Achleitner, A. (2001): *Handbuch Investment Banking.* 2.Auflage, Gabler Verlag, Wiesbaden, 2001.

Achleitner, A. **& Bassen**, A. (2000): *Entwicklungsstand des ShareholderValue Ansatzes in Deutschland.* Empirische Befunde. Working Paper, European Business School, Oestrich-Winkel, 2000.

Achleitner, A. **& Charifzadeh**, M. (2002): *Handbuch Investment Banking.* 3., überarbeitete und erweiterte Auflage, Gabler Verlag, Wiesbaden, 2002.

AGFEO, (2010): *AGFEO Homepage - Firmengeschichte.* AGFEO GmbH & Co. KG, o.V. URL: http://www.agfeo.de/agfeo_web/hp3.nsf/lu/1536 Zugriff am 06.06.2010.

Alajoutsijärvi, K., **Möller**, K. **& Tähtinen**, J. (2000): *Beautiful exit: how to leave your business partner.* In: European Journal of Marketing, Vol.34 Issue 11/12, S.1270-1290, 2000.

Albers, S. **& Götz**, O. (2006): *Messmodelle mit Konstrukten zweiter Ordnung in der betriebwirtschaftlichen Forschung.* In: Die Betriebswirtschaft, 66.Jg., Nr.6, S.669-677, 2006.

Albers, S. **& Hildebrandt**, L. (2006): *Methodische Probleme bei der Erfolgsfaktorenforschung.* Messfehler, formative versus reflektive Indikatoren und die Wahl des Strukturgleichungs-Modells. In: Zeitschrift für betriebswirtschaftliche Forschung, 58.Jg., S.2-33, 2006.

Albrecht, S. (1994): *Erfolgreiche Zusammenschlussstrategien*. Eine empirische Untersuchung deutscher Unternehmen. Gabler Verlag, Wiesbaden, 1994.

ALDI-Essen, (2011): *Das ALDI-Prinzip*. Homepage der ALDI Einkauf GmbH & Co. oHG. o.V. URL: http://www.aldi-nord.de/das_aldi_prinzip.html Zugriff am 07.07.2011.

Amit, R. **& Shoemaker**, P. (1993): *Strategic Assets and Organizational Rent*. In: Strategic Management Journal, 14.Jg, 1993.

Amit, R. **& Zott**, C. (2001): *Value creation in e-business*. In: Strategic Management Journal, Vol. 22, S.498f, 2001.

Anderson, J. **& Gerbing**, D. (1991): Predicting the performance of measures in a confirmatory factor analysis with a pretest assessment of their substantive validities. In: Journal of Applied Psychology [JAP], Vol.76, No.5, S.732-740, 1991.

Anderson, E. **& Richardson**, T. (1995): *Inducing Multiline Salespeople to Adopt House Brands*. In: The Journal of Marketing, Vol. 59, No. 2, American Marketing Association, S.16-31, April, 1995.

Andreasen, A. (1982): *Verbraucherzufriedenheit als Beurteilungsmaßstab für die unternehmerische Marktleistung*. In: Hansen, U., Stauss, B., Riemer, M.: Marketing und Verbraucherpolitik. Schäffer-Poeschel Verlag, Stuttgart, S.182-195, 1982.

Andreasen, A. **& Best**, A. (1977): *Consumers Complain: Does Business Respond?*. In: Harvard Business Review, Vol.55, S.93-101, July/August 1977.

Andrews, K. (1987): *The Concept of Corporate Strategy*. Richard D. Irwin, 3.Auflage, Homewood, 1987.

Arbuckle, J. (2009): *AMOS 18.0 User's Guide*. Chicago, IL, SPSS Inc., 2009.

Arentzen, U. (1997): *Gabler-Wirtschafts-Lexikon*. 14., vollst. überarbeitete und erweiterte Auflage, ungekürzte Wiedergabe der Original-Ausgabe 1997, Gabler-Verlag, Wiesbaden, 1997.

Armstrong, J. & **Overton**, T. (1977): *Estimating nonresponse bias in mail surveys*. In: Journal of Marketing Research, Vol.14, Nr.3, S.396-402, 1977.

Arndt, D. (2008): *Customer Information Management*. Ein Referenzmodell für die Informationsversorgung im Customer Relationship Management. Zugl.: Dissertation, Universität Stuttgart, 2008, Cuvillier-Verlag, Göttingen, 2008.

Arnold, U. (2007): *Beendigung von Lieferantenbeziehungen in Unternehmensnetzwerken*. In: Garcia Sanz, F.J.; Semmler, K.; Walther, J.: Die Automobilindustrie auf dem Weg zur globalen Netzwerkkompetenz. Effiziente und flexible Supply Chains erfolgreich gestalten. Springer-Verlag, Berlin-Heidelberg, S.215-229, 2007.

Arnold, H. (1982): *Moderator variables*. A Clarification of Conceptual, Analytic and Psychometric Issues. In: Organizational Behavior and Human Performance, Vol.29, No.2, S.143-174, 1982.

Arnold, U. & **Meyle**, R. (2007): *Supplier Relationship Management*. Termination of Relationships with Core Suppliers. Proceeding of the IPSERA 2007 Conference, Bath/UK, 2007.

Arnold, U. & **Warzog**, F. (2005): *Supplier Relationship Management*. Explorative Analyse zum Stand des Supplier Relationship Management in der Industrie. Arbeitspapier, Stuttgart, 2005.

Atteslander, P. (2006): *Methoden der empirischen Sozialforschung*. 11., neubearbeitete und erweiterte Auflage, Schmidt-Verlag, Berlin, 2006.

Avolio, B., **Yammarino**, F. & **Bass**, B. (1991): *Identifying Common Methods Variance With Data Collected From A Single Source*. An Unresolved Sticky Issue. In: Journal of Management (JofM), Vol.17, No.3, S.571-587, 1991.

Backhaus, K., **Erichson**, B., **Plinke**, W. & **Weiber**, R. (2008): *Multivariate Analysemethoden*. Eine anwendungsorientierte Einführung. 12., vollständig überarbeitete Auflage, Springer-Verlag, Berlin, 2008.

Backhaus, K. & **Schneider**, H. (2007): *Strategisches Marketing*. Schäffer-Poeschel Verlag, Stuttgart, 2007.

Backhaus, K. & **Voeth**, M. (2007): *Industriegütermarketing*. 8., vollst. neu bearbeitete Auflage, Vahlen-Verlag, München, 2007.

Baetke, J. (1998): *Bilanzanalyse*. 1.Auflage, IDW-Verlag, Düsseldorf, 1998.

Bagozzi, R. (1980): *Causal Models in Marketing*. Massachusetts Institute for Technology, John Wiley & Sons, New York, 1980.

Bagozzi, R. & **Yi**, Y. (1994): *Advanced Topics in Structural Equation Models*. In: Bagozzi, R.P.: Advanced Methods of Marketing Research. Cambridge, S.1-51, 1994.

Bagozzi, R. & **Yi**, Y. (1988): *On the evaluation of structural equation models*. In: Journal of the Academy of Marketing Science, Vol.16, Nr.1, S.74-94, 1988.

Bagozzi, R., **Yi**, Y. & **Phillips**, L. (1991): *Assessing construct validity in organizational research*. In: Administrative Science Quarterly, 36.Jg, Nr.3, S.421–458, 1991.

Bain, J. (1962): *Industrial organization*. Wiley-Verlag, New York, 1962.

Balderjahn, I. (1998): *Die Kreuzvalidierung von Kausalmodellen*. In: Hildebrandt, L. & Homburg, C.: Die Kausalanalyse - Ein Instrument der betriebswirtschaftlichen Forschung. Schäffer-Poeschel Verlag, Stuttgart, S.371ff, 1998.

Barnett, M., **Jermier**, J. & **Lafferty**, B. (2006): *Corporate Reputation*. The definitional landscape. In: Corporate Reputation Review, Vol.9, No.1, S.26-38, 2006.

Barney, J. (1992): *Integrating Organizational Behaviour and Strategy Formulation Research.* A Resource Based Analysis. In: Shrivastava, P.; Huff, A.; Dutton, J. (Hrsg.): Advances in Strategic Management, Volume 8, London/Greenwich, 1992.

Barney, J. (2002): *Gaining and Sustaining Competitive Advantage.* 2.Auflage, Prentice Hall, New York, 2002.

Barney, J. (1991): *Firm Resources and Sustained Competitive Advantage.* In: Journal of Management. 17.Jg., Heft 1, 1991.

Barney, J. (2001): Is the Resource-Based "View" a Useful Perspective For Strategic Management Research? Yes. In: Academy of Management Review, 26. Jg., Heft 1, 2001.

Barney, J. (1995): *Looking inside for competitive advantage?.* In: The Academy of Management Executive [AME], Vol.9, Nr.4, S.49-61, 1995.

Baron, R. **& Kenny**, D. (1986): The moderator-mediator variable distinction in social psychological research. Conceptual, strategic and statistical considerations. In: Journal of Personality and Social Psychology, Vol.51, No.6, S.1173-1182, 1986.

Bartsch, D. (2005): *Unternehmenswertsteigerung durch strategische Des-investitionen.* Eine Ereignisstudie am deutschen Kapitalmarkt. Wiesbaden, Deutscher Universitäts-Verlag, Gabler-Verlag, 1.Auflage, 2005.

Barz, T. (2004): *Heißer Sommer auf dem DSL-Markt.* boerse.ARD.de vom 12.07.2004 15:32. URL: http://boerse.ard.de/content.jsp?key=dokument_60833 Zugriff am 06.06.2010.

Baur, C. (1990): *Make-or-buy-Entscheidungen in einem Unternehmen der Automobilindustrie.* Empirische Analyse und Gestaltung der Fertigungstiefe aus transaktionskostentheoretischer Sicht. Zugl.: München, Universität, Dissertation, 1990, VVF-Verlag, München, 1990.

Bea, F. & **Haas**, J. (2001): *Strategisches Management*. 3., neu bearb. Auflage, Lucius & Lucius Verlag, Stuttgart, 2001.

Bearden, W. & **Netemeyer**, R. (2001): *Handbook of marketing scales*. Multi-item measures for marketing and consumer behavior research. 2. edition, [Nachdruck], Sage Publications, Thousand Oaks, Calif. [u.a.], 2001.

Becker, J. (2000): *Marketing-Strategien*. systematische Kursbestimmung in schwierigen Märkten; Leitfaden mit Checklisten und Analysen. Franz Vahlen Verlag, München, 2000.

Becker, J. (2006): *Marketing-Konzeption*. Grundlagen des ziel-strategischen und operativen Marketing-Managements. 8. überarbeitete, erweiterte Auflage, Franz Vahlen Verlag, München, 2006.

Becker, F. & **Fallgatter**, M. (2002): *Unternehmungsführung*. Einführung in das strategische Management. Erich Schmidt Verlag, Berlin, 2002.

Beise, M. (2000): *John B. Jetter - Ein Top-Investmentbanker im SZ-Gespräch*. In: Süddeutsche Zeitung vom 04.07.2000, S.23, 2000.

Bellinger, B. (1975): *Liquidation*. In: Harvard Business Review, Bd.2, Grochla, E., Wittmann, W (Hrsg.), 4.Auflage, Stuttgart, S.2509-2515, 1975.

Bentler, P. (1985): *Theory and Implementation of EQS*. A structural equations program. Los Angeles, 1985.

Berekoven, L., **Eckert**, W. & **Ellenrieder**, P. (2009): *Marktforschung*. Methodische Grundlagen und praktische Anwendung. 12., überarbeitete und erweiterte Auflage, Gabler-Verlag, Wiesbaden, 2009.

Berger, P., **Eechambadi**, N., **George**, M., **Lehmann**, D., **Rizley**, R. & **Venkatesan**, R. (2006): *From Customer Lifetime Value to Shareholder Value*. Theory, Empirical Evidence, and Issues for Future Research. In: Journal of Service Research, Vol.9, No.2, S.156-167, 2006.

Berger, P. & **Nasr**, N. (1998): *Customer lifetime value*. Marketing models and applications. In: Journal of Interactive Marketing, Vol.12, No.1, S.17–30, 1998.

Berry, L. (1983): *Relationship Marketing*. In: Berry, L.L.; Shostack, G.L.; Upah, G.D. eds.: Emerging Perspectives on Services Marketing. American Marketing Association, S.25-34, Chicago, IL, 1983.

Bethge, P. & **Meyer**, C. (2010): *Katastrophen - Die Alptraum-Bohrung*. In: Spiegel-Online vom 23.08.2010. URL: http://www.spiegel.de/spiegel/0,1518, 713063,00.html Zugriff am 12.08.2011.

Beutin, N. (2008): *Automobile Erlebniswelten als Kommunikationsmittel*. In: Homburg, C.: Kundenzufriedenheit, 7.Auflage, Gabler-Verlag, Wiesbaden, S.121-172, 2008.

Bido, D. (2009): *Mulitcollinearity - weights higher than 1*. In: smartpls.de Forum. Posted: Wed Aug 12, 2009 3:17pm, URL: http://www.smartpls.de/ forum/viewtopic.php?p=3036#3036 Zugriff am 20.01.2011.

Bido, D. d., **Silva**, D. d., **Souza**, C. d. & **Godoy**, A. (2009): Indicadores Formativos na Modelagem em Equações Estruturais com Estimação via PLS-PM: Como Lidar com a Multicolinearidade Entre Eles?. In: II Encontro de Ensino e Pesquisa em Administração e Contabilidade (EnEPQ), Curitiba. Anais do EnEPQ, 2009.

Biener, B. (2005): *Alltagskultur im „Design-Museum"*. In: F.A.Z. / Rhein-Main-Zeitung vom 10. Juni 2005. URL: http://www.braunpreis.de/bs_foerderkreis/ upload/Artikel%20FAZ_web.pdf Zugriff am 03.04.2010 und URL: http://www.faz.net/artikel/C30745/alltagskultur-im-design-museum-30277306 .html Zugriff am 5.7.2011.

Biggadike, R. (1979): *The risky business of diversification*. In: Harvard Business Review 57, May-June, S.103-111, 1979.

Bilger, O. (2011): *Fabrik unter dem Hammer*. Opel: Werk Antwerpen. Süddeutsche Zeitung Online vom 04.01.2011, 16:49. URL: http://www.sued deutsche.de/wirtschaft/opel-fabrik-unter-dem-hammer-1.1042768 Zugriff am 05.04.2011.

Binder, H. & **Eberl**, M. (2005): *Statistisch unterstützte Spezifikationsprüfung.* Die Performance von Tetrad-Test und SEM. In: In: Schriftenreihe zur empirischen Forschung und quantitativen Unternehmensplanung der Ludwig-Maximilians-Universität München, Arbeitspapier 2305, Heft 23, München, 2005.

Blattberg, R. & **Deighton**, J. (1997): *Aus rentablen Kunden vollen Nutzen ziehen.* In: Harvard Business Manager, Vol.19, Issue 1, S.24-32, 1997.

Blattberg, R. & **Deighton**, J. (1996): *Manage Marketing by the Customer Equity Test.* In: Harvard Business Review. Vol.74, No.4, S.136-144, July - August 1996.

Bliemel, F., **Eggert**, A., **Fassott**, G. & **Henseler**, J. (2005): *Die PLS-Pfadmodellierung: Mehr als eine Alternative zur Kovarianzstrukturanalyse.* In: Bliemel, F.; Eggert, A.; Fassott, G.; Henseler, J.: Handbuch PLS-Pfadmodellierung: Methode, Anwendung, Praxisbeispiele. Schäffer-Poeschel-Verlag, Stuttgart, S.9-15, 2005.

Bloech, J. & **Ihde**, G. (1997): *Vahlens großes Logistiklexikon.* Beck-Verlag [u.a.], München, 1997.

Blömeke, E. & **Clement**, M. (2009): *Selektives Demarketing.* Management von unprofitablen Kunden. In: Zeitschrift für betriebswirtschaftliche Forschung. Volume 61, S.804-835, Issue November, 2009.

Böcker, F. (1978): *Die Bestimmung der Kaufverbundenheit von Produkten.* Zugl.: Erlangen, Nürnberg, Universität, Habilitationsschrift, 1976, Duncker & Humblot - Verlag, Berlin, 1978.

Boddewyn, J. (1976): *International divestment: a survey of corporate experience.* In: Business International, Genf und New York, 1976.

Boddewyn, J. (1979): *Foreign Divestment*. Magnitude and Factors. In: Journal of International Business Studies, Vol.10, No.1, S.21-27, Spring - Summer, 1979.

Bohrnstedt, G. (1970): *Reliability and validity assessment in attitude measurement*. In: Summers, G. F.: Attitude measurement. Chicago/London, Rand McNally, S.80-99, 1970.

Bollen, K. **& Lennox**, R. (1991): *Conventional wisdom on measurement: A structural equation perspective*. In: Psychological Bulletin, Vol.110, No.2, S.305-314, Sep 1991.

Bollen, K. **& Ting**, K. (2000): *A tetrad test for causal indicators*. In: Psychol Methods. Vol.5, No.1, S.3-22, 2000.

Boot, A. (1992): *Why Hang on to Loosers? Divestitures and Takeovers*. In: Journal of Finance 47, Nr.4, 1992.

Borst, S. **& Hirzel**, J. (2002): *Deutscher Denkfehler - Unterhaltungselektronik*. FOCUS Magazin | Nr. 6 (2002), URL: http://www.focus.de/finanzen/news/ unterhaltungselektronik-deutscher-denkfehler_aid_206802.html Zugriff am 05.07.2011.

Bortz, J. **& Döring**, N. (2006): *Forschungsmethoden und Evaluation*. Für Human- und Sozialwissenschaftler - Mit 87 Tabellen. 4., überarbeitete Auflage, Springer Medizin Verlag Heidelberg, Berlin, Heidelberg. 2006.

Bradtke, T. (2003): *Grundlagen in Operations Research für Ökonomen*. Oldenbourg Wissenschaftsverlag, München, Wien, Oldenbourg, 2003.

Brech, J. (1995): *Shell - der Ölmulti in den Wochen danach*. Welt-Online.de vom 15.07.95. URL: http://www.welt.de/print-welt/article660351/Shell_der_ Oelmulti_in_den_Wochen_danach.html Zugriff am 08.06.2010.

Bresser, R. (1998): *Strategische Managementtheorie*. (1. Auflage Ausg.). Gruyter Verlag, Berlin, New York, 1998.

Breyer, P. (1962): *Ruf und Rufpolitik*. Eine Studie über das Wesen des Rufes und der betriebswirtschaftlichen Rufpolitik. Dissertation, Universität Mannheim, 1962.

Brink, H. (1983): *Strategische Beschaffungsplanung*. In: Zeitschrift für Betriebswirtschaft, 53.Jg., Heft 11, S.1090-1113, 1983.

Brockhoff, K. (1993): *Produktpolitik*. 4., neubearbeitete und erweiterte Auflage, UTB-Verlag, Stuttgart, 1999.

Brooks, R. (1999): *Alienating Customers Isn't Always a Bad Idea*. In: The Wall Street Journal, New York, S.A11-A12, vom 07.01.1999.

Brown, T., **Dacin**, P., **Pratt**, M. & **Whetten**, D. (2006): *Identity, intended image, construed image and reputation*. An Interdisciplinary Framework and Suggested Terminology. In: Journal of the Academy of Marketing Science, 34.Jg., Nr.2, S.99-105, Spring 2006.

Brüggerhoff, J. (1992): *Management von Desinvestitionen*. Der Entscheidungsprozeß bei der Desinvestition von Unternehmensteilen. Zugl.: Bochum, Universität, Dissertation, 1991, Gabler Verlag, Wiesbaden, 1992.

Brühl, R. (1992): *Controlling als Aufgabe der Unternehmensführung*. Dissertation, Institut für Unternehmungsplanung (Giessen). Ferbersche Buchhandlung, Gießen, 1992.

Bruhn, M. (2009): *Relationship-Marketing*. das Management von Kundenbeziehungen. 2., vollst. überarbeitete Auflage, Vahlen-Verlag, München, 2009.

Bruhn, M. (2004): *Das Konzept der kundenorientierten Unternehmensführung*. In: Hinterhuber, H.H.; Matzler, K.: Kundenorientierte Unternehmensführung: Kundenorientierung - Kundenzufriedenheit - Kundenbindung. 6., überarbeitete Auflage, Gabler-Verlag, Wiesbaden, S.33-68, 2004.

Bruhn, M. (2009): *Exit Management. Beendigung von Geschäftsbeziehungen aus Anbietersicht.* In: Link, J. und Seidl, F.: Kundenabwanderung: Früherkennung, Prävention, Kundenrückgewinnung. Mit erfolgreichen Praxisbeispielen aus verschiedenen Branchen. 1.Auflage, Gabler Verlag, Wiesbaden, S.91-115, 2009.

Bruhn, M. **& Homburg**, C. (2001): *Gabler-Marketing-Lexikon.* 1. Auflage, Gabler-Verlag, Wiesbaden, 2001.

Bruner, G. I., **James**, K. **& Hensel**, P. (2001): *Marketing scales handbook - Volume III.* A compilation of multi-item measures. American Marketing Association - AMA. Chicago, Ill., 2001.

Bundesgesetzblatt, (1999): *Bundesgesetzblatt/1999.* Gesetz zum Einstieg in die ökologische Steuerreform. 24. März 1999, Deutschland, 1999.

Bundesgesetzblatt-Online, (2011): *Bundesgesetzblatt/2011 - Dreizehntes Gesetz zur Änderung des Atomgesetzes (AtG).* Bundesgesetzblatt Nr.43 vom 05.08.2011, S.1704, Deutschland, URL: http://www.bgbl.de/Xaver/text.xav?bk= Bundesanzeiger_BGBl&start=%2F%2F*%5B%40attr_id%3D'xavStartpage'%5 D&wc=1&skin=WC Zugriff am 17.08.2011.

Bundeskartellamt, (1987): *Tätigkeitsbericht 1985/86.* Lage und Entwicklung in dem Aufgabengebiet des Bundeskartellamtes. o.V., Deutscher Bundestag, Drucksache 11/554, 1987. URL: http://dip21.bundestag.de/dip21/btd/11/005/ 1100554.pdf Zugriff am 07.02.2010.

Bundeskartellamt, (2009): *Tätigkeitsbericht 2007/08.* Lage und Entwicklung in dem Aufgabengebiet des Bundeskartellamtes. o.V., Deutscher Bundestag, Drucksache 16/13500, URL: http://dip21.bundestag.de/dip21/btd/16/135/161350 0.pdf Zugriff am 07.02.2010.

Burmann, C. (1991): *Konsumentenzufriedenheit als Determinante der Marken- und Händlerloyalität.* In: Marketing Zeitschrift für Forschung und Praxis. (Marketing ZFP), 13.Jg., Heft 4, S.249–258, 1991.

Burr, W. (2003): Das Konzept des verteidigungsfähigen Wettbewerbsvorteils – Ansatzpunkte zur Dynamisierung und Operationalisierung. In: Die Unternehmung, 57.Jg., Heft 5., S.357-373, 2003.

Busch, R., **Fuchs**, W. & **Unger**, F. (2008): *Integriertes Marketing.* Strategie Organisation Instrumente. 4., vollständig überarbeitete Auflage, Gabler Verlag / GWV Fachverlage GmbH, Wiesbaden, 2008.

Business-Week, (1979): *Harnischfeger's Dramatic Pickup in Cranes.* In: Business Week, 13.08.1979.

Busse, F. (2003): *Grundlagen der betrieblichen Finanzwirtschaft.* Managementwissen für Studium und Praxis. 5., völlig überarbeitete und wesentlich erweiterte Auflage, Oldenbourg-Verlag, München [u.a.], 2003.

Buttle, F. (2006): *Customer Relationship Management.* Concepts and Tool. Butterworth-Heinemann Verlag, 2006.

Buzzell, R. & **Gale**, B. (1987): *The PIMS Principles.* Linking Strategy to Performance. The Free Press; illustrated edition, 1987.

Byerly, R. T., **Lamont**, B. T. & **Keasler**, T. (2003): *Business Portfolio Restructuring. Prior Diversification Posture and Investor Reactions.* In: Managerial and Decision Economics, 24.Jg. (2003), S.535-548. 2003.

Cameron, K. & **Whetten**, D. (1983): *Organizational Effectiveness:.* A Comparison of Multiple Models. Academic Press, Inc., New York, NY, 1983.

Canella, A. J. & **Hambrick**, D. (1993): *Effects of executive departures on the performance of acquired firms.* In: Strategic Management Journal, Vol.14, Summer-Special-Issue, S.137-152, 1993.

Carmines, E. & **Zeller**, R. (1979): *Reliability and Validity Assessment.* Beverly Hills, CA, Sage Publications, 1979.

Cascorbi, A. (2003): *Demerger-Management*. Wertorientierte Desintegration von Unternehmen. Dissertation der Universität der Bundeswehr Hamburg, 2003, 1.Auflage, Deutscher Universitäts-Verlag / Gabler-Verlag, Wiesbaden, 2003.

Cassel, C., **Hackl**, P. **& Westlund**, A. (2000): *On measurement of intangible assets: a study of robustness of partial least squares*. In: Total Quality Management, Vol.11, No.7, S.897-907, 2000.

Caves, R. **& Porter**, M. (1976): *Barriers to Exit*. In: Essays on Industrial Organization in Honor of Joe S. Bain, RT Masson and PD Qualls, Cambridge, Massachusetts, 1976.

Charifzadeh, M. (2002): *Corporate Restructuring*. Ein wertorientiertes Entscheidungsmodell. Josef Eul Verlag, Lohmar, 2002.

Chatterjee, S. **& Hadi**, A. (1986): *Influentual Observations*. High Leverage Points and Outliers in Linear Regression. In: Statistical Science Vol.1, Nr.3, S.379–393, 1986.

Chin, W. (1998): *The partial least squares approach to structural equation modeling*. In: Marcoulides, G.A.: Modern methods for business research. Mahwah, S.295-358, 1998.

Chin, W. (1995): Partial Least Squares Is To LISREL As Principal Components Analysis Is To Common Factor Analysis. In: Technology Studies, Volume 2, Issue 2, S.315-319, 1995.

Chin, W., **Marcolin**, B. **& Newsted**, P. (2003): *A partial least squares latent variable modeling approach for measuring interaction effects*. Results from a monte carlo simulation study and an electronic-mail emotion/adoption study. In: Information Systems Research, Vol.14, No.2, S.189-217, 2003.

Chin, W. **& Newsted**, P. (1999): *Structural Equation Modeling Analysis with Small Samples Using Partial Least Squares*. In: Hoyle, R.H.: Statistical Strategies for Small Sample Research. Sage Publications, Incorporated; 2.Auflage, Thousand Oaks et al., S.307-342, 1.Januar 1999.

Choudhury, N. (1979): *The decision to disinvest*. In: Journal of Accountancy, Vol.90, No.1027, S.106-110, 1979.

Coase, R. (1988): *The firm, the market and the law*. Chicago [u.a.], University Of Chicago Press - Verlag, Chicago [u.a.], 1988.

Coenenberg, A. (2000): *Jahresabschluss und Jahresabschlussanalyse*. 17. überarbeitete Auflage, Schäffer-Poeschel Verlag, Landsberg/Lech, 2000.

Cohen, J. (1988): *Statistical Power Analysis for the Behavioral Sciences*. 2nd edition, Hillsdale, Lawrence Erlbaum Associates, 1988.

Cohen, J. (2003): *Applied multiple regression/correlation analysis for the behavioral sciences*. 3rd Ed., Lawrence Erlbaum Associates, Publishers, Mahwah, New Jersey [u.a.], 2003.

Cooper, R. **& Kaplan**, R. (1991): *Profit Priorities from Activity-Based Costing*. In: Harvard Business Review 69, no Vol., No.3, S.130-135, May-June 1991.

Cornelsen, J. **& Diller**, H. (2000): *Kundenwertanalysen im Beziehungs-marketing*. Theoretische Grundlagen und Ergebnisse einer empirischen Studie im Automobilbereich. GIM - Gesellsch. f. Innovatives Marketing, Nürnberg, 2000.

Corsten, H. (1998): *Grundlagen der Wettbewerbsstrategie*. Teubner Verlag, Stuttgart [u.a.], 1998.

Corsten, H. (2000): *Lexikon der Betriebswirtschaftslehre*. 4. Auflage, Oldenbourg-Verlag, München [u.a.], 2000.

Cullwick, D. (1975): *Positioning Demarketing Strategy*. In: Journal of Marketing. Vol.39, Issue April, S.51-57, 1975.

Curtis, R. **& Jackson**, E. (1962): *Multiple Indicators in Survey Research*. In: American Journal of Sociology, Vol.68, No.2, S.195-204, 1962.

Dadzie, K. (1989): *Demarketing strategy in shortage marketing environment.* In: Journal of the Academy of Marketing Science, Vol.17, No.2, S.157-165, 1989.

Daft, L. (1983): *Organizational Theory and Designs.* West Pub. Co., St. Paul, 1983.

Dahlhoff, H. & **Dudenhöffer**, F. (1997): *Systemmarke gegen Markenerosion.* In: Absatzwirtschaft, 40.Jg., Nr.7, S70-75, 07/1997.

Dannenberg, J. (2005): *Von der Technik zum Kunden.* In: Gottschalk, B.; Kalmbach, R.; Dannenberg, J. (Hrsg.): Markenmanagement in der Automobilindustrie. Die Erfolgsstrategien internationaler Top-Manager. 2., überarbeitete Auflage, Gabler-Verlag, Wiesbaden, S.33-58, 2005.

Darrow, A. & **Kahl**, D. (1982): *A Comparison of Moderated Regression Techniques Considering Strength of Effect.* In: Journal of Management, Vol.8, No.2, S.35-47, 1982.

Dealers-Only, (2007): *Die Geschichte der Informationstechnologie. In: Dealers Only - Das unabhängige Fachmagazin für Reseller.* O.V., Teil 85: AGFEO. 25/2007 URL: http://www.agfeo.de/agfeo_web/hp3.nsf/e64933a0bfe1e260c125 715700318591/3adf3f8f262ad6f8c125739a003a2129/$FILE/do%202507%20% 5Bhistorie_agfeo%5D.pdf Zugriff am 06.06.2007.

Decker, R. (1994): Eine Prinzipal-Agenten-theoretische Betrachtung von Eigner-Manager-Konflikten in der Kommanditgesellschaft auf Aktien und in der Aktiengesellschaft. Zugl.: Dissertation, Freie Universität, Berlin, 1994, Eul-Verlag, Bergisch Gladbach, Köln, 1994.

Decker, R. & **Wagner**, R. (2002): *Marketingforschung.* Methoden und Modelle zur Bestimmung des Käuferverhaltens. Redline Wirtschaft bei Moderne Industrie Verlag, München, 2002.

Defren, T. (2009): *Desinvestitions-Management.* Erfolgsfaktoren in der Verhandlungsphase eines Sell-Offs. Dissertation, Universität Witten/Herdecke, 2008, Gabler Verlag / GWV Fachverlage GmbH, Witten/Herdecke, 2009.

Derkum, S. (2011): *Nölke will wieder wachsen*. In: Haller Kreisblatt, Nr.53, vom 4. März 2011.

Diamantopoulos, A. (1999): *Export Performance Measurement: Reflective versus Formative Indicators*. In: International Marketing Review, Vol.16, No.6, S.444-457, 1999.

Diamantopoulos, A., **Riefler**, P. & **Roth**, K. (2008): *Advancing Formative Measurement Models*. In: Journal of Business Research, Vol.61, No.12, S.1203-1218. 2008.

Diamantopoulos, A. & **Siguaw**, J. (2000): *Introducing Lisrel*. A Guide For The Uninitiated. London, 2000.

Diamantopoulos, A. & **Winklhofer**, H. (2001): *Index Construction with Formative Indicators*. An Alternative to Scale Development. In: Journal of Marketing Research, Vol.38, No.2, S.269-277, 2001.

Dick, A. & **Basu**, K. (1994): *Customer Loyalty: Toward an Integrated Conceptual Framework*. In: Journal of the Academy of Marketing Science, Vol.22, No.2, S.99-113, 1994.

Dickson, P. (1983): Distributor Portfolio Analysis and the Channel Dependence Matrix: New Techniques for Understanding and Managing the Channel. In: The Journal of Marketing, Vol.47, No.3, S.35-44, Summer - 1983.

Diekmann, A. (2006): *Empirische Sozialforschung*. Grundlagen, Methoden, Anwendungen. 15.Auflage, Rowohlt-Taschenbuch-Verlag, Reinbek bei Hamburg, 2006.

Dienel, H. (2004): *Die Linde AG*. München, Geschichte eines Technologie-Konzerns 1879 - 2004. 1.Auflage, Beck-Verlag, 2004.

Diller, H. (2006): *Probleme der Handhabung von Strukturgleichungsmodellen in der betriebswirtschaftlichen Forschung*. In: Die Betriebswirtschaft, Editorial der DBW, 66.Jg., Nr.6, S.611-617, 2006.

Diller, H. (2004): *Das süße Gift der Kausalanalyse*. In: Marketing für Forschung und Praxis, 26.Jg., Nr.3, S.177, 2004.

Diller, H. (1995): *Kundenmanagement*. In: Köhler, R.; Tietz, B.; Zentes,J.: Handwörterbuch des Marketing. 2.Auflage, Schäffer-Poeschel Verlag, Stuttgart, S.1363-1376, 1995.

Diller, H. (1995): *Beziehungsmanagement*. In: Köhler, R.; Tietz, B.; Zentes,J.: Handwörterbuch des Marketing. 2.Auflage, Schäffer-Poeschel Verlag, Stuttgart, S.286-300, 1995.

Diller, H., **Haas**, A. **& Ivens**, B. (2005): *Verkauf und Kundenmanagement*. Eine prozessorientierte Konzeption. 1.Auflage, Kohlhammer-Verlag, Stuttgart, 2005.

Dischinger, N. (1992): *Kultur, Macht, Image*. Frankfurter Banken als Sponsoren. Universität Frankfurt Institut für Kulturanthropologie, Frankfurt / Main, 1992.

Disselkamp, M. (2005): *Innovationsmanagement*. Instrumente und Methoden zur Umsetzung im Unternehmen. 1.Auflage, Gabler-Verlag, Wiesbaden, 2005.

Dohm, L. (1989): *Die Desinvestition als strategische Handlungsalternative*. Eine Studie des Desinvestitionsverhaltens U.S.-amerikanischer Groß-unternehmen. Zugl.: St. Gallen, Hochschule für Wirtschafts- und Sozial-wissenschaften, Dissertation, 1988, Peter Lang Verlag, Frankfurt am Main, Bern,New York, Paris, 1989.

Domschke, W. **& Scholl**, A. (2005): *Grundlagen der Betriebswirtschaftslehre*. Eine Einführung aus entscheidungsorientierter Sicht; mit 79 Tabellen. 3., verbesserte Auflage, Springer Verlag, Berlin [u.a.], 2005.

Dowling, G. (1994): Corporate reputations: strategies for developing the corporate brand. Kogan Page Ltd, London, 1994.

Dr.August-Oetker-KG, (2012): *Homepage der Dr. August Oetker KG - Holding der Oetker-Gruppe*. Dr. August Oetker KG, o.V. URL: http://www.oetker-gruppe.de Zugriff am 10.02.2012.

Dressler, S. (2007): *Shared Services, Business Process Outsourcing und Offshoring*. Die moderne Ausgestaltung des Back Office - Wege zu Kostensenkung und mehr Effizienz im Unternehmen. 1.Auflage, Gabler-Verlag, Wiesbaden, 2007.

Duch, W. (1995): *Lifetime Value and New Customer Acquisition*. In: Hartmann, K.; Banslaben, J.; Seymour, H. (Eds.): Research and the Customer Lifecycle, New York, 1995.

Duhaime, I. **& Baird**, I. (1987): *Divestment Decision-making: The Role of Business Unit Size*. In: Journal of Management 13, Nr. 3, 1987.

Duhaime, I. **& Grant**, J. (1984): *Factors Influencing Divestment Decisionmaking: Evidence from a Field Study*. In: Strategic Management Journal 5, Nr.4, S.310-313, 1984.

Dutton, J., **Dukerich**, J. **& Harquail**, C. (1994): *Organizational Images and Member Identification*. In: Administrative Science Quarterly, Vol.39, No.2, S.239-263, June 1994.

Dyer, J. **& Singh**, H. (1998): The relational view: Cooperative strategy and sources of interorganizational competitive advantage. In: Academy of Management Review, Vol.23, No.4, S.660ff, 1998.

Eberl, M. (2006): *Unternehmensreputation und Kaufverhalten*. Methodische Aspekte komplexer Strukturmodelle. Deutscher Universitäts-Verlag | GWV Fachverlage GmbH, Wiesbaden, 2006.

Eberl, M. (2004): *Formative und reflektive Indikatoren im Forschungsprozess*. Entscheidungsregeln und die Dominanz des refelektiven Modells. In: EFOplan, Heft 19 / 2004, URL: http://www.imm.bwl.uni-muenchen.de/forschung/ schriftenefo/ap_efoplan_19.pdf Zugriff am 01.09.2010.

Eberl, M. (2006): *Formative und reflektive Konstrukte und die Wahl des Strukturgleichungsverfahrens*. Eine statistische Entscheidungshilfe. In: Die Betriebswirtschaft (DBW) 66.Jg., Heft 6, S.651–668, 2006.

Eberl, M. & von **Mitschke-Collande**, D. (2006): *Die Verträglichkeit kovarianz- und varianzbasierter Schätzverfahren für Strukturgleichungsmodelle - Eine Simulationsstudie.* Working Paper, Münchner Betriebswirtschaftliche Beiträge 2006, München, 2006. URL: http://www.imm.bwl.uni-muenchen.de/ forschung/schriftenefo/3825.pdf Zugriff am 08.09.2010.

Ebert, M. (1998): *Evaluation von Synergien bei Unternehmenszusammenschlüssen.* 1.Auflage, Dr. Kovac - Verlag, Hamburg, 1998.

Edwards, J. (2001): *Multidimensional Constructs in Organizational Behavior Research.* An Integrative Analytical Framework. In: Organizational Research Methods, Vol.4, S.144-192, 2001.

Eggert, A. & **Fassott**, G. (2003): Zur Verwendung formativer und reflektiver Indikatoren in Strukturgleichungsmodellen: Bestandsaufnahme und Anwendungsempfehlungen. In: Bliemel, F.; Eggert, A.; Fassott, G.; Henseler, J. (Hrsg.). Handbuch PLS-Pfadmodellierung: Methoden, Anwendung, Praxisbeispiele. Schäffer-Poeschel-Verlag, S. 31-47, Stuttgart, 2003.

Eggert, A., **Fassott**, G. & **Helm**, S. (2005): *Identifizierung und Quantifizierung mediierender und moderierender Effekte in komplexen Kausalstrukturen.* In: Bliemel, F.; Eggert, A.; Fassott, G.; Henseler, J.: Handbuch PLS-Pfadmodellierung: Methode, Anwendung, Praxisbeispiele. Schäffer-Poeschel-Verlag, Stuttgart, S.101-116, 2005.

Eisenhardt, K. & **Martin**, J. (2000): *Dynamic Capabilities: What are they?.* In: Strategic Management Journal, 21.Jg., 10/11, 2000.

Eisenhardt, K. & **Sull**, D. (2001): *Strategy as simple rules.* In: Harvard Business Review, January 2001, S.108, 2001.

Ernst, H. (2003): Ursachen eines Informant Bias und dessen Auswirkung auf die Validität empirischer betriebswirtschaftlicher Forschung. In: Zeitschrift für Betriebswirtschaft, 73.Jg. S.1249-1275, 2003.

Ernst, H. (2001): *Erfolgsfaktoren neuer Produkte*. Grundlagen für eine valide empirische Forschung. 1.Auflage, Deutscher Universitätsverlag, "Braune Reihe", Wiesbaden, 2001.

Europäische-Komission, (2012): *Small and medium-sized enterprises - SME Definition*. o.V. URL: http://ec.europa.eu/enterprise/policies/sme/facts-figures-analysis/sme-definition/index_en.htm Zugriff am 07.03.2012.

Fader, P., **Hardie**, B. & **Lee**, K. (2005): *"Counting Your Customers" the Easy Way*. An Alternative to the Pareto / NBD Model. In: Marketing Science, Vol.24, No.2, S.275-284, Spring 2005.

Fahrmeir, L., **Künstler**, R., **Pigeot**, I. & **Tutz**, G. (2010): *Statistik*. Der Weg zur Datenanalyse. 7., neu bearbeitete Auflage, Springer-Verlag, Berlin [u.a.], 2010.

Fama, E. (1980): *Agency Problems and the Theory of the Firm*. In: The Journal of Political Economy, Vol.88, No.2, April, S.288-307, 1980.

FAZ-Online, (2002): *Deutsche Bank holt die Privatkunden zurück*. o.V. vom 26. April 2002. URL: http://www.faz.net/s/Rub957ADDA1948B453CA281BEE C2319ABF2/Doc~E5A6578BDA1E94B63A8642694EF72DAFD~ATpl~Ecom mon~Scontent.html Zugriff am 10.06.2011.

Finsterwalder, J. (2004): *Beendigung von Kundenbeziehungen durch den Anbieter*. In SYMPOSION (Ed.), Kundenorientierung. Strategie und Umsetzung. Fachbeiträge – interaktive Arbeitshilfen – Fallstudien. Düsseldorf, S.1-25, 2004.

Finsterwalder, J. (2002): *Beendigung von Kundenbeziehungen durch den Anbieter*. In: Albers, S.; Hassmann, V.; Somm, F.; Tomczak, T. (Hrsg.): Verkauf, Kundenmanagement, Vertriebssteuerung, E-Commerce, Düsseldorf, CDROM, Abschnitt 1.12, 2002.

Finsterwalder-Reinecke, I. (2003): *Finanzdienstleistungen werden für das Autoverkaufen immer wichtiger*. In Frankfurter Allgemeine Zeitung vom 04.10.2003.

Fischer, M. (1993): *Make-or-Buy-Entscheidungen im Marketing.* Wiesbaden, Neue Institutionenlehre und Distributionspolitik. Zugl.: Frankfurt (Main), Universität, Dissertation, 1992, Gabler-Verlag, Wiesbaden, 1993.

Fischer, T. **& Schmöller**, P. (2003): *Kundenwert als Entscheidungskalkül für die Beendigung von Kundenbeziehungen.* In: Günter, B.; Helm, S. (Hrsg.): Kundenwert, 2. Auflage, Wiesbaden, S.497-521, 2003.

Focus-Online, (2008): *Mehrzahl will kein Nokia-Handy mehr.* Imageschaden. o.V. vom 23.01.2008, 08:50. URL: http://www.focus.de/finanzen/boerse/aktien/ imageschaden_aid_234661.html Zugriff am 08.06.2010.

Forgas, J. (1999): Soziale Interaktion und Kommunikation: Eine Einführung in die Sozialpsychologie. 4.Auflage, Beltz PVU Verlag, Weinheim, 1999.

Fornell, C. (1989): *The Blending of Theoretical and Empirical Knowledge in Structural Equations with Unobservables.* In: Wold, H.: Theoretical Empiricism - A General Rationale for Scientific Model_building. S.153-173, New York, 1989.

Fornell, C. (1982): *A Second Generation of Multivariate Analysis: An Overview.* In: Fornell, C.: A Second Generation of Multivariate Analysis. Bd.1, New York, S.1-21, 1982.

Fornell, C. (1987): *A second generation of multivariate analysis: Classification of methods and implications for marketing research.* In: Houston, M.J. (Ed.): Review of Marketing 1987. Chicago, American Marketing Association, 1987.

Fornell, C. **& Cha**, J. (1994): *Partial Least Squares.* In: Bagozzi, R. (Hrsg.): Advanced Methods of Marketing Research, Cambridge, MA, S.52-87, 1994.

Fornell, C. **& Larcker**, D. (1981): *Evaluating structural equation models with unobservable variables and measurement error.* In: Journal of Marketing Research, Jg.18, H.1, S.39 ff, 1981.

Foss, N. (1997): *Resources and strategy: A brief overview of themes and contributions*. In: Foss, N.J. (Hrsg.): Resources, firms and strategies. Oxford, S.3-18, 1997.

Fox, J. (2006): *Structural-Equation Modeling with the sem Package in R*. In: Structural Equation Modeling, Vol.13 (3), S.465-486, 2006.

Frank, M. (2007): *Einmal Russen-Quote und zurück*. In: Süddeutsche Zeitung vom 13.02.2007, München, 2007.

Frankenberger, S. (2004): *Das M&A-Jahr 2003 in Deutschland*. Weiterer Rückgang trotz Schlussspur. In: M&A-Review, Nr.2, S.46-50, 2004.

Frankfurter-Allgemeine-Zeitung, (2004): *Am gesamten Autoleben beteiligt*. Daimler-Chrysler-Bank rechnet wiederum mit zweistelligem Wachstum. o.V. In: Frankfurter Allgemeine Zeitung vom 23.03.2004.

Freiling, J. (2001): *Resource-based View und ökonomische Theorie*. Grundlagen und Positionierung des Ressourcenansatzes. 1.Auflage, Deutscher Universitäts-Verlag [u.a.], Wiesbaden, 2001.

Freiling, J., **Gersch**, M. **& Goeke**, C. (2006): *Eine „Competence/based Theory of the Firm" als marktprozesstheoretischer Ansatz*. In: Schreyögg G., Conrad, P.: Managementforschung 16, hrsg., Gabler Verlag. Wiesbaden, S.37-82, 2006.

Friedrich von den Eichen, S. (2002): *Kräftekonzentration in der diversifizierten Unternehmung*. Eine ressourcenorientierte Betrachtung der Desinvestition. 1. Auflage, Gabler Edition Wissenschaft / Deutscher Universitätsverlag, Wiesbaden, 2002.

Friedrich, S. **& Hinterhuber**, H. (1994): *Strategischer Rückzug durch Desinvestition*. In: Gablers Magazin 8, Nr.8, S.35-39, 1994.

Friedrichs, J. (1990): *Methoden empirischer Sozialforschung*. 14. Auflage, Westdt. Verlag, Opladen, 1990.

Fritz, W. (1995): *Marketing-Management und Unternehmenserfolg*. Grundlagen und Ergebnisse einer empirischen Untersuchung. 2., überarbeitete und ergänzte Auflage, Schäffer-Poeschel Verlag, Stuttgart, 1995.

Frohn, J. (1995): *Grundausbildung in Ökonometrie*. 2., neubearbeitete Auflage, de Gruyter Verlag, Berlin [u.a.], 1995.

Frohwein, C. (2006): *Entwicklung von strategischen Geschäftsfeldern*. (2. Auflage Ausg.). In: Hirzel Leder & Partner:Die dynamische Organisation. Gabler Verlag, Wiesbaden, 2006.

Fuchs, W. & **Unger**, F. (2007): *Management der Marketing-Kommunikation*. Mit 30 Tabellen. 4. aktualisierte und verbesserte Auflage, Springer-Verlag, Berlin, Heidelberg, 2007.

Gabler-Wirtschaftslexikon, (2011): *Stichwort: Sparte / Geschäftsbereich*. Wirtschaftslexikon-Online, Gabler Verlag, URL: http://wirtschaftslexikon. gabler.de/Archiv/6940/sparte-v6.html Zugriff am 05.05.2011.

Gabler-Wirtschaftslexikon, (2012): *Stichwort: Mittelstand*. Wirtschaftslexikon-Online, Gabler Verlag, URL: http://wirtschaftslexikon.gabler.de/Archiv/ 71994/mittelstand-v7.html Zugriff am 07.03.2012.

Gälweiler, A. (1974): *Unternehmensplanung*. Grundlagen und Praxis. 1. Auflage, Herder & Herder Verlag, Frankfurt [u.a.], 1974.

Gefen, D., **Straub**, D. & **Boudreau**, M. (2000): *Structural Equation Modeling and Regression: Guidelines for Research Practice*. In: Communications of the Association for Information Systems: Vol.4, Article 7. 2000.

Gehrke, I. (1999): *Desinvestitionen erfolgreich planen und steuern*. 1.Auflage, Vahlen-Verlag, München, 1999.

Geiser, C. & **Eid**, M. (2010): *Item-Response-Theorie*. In: Wolf, C., Henning, B.: Handbuch der sozialwissenschaftlichen Datenanalyse. VS Verlag für Sozialwissenschaften / Springer Fachmedien Wiesbaden GmbH, Wiesbaden, S.311-332, 2010.

Geisser, S. (1974): *A Predictive Approach to the Random Effect Model*. In: Biometrika, Vol.61, No.1, S.101-107, Apr., 1974.

Gelbrich, K. (2001): *Kundenwert - wertorientierte Akquisition von Kunden im Automobilbereich*. Zugl.: Dissertation, Universität-Stuttgart, 2001, 1.Auflage, Cuvillier Verlag, Göttingen, 2001.

Gelbrich, K. **& Wünschmann**, S. (2006): Mehrdimensionaler Kundenwert als Entscheidungskriterium für die Akquisition von Kunden: dargestellt am Beispiel der Automobilindustrie. In: Helm, S.; Günter, B. (Hrsg.): Kundenwert - Grundlagen, innovative Konzepte, branchenorientierte Umsetzung. 3., überarbeitete und erweiterte Auflage. Springer-Verlag, S.583-606, Wiesbaden, 2006.

Gerdin, J. **& Greve**, J. (2004): *Forms of contingency fit in management accounting research*. A critical review. In: Accounting, Organizations and Society, Vol.29, S.303–326, 2004.

Gerpott, T. (1993): *Integrationsgestaltung und Erfolg von Unternehmensakquisitionen*. Zugl.: Hamburg, Universität der Bundeswehr, Habil.-Schr., 1992, Schäffer-Poeschel Verlag, Stuttgart, 1993.

Gerstner, E., **Hess**, J. **& Chu**, W. (1993): *Demarketing as a Differentiation Strategy*. In: Marketing Letters. Volume 4, Number 1. Springer Netherlands, S.49-57, Januar 1993.

GESIS, (2012): *Zusammenstellung sozialwissenschaftlicher Items und Skalen (ZIS)*. GESIS – Leibniz-Institut für Sozialwissenschaften in Mannheim. URL: http://www.gesis.org/unser-angebot/studien-planen/zis-ehes/zis/ Zugriff am: 09.03.2012.

GESIS, (2010): *ZIS - ZUMA Informations System, Version 14.00*. Gloeckner-Rist, A.; GESIS – Leibniz-Institut für Sozialwissenschaften in Mannheim. URL: http://www.gesis.org/unser-angebot/studien-planen/zis-ehes/download-zis/ Zugriff am: 09.03.2012.

Giller, C. & **Matear**, S. (2000): *The termination of inter-firm relationships*. In: Journal of Business and Industrial Marketing, Vol.16, No.2, S.94-112, 2000.

Gilmour, S. (1973a): *The divestment decision process*. DBA, Unpublished doctoral dissertation, Harvard Business School, 1973.

Gilmour, S. (1973b): *The divestment decision process*. Unpublished doctoral thesis, Harvard University, 1973.

Glöckner-Rist, A. & **Prinz**, C. (2010): *Hilfe und Einführung ZIS*. Elektronische Handbücher ZIS/EHES: Zusammenstellung sozialwissenschaftlicher Items und Skalen (ZIS). GESIS. URL: http://www.gesis.org/unser-angebot/studien-planen/ zis-ehes/download-zis/ ZIS_Hilfe.pdf Zugriff am: 11.03.2012.

Goldenberg, J., **Libai**, B. & **Muller**, E. (2001): *Talk of the Network*. A Complex Systems Look at the Underlying Process of Word-of-Mouth. In: Marketing Letters, Vol.12, Issue 3, S.211-223, 2001.

Goldenberg, J., **Libai**, B. & **Muller**, E. (2002): *Riding the Saddle*. How cross-Market Communications Creates a Major Slump in Sales. In: Journal of Marketing, Vol.66, Issue 2, S.1-16, April 2002.

Gomez, P. & **Ganz**, M. (1992): *Diversifikation mit Konzept*. Den Unternehmenswert steigern. In: Harvard Manager 14, Nr.1, S.44-54, 1992.

Google, (2010): *Internet-Suchmaschine der Google Inc.* o.V. URL: http://www.google.de Zugriff am 10.10.2010.

Gordon, I. (2006): *Relationship demarketing: Managing wasteful or worthless customer relationships*. In: Ivey Business Journal, Vol.70, No.4, S.1-4, March 2006.

Gotsi, M. & **Wilson**, A. (2001): *Corporate reputation: Seeking a definition*. In: Corporate Communications: An International Journal, Vol.6, No.1, S.24-30, 2001.

Göttgens, O. (1996): *Erfolgsfaktoren in stagnierenden und schrumpfenden Märkten.* Instrumente einer erfolgreichen Unternehmenspolitik. Zugl.: Saarbrücken, Universität, Dissertation, 1995; Gabler-Verlag, Wiesbaden, 1996.

Götz, O. & **Liehr-Gobbers**, K. (2004): *Analyse von Strukturgleichungsmodellen mit Hilfe der Partial-Least-Squares (PLS)-Methode.* In: Die Betriebswirtschaft, 64.Jg., No.6, S.714-738, 2004.

Graml, R. (1996): *Unternehmungswertsteigerung durch Desinvestitionen.* Eine Analyse unter besonderer Berücksichtigung des Management-Buy-Out. Zugl.: München, Universität der Bundeswehr, Dissertation, 1995, Lang Verlag, Frankfurt a. M., 1996.

Grant, R. (1991): *The Resource-Based Theory of Competitive Advantage.* Implications for Strategy Formulation. In: California Management Review, 33.Jg., Nr.3, S.114-135, 1991.

Grant, R. (1991): *Contemporary strategy analysis.* concepts, techniques, applications. Blackwell-Verlag, Cambrige, Mass. [u.a.], 1991.

Grant, R. (1996): *Toward a Knowledge-Based Theory of the Firm.* In: Strategic Management Journal, 17, Winter Special Issue, S.109-122, 1996.

Grewal, R., **Cote**, J. & **Baumgartner**, H. (2004): *Multicollinearity and Measurement Error in Structural Equation Models: Implications for Theory Testing.* In: Marketing Science, Vol.23, No.4, S.519-529, 2004.

Griffin, A., **Gleason**, G., **Preiss**, R. & **Shevenaugh**, D. (1995): *Die besten Methoden zu mehr Kundenzufriedenheit.* In: Havard Business Manager Vol.3, S.65-76, 1995.

Grimm, W. (1986): *Mergerstat Review.* WT Grimm & Co., Mergerstat Review, Chicago, 1985.

Grönroos, C. (1990): *Service management and marketing.* Managing the moments of truth in service competition. 1.Ausgabe, Lexington Books Verlag, Lexington, Mass. [u.a.], 1990.

Gruber, M. **& Harhoff**, D. (2001): *Generierung und nachhaltige Sicherung komparativer Wettbewerbsvorteile.* Working Paper, Ludwig-Maximilians-Universität München, Dezember 2001.

Grünweg, T. (2011a): *Luxusmarke Maybach: Schickes Design, kaum Kundschaft.* 04.07.2011, 9:58 Uhr, URL: http://auto.t-online.de/maybach-schickes-design-kaum-kundschaft/id_47685108/index Zugriff am 05.07.2011.

Grünweg, T. (2011b): *Maybach-Ende: Desaster mit Ansage.* 04.12.2011 URL: http://www.spiegel.de/auto/aktuell/0,1518,801247,00.html Zugriff am 04.12.2011.

Gujarati, D. (2003): *Basic Econometrics.* McGraw-Hill-Verlag, 4. Auflage, Boston [u.a.], 2003.

Günter, B. **& Helm**, S. (2003): *Die Beendigung von Geschäftsbeziehungen aus Anbietersicht.* In: Rese, M.; Söllner, A.; Utzig, B.P. (Hrsg.): Relationship Marketing Standortbestimmung und Perspektiven. Berlin/Heidelberg, S.45-70, 2003.

Gupta, S., **Hanssens**, D., **Hardie**, B., **Kahn**, W., **Kumar**, V., **Lin**, N., **Sriram**, S. **& Ravishanker**, N. (2006): *Modeling Customer Lifetime Value.* In: Journal of Service Research. Vol.9, Issue 2, S.139-155, 2006.

Gusinde, P. (2000): *Discontinuing Operations.* Die Behandlung von Desinvestitionen. Dissertation Universität St. Gallen, 2000, Difo-Druck, Bamberg, 2000.

Hackl, P. (2005): *Einführung in die Ökonometrie.* Pearson Studium Verlag, München [u.a.], 2005.

Haenlein, M., **Kaplan**, A. **& Schoder**, D. (2006): *Valuing the real option of abandoning unprofitable customers when calculating Customer Lifetime Value.* In: Journal of Marketing. Vol.70, Issue 3, S.5-20, July 2006.

Hafermalz, O. (1976): *Schriftliche Befragung, Möglichkeiten und Grenzen.* Zugl.: Berlin, Freie Universität, Dissertation, 1974, Gabler-Verlag, Wiesbaden, 1976.

Hair, J., **Black**, B., **Babin**, B. & **Anderson**, R. (2005): *Multivariate data analysis.* A global perspective. 6.edition, global edition, Pearson Verlag, Upper Saddle River [u.a.], 2005.

Hake, T. (1996): *Die kleinen und mittelständischen Unternehmen in Deutschland.* Ähnlich gelagerte Probleme und Chancen. In: Schweizer Treuhänder, 70.Jg., S.967-972, 1996.

Hamburger-Abendblatt-Online, (2009): *Quelle druckt neuen Katalog mit Staatshilfe.* Millionen-Bürgschaft für Versandhaus. In: Hamburger Abendblatt Online, 19. Juni 2009, 15:14 Uhr, URL: http://www.abendblatt.de/ wirtschaft/article1059631/Quelle-druckt-neuen-Katalog-mit-Staatshilfe.html Zugriff am: 25.01.2010.

Hamel, G. (1991): Competition for competence and inter-partner learning within international strategic alliances. In: Strategic Management Journal 12, S.83-103, 1991.

Hamel, G. & **Prahalad**, C. (1994): *Competing for the future.* Boston, Harvard Business School Press, 1994.

Hamilton, R. & **Chow**, Y. (1993): *Why Managers Divest - Evidence from New Zealand's Largest Companies.* In: Strategic Management Journal, Vol.14, No.6 , S.479-484, 1993.

Handelsgesetzbuch, (2012): *§ 267 Umschreibung der Größenklassen.* Handelsgesetzbuch (HGB) der Bundesrepublik Deutschland. Bundes- ministerium der Justiz. URL: http://www.gesetze-im-internet.de/hgb/__267.html Zugriff am: 07.03.2012.

Handl, A. (2002): *Multivariate Analysemethoden.* Theorie und Praxis multivariater Verfahren unter besonderer Berücksichtigung von S-PLUS. Springer-Verlag, Berlin [u.a.], 2002.

Hansmann, K. (2006): *Industrielles Management*. 8., überarbeitete u. erweiterte Auflage, Oldenbourg-Verlag, München, 2006.

Hansmann, K. **& Ringle**, C. (2003): *Erfolgsfaktoren Virtueller Unternehmen*. In: Jahnke, H. & Brüggemann, W.: Betriebswirtschaftslehre und betriebliche Praxis, Festschrift für Horst Seelbach zum 65. Geburtstag, S.49-79, Wiesbaden, 2003.

Hanusch, H., **Kuhn**, T. **& Cantner**, U. (2000): *Volkswirtschaftslehre*. 5., überarbeitete Auflage, Springer-Verlag, Berlin [u.a.], 2000.

Harman, H. (1976): *Modern factor analysis*. 3. edition rev., University of Chicago Press, Chicago [u.a.], 1976.

Harrigan, K. (1980): *The Effect of Exit Barriers Upon Strategic Flexibility*. In: Strategic Management Journal, Vol.1, No.2 April - June, S.165-176, 1980.

Harrigan, K. (1982): *Exit decisions in mature industries*. In: Academy of Management Journal, Vol.25, No.4, S.707-732, 1982.

Hartfeil, G. (1996): *Bank One measures profitability of customers, not just products*. In: Journal of Retail Banking Services, Vol18, Issue 2, S.23-29, 1996.

Hartmann, J. (2010): *Offshoring in deutschen Unternehmen*. 1.Auflage, Diplomica-Verlag, Hamburg, 2010.

Hasenack, W. (1974): *Betriebsstillegung*. In: von Grochla, E., Wittmann, W. (Hrsg.): Handwörterbuch der Organisation. 4.Auflage, Stuttgart, S.636-654, 1974.

Hauser, R. **& Goldberger**, A. (1971): *The Treatment of Unobservable Variables in Path Analysis*. In: Costner, H.L.: Sociological Methodology, Vol.3, Jossey-Bass, San Francisco, S.81-117, 1971.

Hayes, R. (1972): *New Emphasis on divestment opportunities*. In: Harvard Business Review Jg.50, Heft 4, S. 55-64, 1972.

Hedley, B. (1999): *Strategy and the 'Business Portfolio'*. In: Hahn, D.; Taylor, B.: Strategische Unternehmensplanung - Strategische Unternehmensführung. 8.Auflage, Heidelberg, S.373-384, 1999. Original: Hedley, B.: "Strategy and the 'Business Portfolio'". In: Long Range Planning, Vol.10, S.9-15, February 1977.

Heinzelbecker, K. (1994): Effizienzsteigerung: Der Einsatz externer Datenbanken in Marktforschung und Marketing. In: Planung & Analyse, 21.Jg., Nr.4, S.45-50, 1994.

Helm, S. (2005): *Entwicklung eines formativen Messmodells für das Konstrukt Unternehmensreputation*. In: Bliemel, F.; Eggert, A.; Fassott, G.; Henseler, J.: Handbuch PLS-Pfadmodellierung: Methode, Anwendung, Praxisbeispiele. Schäffer-Poeschel-Verlag, Stuttgart, S.241-254, 2005.

Henderson, B. (1993): *Das Portfolio*. In: B. v. Oetinger: Das Boston-Consulting-Group-Strategie-Buch. Die wichtigsten Managementkonzepte für den Praktiker. Econ-Verlag, Düsseldorf [u.a.], 1993.

Henkel, H. (2009): *Die Abwracker*. Wie Zocker und Politiker unsere Zukunft verspielen. Heyne Verlag, München, 2009.

Hennig-Thurau, T. **& Hansen**, U. (2000): *Relationship Marketing - Some Reflections on the State-of-the-Art of the Relational Concept*. In: Hennig-Thurau, T.; Hansen, U.: Relationship Marketing - Competitive Advantage Through Customer Satisfaction and Customer Retention. Springer-Verlag, Berlin, New York, S.3-27, 2000.

Henseler, J. (2005): *Einführung in die PLS-Pfadmodellierung*. In: Wirtschaftswissenschaftliches Studium, Vol.34, Nr.2, S.70-75, 2005.

Henseler, J. **& Chin**, W. (2010): A Comparison of Approaches for the Analysis of Interaction Effects Between Latent Variables Using Partial Least Squares Path Modeling. In: Structural Equation Modeling, Vol.17, No.1, S.82-109, 2010.

Henseler, J. **& Fassott**, G. (2010): *Testing Moderating Effects in PLS Path Models: An Illustration of Available Procedures*. In: Esposito Vinzi, V.; Chin, W.W.; Henseler, J.; Wang, H.: Handbook of Partial Least Squares: Concepts, Methods and Applications. (Springer Handbooks of Computational Statistics Series, vol. II). Springer, Heidelberg [u.a.], S.713-735, 2010.

Henseler, J., **Ringle**, C. **& Sinkovics**, R. (2009): *The use of partial least squares path modeling in international marketing*. In: Sinkovics, R.R. & Ghauri, P.N. (Hrsg.): Advances in International Marketing (AIM), Vol.20, S.277-320, 2009.

Herden, R. **& Collan**, M. (2003): *M&A-Markt*. Hoffnungen auf einen Aufwärtstrend nach ersten Zeichen der Erholung im zweiten Quartal 2003? In: M&A-Review, Nr.11, 2003.

Hermes, H. **& Schwarz**, G. (2005): *Outsourcing*. Chancen und Risiken, Erfolgsfaktoren, rechtssichere Umsetzung. 1. Auflage, Rudolf Haufe Verlag, München, 2005.

Herrmann, A. **& Fürderer**, R. (1997): *The Value of Passenger Car Customers*. In: Johnson, M.; Herrmann, A.; Huber, F.; Gustafsson, A.: Customer Retention in the Automotive Industry. Quality, Satisfaction and Loyality. Gabler-Verlag, Wiesbaden, S.349-368, 1997.

Herrmann, A., **Huber**, F. **& Kressmann**, F. (2006): *Varianz- und kovarianzbasierte Strukturgleichungsmodelle*. Ein Leitfaden zu deren Spezifikation, Schätzung und Beurteilung. In: Zeitschrift für betriebswirtschaftliche Forschung, 58.Jg., S.34-66, 2006.

Hildebrandt, L. (1996): *Kausalanalyse*. In: Tietz, Bruno; Köhler, Richard & Joachim Zentes (Hrsg.), Handwörterbuch des Marketing, Schäffer-Poeschel-Verlag, S.1125-1135, Stuttgart, 1996.

Hildebrandt, L. (1983): *Konfirmatorische Analysen von Modellen des Konsumentenverhaltens*. 1. Auflage, Vertriebswirtschaftliche Abhandlungen, Heft 24, Duncker & Humblot - Verlag, Berlin, 1983.

Hildebrandt, J. & **Görz**, N. (1999): *Zum Stand der Kausalanalyse mit Strukturgleichungsmodellen*. Methodische Trends und Software-Entwicklungen. Discussion Paper 46, SFB 373, Humboldt-Universität zu Berlin, 1999.

Hildebrandt, L. & **Homburg**, C. (1998): *Die Kausalanalyse*. Ein Instrument der empirischen betriebswirtschaftlichen Forschung. Schäffer-Poeschel-Verlag, Stuttgart, 1998.

Hillenbrand, T. (2009): *Der VW Phaeton*. 60 deutsche Autos. In: Spiegel-Online vom 06.07.2009 URL: http://www.spiegel.de/auto/fahrkultur/0,1518,626 753,00.html Zugriff am: 17.03.2010.

Hilton, P. (1972): *Divestiture*. The Strategic Move on the Corporate Chessboard. In: Management Review, S.16-19, März 1972.

Hinterhuber, H. (1990): *Wettbewerbsstrategie*. 2., völlig neubearb. Auflage, Gruyter Verlag, Berlin, New-York, 1990.

Hinterhuber, H. (1984): *Strategische Unternehmungsführung*. 3., verb. und erweiterte Auflage, de Gruyter Verlag, Berlin [u.a.], 1984.

Hinterhuber, H. (1977): *Strategische Unternehmungsführung*. 1. Auflage, de Gruyter Verlag, Berlin [u.a.], 1977.

Hinterhuber, H. (2004): *Strategische Unternehmensführung*. Berlin, New-York, I Strategisches Denken. Visionen, Unternehmenspolitik, Strategie. 7., grundlegend neu bearb. Auflage, deGruyter Verlag, Berlin [u.a.], 2004.

Hinterhuber, H. & **Friedrich**, S. (1995): *Strategischer Rückzug als Ausweg aus Unternehmenskrisen*. In: Hinterhuber, H. H. (Hrsg.): Die Herausforderung der Zukunft meistern, Strategische Unternehmungsführung 4, Frankfurt am Main, 1995.

Hite, G., **Owers**, J. & **Rogers**, R. (1987): *The Market for Interfirm Asset Sales*. In: Journal of Financial Economics 18, Nr.2, 1987.

Hitt, M., **Ireland**, R., **Camp**, S. **& Sexton**, D. (2001): Guest editors' introduction to the special issue strategic entrepreneurship: Entrepreneurial strategies for wealth creation. In: Strategic Management Journal, Vol.22, S.481f, 2001.

Hodapp, V. (1984): *Analyse linearer Kausalmodelle*. 1. Auflage, Huber-Verlag, Bern [u.a.], 1984.

Holzapfel, H. **& Pöllath**, R. (2000): *Unternehmenskauf in Recht und Praxis*. Rechtliche und steuerliche Aspekte. 9.Auflage, Rws Verlag, Köln, 2000.

Homburg, C. (1989): *Exploratorische Ansätze der Kausalanalyse als Instrument der Marketingplanung*. Zugl.: Universität Karlsruhe, Dissertation, 1988; Peter Lang Verlag, Frankfurt am Main [u.a.], 1989.

Homburg, C. (2007): *Betriebswirtschaftslehre als empirische Wissenschaft*. Bestandsaufnahme und Empfehlungen. In: ZfbF - Zeitschrift für betriebswirtschaftliche Forschung, Vol.56, Nr.7, S.27-60, 2007.

Homburg, C. **& Baumgartner**, H. (1995): *Beurteilung von Kausalmodellen*. Bestandsaufnahme und Anwendungsempfehlungen, Marketing – Zeitschrift für Forschung und Praxis, Vol.17, Nr.3, S.162-176, 1995.

Homburg, C., **Becker**, A. **& Hentschel**, F. (2008): *Der Zusammenhang zwischen Kundenzufriedenheit und Kundenbindung*. In: Bruhn, M. u. Homburg, C., Handbuch Kundenbindungsmanagement. Strategien und Instrumente für ein erfolgreiches CRM. 6., überarbeitete und erweiterte Auflage, Gabler-Verlag, Wiesbaden, S.103-134, 2008.

Homburg, C. **& Bruhn**, M. (2003): *Kundenbindungsmanagement - Eine Einführung*. In: Bruhn, M. & Homburg, C.: Handbuch Kundenbindungsmanagement. Strategien und Instrumente für ein erfolgreiches CRM. 4. überarbeitete und.erweiterte Auflage, Gabler-Verlag, Wiesbaden, 2003.

Homburg, C. & **Giering,** A. (1996): *Konzeptualisierung und Operationalisierung komplexer Konstrukte.* Ein Leitfaden für die Marketing-forschung. In: Marketing ZFP, 18 Jg., Nr.1, S.5-24, 1996.

Homburg, C. & **Giering,** A. (2001): *Personal characteristics as moderators of the relationship between customer satisfaction and loyalty.* An empirical analysis. In: Psychology and Marketing, Vol.18, Issue 1, S.43-66, 2001.

Homburg, C. & **Hildebrandt,** L. (1998): *Die Kausalanalyse: Bestands-aufnahme, Entwicklungsrichtungen, Problemfelder.* In: Hildebrandt, L. & Homburg, C.: Die Kausalanalyse, ein Instrument der betriebswirtschaftlichen Forschung. S.15-43, Schäffer-Poeschel Verlag, Stuttgart, 1998.

Homburg, C. & **Krohmer,** H. (2009): *Marketingmanagement.* Strategie - Instrumente - Umsetzung - Unternehmensführung. 3., überarbeitete und erweiterte Auflage, Gabler-Verlag, Wiesbaden, 2009.

Homburg, C. & **Krohmer,** H. (2008): *Der Prozess der Marktforschung: Festlegung der Datenerhebungsmethode, Stichprobenbildung und Fragebogen-gestaltung.* In: Herrmann, A.; Homburg, C.; Klarmann, M.: Handbuch Marktforschung. 3., vollständig überarbeitete und erweiterte Auflage, Gabler-Verlag, Wiesbaden, S.21-52, 2008.

Homburg, C. & **Pflesser,** C. (2000): *Strukturgleichungsmodelle mit latenten Variablen: Kausalanalyse.* In: Herrmann, A. & Homburg, C.: Marktforschung: Methoden, Anwendungen, Praxisbeispiele. S.633 -659, 2., aktualisierte Auflage, Gabler-Verlag, Wiesbaden, 2000.

Homburg, C., **Pflesser,** C. & **Klarmann,** M. (2008): *Strukturgleichungs-modelle mit latenten Variablen: Kausalanalyse.* In: Herrmann, A.; Homburg, C.; Klarmann, M.: Handbuch Marktforschung. 3., vollständig überarbeitete und erweiterte Auflage, Gabler-Verlag, Wiesbaden, S.547-577, 2008.

Hoopes, D., **Madsen**, T. & **Walker**, G. (2003): *Guest Editors' Introduction to the Special Issue: Why is There a Resource-Based View?*. Toward a Theory of Competitive Heterogeneity. In: Strategic Management Journal, Vol.24, S.889–902, 2003.

Hoppenstedt, (2010): *Hoppenstedt Firmeninformationen GmbH - Firmeninformationen und Geschäftsadressen*. o.V. URL: http://www.hoppenstedt.de Zugriff am 10.10.2010.

Hoskisson, R., **Johnson**, R. & **Moesel**, D. (1994): Corporate Divestiture Intensity in Restructuring Firms: Effects of Governance, Strategy, and Performance. In: Academy of Management Journal 37, Nr.5, 1994.

Hughes, A. (1996): *Database Marketing has Arrived*. Determining the Bottom Line. Paper presented at the DMA 79th Annual Conference, New Orleans, October 1996.

Hungenberg, H. (2008): *Strategisches Management in Unternehmen*. Ziele, Prozesse, Verfahren. 5., überarbeitete und erweiterte Auflage, Gabler-Verlag, Wiesbaden, 2008.

Hungenberg, H. & **Wulf**, T. (2007): *Grundlagen der Unternehmensführung*. 3.Auflage, Springer-Verlag, Berlin, 2007.

Hüttner, M. & **Schwarting**, U. (2008): *Exploratorische Faktorenanalyse*. In: Herrmann, A.; Homburg, C.; Klarmann, M.: Handbuch Marktforschung. 3., vollständig überarbeitete und erweiterte Auflage, Gabler-Verlag, Wiesbaden, S.241-270, 2008.

Hutzschenreuter, T. (2005): *Wachstum ist kein Allheilmittel*. In: Harvard Business Manager, Heft 11, S.104-111, 2005.

Hutzschenreuter, T. (2009): *Allgemeine Betriebswirtschaftslehre*. Grundlagen mit zahlreichen Praxisbeispielen. 3., überarbeitete und erweiterte Auflage, Gabler-Verlag, Wiesbaden, 2009.

Hutzschenreuter, T., **Dresel**, S. & **Ressler**, W. (2007): *Offshoring von Zentral-bereichen*. Von den Erfahrungen deutscher und amerikanischer Unternehmen lernen. Springer-Verlag, Berlin [u.a.], 2007.

Iacobucci, D. & **Churchill**, G. (2010): *Marketing research.* methodological foundations. 10.edition, international edition, South Western Cengage Learning Verlag, Andover, 2010.

IfM-Bonn, (2010): *KMU-Definition des IfM Bonn (seit 01.01.2002)*. Institut für Mittelstandsforschung Bonn. o.V. URL: http://www.ifm-bonn.org/index.php? id=89 Zugriff am 22.06.2010.

IfM-Bonn, (2012a): *Mittelstandsdefinition*. Institut für Mittelstandsforschung Bonn. o.V. URL: http://www.ifm-bonn.org/index.php?id=3 Zugriff am 07.03.2012.

IfM-Bonn, (2012b): *Definition der Familienunternehmen des IfM Bonn*. Institut für Mittelstandsforschung Bonn. o.V. URL: http://www.ifm-bonn.org/index. php?id=68 Zugriff am 07.03.2012.

Ireland, R., **Hitt**, M., **Bettis**, R. & **DePorras**, D. (1987): Strategy formulation processes: difference in perceptions of strength and weaknesses indicators and environmental uncertainly by managerial level. In: Strategic Management Journal, Vol.8, Nr.5, S.469-485, 1987.

Jaccard, J. & **Turrisi**, R. (2003): *Interaction effects in multiple regression.* 2.Auflage, Sage-Publ., Newbury Park [u.a.], 2003.

Jäger, B. (2002): *Desinvestitionsentscheidungen auf der Basis vollständiger Finanzpläne*. Ein Modell für mittelständische Unternehmungen - dargestellt am Beispiel der Textil- und Bekleidungsindustrie. Zugl.: Münster (Westfalen), Universität, Dissertation, 2000, Lang Verlag, Frankfurt a. M. [u.a.], 2002.

Jansen, S. (2005): *Trends, Tools, Thesen und empirische Tests zum Integrationsmanagement bei Unternehmenszusammenschlüssen*. In: Picot, G. (Hrsg.): Handbuch mergers & acquisitions. Planung, Durchführung, Integration. 3.Auflage, Schäffer-Poeschel Verlag, Stuttgart, S.525-560, 2005.

Jansen, S. (2008): *Mergers & Acquisitions*. Unternehmensakquisitionen und -kooperationen Eine strategische, organisatorische und kapitalmarkttheoretische Einführung. 5., überarbeitete und erweiterte Auflage, Gabler-Verlag / GWV Fachverlage GmbH, Wiesbaden, 2008.

Jansen, A. (1986): *Desinvestitionen: Ursachen, Probleme und Gestaltungsmöglichkeiten*. Europäische Hochschulschriften, Reihe 5, Bd.721, Peter Lang Verlag, Frankfurt am Main, Bern, New York, 1986.

Jansen, S., **Kuklinski**, J., **Lowinski**, F. & **Thomas**, W. (2004): *M&A-Strategien und Übernahmewellen*. Die Zukunft des M&A-Marktes, Kooperationsstudie mit Ernst & Young Corporate Finance anhand von 192 befragten Teilnehmern. Düsseldorf, 2004.

Jarvis, C., **MacKenzie**, S. & **Podsakoff**, P. (2003): *A Critical Review of Construct Indicators and Measurement Model Misspecification in Marketing and Consumer Research*. In: Journal of Consumer Research, Volume 30, Issue 2, S.199-218, 2003.

Jensen, M. & **Meckling**, W. (1976): *Theory of the Firm: Managerial Behavior, Agency Costs and Ownership Structure*. In: Journal of Financial Economics, Vol.3, Nr.4, S.305–360, 1976.

Jones, T. & **Sasser**, W. (1995): *Why Satisfied Customers Defect*. In: Harvard Business Review, Vol.73, No.6, S.88-99, 1995.

Jordan, P. (1998): *Is it tiem to fire your customer?*. In: VAR Business, Vol.14, Issue 3, S.97-99, 1998.

Jöreskog, K. (1970): *A general method for analysis of covariance structures*. In: Biometrika, 57 (2), S.239-251, 1970.

Jöreskog, K. (1973): *A General Method for Estimating a Linear Structural Equation System*. In: Goldberger, A., Duncan, O. (Hrsg.): Structural Equation Models in the social sciences, New Yor, S.85-112, 1973.

Jöreskog, K. **& Wold**, H. (1982): *The ML and PLS Techniques For Modeling with Latent Variables: Historical and Comparative Aspects.* In: Wold, H. & Jöreskog, K.G.: Systems Under Indirect Observation: Causality, Structure, Prediction (Vol. I), Amsterdam: North-Holland, S.263-270, 1982.

Kaas, K. (1995): *Marketing zwischen Markt und Hierarchie.* Kontrakte, Geschaftsbeziehungen, Netzwerke, Marketing und neue Institutionenokonomik. In: Zeitschrift für betriebswirtschaftliche Forschung, Sonderheft 35, S.19-42, 1995.

Kaas, K. (1992): *Kontraktgütermarketing als Kooperation zwischen Prinzipalen und Agenten.* In: Zeitschrift fur betriebswirtschaftliche Forschung (ZfbF), 44.Jg., Heft 10, S.884-901, 1992.

Kaiser, T. **& Wetzel**, D. (2011): *Shell wartet, bis die Ölpest verschwindet - Nordsee-Pipeline.* In: Welt-Onlint vom 16.08.2011. URL: http://www.welt.de/ dieweltbewegen/article13548006/Shell-wartet-bis-die-Oelpest-verschwindet .html Zugriff am 17.08.2011.

Kaplan, R. **& Norton**, D. (1997): *Balanced Scorecard.* Strategien erfolgreich umsetzen. Schäffer-Poeschel Verlag, Stuttgart, 1997.

Karakaya, F. (2000): *Market Exit and Barriers to Exit: Theory and Practice.* In: Psychology & Marketing, 17 Jg., 2000.

Keane, T. **& Wang**, P. (1995): *Applications for the lifetime value model in modern newspaper publishing.* In: Journal of Direct Marketing, Vol.9, Issue 2, S.59–66, Spring 1995.

Keller, K. (2003): *Strategic Brand Management.* Building, measuring and managing brand equity. 2.Auflage, Prentice Hall Verlag, New Jersey, 2003.

Kerth, K., **Asum**, H. **& Nührich**, K. (2008): *Die besten Strategietools in der Praxis.* Welche Werkzeuge brauche ich wann? Wie wende ich sie an? Wo liegen die Grenzen? 3., erw. Auflage, Hanser Verlag, München [u.a.], 2008.

Kießling, B. (1996): Kleinunternehmer und Politik in Deutschland. Eine Studie zur politischen Konstitution der Reproduktionsbedingungen und Erfolgschancen kleiner und mittlerer selbständiger Unternehmen in der fortgeschrittenen Industriegesellschaft. Duncker & Humblot Verlag, Berlin, 1996, Zugl.: Universität-Bielefeld, Habil-Schrift, 1994.

Kirchmaier, T. (2006): *Corporate Demergers – or is Divorce Attractive?*. In: Handbuch M&A Management. Hrsg. von Wirtz, B., 1.Auflage, S.1261-1285, Wiesbaden, 2006.

Kirstein, S. (2009): *Unternehmensreputation*. Corporate Social Responsibility als strategische Option für deutsche Automobilhersteller. Gabler Verlag / GWV Fachverlage GmbH, Wiesbaden, 2009.

Kistner, K. **& Steven**, M. (2002): *Betriebswirtschaftslehre im Grundstudium 1*. Produktion, Absatz, Finanzierung. 4.Auflage, Physica-Verlag, Heidelberg, 2002.

Kistner, K. **& Steven**, M. (1997): *Betriebswirtschaftslehre im Grundstudium 2*. Buchführung, Kostenrechnung, Bilanzen - mit 59 Abbildungen. Physica-Verlag, Heidelberg, 1997.

Kitching, J. (1973): *Acquisitions in Europe*. Causes of Corporate Successes and Failures, Business International, Genf, 1973.

Kleinaltenkamp, M. (2000): *Einführung in das Business-to-Business-Marketing*. In: Kleinaltenkamp, M. und Plinke, W. (2000): Technischer Vertrieb. Grundlagen. 2.Auflage, Springer-Verlag, Berlin u.a., 2000.

Kleinbaum, D., **Kupper**, L., **Muller**, K. **& Nizham**, A. (1998): *Applied regression analysis and other multivariable methods*. 3. Auflage, Duxbury Press, Belmont, Calif., 1998.

Kline, R. (1998): *Software programs for structural equation modeling*. AMOS, EQS, and LISREL. In: Journal of Psychoeducational Assessment, Vol.16, S.343-364, 1998.

Kline, R. (2005): *Principles and practice of structural equation modeling.* 2.Auflage, Guilford Press Verlag, New York [u.a.], 2005.

Knieps, G. (2010): *Wettbewerbsökonomie.* Regulierungstheorie, Industrieökonomie, Wettbewerbspolitik. 3., durchges. u. aktualisierte Auflage, Springer Verlag, Berlin, 2010.

Köhn, R. (2000): *BMW überlässt Rover einer ungewissen Zukunft.* In: Financial Times Deutschland, Nr.90, 10.05.2000.

Kotler, P. (2008): *Grundlagen des Marketing.* 4., aktualisierte Auflage, [Nachdruck], Pearson Studium Verlag, München [u.a.], 2008.

Kotler, P. (1974): *Marketing during Periods of Shortage.* American Marketing Association, What is the role of company marketing during a period of shortage? In: The Journal of Marketing, Vol.38, No.3, S.20-29, Jul., 1974 .

Kotler, P. (1973): *The Major Tasks of Marketing Management.* American Marketing Association, In: The Journal of Marketing, Vol.37, No.4, S.42-49, Oct., 1973.

Kotler, P. & **Bliemel**, F. (1999): *Marketing-Management.* 9., überarbeitete und aktualisierte Auflage, Schäffer-Poeschel Verlag, Hauptband, Stuttgart, 1999.

Kotler, P. & **Keller**, K. (2009): *Marketing Management.* 13.edition, Pearson international edition, Pearson Prentice Hall, Upper Saddle River, NJ, 2009.

Kotler, P., **Keller**, K. & **Bliemel**, F. (2007): *Marketing-Management.* Strategien für wertschaffendes Handeln. 12.Auflage, Poeschel-Verlag, München, 2007.

Kotler, P. & **Levy**, S. (1971): *Demarketing, yes, demarketing.* Harvard Business Review, Jg. 49, Nr.6, 1971.

Krafft, M. (2007): *Kundenbindung und Kundenwert.* 2., überarbeitete und erweiterte Auflage, Physica-Verlag, Heidelberg, 2007.

Krafft, M. (1997): *VDI-Studie Kundenzufriedenheit und Kundenwert.* Herausgegeben vom VDI Verein Deutscher Ingenieure, Düsseldorf, Mai 1997.

Krafft, M., Götz, O. & Liehr-Gobbers, K. (2005): *Die Validierung von Strukturgleichungsmodellen mit Hilfe des Partial-Least-Squares (PLS)-Ansatzes*. In: Bliemel, F.; Eggert, A.; Fassott, G.; Henseler, J. (Hrsg.): Handbuch PLS-Pfadmodellierung: Methode, Anwendung, Praxisbeispiele, Schäffer-Poeschel-Verlag, Stuttgart, S.71-86, 2005.

Kraut, N. (2002): *Unternehmensanalyse in mittelständischen Industrieunternehmen*. Konzepte - Methoden - Instrumente. Dissertation Universität-Würzburg, 2001, Deutscher Universitäts-Verlag 2002, 1. Auflage, Gabler-Verlag, 2002.

Kremeyer, H. (1982): *Eigenfertigung und Fremdbezug unter finanzwirtschaftlichen Aspekten*. Zugl.: Dortmund, Univiversität, Dissertation, 1981, 1.Auflage, Gabler Verlag, Wiesbaden, 1982.

Kremp, M. (2010): *BP kauft Suchmaschinenergebnisse - Krisen-PR wegen Ölpest*. In: Spiegel-Online vom 10.06.2010. URL: http://www.spiegel.de/netzwelt/web/0,1518,699903,00.html Zugriff am 12.08.2011.

Kreutzer, R. (2010): *Praxisorientiertes Marketing*. Grundlagen Instrumente Fallbeispiele. 3., vollständig überarbeitete und erweiterte Auflage, Gabler Verlag / GWV Fachverlage GmbH, Wiesbaden, 2010.

Kroeber-Riel, W. & Weinberg, P. (2003): *Konsumentenverhalten*. 8., aktualisierte und erg. Auflage, Vahlen-Verlag, München, 2003.

Kroeber-Riel, W., Weinberg, P. & Gröppel-Klein, A. (2009): *Konsumentenverhalten*. 9., überarb., aktualisierte und erg. Auflage, Vahlen-Verlag, München, 2009.

Krüger, W. (2006): *Strategische Erneuerung: Programme, Prozesse, Probleme*. In: Krüger, W. (Hrsg.): Excellence in Change: Wege zur strategischen Erneuerung, 3., vollst. überarb. Auflage, Wiesbaden, 2006.

Krüger, W. & Homp, C. (1997): *Kernkompetenz-Management*. Steigerung von Flexibilität und Schlagkraft im Wettbewerb. Gabler-Verlag, Wiesbaden, 1997.

Kubicek, H. (1981): *Unternehmensziele, Zielkonflikte und Zielbildungsprozesse.* In: Wirtschaftswissenschaftliches Studium, 10.Jg, Nr.10, S.458-466, 1981.

Kummer, S., **Grün**, O. **& Jammernegg**, W. (2009): *Grundzüge der Beschaffung, Produktion und Logistik.* München [u.a.], Pearson Studium Verlag, 2., aktualisierte Auflage, München [u.a.], 2009.

Küpper, H. **& Schweitzer**, M. (1995): *Systeme der Kosten- und Erlösrechnung.* 6., überarbeitete und erweiterte Auflage, Franz Vahlen Verlag, München, 1995.

Kuß, A. **& Eisend**, M. (2010): *Marktforschung.* Grundlagen der Datenerhebung und Datenanalyse. 3., überarbeitete und erweiterte Auflage, Gabler Verlag / GWV Fachverlage GmbH, Wiesbaden, 2010.

Lamnek, S. (2005): *Qualitative Sozialforschung.* 4., vollständig überarbeitete Auflage, Beltz PVU Verlag, Weinheim, Basel [u.a.], 2005.

Lang, L., **Poulsen**, A. **& Stulz**, R. (1995): *Asset Sales, Firm Performance, and the Agency Costs of Managerial Discretion.* In: Journal of Financial Economics 37, Nr.1, 1995.

Lang, L., **Poulsen**, A. **& Stulz**, R. (1995): *Asset sales, firm performance, and the agency costs of managerial discretion.* In: Journal of Financial Economics, Vol.37, Issue 1, S.3-37, January 1995.

Large, R. (2006): *Strategisches Beschaffungsmanagement.* Eine praxisorientierte Einführung Mit Fallstudien. 4., vollständig überarbeitete Auflage, Gabler Verlag / GWV Fachverlage GmbH, Wiesbaden, 2006.

Law, K., **Wong**, C. **& Mobley**, W. (1998): *Toward a Taxonomy of Multidimensional Constructs.* In Academy of Management Review, Vol.23, No.4, S.741-755, 1998.

Lebensmittel-Praxis, (2011): *Nölke - Will durch Investitionen wachsen.* In: Lebensmittel Praxis, o.V., 03. März 2011. URL: http://www.lebensmittel praxis.de/industrie/1769-will-durch-investitionen-wachsen.html Zugriff am 07.03.2011.

Lenz, C. & **Ruchlak**, N. (2001): *Kleines Politik-Lexikon.* Oldenbourg-Wissenschaftsverlag, München [u.a.], 2001.

Linde-AG, (2010): *Homepage der Firma Linde AG.* o.V. URL: http://www.linde.com/international/web/linde/like35lindede.nsf/docbyalias/nav_ segments Zugriff am 04.06.2010.

Lingenfelder, M. & **Schneider**, W. (1991): *Die Kundenzufriedenheit.* Bedeutung, Messkonzept und empirische Befunde. In: Marketing Zeitschrift für Forschung und Praxis. 13.Jg., Vol.2, S.109-119, 1991.

Little, T., **Cunningham**, W., **Shahar**, G. & **Widaman**, K. (2002): *To Parcel or Not to Parcel: Exploring the Question, Weighing the Merits.* In: Structural Equation Modeling: A Multidisciplinary Journal, Vol.9, Issue 2, S.151-173, 2002.

Little, T., **Lindenberger**, U. & **Nesselroade**, J. (1999): On selecting indicators for multivariate measurement and modeling with latent variables: When "good" indicators are bad and "bad" indicators are good. In: Psychological Methods, Vol.4, No.2, S.192-211, 1999.

Löffler, Y. (2001): *Desinvestitionen durch Verkäufe und Börseneinführungen von Tochterunternehmen.* Zugl.: Berlin, Humboldt-Universität, Dissertation, Lohmar, Köln. 2001.

Lohmöller, J. (1989): *Latent Variable Path Modeling with Partial Least Squares.* Springer-Verlag, Heidelberg, 1989.

Lohmöller, J. (1984): *Das Programmpaket LVPLS für Pfadmodelle mit latenten Variablen.* In: ZA-Information, Vol.14, S.44-51, 1984.

Lorenz-Meyer, D. (2004): *Management industrieller Dienstleistungen.* 1. Auflage, Gabler-Verlag, Dissertation, Schriften zum Produktionsmanagement, Deutscher Universitätsverlag, 2004.

Lucco, A. (2008): *Anbieterseitige Kündigung von Kundenbeziehungen.* Konzeption und empirische Messung der wahrgenommenen Kündigungsqualität aus Kundensicht. 1.Auflage, Gabler Verlag, Wiesbaden, 2008.

M&A-Almanac, (1987): *The M&A Almanac.* Profile of Mergers and Acquisitions. o.V. in: M&A, S.57-65, May-June 1987.

MacCarthy, E. (1960): *Basic marketing.* A managerial approach. 5. ed., 1. print. Irwin-Verlag, Homewood, Ill., 1975.

Macharzina, K. & **Wolf**, J. (2010): *Unternehmensführung.* das internationale Managementwissen; Konzepte - Methoden - Praxis. 7., vollständig überarbeitete und erweiterte Auflage, Gabler-Verlag, Wiesbaden, 2010.

MacKenzie, S., **Podsakoff**, P. & **Jarvis**, C. (2005): The Problem of Measurement Model Misspecification in Behavioral and Organizational Research and Some Recommended Solutions. In: Journal of Applied Psychology, Vol.90, S.710-730, 2005.

MacKinnon, D., **Lockwood**, C., **Hoffman**, J., **West**, S. & **Sheets**, V. (2002): *A comparison of methods to test mediation and other intervening variable effects.* In: Psychological Methods, Vol.7, No.1, S.83-104, 2002.

Mahon, J. (2002): *Corporate reputation.* A research agenda using strategy and stakeholder literature. In: Business & Society, Vol.41, S.415-445, 2002.

Malthouse, E. & **Blattberg**, R. (2005): *Can we predict customer lifetime value?.* In: Journal of Interactive Marketing. Volume 19, Issue 1, S.2-16, 2005.

Manager-Magazin-Online, (2001): *Missmanagement bei Holzmann.* Baufehler. 28.08.2001 o.V. in: Manager Magazin Online. URL: http://www.manager-magazin.de/unternehmen/missmanagement/0,2828,149051,00.html Zugriff am: 25.01.2010.

Männel, W. (1996): *Wahl zwischen Eigenfertigung und Fremdbezug.* 2., überarbeitete Auflage, Nachdruck, Verlag der GAB, Gesellschaft für Angewandte Betriebswirtschaft, Lauf a.d. Pegnitz, 1996.

Marcoulides, G. & **Saunders**, C. (2006): *PLS: A Silver Bullet?*. In: Management Informations Systems Quarterly, Volume 30, Number 2, S.III-IX, June 2006.

Markides, C. (1995): *Diversification, Restructuring, and Economic Performance*. In: Strategic Management Journal 16, Nr.2, 1995.

Markides, C. (1992): *Consequences of Corporate Refocusing. Ex Ante Evidence*. In: Academy of Management Journal 35, Nr.2, 1992.

Marple, W. (1967): *Financial aspects of voluntary divestitures in large industrial companies*. Dissertation, Harvard University, Graduate School, 1967.

Maselli, A. (1997): *Spin-offs zur Durchführung von Innovationen. Eine Analyse aus institutionenökonomischer Sicht*. Zugl.: Disserttion, Universität Münster (Westfalen), 1996, Dt. Universitäts-Verlag, Wiesbaden, 1997.

Mason, E. (1949): *The Current Status of the Monopoly Problem in the United States*. In: Harvard Law Review, Vol.62, No.8, S.1265-1285, June 1949.

Matys, E. (2007): *Dienstleistungsmarketing*. Kunden finden, gewinnen und binden - Mit Leitfaden zum Marketingkonzept. 2.Auflage, Redline Wirtschaft Verlag, München, 2007.

McGaughey, S. (2002): *trategic interventions in intellectual asset flows*. In: Academy of Management Review, Vol.27, No.2, S.248-274, 2002.

Meadows, D. (1972): *Die Grenzen des Wachstums*. Bericht des Club of Rome zur Lage der Menschheit. Club of Rome, Deutsche Verlags-Anstalt, Stuttgart, 1972.

Meffert, H. (1984): *Marketingstrategien in stagnierenden und schrumpfenden Märkten*. In: Betriebswirtschaftliche Entscheidungen bei Stagnation. E. Heinen zum 65.Geburtstag, hrsg. von L. Pack und D. Börner, Wiesbaden, S.37-73, 1984.

Meffert, H. (1988): *Strategische Unternehmensführung und Marketing.* Beiträge zur Marktorientierten Unternehmenspolitik. Gabler-Verlag, Wiesbaden, 1988.

Meffert, H. (2005): *Marketing.* Grundlagen marktorientierter Unternehmensführung; Konzepte, Instrumente, Praxisbeispiele; mit neuer Fallstudie VW Golf. 9., überarbeitete und erweiterte Auflage, Nachdruck, Gabler-Verlag, Wiesbaden, 2005.

Meffert, H. (1999): *Marketingstrategien in stagnierenden und schrumpfenden Märkten.* In: Meffert, H.: Marktorientierte Unternehmensführung im Wandel. Retrospektive und Perspektiven des Marketing. Dr. Th. Gabler Verlag, Wiesbaden, S.203-246, 1999.

Mensching, H. (1986): *Desinvestition von Unternehmungsteilen.* Grundlagen der Gestaltung des Entscheidungsprozesses. Zugl.: Aachen, Techn. Hochschule, Dissertation, 1985, Lang Verlag, Frankfurt am Main [u.a.], 1986.

Meyer, C. (1994): *How the Right Measures. Help Teams Excel.* In: Harvard Business Review, Vol.72, Nr.3, S.95-103, May/June 1994.

Michalski, S. (2002): *Kundenabwanderungs- und Kundenrückgewinnungsprozesse.* Eine Theoretische und empirische Untersuchung am Beispiel von Banken. Gabler-Verlag, Wiesbaden, 2002.

Mintzberg, H., **Ahlstrand**, B. & **Lampel**, J. (2007): *Strategy Safari.* Eine Reise durch die Wildnis des strategischen Managements. Manager Magazin Edition, Redline Wirtschaft, München, 2007.

Mintzberg, H. & **Quinn**, J. (1996): *The strategy process.* concepts, contexts, cases. 3. edition, Prentice Hall Verlag, Upper Saddle River, NJ, 1996.

Montgomery, C. & **Thomas**, A. (1988): *Divestment: Motives and Gains.* In: Strategic Management Journal 9, Nr.1, 1988.

Morawietz, M. & **Kreuz**, W. (2001): *Desinvestitionen. Zeichen von Managementschwäche oder oft unterschätztes Mittel zur Wertsteigerung?*. In: G.F. Lange (Hrsg.): Mergers & Acquisitions in der Praxis. Frankfurt a.m., S.115-130, 2001.

Mueller, R. (1996): *Basic principles of structural equation modeling. an introduction to LISREL and EQS.* Springer-Verlag, New York [u.a.], 1996.

Mugler, J. (1999): *Betriebswirtschaftslehre der Klein- und Mittelbetriebe.* 3., überarbeitete Auflage, Springer-Verlag, Wien [u.a.], 1999.

Müller, H. (2006): *Demerger-Management.* In: Handbuch M&A Management. Hrsg. von Wirtz, B., 1.Auflage, S.1189-1207, Wiesbaden, 2006.

Müller, R. (1997): *"Tracking Stock" und seine Realisierbarkeit im deutschen Gesellschaftsrecht.* In: Wirtschaftsrechtliche Beratung, Nr. 2, S. 57-65, 1997.

Müller von Blumencron, M. & **Pauly**, C. (1999): *Globales Monopoly.* 2000: Wirtschaft. Der Spiegel 52/1999 vom 27.12.1999. Spiegel-Online, URL: http://www.spiegel.de/spiegel/print/d-15317073.html Zugriff am 06.04.2010.

Müller-Böling, D. & **Klandt**, H. (1996): *Methoden empirischer Wirtschafts- und Sozialforschung.* Eine Einführung mit wirtschaftswissenschaftlichem Schwerpunkt. 3.Auflage, Förderkreis Gründungs-Forschung-Verlag, Köln [u.a.], 1996.

Müller, W. & **Riesenbeck**, H. (1991): *Wie aus zufriedenen auch anhängliche Kunden werden.* In: Harvard Manager, 13.Jg., Nr.3, S.67-79, 1991.

Müller-Stewens, G. (1991): *Personalwirtschaftliche und organisations- theoretische Problemfelder bei Mergers & Acqusitions.* In: Ackermann, K.F., Scholz, H. (Hrsg.): Personalmanagement für die 90er Jahre. Neue Entwicklungen. Neues Denken. Neue Strategien. Schäffer-Poeschel Verlag, Stuttgart, S.157-171, 1991.

Müller-Stewens, G. (2000): *Akquisitionen und der Markt für Unternehmenskontrolle*. Entwicklungstendenzen und Erfolgsfaktoren. In: Picot, A. (Hrsg.), Nordmeyer, A., Pribilla, P.: Management von Akquisitionen. Akquisitionsplanung und Integrationsmanagement. Schäffer-Poeschel Verlag, Stuttgart, S.41-57, 2000.

Müller-Stewens, G. (1988): *Entwicklung von Strategien für den Eintritt in neue Geschäfte*. In: Henzler, H.A.: Handbuch Strategische Führung. S.219-242, Gabler-Verlag, Wiesbaden, 1988.

Müller-Stewens, G. **& Lechner**, C. (2005): *Strategisches Management*. (2., überarb. und erw. Auflage. Ausg.). Wie strategische Initiativen zum Wandel führen; der St. Galler General-Management-Navigator. 3., aktualisierte Auflage, Schäffer-Poeschel Verlag, Stuttgart, 2005.

Müller-Stewens, G., **Spickers**, J. **& Deiss**, C. (1999): *Mergers & Acquisitons*. Markttendenzen und Beraterpofile. Schäffer-Poeschel Verlag, Stuttgart, 1999.

Nagenast, J. (1997): *Outsourcing von Dienstleistungen industrieller Unternehmen*. Eine theoretische und empirische Analyse. 1. Auflage, Verlag Dr. Kovac, Hamburg, 1997.

Napp, H. (1990): Stillegungen. Notwendige Optopnen in der Unternehmensplanung. C.E. Poeschel Verlag, Stuttgart, 1990.

Natusch, I. (1995): "Tracking Stock" als Instrument der Beteiligungsfinanzierung diversifizierter Unternehmen. Köln, 1995.

Nees, D. (1978): The divestment decision process in large and medium-sized diversified companies: a descriptive model based on clinical studies. In: International Studies of Management and Organization, Vol.8, No.4, S.67-95, 1978.

Nees, D. (1981): *Increase Your Divestment Effectiveness*. In: Strategic Management Journal, Vol.2, Nr.2, S.119-130, April-June 1981.

Neugebauer, T. (1993): *Implementierung EDV-gestützter Finanzplanungs-systeme in mittelständischen Unternehmen.* Bestandsaufnahme und Lösungs-ansätze. Peter Lang Verlag, Frankfurt a.M. [u.a.], 1993.

Nevitt, J. **& Hancock**, G. (2001): Performance of Bootstrapping Approaches to Model Test Statistics and Parameter Standard Error Estimation in Structural Equation Modeling. In: Structural Equation Modeling: A Multidisciplinary Journal, Volume 8, Issue 3, S.353-377, July 2001.

Nieschlag, R., **Dichtl**, E. **& Hörschgen**, H. (2002): *Marketing.* 19., überarbeitete und ergänzte Auflage, Duncker & Humblot Verlag, Berlin, 2002.

Nitzl, C. (2010): *Eine anwenderorientierte Einführung in die Partial Least Square (PLS)-Methode.* Herausgeber: Prof. Dr. K.-W. Hansmann, Arbeitspapier Nr.21, Institut für Industrielles Management der Universität Hamburg, 2010.

NOKIA, (2008): *Nokia plans closure of its Bochum site in Germany.* Pressemitteilung auf der Nokia-Homepage, o.V. vom January 15, 2008. URL: http://www.nokia.com/press/press-releases/showpressrelease?newsid=1182125 Zugriff am 07.06.2010.

Nonaka, I., **Toyama**, R. **& Konno**, N. (2000): *SECI, Ba and Leadership: a Unified Model of Dynamic Knowledge Creation.* In: Long Range Planning, 33, Heft 1, S.5-34, 2000.

n-tv-Online, (2010): *Barilla wird Kamps los.* Finanzinvestor backt Brötchen. o.V. vom Mittwoch, 11. August 2010. URL: http://www.n-tv.de/wirtschaft/ Barilla-stoesst-Kamps-ab-article1251246.html Zugriff am 13.08.2010.

n-tv-Online, (2006): *Linde verkauft Kion.* Milliardendeal perfekt. o.V. Meldungen vom Montag, 06. November 2006 URL: http://www.n-tv.de/ wirtschaft/meldungen/Linde-verkauft-Kion-article197551.html Zugriff am 04.06.2010.

Nunnally, C. (1978): *Psychometric theory.* 2nd edition, McGraw-Hill Book Company, New-York, 1978.

Ohlsen, G. (1985): *Marketing-Strategien in stagnierenden Märkten.* Eine empirische Untersuchung des Verhaltens von Unternehmen im deutschen Markt für elektrische Haushaltsgrossgeräte. Dissertation, Westfälische Wilhelms-Universität Münster,1985.

Ohlwein, M. (1999): *Märkte für gebrauchte Güter.* Deutscher Universitäts-Verlag, Wiesbaden, 1999.

Olbrich, R. (2006): *Marketing.* Eine Einführung in die marktorientierte Unternehmensführung. 2., überarbeitete und erweiterte Auflage, Springer-Verlag, Berlin [u.a.], 2006.

Oliver, R. (1996): *Satisfaction: A Behavioral Perspective on the Consumer.* International Ed, Mcgraw-Hill College, New York, 1996.

Omae, K. (1985): *Macht der Triade.* Die neue Form weltweiten Wettbewerbs. 1.Auflage, Gabler Verlag, Wiesbaden, 1985.

Opitz, M. (1995): *Desinvestitionen.* Organisation und Durchführung. In: Betriebswirtschaftliche Forschung und Praxis. 45.Jg., Nr.3, S.325-342, 1995.

Ostrowski, O. (2007): *Erfolg durch Desinvestitionen.* Eine theoretische und empirische Analyse. Deutscher Universitätsverlag, GWV Fachverlage GmbH, 1.Auflage, Wiesbaden, 2007.

Pampel, J. (1993): *Kooperation mit Zulieferern.* Theorie und Management. Gabler-Verlag, Wiesbaden, 1993.

Pauly, C. **& Reuter,** W. (2002): *Der verwundbare Riese.* DER SPIEGEL 21/2002 vom 18.05.2002. Spiegel-Online, URL: http://www.spiegel.de/spiegel/ print/d-22644271.html Zugriff am 10.062011.

Pellens, B. (1993): *Börseneinführung von Tochterunternehmen - Aktienmarkt-reaktionen auf die Performance des Mutterunternehmens.* In: Zeitschrift für betriebswirtschaftliche Forschung (ZfbF), 45.Jg., S.852-872, 1993.

Penrose, E. (1959): *The Theory of the Growth of the Firm.* Oxford, Oxford University Press, 1959.

Peter, S. (1997): *Kundenbindung als Marketingziel.* Identifikation und Analyse zentraler Determinanten. 2. Auflage, Gabler-Verlag, Wiesbaden, 1997.

Peteraf, M. (1993): *The cornerstones of competitive advantage.* A resource-based view. Strategic Management Journal, Vol.14, Issue 3, S.179-191, 1993.

Piccot, G. (1998): *Vertragsrecht.* In: Picot, G. (Hrsg.): Unternehmenskauf und Restrukturierung, 2.Auflage,C.H. Beck Verlag, München, S.10-117, 1998.

Picot, A. (1991): *Ein neuer Ansatz zur Gestaltung der Leistungstiefe.* In: Schmalenbachs Zeitschrift für betriebswirtschaftliche Forschung, Vol.43, Nr.4, S.336-357, 1991.

Picot, G. (2005): *Wirtschaftliche und wirtschaftsrechtliche Parameter bei der Planung der Mergers & Acquisitions.* Picot, G. (Hrsg.): Handbuch Mergers & Acquisitions. Planung, Durchführung, Integration. 3.Auflage, Schäffer-Poeschel Verlag, Stuttgart, S.3-40, 2005.

Picot, G. **& Bergmann**, H. (2002): *Handbuch mergers & acquisitions.* Planung, Durchführung, Integration. 2., überarbeitete und erweiterte Auflage, Schäffer-Poeschel Verlag, Stuttgart, 2002.

Plinke, W. (2000): *Grundlagen des Marktprozesses.* In: Kleinaltenkamp, M. und Plinke, W. (2000): Technischer Vertrieb. Grundlagen. 2.Auflage, Springer-Verlag, Berlin u.a., 2000.

Plinke, W. (1997): *Bedeutende Kunden.* In: Kleinaltenkamp, M.; Plinke, W.; Weiber, R.; Rieker, S.; Preß, B.: Geschäftsbeziehungsmanagement. Springer-Verlag, S.113–158, Berlin, 1997.

PlusMinus, (2006): *Rausschmiss von Power-Usern.* Wirtschaftsmagazin des Ersten Deutschen Fernsehens. o.V. DasErste-TV-Sendung "PlusMinus" vom Dienstag 24. Januar 2006.

Podsakoff, P. & **Organ**, D. (1986): *Self-Reports in Organizational Research: Problems and Prospects.* In: Journal of Management (JofM), Vol.12, S.531-544, 1986.

Podsaskoff, P., **MacKenzie**, S., **Lee**, J. & **Podsakoff**, N. (2003): *Common method biases in behavioral research.* A critical review of the literature and recommended remedies. In: Journal of Applied Psychology, Vol.88, S.879-903, 2003.

Polasek, W. (1997): *Schließende Statistik.* Einführung in die Schätz- und Testtheorie für Wirtschaftswissenschaftler; mit 44 Tabellen. Springer-Verlag, Berlin [u.a.], 1997.

Popper, K. (1973): *Objektive Erkenntnis.* Ein evolutionärer Entwurf. Hoffmann und Campe, Hamburg, 1973.

Porst, R. (2011): *Fragebogen.* Ein Arbeitsbuch. VS Verlag für Sozialwissenschaften / Springer Fachmedien Wiesbaden GmbH, Wiesbaden, 2011.

Porter, M. (1987): *From competitive advantage to corporate strategy.* In: Harvard Business Review 65, Mai-Juni, S.43-59, 1987.

Porter, M. (1976): *Please note location of nearest exit: exit barriers and planning.* In: California Management Review 19, No.2, S.21-33, 1976.

Porter, M. (2008): *Wettbewerbsstrategie.* Methoden zur Analyse von Branchen und Konkurrenten. 11., durchges. Auflage, Campus-Verlagm Frankfurt [u.a.], 2008.

Porter, M. (1991): *Towards a Dynamic Theory of Strategy.* In: Strategic Management Journal, 12, Winter Special Issue, S.95-117, 1991.

Porter, M. (1999): *Wettbewerbsvorteile.* 5.Auflage, Campus Fachbuch Verlag, Frankfurt, 1999.

Porter, M. (1996): *What is strategy?.* Harvard Business Review, November-Decemer, 1996.

Porter, M. (1987): *Diversifikation*. Konzerne ohne Konzept. In: Harvard Manager, 9.Jg., Nr.4, S.30-49, 1987.

Porter, M. (1980): *Competitive Strategy*. Techniques for Analyzing Industries and Competitors.The Free Press, New York, 1980.

Pötschke, M. (2010): *Datengewinnung und Datenaufbereitung*. In: Wolf, C., Best, H.: Handbuch der sozialwissenschaftlichen Datenanalyse. VS Verlag für Sozialwissenschaften / Springer Fachmedien Wiesbaden GmbH, Wiesbaden, S.41-64, 2010.

Prahalad, C. **& Hamel**, G. (1991): *Nur Kernkompetenzen sichern das Überleben*. In: Harvard Manager, 02/1991.

Prahalad, C. **& Hamel**, G. (1990): *The Core Competence of the Corporation*. In: Harvard Business Review, S.79-91, May-June 1990.

Priem, R. **& Butler**, J. (2001): *Is the resource based view a useful perspective for strategic management research?*. In: Academy of Management Review, Vol.26, No.1, S.22-40, 2001.

Priem, R. **& Butler**, J. (2001): *Tautology in the Resource-Based View and Implications of Externally Determined Resource Value*. Further Comments. In: Academy of Management Review. Vol.26, No.1, S.57–66, 2001.

Publizitätsgesetz, (2012): *§ 1 Zur Rechnungslegung verpflichtete Unternehmen*. Publizitätsgesetz (PublG) der Bundesrepublik Deutschland. Bundesministerium der Justiz. URL: http://www.gesetze-im-internet.de/publg/__1.html Zugriff am: 07.03.2012.

Punj, G. **& Stewart**, D. (1983): *Cluster analysis in marketing research: Review and suggestions for application*. In: Journal of marketing research: JMR, 20 May, S.134-148, 1983.

Raffeé, H. **& Fritz**, W. (1991): *Die Führungskonzeption erfolgreicher und weniger erfolgreicher Industrieunternehmen im Vergleich*. In: Zeitschrift für Betriebswirtschaft, 61.Jg., Heft 11, S.1211-1226, 1991.

Rapp, R. (1995): *Kundenzufriedenheit durch Servicequalität.* Konzeption, Messung, Umsetzung. Zugl.: Universität-Enschede, Disserstation 1994, Dt. Universitäts-Verlag, Wiesbaden, 1995.

Rapp, R. (2000): *Customer Relationship Management.* Das neue Konzept zur Revolutionierung der Kundenbeziehungen. 2.Auflage, Campus Verlag, Frankfurt/Main, 2000.

Ravenscraft, D. **& Scherer**, F. (1991): *Divisional Sell-off: A Hazard Function Analysis.* In: Managerial and Decision Economics 12, Nr.6, S.429-438, 1991.

Rechsteiner, U. (1995): *Desinvestitionen zur Unternehmenswertsteigerung.* Aachen, Zugl.: St.Gallen, Hochschule für Wirtschafts-, Rechts- und Sozialwissenschaften, Dissertation, 1994, Shaker Verlag, Aachen, 1995.

Reeves, R. (1961): *Reality in Advertising.* Alfred A. Knopf Verlag, New York, S.46-48, 1961.

Reichheld, F. **& Aspinall**, K. (1994): *High-Loyalty Business Systems.* In: Journal of Retail Banking, 15.Jg., Nr.4, S.21-29, 1994.

Reichmann, T. (2001): *Controlling mit Kennzahlen und Managementberichten.* Grundlagen einer systemgestützten Controlling-Konzeption. 6.Auflage, Vahlen-Verlag, München, 2001.

Reid, T. (2005): *Fire Your Customer.* In: Contract Management, Vol.45, No.12, S.6-13, 2005.

Reinartz, W., **Krafft**, M. **& Hoyer**, W. (2004): *The Customer Relationship Management Process: It's Measurement and Impact on Performance.* In: Journal of Marketing Research, Vol.41, S.293-305, 2004.

Reinecke, S., **Janz**, S., **Diller**, H. **& Köhler**, R. (2007): *Marketingcontrolling.* Sicherstellen von Marketingeffektivität und -effizienz. 1.Auflage, Kohlhammer-Verlag, Stuttgart, 2007.

Rese, M., **Utzig**, B. & **Söllner**, A. (2003): *Relationship Marketing.* Standortbestimmung und Perspektiven. 1.Auflage, Springer Verlag, Berlin, 2003.

Resnik, A., **Gnauck**, B. & **Aldrich**, R. (1977): *Corporate Responsiveness to Consumer Complaints.* In: Day, R.L.: Consumer Satisfaction, Dissatisfaction and Complaining Behavior. Bloomington: School of Business, Indiana University, S.148-152, 1977.

Richins, M. (1983): *Negative Word-of-Mouth by Dissatisfied Consumers.* A Pilot Study. In: The Journal of Marketing, Vol.47, No.1, S.68-78, Winter 1983.

Ridinger, R. (1997): Rolle gesamtwirtschaftlicher Funktionen kleiner und mittlerer Unternehmen in politischen Entscheidungsprozessen auf nationaler und europäischer Ebene. In: Ridinger, R.: Gesamtwirtschaftliche Funktionen des Mittelstandes. Duncker & Humblot Verlag, Berlin, 1997.

Riekeberg, M. (2002): *Einführung in die Kausalanalyse.* In: Das Wirtschafts-studium, Jg.31, H.6, S.939-943, 2002.

Riemer, M. (1986): *Beschwerdemanagement.* Campus-Verlag, Frankfurt [u.a.], 1986.

Ries, A. & **Trout**, J. (1986): *Positioning.* Die neue Werbestrategie. McGraw-Hill-Verlag, Hamburg [u.a.], 1986.

Rigdon, E. (1998): *Structural equation modeling.* In: Marcoulides, G. A.: Modern methods for business research, Mahwah, S.251-294, 1998.

Ringle, C. (2004): *Gütemaße des Partial Least Square-Ansatzes zur Bestimmung von Kausalmodellen.* Arbeitspapier Nr. 16 des Instituts für Industriebetriebslehre und Organisation an der Universität Hamburg, Hamburg, 2004.

Ringle, C. (2004): *Messung von Kausalmodellen.* Ein Methodenvergleich. Arbeitspapier Nr.14 des Instituts für Industriebetriebslehre und Organisation an der Universität Hamburg, Hamburg, 2004.

Ringle, C. (2008): *Bootstrapping Error - singular matrix*. In: SmartPLS Forum, Posted: Sat May 03, 2008 8:35am. URL: http://www.smartpls.de/forum/ viewtopic.php?t=699&highlight=bootstrapping Zugriff am 25.01.2011.

Ringle, C., **Boysen**, N., **Wende**, S. & **Will**, A. (2006): *Messung von Kausalmodellen mit dem Partial-Least-Squares-Verfahren*. In: Das Wirtschaftsstudium (WISU), 35.Jg., Vol.1, Issue 1, S-81-87, 2006.

Ringle, C. & **Spreen**, F. (2007): *Beurteilung der Ergebnisse von PLS-Pfadanalysen*. In: Das Wirtschaftsstudium (WISU), Vol.36, Issue 2, S.211-216, 2007. URL: http://www.tu-harburg.de/Uni-Lehrstuhl/Internet-CR/WISU-PLS-GUETE.pdf Zugriff am 05.12.2010.

Ringle, C., **Wende**, S. & **Will**, S. (2005): *SmartPLS 2.0 (M3) Beta*. Hamburg 2005, URL: http://www.smartpls.de Zugriff am 02.09.2010.

Ripperger, T. (1998): *Ökonomik des Vertrauens*. Analyse eines Organisationsprinzips. Zugl.: Dissertation, Universität München, 1997, Mohr Siebeck Verlag, Tübingen, 1998.

Rizzi, J. (1987): *What restructuring has to offer*. In: Journal of Business Strategy. Nr.21, S.38-49, 1987.

Rossiter, J. (2002): *The C-OAR-SE procedure for scale development in Marketing*. In: International Journal of Research in Marketing. vol.19, Issue 4, S.305-335, 2002.

Rößl, D. (1991): *Demarketing bei verrichtungssimultanen Diensten*. In: Schmalenbachs Zeitschrift für betriebswirtschaftliche Forschung, Vol.43, Issue 5, S.435-449, 1991.

R-Project, (2010): *R statistical computing*. The R Foundation for Statistical Computing. Freie Programmiersprache für statistisches Rechnen und statistische Grafiken. Version 2.12.1. o.V. URL: http://www.r-project.org/ Zugriff am 12.12.2010.

Rudolf-Sipötz, E. & **Tomczak**, T. (2001): *Kundenwert in Forschung und Praxis.* 1. Auflage, THEXIS-Verlag, Fachbericht für Marketing 2001/2, St. Gallen, 2001.

Ruess, A. (2005): *Sinnvolle Lösungen.* In: Wirtschaftswoche, Nr.6, S.46-51, 2005.

Rühli, E. (1994): *Die Ressource-based View of Strategy.* Ein Impuls für einen Wandel im unternehmenspolitischen Denken und Handeln? In: Gomez, P. et al. (Hrsg.): Unternehmerischer Wandel. Konzepte zur organisatorischen Erneuerung. Knut Bleicher zum 65. Geburtstag. Gabler-Verlag, Wiesbaden, S.31-57, 1994.

Rumelt, R., **Schendel**, D. & **Teece**, D. (1994): *Fundamental Issues in Strategy: A Research Agenda.* Boston, Harvard Business School Press, 1994.

Rust, R., **Zahorik**, A. & **Keiningham**, T. (1995): *Return on Quality (ROQ): Making Service Quality Financially Accountable.* In: The Journal of Marketing, Vol.59, No.2, S.58-70, Apr., 1995.

Sandig, K. (1962): *Der Ruf der Unternehmung.* Wesen und betriebswirtschaftliche Bedeutung. Kohlhammer-Verlag, Stuttgart, 1962.

Schäfer, M. (2001): *Integrationscontrolling.* Bausteine zur Beobachtung der Integration von Akquisitionen. Dissertation der Universität St. Gallen, 2001.

Schanz, G. (1979): *Betriebswirtschaftslehre als Sozialwissenschaft.* Eine Einführung. W. Kohlhammer-Verlag, Stuttgart [u.a.], 1979.

Scharnbacher, K. & **Kiefer**, G. (2003): *Kundenzufriedenheit.* Analyse, Messbarkeit und Zertifizierung. 3., unwesentlich veränderte Aufage, Oldenbourg Verlag, München [u.a.], 2003.

Scheffler, H. (1999): *Stichprobenbildung und Datenerhebung.* In: Herrmann, A. und Homburg, C.: Marktforschung: Methoden – Anwendungen – Praxisbeispiele, Gabler-Verlag, Wiesbaden, S.59-77, 1999.

Scherer, F. (1984): *Mergers, Sell-Offs, and Managerial Behavior.* Working Paper, IIM Berlin, August 1984.

Scherm, E. (1996): *Outsourcing.* Ein komplexes, mehrstufiges Entscheidungsproblem. In: Zeitschrift für Planung, Jg.7, Nr.1, S.45-60, 01/1996.

Scheuch, F. (1993): *Marketing.* 4., verb. Auflage, Vahlen-Verlag, München, 1993.

Scheuss, R. (2008): *Handbuch der Strategien.* 220 Konzepte der weltbesten Vordenker. 1.Auflage, Campus Verlag, Frankfurt [u.a.], 2008.

Schiereck, D. **& Stienemann**, M. (2004): *Desinvestitionsmanagement grosser deutscher Konzerne.* In: Zeitschrift Führung und Organisation. Vol.73, Part 1, S.13-18, 2004.

Schipper, K. **& Smith**, A. (1986): *Ecquity carve-outs.* In: Journal of Financial Economics, Nr.1-2, S.153- I86, 1986.

Schmidt, I. **& Engelke**, H. (1989): *Marktzutrittsschranken und potentieller Wettbewerb.* in: WiSt, 18.Jg., Heft 9, S.399-409, 1989.

Schmittlein, D., **Morrison**, D. **& Colombo**, R. (1987): *Counting Your Customers.* Who-are they and what will they do next? In: Management Science, Vol.33, No.1, S.1-24, January 1987.

Schnell, R., **Hill**, P. B. **& Esser**, E. (2011): *Methoden der empirischen Sozialforschung.* 9., aktualisierte Auflage, Oldenbourg-Verlag, München, 2011.

Scholderer, J. **& Balderjahn**, I. (2006): *Was unterscheidet harte und weiche Strukturgleichungsmodelle nun wirklich?.* Ein Klärungsversuch zur LISREL-PLS-Frage. In: Marketing - Zeitschrift für Forschung und Praxis, Vol.28, S.57-70, 2006.

Scholderer, J., **Balderjahn**, I. **& Paulssen**, M. (2006): *Kausalität, Linearität, Reliabilität.* Drei Dinge, die Sie nie über Strukturgleichungsmodelle wissen wollten. In: Die Betriebswirtschaft (DBW), 66.Jg., S.640-650, 2006.

Schrage, M. (1992): *Fire your Customer*. In: Wall Street Journal, 219.Jg, Nr.40, S.14, 1992.

Schryögg, G. (1992): *Zur Logik des Strategischen Managements*. In: Management Revue 3, S.199-212, 1992.

Schultze, G. (1998): *Der spin-off als Konzernspaltungsform*. Frankfurt am Main, Zugl. Dissertation Universität Mannheim,1997, Peter Lang Verlag, 1998.

Schultz, S. **& Volkery**, C. (2011): *BP kämpft mit dem Verpester-Image - Ein Jahr nach dem Öldesaster*. In: Spiegel-Online vom 14.04.2011. URL: http://www.spiegel.de/wirtschaft/unternehmen/0,1518,757048,00.html   Zugriff am 12.08.2011.

Schumacher, J. **& Meyer**, M. (2004): *Customer Relationship Management strukturiert dargestellt*. Prozesse, Systeme, Technologie. 1.Auflage, Springer-Verlag, Berlin, 2004.

Schumaker, R. **& Lomax**, R. (1996): *A beginner's guide to structural equation modeling*. Lawrence Erlbaum, Mahwah, NJ, 1996.

Schuster, P. (1991): *Erfolgsorientierte Steuerung kleiner und mittlerer Unternehmen*. funktionale, instrumentelle und organisatorische Aspekte eines größengerechten Controlling-Systems. Zugl.: Dissertation Universität-Göttingen, 1991, Springer-Verlag, Berlin [u.a.], 1991.

Schütz, C. (2004): *Exitstrategien von Business Angels*. Dissertation, EBS European Business School, Oestrich-Winkel, Josef Eul Verlag, 1.Auflage, FGF Entrepreneurship-Research Monographien, Band 46, 2004.

Schwab, F. (2006): *Der Kampf um die Krone*. FOCUS Magazin | Nr. 44 (2006) vom Montag, 30.10.2006. Uhren Spezial. URL: http://www.focus.de/magazin/archiv/uhren-spezial-der-kampf-um-die-krone_aid_212950.html   Zugriff am: 6.11.2010.

Seiler, K. **& Larson**, S. (2000): *Unternehmensverkauf*. Moderne Industrie Verlag, Landsberg/Lech, 2000.

Selden, L. & **Colvin**, G. (2003): *M&A needn't be a loser's game*. In: Harvard Business Review. Vol.81, No.6, S.70-79, June 2003.

Sewing, N. (1996): Steigerung des Erfolges von grenzüberschreitenden Akquisitionen durch gezielte Integration der Mitarbeiter differierender Landeskulturen. Deutscher Universitäts-Verlag, Wiesbaden, 1996.

Sewing, N. (1996): *Akquisitionserfolg durch Integration der Mitarbeiter*. Zugl.: Diss., Universität-St.Gallen, 1996 u.d.T.: Sewing, N.: Steigerung des Erfolges von grenzüberschreitenden Akquisitionen durch gezielte Integration der Mitarbeiter differierender Landeskulturen. DUV, Deutscher Universitäts-Verlag, Wiesbaden, 1996.

Sharma, S., **Durand**, R. & **Gur-Arie**, O. (1981): *Identification and Analysis of Moderator Variables*. In: Journal of Marketing Research, Vol.18, No.3, S.291-300, 1981.

Siems, T. & **Ratner**, A. (2003): *Do What You Do Best, Outsource the Rest?*. In: Southwest Economy, Vol.6, S.13-14, November/December 2003.

Sievers, G. (2006): *Desinvestition von Unternehmensbeteiligungen in Krisensituationen*. ntersuchung der Auswirkungen auf die Selektion von Desinvestitionsobjekten. Dissertation Universitat Bostock, 2005, 1.Auflage, Gabler Verlag / GWV Fachverlage GmbH, Wiesbaden, 2006.

Simon, H. (2007): *Hidden champions des 21. Jahrhunderts*. Die Erfolgsstrategien unbekannter Weltmarktführer. Campus-Verlag, Frankfurt [u.a.], 2007.

Simon, W. (2008): *Kursbuch Strategieentwicklung*. Analyse - Planung - Umsetzung. 1.Auflage, Redline Wirtschaftsverlag,München, 2008.

Singh, J. (1988): Consumer Complaint Intentions and. Behavior. Definitional and. Taxonomical. Issues. In: Journal of Marketing, Vol.52, Nr.2, S.93–107, 1988.

Sinnecker, M. (1995): Die Gestaltung von Informationsmemoranden für Unternehmensverkäufe. In: M & A Review, Nr.10, S.438-445, 1995.

Skiera, B. (1999): *Mengenbezogene Preisdifferenzierung bei Dienstleistungen.* Deutscher Universitäts-Verlag; 1.Auflage, Wiesbaden, 1999.

Skiera, B. **& Albers**, S. (2008): *Regressionsanalyse.* In: Herrmann, A.; Homburg, C.; Klarmann, M.: Handbuch Marktforschung. 3., vollständig überarbeitete und erweiterte Auflage, Gabler-Verlag, Wiesbaden, S.467-498, 2008.

Söhnchen, F. (2007): *Common Method Variance und Single Source Bias.* In: Albers, S.; Klapper,D.; Konradt, U.; Walter, A.; Wolf, J. (Hrsg.): Methodik der empirischen Forschung. 2. Auflage, Gabler-Verlag, Wiesbaden, S.135-150, 2007.

Sommer, R., **Unholzer**, G. **& Wiegand**, E. (1999): *Standards zur Qualitätssicherung in der Markt- und Sozialforschung.* ADM Arbeitskreis Deutscher Markt- und Sozialforschungsinstitute e.V., Frankfurt a. M., 1999.

Specht, D. (2007): *Insourcing, Outsourcing, Offshoring.* Tagungsband der Herbsttagung 2005 der Wissenschaftlichen Kommission Produktionswirtschaft im VHB. Deutscher Universitäts-Verlag | GWV Fachverlage GmbH, Wiesbaden, 2007.

Spiegel-Online, (1990): *Stilvoller Abgang.* DER SPIEGEL 25/1990 o.V. vom 18.06.1990. S.121-123, URL: http://www.spiegel.de/spiegel/print/d-13500950 .html Zugriff am 03.04.2010.

Spiegel-Online, (2008): *Deutsche verübeln Nokia Werksschließung.* Umfrage. o.V. vom 23.01.2008. URL: http://www.spiegel.de/wirtschaft/0,1518,530373, 00.html Zugriff am 07.06.2010.

Spiegel-Online, (2011a): *Nordsee-Plattform - Shell entdeckt zweites Ölleck.* O.V. vom 16.08.2011. URL: http://www.spiegel.de/wissenschaft/natur/0,1518, 780455,00.html Zugriff am 17.08.2011.

Spiegel-Online, (2011b): *E.on-Betriebsräte drohen mit Streiks - Massiver Stellenabbau.* O.V. vom 17.08.2011. URL: http://www.spiegel.de/wirtschaft/ unternehmen/0,1518,780680,00.html Zugriff am 17.08.2011.

Spiegel-Online, (2012): *Bochumer Opel-Werk droht das Aus.* GM-Sparplan. O.V. vom 23.03.2012. URL: http://www.spiegel.de/wirtschaft/unternehmen/0, 1518,823222,00.html Zugriff am 24.03.2012.

Spreng, R. & **Mackoy**, R. (1996): *An empirical examination of a model of perceived service quality and satisfaction.* In: Journal of Retailing, Volume 72, Issue 2, S.201–214, Summer 1996.

SPSS-Inc., (2010): *SPSS Statistics 19.* o.V. URL: http://www.spss.com/de/ Zugriff am 12.12.2010.

Stachowiak, H. (1992): *Modell.* In: Seiffert, H. & Radnitzky, G.: Handlexikon der Wissenschaftstheorie. Dt. Taschenbuch-Verlag, S.219-222, München, 1992.

Stadelmann, M. & **Wolter**, S. (2003): *Kundenorientierte Unternehmensgestaltung - CRM als integrierendes Führungs- und Organisationsprinzip.* In: Stadelmann, M.; Wolter, S.; Tomczak,T; Reinecke, S.: Customer Relationship Management. 1. Auflage, Orell Füssli, Zürich, 2003.

Stahl, H., **Hinterhuber**, H., **Stephan**, A., **von den Eichen**, F. & **Matzler**, K. (2006): *Kundenzufriedenheit und Kundenwert.* In: Hinterhuber, H.H.; Matzler, K.: Kundenorientierte Unternehmensführung. Kundenorientierung - Kundenzufriedenheit - Kundenbindung. 6., überarbeitete Auflage, Gabler-Verlag, S.247-266, Wiesbaden, 2006.

Stake, R. (1995): *The art of case study research.* Sage-Verlag, Thousand Oaks [u.a.], 1995.

Standop, D. & **Hesse**, H. (1985): *Zur Messung der Kundenzufriedenheit mit Kfz- Reparaturen.* DBW-Depot der Fachzeitschrift Die Betriebswirtschaft, Stuttgart u.a., 1985.

Statistisches-Bundesamt-Deutschland, (2010): *Klassifikation der Wirtschaftszweige.* Ausgabe 2008. URL: http://www.destatis.de/jetspeed/portal/ cms/Sites/destatis/Internet/DE/Content/Klassifikationen/GueterWirtschaftklassif ikationen/klassifikationwz2008__erl,property=file.pdf Zugriff am 28.06.2010.

Stauss, B. (1997): *Regaining Service Customers. Costs and Benefits of Regain Management.* Diskussionsbeitrag Nr.86 der Wirtschaftswissenschaftlichen Fakultät, Universität Eichstätt, Ingoldstadt, 1997.

Stein, J. (1997): Internal Capital Markets and the Competition for Corporate Resources. Journal of Finance 52, Nr.1, 1997.

Steiner, T. (1997): *The Corporate Sell-Off Decision of Diversified Firms.* In: Journal of Financial Research, vol.20, issue 2, S.231-41, 1997.

Steinmann, H. **& Schreyögg**, G. (2005): *Management.* Grundlagen der Unternehmensführung; Konzepte - Funktionen - Fallstudien. 6., vollst. überarb. Auflage, Gabler Verlag, Wiesbaden, 2005.

Steiskal, T. (2001): *Marktaustrittsbarrieren im Kraftfahrzeuggewerbe.* Peter Lang Verlag, Frankfurt am Main, 2001.

Stern-Online, (2010): *BP-Chef Hayward geht segeln - Empörung über arrogantes Verhalten.* O.V. vom 20. Juni 2010, 18:41 Uhr. URL: http://www.stern.de/panorama/empoerung-ueber-arrogantes-verhalten-bp-chef-hayward-geht-segeln-1575424.html Zugriff am 12.08.2011.

Stern-Online, (2008): *Werk Bochum: Sozialplan kommt Nokia teuer.* o.V. vom 8. April 2008, 17:48 Uhr, URL: http://www.stern.de/wirtschaft/news/ unternehmen/werk-bochum-sozialplan-kommt-nokia-teuer-616635.html Zugriff am 07.06.2010.

Steuer, H. (2008): *Der Beschluss zu Bochum steht.* Nokia-Chef verteidigt Schließung. Handelsblatt vom 23.01.2008. URL: http://www.handelsblatt.com/ unternehmen/it-medien/der-beschluss-zu-bochum-steht;1380774 Zugriff am 07.06.2010.

Steuer, H. (2008): *Aus für den Handy-Standort Deutschland.* Nokia will Bochumer Werk schließen. Handelsblatt vom 15.01.2008. URL: http:// www.handelsblatt.com/unternehmen/it-medien/aus-fuer-den-handy-standort-deutschland;1377309;0 Zugriff am 07.06.2010.

Stienemann, M. (2003): *Wertsteigerung durch Desinvestitionen.* Zugl.: Witten, Herdecke, Universität, Dissertation, 2003, 1.Auiflage, Cuvillier Verlag, Göttingen, 2003.

Stier, W. (1999): *Empirische Forschungsmethoden.* 2., verbesserte Auflage, Springer-Verlag, Berlin [u.a.], 1999.

Stiftung-Familienunternehmen, (2012): *Definition von Familienunternehmen.* Die Stiftung für Familienunternehmen in Deutschland und Europa. o.V. URL: http://www.familienunternehmen.de/media/public/pdf/Definition_Familienunter nehmen.pdf Zugriff am 07.03.2012.

Stiftung-Radiomuseum-Luzern, (2011): *Information und Geschichte von Wega.* o.V., URL: http://www.radiomuseum.org/dsp_hersteller_detail.cfm? company_id=32 Zugriff am 05.07.2011.

Stiller, P. (2007): *Gründe für Desinvestitionen.* Eine Event-History-Analyse unter besonderer Bercksichtigung des Entscheidungsverhaltens des Managements. 1.Auflage, Deutscher Universitäts-Verlag / GWV Fachverlage GmbH, Wiesbaden, 2007.

Stockmann, R. (2007): *Handbuch zur Evaluation.* Eine praktische Handlungsanleitung. Waxmann-Verlag, Münster [u.a.], 2007.

Stölzle, W. (2006): *Beziehungsmanagement mit Lieferanten.* In: Arnold, U.; Kasulke, G. (Hrsg.): Praxishandbuch innovative Beschaffung. 1.Auflage, Wiley-VCH Verlag GmbH & Co. KGaA, Weinheim, S.149-196, 2006.

Stone, M. (1974): *Cross-Validatory Choice and Assessment of Statistical Predictions.* In: Journal of the Royal Statistical Society. Series B (Methodological), Vol.36, No.2, S.111-147, 1974.

Storbacka, K. (1993): *Customer relationship profitability in retail banking.* Research Report No.29, Helsingfors : Swedish School of Economics and Business Administration, 1993.

Stratmann, J. (2005): *Kerngeschäftsstrategien im internationalen Vergleich.* Kurz- und langfristige Wertschöpfungspotentiale. Zugl.: Erlangen-Nürnberg, Universität, Dissertation, 2005, Books on Demand Verlag, Norderstedt, 2005.

Student, D. & **Werres**, T. (2001): *Treuloses Kapital.* In: Manager-Magazin-Online, 31.Jg, Nr.1 vom 01.01.2001, S.58ff, URL: http://wissen.manager-magazin.de/wissen/dokument/dokument.html?titel=Treuloses+Kapital&id=1813 1600&top=MM&suchbegriff=treuloses+kapital&quellen=&qcrubrik=artikel Zugriff am 10.02.2010.

Sturm, D. & **Thiry**, A. (1991): *Building Customer Loyalty.* in: Training & Development Journal, Jg.1991, April, S.34-36, 1991.

Sueddeutsche-Zeitung-Online, (2009): *Guttenberg: Geordnete Insolvenz der beste Weg.* o.V. in: Sueddeutsche-Zeitung-Online, 25.05.2009, 15:55Uhr, URL: http://www.sueddeutsche.de/wirtschaft/41/469596/text/ Zugriff am 26.01.2010.

Szyperski, N. & **Nathusius**, K. (1999): *Probleme der Unternehmungsgründung.* Eine betriebswirtschaftliche Analyse unternehmerischer Startbedingungen. 2.Auflage, Eul-Verlag, Lohmar [u.a.], 1999.

Tagesspiegel Online, D. (2008): *Nokia lässt Rüttgers abblitzen.* Gespräche über Werksschließung. o.V. in: Der Tagesspiegel Online. 17.1.2008 13:04 Uhr, URL: http://www.tagesspiegel.de/wirtschaft/Nokia-Ruettgers;art271,2458036 Zugriff am 25.01.2010.

Tagesspiegel Online, D. (2010): *Opel schließt Werk Antwerpen.* o.V. in: Der Tagesspiegel Online, 21.1.2010 14:57 Uhr, URL: http://www.tagesspiegel.de/ wirtschaft/Unternehmen-Belgien-Opel-General-Motors;art129,3008140 Zugriff am 26.01.2010.

Tähtinen, J. (2001): *The dissolution process of a business relationship.* A case study from tailored software business. University of Oulu, 2001.

Tähtinen, J. & **Halinen**, A. (2002): *Research on ending exchange relationships: a categorization, assessment and outlook*. In: Marketing Theory, Vol.2, No.2, S.165-188, 2002.

Tähtinen, J. & **Halinen-Kaila**, A. (1997): *The Death of Business Triads*. The Dissolution Process of a Net of Companies, In: Mazet, F., Salle, R., Valla, J-P. (eds.) Interaction relationships and networks. Conference Proceedings from the 13th IMP anual conference, Lyon, S.553-590, September 1997.

TARP, T. A. (1986): *Consumer Complaint Handling in America*. An Update Study Part 2, White House Office of Consumer Affairs, Washington DC, 1986.

TARP, T. A. (1979): *Consumer Complaint Handling in America*. Summary of Findings and Recommendations. White House Office of Consumer Affairs, Washington DC, 1979.

Taylor, M. (1988): *Divesting Business Units*. Making the Decision and Making It Work. 1.Auflage, Lexington Books Verlag, Lexington, Massachusetts [u. a.], 1988.

Teece, D., **Pisano**, G. & **Shuen**, A. (1997): *Dynamic Capabilities and Strategic Management*. In: Strategic Management Journal, 18.Jg., Nr.7, S.509-533, 1997.

Temme, D. & **Kreis**, H. (2005): *Der PLS-Ansatz zur Schätzung von Strukturgleichungsmodellen mit latenten Variablen*. Ein Softwareüberblick. In: Bliemel, F.; Eggert, A.; Fassott, G.; Henseler, J.: Handbuch. PLS -Pfad-modellierung. Methode, Anwendung, Praxisbeispiele. 1. Auflage, Schäffer-Poeschel-Verlag, S.193-208, 2005.

Temme, D., **Kreis**, H. & **Hildebrandt**, L. (2010): *A Comparison of Current PLS Path Modeling Software - Features, Ease-of-Use, and Performance*. In: Esposito-Vinzi, V.; Chin, W.W.; Henseler, J.; Wang, H. (eds.): Handbook of Partial Least Squares - Concepts, Methods and Applications. Springer-Verlag, Berlin-Heidelberg, S.737-756, 2010.

Theile, K. (1996): *Ganzheitliches Management*. Ein Konzept für Klein- und Mittelunternehmen. 1. Auflage, Paul Haupt-Verlag, Bern, 1996.

Theobald, A. (2003): *Online-Marktforschung.* Theoretische Grundlagen und praktische Erfahrungen. 2., vollst. überarbeitete und erweiterte Auflage, Gabler-Verlag, Wiesbaden, 2003.

The-Strategic-Planning-Institute-(SPI), (2011): *Homepage des The Strategic Planning Institute (SPI) - pimsonline.com.* URL: http://pimsonline.com/index.htm Zugriff am 06.05.2011.

Thissen, S. (2000): *Strategisches Desinvestitionsmanagement.* Entwicklung eines Instrumentariums zur Bewertung ausgewählter Desinvestitionsformen. Zugl.: Tübingen, Universität, Dissertation, 1999, Lang Verlag, Frankfurt am Main [u.a.], 2000.

Tomczak, T., **Reinecke**, S. **& Finsterwalder**, J. (2000): *Kundenausgrenzung: Umgang mit unerwünschten Dienstleistungskunden.* In: Bruhn, M. und Stauss, B. (Hrsg.): Dienstleistungsmanagement Jahrbuch 2000. 1.Auflage, Dr. Th. Gabler Verlag, Wiesbaden, 2000.

Tomczak, T., **Reinecke**, S. **& Mühlmeier**, S. (2007): Der aufgabenorientierte Ansatz - Ein Beitrag der Marketingtheorie zu einer Weiterentwicklung des ressourcenorientierten Ansatzes. Universität St. Gallen, Arbeitspapier, August 2007.

Töpfer, A. (2007): *Betriebswirtschaftslehre.* anwendungs- und prozessorientierte Grundlagen. 2., überarb. Auflage, Springer-Verlag, Berlin [u.a.], 2007.

Töpfer, A. (2008): *Handbuch Kundenmanagement.* Anforderungen, Prozesse, Zufriedenheit, Bindung und Wert von Kunden. Dritte, vollständig überarbeitete und erweiterte Auflage, Springer-Verlag, Berlin Heidelberg, 2008.

Töpfer, A. (2010): *Erfolgreich Forschen.* Ein Leitfaden für Bachelor-, Master-Studierende und Doktoranden. Springer-Verlag, Berlin, Heidelberg, 2010.

Tourangeau, R., **Rips**, L. **& Rasinski**, K. (2006): *The psychology of survey response.* 6. Auflge, Cambridge Univ. Press Verlag, Cambridge [u.a.], 2006.

Turner, W. (1996): *Credit unions and banks: turning problems into opportunities in personal banking*. In: International Journal of Bank Marketing. Volume 14, Issue 1, S.30-40, 1996.

Ulbricht, H. (1993): *Externe Datenbanken: Achtzehn Kurzportraits*. In: Marketing Journal, 36.Jg., Nr.2, S.138-145, 1993.

Ullmann, J. (2001): *Structural equation modeling*. In: Barbara G. Tabachnick ; Linda S. Fidell: Using Multivariate Statistics. 4. ed., [Nachdruck], Pearson-Verlag, S.653-771, Boston, Mass. [u.a.], 2001.

Unipark, (2010): *Globalpark AG - Umfragesoftware EFS Survey und Unipark*. o.V. URL: http://www.unipark.de Zugriff am 10.10.2010.

van Doorn, J., **Verhoef**, P. **& Bijmolt**, T. (2007): *The importance of non-linear relationships between attitude and behaviour in policy research*. In: Journal of Consumer Policy. Vol.30, Issue 2, S.75-90, 2007.

Venkatesan, R. **& Kumar**, V. (2004): *Framework for Customer Selection and Resource Allocation Strategy*. In: Journal of Marketing. Volume 68, Issue 4, S.106-125, October 2004.

Verheugen, G. (2006): *Die neue KMU-Definition*. Benutzerhandbuch und Musterklärung. Unternehmen und Industrie. Europäische Kommision. URL: http://ec.europa.eu/enterprise/policies/sme/files/sme_definition/sme_user_guide _de.pdf Zugriff am 07.03.2012.

Vinzi, V., **Lauro**, C. **& Tenenhaus**, M. (2003): *PLS Path Modeling*. Working Paper, DMS - University of Naples, HEC - School of Management, Naples / Joury-en-Josas, 2003.

Viswesvaran, C., **Barrick**, M. **& Ones**, D. (1993): *How definitive are conclusions based on survey data*. Estimating robustness to nonresponse. Personnel Psychology, Vol.46, S.551-567, 1993.

Vogel, D. (2002): *M&A*. Ideal und Wirklichkeit. 1.Auflage, Gabler Verlag, Wiesbaden, 2002.

Völckner, F. (2003): *Neuprodukterfolg bei kurzlebigen Konsumgütern*. 1. Auflage, Gabler-Verlag, Wiesbaden, 2003.

von Clausewitz, C. (1998): *Vom Kriege*. Hinterlassenes Werk. Auflage: ungekürzter Text, Ullstein Tb Verlag, Berlin, 1998.

von der Oelsnitz, D. & **Nirsberger**, I. (2007): *Marktaustritt - Gründe und Barrieren*. In: WISU - Das Wirtschaftsstudium, Heft 10, S.1288-1296, 2007.

von Krogh, G., **Nonaka**, I. & **Aben**, M. (2001): *Making the Most of Your Company's Knowledge: A Strategic Framework*. In: Long Range Planning, 34, H.4, S.426, 2001.

von Krogh, G. & **Roos**, J. (1996): *Five Claims on Knowing*. In: European Management Journal, 14.Jg., Nr.4, S.423-426, 1996.

von Krogh, G. & **Venzin**, M. (1995): *Anhaltende Wettbewerbsvorteile durch Wissensmanagement*. In: Die Unternehmung, 49, Heft 6, S.420, 1995.

Voswinkel, S. (2001): *Anerkennung und Reputation*. Die Dramaturgie industrieller Beziehungen ; mit einer Fallstudie zum "Bündnis für Arbeit". Zugl.: Universität-Duisburg, Habilitationsarbeit, 1999, 1.Auflage, UVK-Verlags-Gesellschaft, Konstanz, 2002.

Wall, A. (2005): *Government demarketing: different approaches and mixed messages*. In: European Journal of Marketing, Volume 39, Issue 5/6, S.421-427, 2005.

Wallender, H. (1973): *Planned Approach to Divestment*. In: Columbia Journal of World Business, S.33-37, Spring 1973.

Walsh, G. (2007): *Wahrgenommene Kundendiskriminierung in Dienstleistungsunternehmen*. Entwicklung eines Bezugsrahmens. In: Marketing ZFP, Vol.28, Heft 1, S.23-39, 2007.

Wartick, S. (2002): *Measuring Corporate Reputation*. In: Business & Society, 41, S.371-392, 2002.

Wax, K. (1996): *Fire your customers?*. In: VAR Business, Vol.12, No.8, S.136, 1996.

Weber, J. (2004): *Einführung in das Controlling.* 10., überarbeitete und aktualisierte Auflage, Schäffer-Poeschel-Verlag, Stuttgart, 2004.

Webster, F. (1981): *Top Management's Concerns about Marketing.* Issues for the 1980's. In: The Journal of Marketing, Vol.45, No.3, S.9-16, Summer, 1981.

Weiber, R. & **Mühlhaus**, D. (2010): *Strukturgleichungsmodellierung.* Eine anwendungsorientierte Einführung in die Kausalanalyse mit Hilfe von AMOS, SmartPLS und SPSS. Springer-Verlag, Berlin, 2010.

Weiber, R. & **Weber**, M. (2000): *Customer Lifetime Value als Entscheidungsgröße im Customer Relationship Marketing.* In: Weiber, R.: Handbuch Electronic Business - Informationstechnologien - Electronic Commerce - Geschäftsprozesse. 1. Auflage, Gabler-Verlag, Wiesbaden. S.473-503, 2000.

Weiher, G. (1996): *Das situative Desinvestitionsmodell.* Entwicklung eines Instrumentariums zur Entflechtung diversifizierter Unternehmen. Zugl.: Universität St.Gallen, Dissertation, 1996, Rosch Buch Verlag, Hallstadt, 1996.

Weilenmann, P. (1984): *Make-or-Buy.* In: Die Unternehmung, 38.Jg., Heft 3, S.207-229, 1984.

Weiss, A., **Anderson**, E. & **MacInnis**, D. (1999): *Reputation Management as a Motivation for Sales Structure Decisions.* In: Journal of Marketing, 63.Jg., S.74-89, 1999.

Welge, M. & **Al-Laham**, A. (2008): *Strategisches Management.* Grundlagen, Prozess, Implementierung. 5., vollständig überarbeitete Auflage, Gabler-Verlag, Wiesbaden, 2008.

Welt-Online, (2009): *Müntefering will Staatsbürgschaft für Arcandor.* Angeschlagener Konzern. o.V. in: Welt-Online, 30. Mai 2009, 09:41 Uhr, URL: http://www.welt.de/wirtschaft/article3831867/Muentefering-will-Staatsbuerg schaft-fuer-Arcandor.html Zugriff am 26.01.2010.

Welt-Online, (2002): *Asiaten retten deutsche Unterhaltungselektronik-Firmen.* Schneider steht vor der Übernahme durch TCL - Verband rechnet mit steigenden Umsätzen. o.V. vom 07.09.02. URL: http://www.welt.de/print-welt/article410339/Asiaten_retten_deutsche_Unterhaltungselektronik_Firmen.ht ml Zugriff am 03.04.2010.

Welt-Online, (1995): *Proteste gegen Shell weiten sich aus.* Jetzt vier Greenpeace-Aktivisten auf der "Brent Spar". o.V. vom 21.06.95 URL: http://www.welt.de/print-welt/article659638/Proteste_gegen_Shell_weiten_sich _aus.html Zugriff am 08.06.2010.

Werani, T. (2000): *Der Wert von kooperativen Geschäftsbeziehungen in industriellen Märkten.* Resultate einer empirischen Untersuchung aus Kunden- und Lieferantensicht. In: Die Unternehmung, 54, Heft 2, S.123-143, 2000.

Wernerfelt, B. (1984): *A Resource-Based View of the Firm.* Strategic Management Journal, Vol.5, No.2, Apr. - Jun., 1984.

Wernerfelt, B. (1995): *The Resource-Based View of the Firm: Ten Years After.* Strategic Management Journal, Vol.16, No.3, March 1995.

West, S., **Finch**, J. & **Curran**, P. (1995): *Structural equation models with nonnormal variables: Problems and remedies.* In: R.H.Hoyle (Ed.): Structural equation modeling: Concepts, issues, and applications. Thousand Oaks, CA: Sage Publications, S.56-75, 1995.

Wiendahl, H. & **Harms**, T. (2001): *Betreibermodelle.* Ein Ansatz zur Verfügbarkeitssteigerung komplexer Produktionsanlagen. In: ZWF-Zeitschrift für wirtschaftlichen Fabrikbetrieb, 96.Jg., Heft 6, S.324-327, 2001.

Wildemann, H. (2002): *Betreibermodelle*. Wenn der Lieferant Mitunternehmer wird. FAZ vom 07.10.2002, URL: http://www.tcw.de/uploads/html/ publikationen/standpunkte/files/Artikel_03_Betreibermodelle.pdf Zugriff am 08.03.2010.

Wilson, B. (1980): *The disinvestment of foreign subsidiaries*. Dissertation, Harvard University, Ann Arbor, Michigan, 1980.

Winkelmann, P. (2008): *Marketing und Vertrieb*. Fundamente für die marktorientierte Unternehmensführung : [mit Wissenstest, Internetlösungen und Internetaktualisierung]. 6., überarbeitete und erweiterte Auflage, Oldenbourg-Verlag, München [u.a.], 2008.

Winter, A. (2004): *1&1 möchte sich gegen Prämie von Powerusern trennen. Wer geht, kriegt Geld*. In: teltarif.de Onlineverlag vom 15.03.2004, 11:35. URL: http://www.teltarif.de/arch/2004/kw12/s13133.html Zugriff am 08.08.2011.

Wirtz, B. (2001): *Electronic Business*. 2., vollständig überarbeitete und erweiterte Auflage, Gabler Verlag, Wiesbaden, 2001.

Wirtz, B. (2003): *Mergers & Acquisitions Management*. Strategie und Organisation von Unternehmenszusammenschlüssen. 1. Auflage, Gabler Verlag, Wiesbaden, 2003.

Wöhe, G. (1990): *Einführung in die Allgemeine Betriebswirtschaftslehre*. 17. überarbeitete und erweiterte Auflage, Franz-Vahlen-Verlag, München, 1990.

Wold, H. (1982): *Soft modelling: the basic design and some extensions*. In: Jöreskog, K.G., Wold, H.: Systems under indirect observation, part II, S.1-54, Amsterdam, New York, Oxford, North-Holland, 1982.

Woo, K. & **Fock**, H. (2004): Retaining and divesting customer: An exploratory study of right customers, "at risk" right customer, and wrong customers. In: Journal of Service Marketing, Vol.18, No.3, S.187-197, 2004.

Woo, C., **Willard**, G. & **Daellenbach**, U. (1992): *Spin-off Performance: A Case of Overstated Expectations?*. In: Strategic Management Journal, 13.Jg., 1992.

Wright, M. **& Coyne**, J. (1986): *Management buy-outs.* Croom Helm - Verlag, London [u.a.], 1986.

Yin, R. (1994): *Case study research.* design and methods. 2nd Edition, Sage-Verlag, Thousand Oaks, Calif. [u.a.], 1995.

Zahra, S., **Sapienza**, H. **& Davidsson**, P. (2006): *Entrepreneurship and Dynamic Capabilities: A Review, Model and Research Agenda.* In: Journal of Management Studies, 43.Jg., Heft 4, 2006.

Zdrowomyslaw, N. **& Dürig**, W. (1999): *Managementwissen für Klein- und Mittelunternehmen.* Handwerk und Unternehmensführung. Oldenbourg-Verlag, München/Wien, 1999.

Zezelj, G. (2000): *Das CLV-Management-Konzept.* In: Hofmann, M.; Mertiens, M. (Hrsg.): Customer-Lifetime-Value-Management, Gabler-Verlag, Wiesbaden, 2000.

Zimmer, D. (2010): *Der Multilevel-Charakter der Reputation von Unternehmen.* Eine empirische Analyse der Krankenhaus- und Fachabteilungsreputation bei niedergelassenen Ärzten. Gabler Verlag / GWV Fachverlage GmbH, Wiesbaden, 2010.

Zollo, M. **& Winter**, S. (2002): *Deliberate Learning and the Evolution of Dynamic Capabilities.* In: Organization Science, 13.Jg., Heft 3, 2002.

Aus unserem Verlagsprogramm:

Tobias Roßteutscher
**Das Widerstandsverhalten von Mitarbeitern
bei internationalen Akquisitionen**
*Eine Fallstudie über den Einfluss von Kultur
und demographischen Charakteristika*
Hamburg 2013 / 222 Seiten / ISBN 978-3-8300-7204-1

Karsten Jänsch
**Beitrag des Strategischen Managements zur strategischen Flexibilität
von Unternehmen**
Hamburg 2013 / 282 Seiten / ISBN 978-3-8300-7130-3

Florian Müller
**Unternehmensplanung von Flughäfen unter dem Einfluss
der Entgeltregulierung**
Hamburg 2013 / 444 Seiten / ISBN 978-3-8300-7098-6

Marius Ahlbrecht
**Markteintrittsprozesse deutscher Unternehmen
in Mittel- und Osteuropa**
Hamburg 2013 / 410 Seiten / ISBN 978-3-8300-7041-2

Eric Lampach
**Change-Leadership bei der Implementierung von Kundenorientierung
bei wissensintensiven Dienstleistungen**
Hamburg 2013 / 302 Seiten / ISBN 978-3-8300-6906-5

Helena Wisbert
**Konzeption eines Fördermittelmanagements für Forschungsprojekte
in der europäischen Automobilindustrie**
Hamburg 2013 / 464 Seiten / ISBN 978-3-8300-6799-3

Huguette Aust
Supply Chain Analyse in der Solarindustrie
Eine transaktionskostentheoretische Arbeit
Hamburg 2012 / 404 Seiten / ISBN 978-3-8300-6348-3

Philipp Schramm
Corporate Social Responsibility (CSR) und Risikomanagement
*Vorschlag eines ganzheitlichen praxisnahen
CSR-basierten Risikomanagementsystems*
Hamburg 2012 / 372 Seiten / ISBN 978-3-8300-6080-2

VERLAG DR. KOVAČ

FACHVERLAG FÜR WISSENSCHAFTLICHE LITERATUR

Postfach 57 01 42 · 22770 Hamburg · www.verlagdrkovac.de · info@verlagdrkovac.de